Viktor E. Frankl
Die Psychotherapie in der Praxis

SERIE PIPER
Band 475

Zu diesem Buch

Viktor E. Frankl entwickelte seine Logotherapie in Auseinandersetzung mit den Vertretern der traditionellen Psychotherapie. Die Logotherapie ist ganz darauf abgestimmt, dem Menschen in der Sinnfindung Beistand zu leisten. Damit spricht Frankl – vom ZDF unter die „Zeugen des Jahrhunderts" eingereiht – immer mehr Menschen an. Dies zeigen die in die Millionen gehenden Auflagen seiner Bücher, die große Resonanz, die seine Vorträge erfahren, und die wachsende Zahl der Zentren für logotherapeutische Forschung und Ausbildung. Der zunehmenden akademischen Anerkennung seiner Neurosenlehre und Behandlungstechnik trugen auch die Weltkongresse für Logotherapie Rechnung, von denen zwischen 1980 und 1984 drei in den USA und einer an der Universität Regensburg stattfanden.

Das vorliegende Buch erschien erstmals 1947. Es war aus einem Praktikum für Ärzte und Schwestern entstanden, das Frankl 1947 an der Wiener Poliklinik gehalten hatte. Diese Ausgabe ist die durchgesehene Fassung der 4., erweiterten Auflage von 1982. Nach einer Einleitung, in der er die klinischen Perspektiven der Logotherapie darstellt, führt Frankl in einem theoretischen, einem diagnostischen und einem therapeutischen Teil in die Psychotherapie ein.

»Ich halte dieses Buch für einen der herausragenden Beiträge zur Psychologie der letzten 50 Jahre.« Prof. Dr. Carl R. Rodgers.

Viktor E. Frankl, geboren 1905 in Wien, Dr. med., Dr. phil., Professor für Neurologie und Psychiatrie an der Universität Wien, zugleich Professor für Logotherapie an der US International University in San Diego (Kalifornien). Er hatte außerdem Professuren an der Harvard University, der Stanford University sowie an den Universitäten von Dallas und Pittsburgh inne. Vortragsreisen, zu denen ihn insgesamt 188 Universitäten eingeladen hatten, führten Frankl nach Amerika, Australien, Asien und Afrika. Seine 27 Bücher sind in 20 Sprachen erschienen. Frankls erste Publikation erschien auf Veranlassung von Sigmund Freud bereits 1924 in der „Internationalen Zeitschrift für Psychoanalyse". (Zu seinen Veröffentlichungen vgl. „Weitere Werke von Viktor E. Frankl" im Anhang dieses Buches.)

Viktor E. Frankl

Die Psychotherapie in der Praxis
Eine kasuistische Einführung für Ärzte

Mit 16 Abbildungen

Piper
München Zürich

Die vorliegende Ausgabe beruht auf der vierten, erweiterten und neu bearbeiteten Auflage, die 1982 im Verlag Franz Deuticke, Wien, erschienen ist.

Von Viktor E. Frankl liegen in der Serie Piper außerdem vor:
Die Sinnfrage in der Psychotherapie (214)
Der Mensch vor der Frage nach dem Sinn (289)
Im Anfang war der Sinn (mit Franz Kreuzer) (520)
Der leidende Mensch (1223)
Der Wille zum Sinn (1238)

Zu Viktor E. Frankl liegen in der Serie Piper vor:
Alfried Längle (Hrsg.), Wege zum Sinn (387)
Alfried Längle (Hrsg.), Entscheidung zum Sein (791)

ISBN 3-492-10475-4
Juni 1986
2. Auflage, 9.–11. Tausend Oktober 1991
R. Piper GmbH & Co. KG, München 1986
© Viktor E. Frankl, Wien 1982
Umschlag: Federico Luci,
unter Verwendung eines Photos von Alfred Eisenstaedt, New York
Satz: Eugen Ketterl, Wien
Druck und Bindung: Clausen & Bosse, Leck
Printed in Germany

DER TOTEN EMMY GROSSER

Vorwort zur 1. Auflage

Die vorliegende Einführung in die Psychotherapie ist aus einem Praktikum hervorgegangen, das zu halten der Verfasser im Frühjahr 1947 von der Direktion der Wiener städtischen Poliklinik beauftragt war, und zwar für die Spitalsärzte dieser sowie ihrer Schwesteranstalten.

Aus diesen Umständen ergeben sich bereits sowohl gewisse methodische Möglichkeiten als auch bestimmte didaktische Notwendigkeiten. War es doch auf der einen Seite möglich, an Hand eines reichhaltigen ambulatorischen Krankengutes die einschlägigen typischen Erkrankungen vorzustellen und deren typische Behandlung vorzuführen. Auf der anderen Seite war es notwendig, den Bedürfnissen der jüngeren Kollegen, die entweder in die Praxis gehen wollen oder schon in der Praxis stehen, insofern Rechnung zu tragen, als eine möglichst kasuistische Darstellung gewählt wurde. Was der junge Arzt da erlernen sollte, war: Kenntnis der typischen Fragen, die unsere Patienten an uns richten, Kenntnis der notwendigen Antworten, und Kenntnis der möglichen Einwände.

So ließ sich aber eine gewisse epische Breite nicht vermeiden; ein gelegentliches Verweilen bei den Details des Einzelfalles war unausweichlich. Aber aus solchen Details, das dürfen wir nicht vergessen, setzt sich ja schließlich das ganze Bild einer Krankheit mosaikartig zusammen, und so muß denn auch die Therapie jeweils an den Einzelheiten ansetzen. Auf den Ansatz aber kam es uns an — auf die Frage, wie ein Fall „anzupacken" ist. Und so durften wir uns auch nicht davor scheuen, in die Darstellung mitunter ein dialogisches Moment einzuführen; denn alle Psychotherapie, vor allem jedoch die Logotherapie, hat das große geschichtliche „Modell" einer geistigen Auseinandersetzung, das klassische Gespräch von Mensch zu Mensch: den sokratischen Dialog zum Vorbild.

Freilich: immer leidet die Systematik unter der Kasuistik — dessen sind wir uns sehr wohl bewußt. Aber Systematik wäre hier ohnehin verfrüht und auf jeden Fall vorschnell; denn das Material, das abzuhandeln wäre, ist nahezu uferlos. Und wenn wir nicht den Mut aufbringen, in unserer Darstellung fragmentarisch zu bleiben, dann bringen wir uns auch um die Chance, am konkreten Krankheitsfalle und an der gleichermaßen konkreten therapeutischen Situation zu lernen und zu lehren.

All dies bringt es mit sich, daß wir uns als erste Frage vorlegen mußten: Wie gestaltet sich die Psychotherapie in der Praxis? Welche Konzessionen muß sie — aus elastischer Anpassungsfähigkeit heraus — an die begrenzte zeitliche Kapazität mancher Ambulanzen und die begrenzte geistige Kapazität mancher Patienten machen? Und inwieweit ist da Eklektizismus möglich — nötig? Wo und wann sind die modernen Methoden anwendbar? Wobei wir natürlich hauptsächlich an die Logotherapie bzw. an die Existenzanalyse denken. Es ergibt sich aber auch die Frage, welcher der Anwendungsbereich dessen sei, was wir ärztliche Seelsorge genannt haben. Dabei werden wir uns notwendigerweise auch mit dem Aufweis der Grenzen der ärztlichen gegenüber der priesterlichen Seelsorge zu befassen haben; denn solche Grenzen gibt es, und sie sind unbedingt zu respektieren.

Die eigenen theoretischen Ansichten, die wir den folgenden Ausführungen zugrunde legen, wurden von uns bereits früher und andernorts bis in eine metaklinische Lehre vom Wesen des Menschen, demnach in eine philosophische Anthropologie hinein verfolgt — die scheinbar die Praxis so sehr belastet. Wir hoffen indes zeigen zu können, daß sich jene Theorie sehr wohl in Praxis umsetzten läßt, und daß dies auch mit einfachsten Mitteln — mit solchen, die allen Ärzten zur Verfügung stehen — möglich sei.

Gewiß: auch hierzu wird Begabung nötig sein, und zwar im besonderen: Erfindungsgabe. Aber bei der großen Psychotherapie, bei den klassischen analytischen Tiefenpsychologien, ist Begabung in keinem größeren Ausmaß erfordert als bei solcher kleinen Psychotherapie. Auch letztere kann insbesondere des Improvisierens nicht entraten — **alle Psychotherapie muß improvisieren, sie muß erfinden, und zwar sich selbst, und das eigentlich in jedem Falle, für jeden Fall aufs neue.** Sofern Psychotherapie solcherart wesentlich angewiesen erscheint auf ein Individualisieren, ist sie freilich nicht lehrbar, nämlich nicht restlos lehrbar; aber vergessen wir nicht, daß sich ja auch das Individualisieren und Improvisieren selber irgendwie lehren läßt.

Was nun die metaklinischen Aspekte anlangt, so handelt es sich bei ihnen hauptsächlich um jenes Gedankengut, das der Verfasser in der „Ärztlichen Seelsorge" sowie in einzelnen der weiteren Schriften[1]) niedergelegt hat. Deren Kenntnis ist in diesem Buche nicht geradezu vorausgesetzt. Dennoch scheint auf unserem Gebiete der Weg von der Theorie zur Praxis der empfehlenswertere zu sein. Er ist keineswegs identisch mit dem deduktiven Weg (im Gegensatz zum induktiven) — alle Theorie erwächst ja letztlich aus der Praxis; was wir meinen, ist vielmehr: daß ein gewisser Bestand an Kategorien, daß ein bestimmter Horizont vorgegeben sein will, wann immer wir empirische Daten adäquat überhaupt erfassen und die Welt der Erfahrungstatsachen nicht steril belassen wollen.

---

[1]) Der leidende Mensch. Anthropologische Grundlagen der Psychotherapie, Hans Huber, Bern 1975; jetzt auch Serie Piper 1223, München 1990.

Eine Marke am von uns vorausgesetzten Horizont wäre: daß Menschsein im Grunde Verantwortlichsein heißt, und daß der Mensch letztlich ein um den konkreten Sinn seines persönlichen Daseins geistig ringendes Wesen ist. Wobei dieses Ringen gelegentlich sehr wohl „unter dem Bilde" einer Neurose verlaufen kann, existentiell gesehen somit irgendwie zweideutig ist. Daß der neurotische Mensch, aus irgendeinem psychophysischen Grunde unsicher geworden, zur Kompensation dieser seiner Unsicherheit des Haltes am Geistigen ganz besonders bedarf, ist eine weitere kategoriale Voraussetzung für den ganzen Aspekt, der unseren psychotherapeutischen Auffassungen zugrunde liegt. Die Möglichkeiten und Schwierigkeiten einer Sinnfindung aufzuzeigen, hat die „Ärztliche Seelsorge" des näheren versucht — gleichzeitig mit der Grundlegung jener Methodik, die sich je nach Akzentuierung des einen oder andern Moments als Logotherapie, als Existenzanalyse oder als ärztliche Seelsorge erweist. Auf jeden Fall will diese Methodik jedoch eines sein: Psychotherapie vom Geistigen her — Bewußtwerden des Verantwortunghabens, Bewußtwerden des tragenden geistigen Grundes alles Menschseins, Bewußtmachung von geistig Unbewußtem, und zwar in Form der Existenzanalyse (während die Psychoanalyse sich darauf beschränkt, das triebhaft Unbewußte bewußt zu machen). Und in Form der Logotherapie will unsere Methodik, im Gegensatz zur Psychotherapie im bisherigen, engeren Wortsinn, im geistigen Ringen des Menschen Beistand leisten, indem sie mit geistigen Waffen sukkurriert und nicht, wie alle psychologistische Psychotherapie, das Geistige gewaltsam in die psychologische Ebene hinabprojiziert[1]). Ärztlicher Seelsorge schließlich bleibt es vorbehalten, dort überall, wo der leidende Mensch mit einem an sich unaufhebbaren Schicksal konfrontiert ist, in der richtigen Einstellung zu ebendiesem Schicksal, im rechten, nämlich aufrechten Leiden, noch eine letzte und doch die höchste Möglichkeit zur Sinnfindung sichtbar zu machen.

Es ist freilich immer mißlich, sich zu wiederholen; aber es ist nicht weniger mißlich, Wiederholungen um jeden Preis zu vermeiden. Abgesehen vom soeben angedeuteten kategorialen Rahmen wird nun aber auch einem Eklektizismus bis zu einem gewissen Grade das Wort gesprochen; denn so wie nicht jeder Kranke auf jede psychotherapeutische Methode „reagiert", so ist auch nicht jeder Arzt imstande,

---

[1]) Vgl. FRANKL, „Zur geistigen Problematik der Psychotherapie", Zentralblatt für Psychotherapie (1938), in welcher Publikation erstmalig expressis verbis die Existenzanalyse gefordert und entworfen wurde, sowie FRANKL, „Zur Grundlegung einer Existenzanalyse", Schweiz. med. Wschr. (1939). Die Forderung und Grundlegung einer Logotherapie geht jedoch bereits zurück auf die Publikation FRANKL, „Psychotherapie und Weltanschauung. Zur grundsätzlichen Kritik ihrer Beziehungen", Int. Zschr. f. Individualpsychologie (1925).

mit jeder psychotherapeutischen Methode zu reüssieren. FRIEDLAENDER, ein alter Praktiker, hat einmal gesagt: Der Psychotherapeut soll keiner Schule angehören, aber alle Schulen sollen ihm angehören. Ergänzend müßten wir allerdings bemerken: die „Schulen" insgesamt machen den Psychotherapeuten auch noch nicht aus; er ist es vielmehr, der jeweils aus ihnen etwas macht. Alles kommt eben auf die Handhabung an, und weniger darauf, was man in Händen hat.

Denn es gibt einen Eklektizismus ebensowohl aus Mut zu ihm wie einen aus Schwäche. Kein Gesichtspunkt darf verabsolutiert werden. Und mag der einzelne auch das Recht, ja die Pflicht haben, seinen Standpunkt nicht nur zu vertreten, sondern auch, selbst auf die Gefahr einer gewissen Einseitigkeit hin, zu verbreiten: in der Praxis wird er der Wirklichkeit und deren Ansprüchen nur dann wirklich gerecht werden können, wenn er auf die Stimmen aller Forscher hört — und sieht, wie sie allesamt in ihrer Vielfalt einander so recht ergänzen.

So mag es denn auch kommen, daß wir dem Fachmann wohl kaum etwas wesentlich Neues bieten werden. Ging es uns doch von vornherein weniger um eine Darstellung des „Was" der gesamten Psychotherapie, als vielmehr um eine Einführung in das „Wie". Sie aber richtet sich an die Nicht-Fachärzte. Daß deren Interesse für Psychotherapie heute überaus groß ist, das hat sich erwiesen. Dieses Interesse jedoch findet eine Literatur vor, aus der nicht selten gerade das Einseitigste oder das Verwirrendste angeboten wird — das mangels kritischer Distanz und praktischer Anweisung nicht verwertbar ist. In einer Zeit aber wie der heutigen, in der sich die Massen in einem seelischen Notstand sondergleichen befinden, ist es nötiger denn je, dem seelischen Notstand auch zu steuern. Nicht nur fachärztliche Kreise, sondern auch kulturpolitische und religiöse sind sich ihrer diesbezüglichen Verantwortung bewußt; sie wissen, daß es gilt, die heutige Menschheit durch Erziehung, und allem voran durch Erziehung, vor dem letzten und endgültigen Absturz in einen Abgrund zu bewahren. Hier zeichnet sich so etwas wie die Forderung nach einer sozialen Psychotherapie bzw. die Notwendigkeit einer kollektiven Psychohygiene ab. Wir aber müssen fragen: Welche psychotherapeutische Richtung sollte sich eher berufen fühlen, da mitzutun, als eine Richtung, deren höchste Maxime und oberstes Prinzip, deren Imperativ im Rufe nach Verantwortungsbewußtsein gipfelt und ausklingt? Noch dazu nach so langer Zeit der Verantwortungslosigkeit, und der Erziehung zur Verantwortungslosigkeit...

Allein die Aufgabe, um die es hierbei gehen mag, läßt sich von keinem einzelnen erfüllen — selbst dann nicht, wenn ihm unbegrenzte persönliche Fähigkeiten zur Verfügung stünden; ihre Erfüllung muß vielmehr das Werk von vielen sein. Seine Umrisse liegen heutzutage ja in der Luft — im doppelten Wortsinn freilich: erstens in dem Sinne, daß alle Gutwilligen, sofern sie die Welt mit offenen Augen anschauen, darum auch wissen; zweitens in dem Sinne, daß die weltanschauliche und wissenschaftliche Fundierung jenes Werkes noch aussteht, sonach eben „in der Luft hängt". Um diese Fundierung ringen wir, und mit uns ringen viele; und wenn es da, außer dem Kampf, einen Triumph gibt, dann liegt solcher Triumph im erhebenden Erlebnis, zu sehen, wie eigentlich alle in dieselbe Kerbe schlagen. Was nottut, ist daher: ihre unsichtbare Gemeinschaft zu fördern und damit deren Werk.

In diesem Sinne möge es aufgefaßt werden, wenn hier darangegangen wird, eine Einführung in die Praxis der Psychotherapie zu entwerfen. Es ist ein Gebot der Stunde, und wir dürfen nicht warten; denn wir haben keine Zeit zu verlieren — die Menschheit hat sie nicht mehr. So möge denn diese Schrift nicht gewertet werden als ein Versuch, Neues auszusagen, sondern als ein Akt der Gewissenspflicht. Soll doch der Forscher immer auch Lehrer sein; aber er soll es auch dann sein, wenn er sich dessen bewußt ist, nicht viel Eigenes zu geben; denn beide, der Forscher wie der Lehrer, haben der Praxis zu dienen. Und in diesem Dienst, im Dienste am kranken Menschen, muß der Forscher seinen Ehrgeiz zurückstellen und jene Eitelkeit, die ihn mit Priorität geizen heißt oder der es um Originalität um jeden Preis zu tun ist.

Wien, im Sommer 1947   VIKTOR E. FRANKL

Vorwort zur 2. Auflage

Als mir der Verlag sein Vorhaben ankündigte, eine Neuauflage des 1947 erschienenen Buches herauszubringen, hatte ich zunächst Bedenken. War doch in der Zwischenzeit, und zwar 1956, meine „Theorie und Therapie der Neurosen"[1]) herausgekommen, in deren Rahmen eine hochsystematisierte und durchkomponierte Zusammenfassung von Logotherapie und Existenzanalyse vorgelegt wurde. Schließlich gewann jedoch die Überlegung die Oberhand, daß der systematische Aufbau und die konzise Sprache der „Theorie und Therapie der Neurosen" dem Anfänger die Lektüre ebenso erschwert wie die aufgelockerte Diktion der „Psychotherapie in der Praxis" und deren kasuistisch weit ausholende epische Breite ihm sie erleichtert. Um aber auch den heutigen Stand von Systematik und Problematik anzudeuten, wurden in die Neuauflage Vorträge aufgenommen, welche die metaklinische Theorie der Existenzanalyse vom Hintergrund der klinischen Praxis der Logotherapie abheben sollten. Im besonderen waren diese Vorträge an der Washington University in St. Louis („Anthropologische und ontologische Grenzfragen der Psychotherapie"), an der Loyola University in Los Angeles („Aus dem Grenzgebiet zwischen Psychotherapie und Philosophie") sowie auf dem Internationalen Kongreß für Psychotherapie in Barcelona („Grundlagen der Logotherapie und Existenzanalyse") gehalten worden.

ALBERT EINSTEIN hat einmal gesagt: „Was ist der Sinn menschlichen Lebens? Sie fragen: Warum brauchen wir diese Frage zu stellen? Ich antworte: Der Mensch, der sein Leben für sinnlos hält, ist nicht nur unglücklich, sondern kaum lebensfähig[2])."

Tatsächlich leiden ungemein viele Patienten heute unter dem Gefühl abgründiger Sinnlosigkeit. Was ihnen fehlt, ist das Wissen um so etwas wie einen Sinn, der das Leben lebenswert zu machen vermöchte. Was sie bedrückt und bedrängt, ist das Erlebnis ihrer inneren Leere. Was ich als „existentielles Vakuum" bezeichne, begegnet dem Psychiater von heute auf Schritt und Tritt.

---

[1]) Uni-Taschenbücher 457, Ernst Reinhardt, München 1987.
[2]) "What is the meaning of human life…? You ask: Why need we pose the question? I answer: The man who regards his own life…as meaningless is not merely unhappy but hardly fit for life." Zit. nach: DANA L. FARNSWORTH: "The Search For Meaning", Academy Reporter, Vol. 5, No. 8, S. 1 und 4, New York 1960.

Nur um so mehr mag es ins Gewicht fallen, wenn die psychische Hygiene bis heute mehr oder weniger von einem verfehlten Prinzip beherrscht war, insofern, als von der Überzeugung ausgegangen wurde, was der Mensch in erster Linie brauche, sei innere Ruhe und Gleichgewicht, sei Entspannung um jeden Preis; eigene Überlegungen und Erfahrungen ergaben jedoch, daß der Mensch viel mehr als Entspannung — Spannung braucht: eine gewisse, eine gesunde, eine dosierte Spannung! Jene Spannung etwa, die er erfährt durch die Anforderung von einem Lebenssinn, einer Aufgabe her, die es zu erfüllen gilt, im besonderen, wenn es sich um das Angefordert-Sein von einem Daseinssinn her handelt, dessen Erfüllung einzig und allein diesem einen Menschen vorbehalten, abverlangt und aufgetragen ist. Solche Spannung ist nicht psychisch gesundheitsschädlich, sondern fördert seelisches Gesund-Sein eher, so zwar, daß sie — die „Noo-Dynamik", wie ich sie nennen möchte[1]) — alles Mensch-Sein konstituiert; denn Mensch-Sein heißt In-der-Spannung-Stehen zwischen Sein und Sollen, unaufhebbar und unabdingbar! Und was wir zu fürchten haben, ist weniger eine Überforderung als vielmehr die Unterforderung des Menschen, und zwar im besonderen des jungen Menschen: findet er zuwenig Spannung, das heißt, wird er zuwenig von persönlichen Vorbildern her in sinnvollen Anspruch genommen, dann sucht er Spannung, und sei es auch nur jene, die sich aus seinem Zittern vor der Polizei ergibt, auf deren Provokation er aus ist. Was jedoch den neurotischen Menschen anlangt, wissen wir zur Genüge um die Pathogenität nicht nur von Stress-Situationen, also von Situationen der Belastung, sondern auch von Situationen der Entlastung[2]). Mit anderen Worten, der neurotische Mensch bedarf der Konfrontierung mit so etwas wie einem Daseinssinn nicht etwa auch, sondern erst recht.

Cambridge, Mass. (USA), im Juni 1961   Viktor E. Frankl

---

[1]) Das heißt jene geistige Dynamik, die sich in einem polaren Spannungsfeld abspielt, dessen beide Pole dargestellt werden durch den Sinn, der da zu erfüllen ist, und den Menschen, der ihn zu erfüllen hat.
[2]) Siehe V. E. Frankl: Ärztliche Seelsorge, S. 81, 1. Auflage, Wien 1946.

Vorwort zur 3. Auflage

Für die 3. Auflage des vorliegenden Buches wurde von mir eine verhältnismäßig umfangreiche neue „Einleitung" verfaßt, die den gegenwärtigen Stand der Logotherapie in Forschung und Praxis reflektieren sollte[1]). Dafür wurde die „Einleitung" zur 2. Auflage in einen „Theoretischen Teil" verwandelt. Das Kapitel „Anthropologische und ontologische Grenzfragen der Psychotherapie", das den „Theoretischen Teil" der 2. Auflage gebildet hatte, war nämlich unter dem ursprünglichen Titel der Arbeit, „Irrwege seelenärztlichen Denkens", in mein bei Hans Huber (in Bern) erscheinendes Buch „Anthropologische Grundlagen der Psychotherapie" übernommen worden — ein Schicksal, das es mit einer anderen Ergänzung zur 1. Auflage, nämlich dem Kapitel „Aus dem Grenzgebiet zwischen Psychotherapie und Philosophie", teilt.

Mit alledem glaube und hoffe ich, meiner Verpflichtung zur literarischen Brutpflege wenigstens halbwegs nachgekommen zu sein, und so bleibt mir denn nur noch, meinen seinerzeitigen Assistenten und Studenten zu danken, von denen ich soviel kasuistisches Material benutzen durfte, das die Logotherapie in der Praxis demonstriert — in ihrer Praxis, in der sie die Logotherapie oft mit einer Meisterschaft handhaben, um die ich sie beneide, und dabei handelt es sich nicht selten um Kollegen, die ihre Ausbildung ausschließlich einem autodidaktischen Studium der logotherapeutischen Literatur, also letzten Endes sich selbst verdanken.

Wien, im Mai 1974   VIKTOR E. FRANKL

---

[1]) Diese Einleitung ist aus einem Seminar "Theory and Therapy of Neuroses" hervorgegangen, das ich im Rahmen meiner Professur für Logotherapie an der United States International University in San Diego (Kalifornien) während der Winterquartale der letzten Jahre gehalten hatte.

Vorwort zur 4. Auflage

Gegenüber der 3. Auflage wurde der Text nur an wenigen Stellen verändert. Wo er jedoch ergänzt werden mußte, geschah dies in Form von Hinweisen auf numerierte Anmerkungen, und diese Anmerkungen wurden dann auf den Seiten 280 bis 283 zusammengefaßt („Anmerkungen zur 4. Auflage").

Außerdem wurde die 4. Auflage um einen neuen „Anhang" erweitert, und zwar um den Eröffnungsvortrag, den ich auf dem dreitägigen „Ersten Weltkongreß für Logotherapie" in San Diego (Kalifornien) im November 1980 halten mußte. (Die englische Originalfassung wurde beibehalten.) Der Wiederabdruck erfolgt im Einvernehmen mit den Herausgebern des "International Forum for Logotherapy" (Institute of Logotherapy, One Lawson Road, Berkeley, California 94707, USA) und der "Analecta Frankliana: The Proceedings of the First International World Congress of Logotherapy" (Institute of Logotherapy Press, Berkeley 1981), in deren Rahmen der Vortrag bereits erschienen war.

Wien, im Oktober 1981 VIKTOR E. FRANKL

Inhaltsverzeichnis

Vorwort zur 1. Auflage 7
Vorwort zur 2. Auflage 12
Vorwort zur 3. Auflage 14
Vorwort zur 4. Auflage 15

Einleitung

Perspektiven der klinischen Logotherapie 19
  Die Technik der paradoxen Intention 35
  Die Dereflexion 54

Theoretischer Teil

Grundlagen der Existenzanalyse und Logotherapie 61

Diagnostischer Teil

Die neurologische Differentialdiagnose „organisch-funktionell" 77

Therapeutischer Teil

Kombinierte Pharmako- und Psychotherapie 94
Allgemeine Psychotherapie: 104
  Prophylaxe iatrogener Neurosen 104
Spezielle Psychotherapie: 107
  Potenzstörungen 107
    Masturbation 127
    Ejaculatio praecox 133
  Perversionen (Homosexualität) 137
  Sexualneurosen bei Frauen 146
  Klimakterische Neurosen 150
  Angstneurosen 153
  Zwangsneurosen 163
  Schlaf und Schlafstörungen 185
    Paradoxe Medikation 190
  Träume und Traumdeutung 194
  Organneurosen 200
    Entspannungstherapie 204

Hysterie	212
Suggestion und Hypnose	218
Zur Dialektik von Schicksal und Freiheit	222
Psychotherapie bei endogenen Psychosen	229
Psychotherapie bei endogenen Depressionen	230
Psychotherapie bei Psychosen aus dem schizophrenen Formenkreis	244

Anhang zur 1. Auflage:

Psychotherapie, Kunst und Religion	253

Anhang zur 4. Auflage:

The Degurufication of Logotherapy	270
Anmerkungen zur 4. Auflage	280
Auswahl aus dem Schrifttum über Logotherapie	284
Autorenverzeichnis	299
Sachverzeichnis	301
Weitere Werke von V. E. Frankl	303

Einleitung

PERSPEKTIVEN DER KLINISCHEN LOGOTHERAPIE

Im folgenden soll der gegenwärtige Stand der Logotherapie in Forschung und Praxis zusammengefaßt werden, wie im Rahmen des Vorworts zur 3. Auflage bereits angekündigt wurde. Der Leser erwartet sich aber, zunächst einmal von uns zu erfahren, was Logotherapie überhaupt ist. Bevor wir darangehen, zu sagen, was Logotherapie nun eigentlich ist, empfiehlt es sich jedoch, zu sagen, was sie nicht ist: sie ist keine Panazee![1]) Die Bestimmung der „Methode der Wahl" in einem gegebenen Falle läuft auf eine Gleichung mit zwei Unbekannten hinaus: $\psi = x + y$.

Wobei x für die Einmaligkeit und Einzigartigkeit der Patientenpersönlichkeit steht, und y für die nicht weniger einmalige und einzigartige Persönlichkeit des Therapeuten. Mit anderen Worten, **weder läßt sich jede Methode in jedem Falle mit den gleichen Erfolgsaussichten anwenden noch kann jeder Therapeut jede Methode mit der gleichen Wirksamkeit handhaben.** Und was für die Psychotherapie im allgemeinen gilt, gilt im besonderen eben auch für die Logotherapie. Mit einem Wort, unsere Gleichung ließe sich ergänzen, indem wir nunmehr formulieren: $\psi = x + y = \lambda$.

Und doch konnte es Paul E. Johnson einmal wagen, zu behaupten: "Logotherapy is not a rival therapy against others, but it may well be a challenge to them in its plus factor."[2]) ("The Challenge of Logotherapy", Journal of Religion and Health 7, 122, 1968.) Was diesen Plusfaktor aber ausmachen mag, verrät uns N. Petrilowitsch, wenn er meint, die Logotherapie verbleibe im Gegensatz zu allen anderen Psychotherapien nicht in der Ebene der Neurose, sondern gehe über sie hinaus und stoße in die Dimension der spezifisch humanen Phänomene vor („Über die Stellung

---

[1]) Diese Feststellung ist keineswegs überflüssig: Edgar Krout konfrontierte einmal ein halbes Tausend amerikanische Studenten mit einer Reihe von statements, die er der Literatur auf dem Gebiete der Logotherapie entnommen hatte, und während praktisch all diese Zitate für die Studenten akzeptabel waren, konnte sich die Hälfte nicht damit befreunden, daß die Logotherapie kein Allheilmittel ist; das Gegenteil zu hören wäre ihnen viel lieber gewesen. (Logotherapy in Action, herausgegeben von Joseph B. Fabry, Aronson, New York 1979.)

[2]) „Die Logotherapie rivalisiert nicht mit anderen Therapien; aber auf Grund ihrer Vorzüge mag sie sehr wohl eine Herausforderung sein für die anderen Therapien."

der Logotherapie in der klinischen Psychotherapie", Die medizinische Welt 2790, 1964). Tatsächlich sieht zum Beispiel die Psychoanalyse in der Neurose das Resultat psychodynamischer Prozesse und versucht demgemäß, die Neurose dadurch zu behandeln, daß sie neue psychodynamische Prozesse ins Spiel bringt, etwa die Übertragung; die lerntheoretisch engagierte Verhaltenstherapie sieht in der Neurose wieder das Produkt von Lernprozessen oder conditioning processes und bemüht sich dementsprechend, die Neurose dadurch zu beeinflussen, daß sie eine Art Umlernen bzw. reconditioning processes in die Wege leitet. Demgegenüber steigt die Logotherapie in die menschliche Dimension ein und wird solcherart instand gesetzt, die spezifisch humanen Phänomene, auf die sie dort stößt, in ihr Instrumentarium aufzunehmen. Und zwar handelt es sich um nicht mehr und nicht weniger als die zwei fundamental-anthropologischen Charakteristika menschlicher Existenz, die da sind: ihre „Selbst-Transzendenz" (VIKTOR E. FRANKL, in: Handbuch der Neurosenlehre und Psychotherapie, Urban und Schwarzenberg, München 1959), erstens, und zweitens die — menschliches Dasein als solches, als menschliches, nicht weniger auszeichnende — Fähigkeit zur „Selbst-Distanzierung" (VIKTOR E. FRANKL, Der unbedingte Mensch, Franz Deuticke, Wien 1949, Seite 88).

Die Selbst-Transzendenz markiert das fundamental-anthropologische Faktum, daß menschliches Dasein immer auf etwas verweist, das nicht wieder es selbst ist — auf etwas oder auf jemanden, nämlich entweder auf einen Sinn, den zu erfüllen es gilt, oder aber auf mitmenschliches Dasein, dem es begegnet. Wirklich Mensch wird der Mensch also erst dann und ganz er selbst ist er nur dort, wo er in der Hingabe an eine Aufgabe aufgeht, im Dienst an einer Sache oder in der Liebe zu einer anderen Person sich selbst übersieht und vergißt. Es ist wie mit dem Auge, das seiner Funktion, die Welt zu sehen, nur in dem Maße nachkommen kann, in dem es nicht sich selbst sieht. Wann sieht denn das Auge etwas von sich selbst? Doch nur, wenn es krank ist: wenn ich an einem grauen Star leide und eine „Wolke" sehe oder an einem grünen Star leide und rings um eine Lichtquelle Regenbogenfarben sehe, dann sieht mein Auge etwas von sich selbst, dann nimmt es seine eigene Krankheit wahr. Im gleichen Maße ist dann aber auch mein Sehvermögen gestört.

Ohne die Selbst-Transzendenz mit einzubeziehen in das Bild, das wir uns vom Menschen machen, stehen wir der Massenneurose von heute verständnislos gegenüber. Heute ist der Mensch im allgemeinen nicht mehr sexuell, sondern existentiell frustriert. Heute leidet er weniger an einem Minderwertigkeitsgefühl als vielmehr an einem Sinnlosigkeitsgefühl (VIKTOR E. FRANKL, "The Feeling of Meaninglessness", The American Journal of Psychoanalysis 32, 85, 1972). Und zwar geht dieses Sinnlosigkeitsgefühl für gewöhnlich mit einem Leeregefühl einher, mit einem „existentiellen Vakuum" (VIKTOR E. FRANKL, Pathologie des Zeitgeistes, Franz Deuticke, Wien 1955). Und es läßt sich nachweisen, daß dieses Gefühl, das Leben habe keinen Sinn mehr, um sich greift. ALOIS HABINGER konnte an Hand einer identischen Population von einem halben Tausend Lehrlingen nachweisen, daß das Sinnlosigkeitsgefühl in wenigen Jahren auf mehr als das Doppelte angestiegen war (persönliche Mitteilung). KRATOCHVIL, VYMETAL und KOHLER haben darauf hingewiesen, daß sich das Sinnlosigkeitsgefühl keineswegs auf kapitalistische Länder beschränkt, vielmehr auch in kommunistischen Staaten bemerkbar macht, in die es „ohne Visum" eingedrungen sei. Und den Hinweis darauf, daß es bereits in den Entwicklungsländern zu beobachten ist, verdanken wir L. L. KLITZKE ("Students in Emerging Africa — Logotherapy in Tanzania", American Journal of Humanistic Psychology 9, 105, 1969) und JOSEPH L. PHILBRICK ("A Cross-Cultural Study of Frankl's Theory of Meaning-in-Life").

Fragen wir uns, was das existentielle Vakuum bewirkt und verursacht haben mag, so bietet sich folgende Erklärung an: Im Gegensatz zum Tier sagen dem Menschen keine Instinkte und Triebe, was er tun muß. Und im Gegensatz zu früheren Zeiten sagen ihm heute keine Traditionen mehr, was er tun soll. Weder wissend, was er muß, noch wissend, was er soll, weiß er aber auch nicht mehr recht, was er eigentlich will. Und die Folge? Entweder er will nur das, was die anderen tun, und das ist Konformismus. Oder aber umgekehrt: er tut nur das, was die anderen wollen — von ihm wollen. Und da haben wir den Totalitarismus. (Anmerkung 1.) Darüber hinaus gibt es aber auch noch eine weitere Folgeerscheinung des existentiellen Vakuums, und das ist ein spezifischer Neurotizismus, nämlich die „noogene Neurose" (VIKTOR E. FRANKL, „Über Psychotherapie", Wiener Zeitschrift für Nervenheilkunde 3, 461, 1951), die ätiologisch auf das Sinnlosigkeitsgefühl zurückzuführen ist, auf den Zweifel an einem Lebenssinn bzw. auf die Verzweiflung, daß es einen solchen Sinn überhaupt gibt. (Anmerkung 2.)

Womit nicht gesagt sein soll, daß diese Verzweiflung an sich schon pathologisch ist. Nach dem Sinn seines Daseins zu fragen, ja diesen Sinn überhaupt in Frage zu stellen ist eher eine menschliche Leistung denn ein neurotisches Leiden; zumindest manifestiert sich darin geistige Mündigkeit: nicht mehr wird ein Sinnangebot kritiklos und fraglos, also unreflektiert übernommen, aus den Händen der Tradition, sondern Sinn will unabhängig und selbständig entdeckt und gefunden werden. Auf die existentielle Frustration ist daher das medizinische Modell von vornherein nicht anwendbar. Wenn überhaupt eine Neurose, dann ist die existentielle Frustration eine soziogene Neurose. Ist es doch ein soziologisches Faktum, nämlich der Traditionsverlust, der den Menschen von heute so sehr existentiell verunsichert.

Es gibt auch maskierte Formen der existentiellen Frustration. Ich erwähne nur die sich namentlich in der akademischen Jugend häufenden Fälle von Selbstmord, die Drogenabhängigkeit, den so verbreiteten Alkoholismus und die zunehmende (Jugend-)Kriminalität. Heute läßt sich unschwer nachweisen, wie sehr die existentielle Frustration da mit im Spiel ist. Steht uns doch in Form des von JAMES C. CRUMBAUGH entwickelten PIL-Tests (erhältlich durch Psychometric Affiliates, 1620 East Main Street, Murfreesboro, Tennessee 37130, USA) ein Meßinstrument zur Verfügung, mit dessen Hilfe sich der Grad der existentiellen Frustration quantifizieren läßt, und neuerdings hat ELISABETH S. LUKAS mit ihrem Logo-Test einen weiteren Beitrag zur exakten und empirischen Logotherapieforschung geleistet (Zur Validierung der Logotherapie, in: VIKTOR E. FRANKL, Der Wille zum Sinn, Hans Huber, Bern 1982). (Anmerkung 3.)

Was die Selbstmorde anlangt, wurden von der Idaho State University 60 Studenten unter die Lupe genommen, die Selbstmord versucht hatten, und in 85% ergab sich, "life meant nothing to them" (das Leben hatte für sie keinen Sinn)[1]. Es ließ sich nun feststellen, daß von diesen an einem Sinnlosigkeitsgefühl leidenden Studenten 93% sich in einem ausgezeichneten physischen Gesundheitszustand befanden, am gesellschaftlichen Leben aktiv engagiert waren, hinsichtlich ihres Studiums ausgezeichnet abgeschnitten hatten und mit ihrer Familie in gutem Einvernehmen lebten. (Persönliche Mitteilung von VANN A. SMITH.)

Nun zur Drogenabhängigkeit. WILLIAM J. CHALSTROM, der Direktor eines Naval Drug Rehabilitation Center, steht nicht an zu behaupten: "more than 60% of our patients complain that their lives lack meaning" (persönliche Mitteilung). BETTY LOU PADELFORD (Dissertation, United States International University, 1973) konnte statistisch nachweisen, daß es keineswegs das in diesem Zusammenhang von psychoanalytischer Seite inkriminierte "weak father image" ist, das der Drogenabhängigkeit zugrunde liegt, vielmehr ließ sich an Hand der von ihr getesteten 416 Studenten der Nachweis erbringen, daß der Grad der existentiellen Frustration signifikant mit dem drug involvement index korrelierte: der letztere betrug in den existentiell nicht frustrierten Fällen durchschnittlich 4.25, während er in den existentiell frustrierten Fällen auf durchschnittlich 8.90, also mehr

---

[1]) Es sieht ganz so aus, als ob IMMANUEL KANT Recht gehabt hätte, wenn er einmal sagte: „Die in sich wahrgenommene Leere an Empfindungen erregt gleichsam das Vorgefühl eines langsamen Todes" (Anthropologie in pragmatischer Hinsicht, 1798), und als ob der von Leere- und Sinnlosigkeitsgefühl heimgesuchte Mensch diesem „langsamen" einen plötzlichen Tod in Form des Selbstmords vorzöge.

als das Doppelte, hinaufschnellte. Diese Forschungsergebnisse stimmen auch mit den von GLENN D. SHEAN und FREDDIE FECHTMAN erhobenen Befunden überein ("Purpose in Life Scores of Student Marihuana Users", Journal of Clinical Psychology 27, 112, 1971).

Es versteht sich von selbst, daß eine die existentielle Frustration als ätiologischen Faktor berücksichtigende und mittels einer logotherapeutischen Intervention ausräumende Rehabilitation Erfolg verspricht. So kommt es denn, daß laut Medical Tribune (Jahrgang 3, Nr. 19, 1971) von 36 Drogenabhängigen, die von der Universitätsnervenklinik Wien betreut wurden, nach einer Behandlungsdauer von 18 Monaten nur 2 sicher drogenfrei waren — was auf einen Prozentsatz von 5.5 hinausläuft. In der Deutschen Bundesrepublik können von „allen drogenabhängigen Jugendlichen, die ärztlich behandelt werden, mit einer Heilung weniger als 10% rechnen" (Österreichische Ärztezeitung, 1973). In den USA sind es durchschnittlich 11%. ALVIN R. FRAISER geht jedoch in dem von ihm geleiteten kalifornischen Narcotic Addict Rehabilitation Center logotherapeutisch vor und kann mit einem Prozentsatz von 40 aufwarten.

Vom Alkoholismus gilt Analoges. Unter schweren Fällen von chronischem Alkoholismus ließ sich feststellen, daß 90% an einem abgründigen Sinnlosigkeitsgefühl litten (ANNEMARIE VON FORSTMEYER, The Will to Meaning as a Prerequisite for Self-Actualization, Dissertation, California Western University, 1968). Kein Wunder, daß JAMES C. CRUMBAUGH auf Grund von Tests den Erfolg der Gruppenlogotherapie in Fällen von Alkoholismus objektivieren und, ihn mit dem Erfolg anderer Behandlungsmethoden vergleichend, feststellen konnte: "only logotherapy showed a statistically significant improvement" ("Changes in Frankl's Existential Vacuum as a Measure of Therapeutic Outcome", Newsletter for Research in Psychology 14, 35, 1972).

Hinsichtlich der Kriminalität haben W. A. M. BLACK und R. A. M. GREGSON von einer Universität in Neuseeland herausgefunden, daß Kriminalität und Lebenssinn in einem umgekehrt proportionalen Verhältnis zueinander stehen. Wiederholt in Gefängnisse eingelieferte Häftlinge unterschieden sich, gemessen am Lebenssinn-Test von CRUMBAUGH, von der durchschnittlichen Bevölkerung im Verhältnis von 86 zu 115. ("Purpose in Life and Neuroticism in New Zealand Prisoners", Br. J. soc. clin. Psychol. 12, 50, 1973.)

Andernorts (VIKTOR E. FRANKL, Der Mensch auf der Suche nach Sinn, Verlag Herder, Freiburg 1972) haben wir darauf hingewiesen, daß sowohl der psychologisch unterbaute Begriff der Aggression im Sinne der Psychoanalyse von SIGMUND FREUD als auch der biologisch untermauerte im Sinne der Vergleichenden Verhaltensforschung von KONRAD LORENZ des Hinblicks auf die Intentionalität entbehren, die das menschliche Seelenleben und so denn auch das menschliche Triebleben als solches, als menschliches, charakterisiert. In der Dimension der menschlichen Phänomene, sagten wir, gebe es einfach nicht eine Aggression, die in einer bestimmten Menge da ist, auf ein Ventil drängt und mich, „ihr hilfloses Opfer", dazu treibt, nach irgendwelchen Objekten Ausschau zu halten, an denen ich sie endlich einmal auslassen, „abreagieren" könnte. Auf menschlicher Ebene lasse ich die Aggression eingehen in etwas ganz anderes: auf menschlicher Ebene hasse ich! Und der Haß ist, eben im Gegensatz zur Aggression, intentional gerichtet auf etwas, das ich hasse.

Solange die Friedensforschung aber nur das subhumane Phänomen „Aggression" interpretiert und nicht das humane Phänomen „Haß" analysiert, ebenso lange ist sie zur Sterilität verurteilt. Der Mensch wird nicht zu hassen aufhören, wenn man ihm einredet, daß er von Mechanismen und Impulsen beherrscht wird, sondern er wird erst dann seine Aggressivität überwinden, wenn wir ihm nachweisen, daß er dafür verantwortlich ist, ob er sich mit dieser seiner Aggressivität identifiziert oder von ihr distanziert. (VIKTOR E. FRANKL, Der Wille zum Sinn, Hans Huber, Bern 1972, und "Encounter", The Journal of the American Academy of Psychoanalysis, 1, 73, 1973.) Wobei wir bemerken, daß das letztere eine Manifestation der spezifisch menschlichen Fähigkeit zur Selbst-Distanzierung ist, während sich die andere spezifisch menschliche Fähigkeit, die zur Selbst-Transzendenz, in der besprochenen Intentionalität des Hasses (im Gegensatz zur Nicht-Intentionalität der Aggression) manifestiert.

Dazu kommt, daß das Gerede von den „aggressiven Potentialen" nahelegt, sie kanalisieren und sublimieren zu wollen. „Doch die Wirklichkeit sieht anders aus", um den „Münchner Merkur" (15./16. Dezember 1973) zu zitieren, der auf Experimente verweist, die den gegenteiligen Schluß nahelegen: „Sport macht aggressiv. Würden sich die Mannschaftsspieler im Verlauf eines Wettkampfes abreagieren, dann müßte es logischerweise zu Beginn eines Spiels zum Beispiel mehr Fouls geben als kurz vor dem Schlußpfiff. Denn bis dahin müßten die überschüssigen, angesammelten Energien längst verpufft sein." (l. c.) Doch VOLKAMER, Professor für Leibeserziehung in Osnabrück, habe es „an 600 Basketballspielern nachgezählt: Während der letzten fünf Spielminuten steigt die Zahl der Fouls auf das Fünffache des Durchschnittswerts für die gesamte Spieldauer, die Aggressivität nimmt also zu." (l. c.) Und Ähnliches habe VOLKAMER an rund zweitausend Fußballspielern beobachten können. Professor M. GLUCKMANN aus Manchester meint ebenfalls, daß Spiele die Aggressivität eher stimulieren, als daß sie solche abbauen („Kein Ersatzkrieg", Euro-med 12, 1972).

Anscheinend ist es also nicht weit her mit der Katharsistheorie, einer auf ARISTOTELES zurückgehenden Auffassung, nach der das Zusehen bei

Gewaltdarstellungen zur Abnahme von aggressiven Tendenzen beim Beobachter führe. Vielmehr „kann die Aggressivität eines Menschen durch Beobachtungen aggressiver Handlungen entstehen und ansteigen. Insbesondere ungefestigte und vor allem solche Personen, die keine Modelle haben, die alternative Verhaltensweisen zur Durchsetzung im Leben vormachen, lernen von aggressiven Vorbildern die Einstellung, das Leben sei nicht viel mehr als eine Kette aggressiver Szenen von Schlägereien und Mordtaten." Auf Grund von Feldstudien kommt diese Lerntheorie zu dem Ergebnis, „aggressives Verhalten wird ganz entscheidend durch aggressive Modelle in Massenmedien mitbestimmt". (RUDOLF STEFEN, „Gewaltkriminalität durch Gewaltdarstellungen in Massenmedien?" Medien & Sexual-Pädagogik 1, 3, 1973.) Sogar "TV Guide" (February 2, 1974) gibt bereits zu: "A few early scientific studies suggested that TV violence might actually make viewers less aggressive. Later research has contradicted this theory. There is little doubt that, by displaying forms of aggressions or mode of criminal and violent behavior, the media are 'teaching' and people are 'learning'."

Wie Verhaltensforscher aus der Schule KONRAD LORENZ' nachweisen konnten, wird Aggressivität, die — etwa auf dem Fernsehschirm — auf harmlose Objekte abgelenkt und an ihnen abreagiert werden soll, in Wirklichkeit überhaupt erst provoziert und, wie ein Reflex, solcherart nur noch mehr gebahnt. Auch MILTON S. EISENHOWERS National Commission on the Causes and Prevention of Violence veröffentlichte Ende der sechziger Jahre einen Bericht, der eindeutig feststellte: Gewalt im Fernsehen fördert gewaltsame Verhaltensformen. Diese Feststellung bestätigte, was psychologische Untersuchungen längst herausgefunden hatten: Wenn man einer Person Filme von Gewalttätigkeiten zeigt, verhält sie sich anschließend aggressiver und feindseliger als vorher. (PHYLIS FEINSTEIN: Alles über Sesame Street. Die Geschichte der revolutionären Fernsehreihe für Kinder. Wilhelm Heyne Verlag, München 1972.) BROMLEY H. KNIVETON und GEOFFREY M. STEPHENSTON experimentierten mit Kindern, denen Filme mit aggressiven Akten vorgeführt wurden, und die Forscher konnten ebenfalls nachweisen, daß dann die Aggressivität der Kinder durchwegs zunahm. Und wie FREDERIC WERTHAM ("Critique of the Report to the Surgeon General from The Committee on Television and Social Behavior", American Journal of Psychotherapy 26, 216, 1972) hervorhebt, sei Folgendes festgestellt worden: "The constant diet of violent behavior on television has an adverse effect on human character and attitudes. TV violence was found in hundreds of cases to have harmful effects. Clinical studies have demonstrated adverse effects on children and youth of television violence, brutality, and sadism." Auch räumt Wertham auf mit dem Vorurteil und Aberglauben, daß wir die Brutalität im Fernsehen brauchen, um aggressive

Impulse zu entladen und uns wirkliche Aggressivität solcherart zu ersparen — welchen frommen Glauben er als "the old getting-rid-of-aggression notion" abtut.

Allgemeiner faßt sich die Soziologin CAROLYN WOOD SHERIF von der Pennsylvania State University: "There is a substantial body of research evidence that the successful execution of aggressive actions far from reducing subsequent aggression, is the best way to increase the frequency of aggressive responses (SCOTT, BERKOWITZ, PANDURA, ROSS und WALTERS). Such studies have included both animal and human behavior." (Intergroup Conflict and Competition: Social-Psychological Analysis. Vortrag, Scientific Congress, XX. Olympiade, München, 22. 8. 1972.)

Des weiteren berichtete Professor SHERIF aus den Vereinigten Staaten, daß die volkstümliche Vorstellung, der sportliche Wettkampf sei ein Ersatzkrieg ohne Blutvergießen, falsch ist: Drei Gruppen Jugendlicher in einem abgeschlossenen Camp hätten gerade durch sportliche Wettkämpfe Aggressionen gegeneinander aufgebaut, statt sie abzubauen. Die Pointe kommt aber erst: Ein einziges Mal waren unter den Lagerinsassen die gegenseitigen Aggressionen wie hinweggefegt, und das war der Fall, als die jungen Leute einen im lehmigen Boden steckengebliebenen Karren, mit dem die Lebensmittel in das Lager transportiert werden sollten, mobilisieren mußten; die wenn auch anstrengende, so doch sinnvolle „Hingabe an eine Aufgabe"[1]) hatte sie ihre Aggressionen buchstäblich „vergessen" lassen. (VIKTOR E. FRANKL, Anthropologische Grundlagen der Psychotherapie, Hans Huber, Bern 1975.)

Damit stehen wir auch schon vor den Möglichkeiten einer logotherapeutischen Intervention, die ja als solche, als logotherapeutische, auf eine Überwindung des Sinnlosigkeitsgefühls durch die Ingangsetzung von Sinnfindungsprozessen abzielt. Tatsächlich konnte LOUIS S. BARBER an dem von ihm geleiteten Rehabilitationszentrum für Kriminelle binnen 6 Monaten den auf Grund von Tests ermittelten Pegel erlebter Sinnerfüllung von 86.13 auf 103.46 erhöhen, indem er das Rehabilitationszentrum zu einer „logotherapeutischen Umwelt" ausgestaltete. Und während die durchschnittliche Rückfallrate in den USA 40% beträgt, konnte Barber mit einem Prozentsatz von 17 aufwarten.

---

[1]) Auch auf die Menschheit im ganzen läßt sich dies anwenden: auch für sie gibt es letzten Endes nur dann Hoffnung, wenn sie sich durchzuringen vermöchte zu gemeinsamen Aufgaben, zu einem einigenden Anliegen — geeint in einem gemeinsamen Willen zum gemeinsamen Sinn. Hier sehe ich viel eher noch einen fruchtbaren Ansatz zur Friedensforschung als in dem endlosen Wiederkäuen des Geredes von aggresiven Potentialen, mit welchem Konzept man die Menschen glauben macht, Gewalt und Krieg seien Schicksal.

Nach Besprechung der vielfachen und vielfältigen Erscheinungs- und Ausdrucksformen existentieller Frustration hätten wir uns nun zu fragen, wie muß die Verfassung menschlichen Daseins beschaffen sein — was ist die ontologische Voraussetzung dafür, daß sagen wir die 60 Studenten, die von der Idaho State University untersucht wurden, ohne Vorliegen irgendwelcher psychophysischer oder sozioökonomischer Gründe Selbstmord versuchen konnten. Mit einem Wort, wie muß menschliches Dasein konstituiert sein, daß so etwas wie existentielle Frustration überhaupt möglich ist. Mit anderen Worten — mit den Worten von KANT, fragen wir nach der „Bedingung der Möglichkeit" von existentieller Frustration, und wir gehen wohl nicht fehl, wenn wir annehmen, daß der Mensch so strukturiert ist — daß seine Verfassung so ist, daß er ohne Sinn eben einfach nicht auskommt. Mit einem Wort, die Frustration eines Menschen läßt sich nur verstehen, wenn wir seine Motivation verstehen. Und die ubiquitäre Präsenz des Sinnlosigkeitsgefühls mag uns als Indikator dienen, wo es darum geht, die primäre Motivation zu finden — das, was der Mensch letztlich will.

Die Logotherapie lehrt, daß der Mensch im Grunde eben von einem „Willen zum Sinn" (VIKTOR E. FRANKL, Der unbedingte Mensch, Franz Deuticke, Wien 1949) durchdrungen ist. Diese ihre Motivationstheorie aber läßt sich noch vor deren empirischer Verifizierung und Validierung auch operational definieren, indem wir folgende Erklärung abgeben: Willen zum Sinn nennen wir einfach das, was da im Menschen frustriert wird, wann immer er dem Sinnlosigkeits- und Leeregefühl anheimfällt.

JAMES C. CRUMBAUGH und LEONARD T. MAHOLICK (Eine experimentelle Untersuchung im Bereich der Existenzanalyse: Ein psychometrischer Ansatz zu VIKTOR FRANKLS Konzept der „noogenen Neurose", in: Die Sinnfrage in der Psychotherapie, herausgegeben von NIKOLAUS PETRILOWITSCH, Wissenschaftliche Buchgesellschaft, Darmstadt 1972) haben sich ebenso wie ELISABETH S. LUKAS (Logotherapie als Persönlichkeitstheorie, Dissertation, Wien 1971) an Hand Tausender Versuchspersonen um die empirische Grundlegung der Lehre vom Willen zum Sinn bemüht. Inzwischen werden immer mehr Statistiken bekannt, aus denen die Legitimität unserer Motivationstheorie hervorgeht. Aus der Fülle des in letzter Zeit angefallenen Materials greife ich nur die Ergebnisse eines Forschungsprojekts heraus, das vom American Council on Education gemeinsam mit der University of California in Angriff genommen worden war. Unter 189.733 Studenten an 360 Universitäten galt das primäre Interesse von 73.7% — es handelt sich um den höchsten Prozentsatz! — einem einzigen Ziele: "developing a meaningful philosophy of life" — sich zu einer Weltanschauung durchringen, von der aus das Leben sinnvoll ist. Der Bericht wurde 1974 veröffentlicht. 1972 waren es nur 68.1% gewesen (ROBERT L. JACOBSON, The Chronicle of Higher Education).

Es darf hier aber auch auf das Ergebnis einer 2jährigen statistischen Untersuchung verwiesen werden, die von der höchsten Instanz psychiatrischer Forschung in den USA, nämlich dem National Institute of Mental Health, veröffentlicht wurde und aus der hervorgeht, daß 7.948 Studenten, die an 48 amerikanischen Hochschulen befragt worden waren, etwa zu 16% ihr Ziel darin sahen, "to make a lot of money" — möglichst viel Geld zu machen; während die Spitzengruppe — es handelte sich um 78% — eines wollten: "to find a meaning and purpose to my life" — in ihrem Leben einen Sinn finden.

78%. Und das ist genau der Prozentsatz, dem wir in einem anderen Zusammenhang begegnen: eine Umfrage unter Jugendlichen, die in einem kommunistischen Staat leben, hat ergeben, daß sie „als höchstes Lebensziel ansehen: ihren Lebensstandard verbessern". Hier wird, meine ich, eine Gefahr eklatant, die dann einer motivationstheoretischen Erhebung droht, wenn sie nicht kritisch reflektiert wird. Denn selbstverständlich wird jemand, der krank ist, zunächst einmal gesund werden wollen, um dann, wenn er wieder gesund ist, endlich das tun zu können, was seinem Leben Sinn gibt. In einem solchen Falle wäre es also verfehlt, Gesundheit als etwas auszugeben, das „als höchstes Lebensziel angesehen wird". Vielmehr hätte ich eine solche Zielsetzung jeweils erst noch zu „hinterfragen", um mit FRITZ ZAWADIL zu sprechen, und es will uns scheinen, als ließe sich dies eigentlich nicht anders als auf dem Wege eines sokratischen Dialogs bewerkstelligen. Leider hilft uns auch ABRAHAM MASLOWS Lehre von der Bedürfnishierarchie nicht weiter[1]). Was da Not tut, ist nämlich nicht die Aufgliederung von Bedürfnissen in „höhere" und „niedrigere", sondern ihre Perlustrierung darauf hin, ob es sich jeweils um einen Sinn, einen Zweck handelt, oder aber nur um ein Mittel zum Zweck. Daß sich diese Perlustrierung erübrigt, wenn — wie im Falle der amerikanischen (im Gegensatz

[1]) Vgl. Anmerkung S. 60   Abb. 1

zu den kommunistischen) Studenten — von vornherein kritisch formuliert wird, ist klar.

Klar wird aber auch, welcher Fehleinschätzung wir aufsitzen, wenn wir die Mittel-Zweck-Differenzierung vernachlässigen, — klar wird es, sobald wir auf folgende, der berühmten Peanuts-Serie entnommene Comic strips (Abb. 1) einen Blick werfen: Der Hund Snoopie leidet anscheinend — und scheinbar entgegen unserer Lehre von der spezifischen Humanität von Selbst-Transzendenz und Sinnwillen — am Sinnlosigkeits- und Leeregefühl (auf englisch: "feeling of meaninglessness" und "emptiness"). Da bringt ihm Charlie Brown die Futterration, und auf einmal erscheint ihm das Leben wieder sinnvoll. Wir lachen. Und warum? Genau aus dem Grunde, weil uns nicht eingefallen wäre, in der Nahrung mehr zu sehen als ein Mittel zum Zweck. Was eine Bedingung ist, um am Leben zu bleiben, ist noch lange nicht imstande, dem Leben auch Sinn zu geben.

Wenden wir uns nunmehr der Frage zu, was wir gegenüber der existentiellen Frustration, also der Frustration des Willens zum Sinn, und gegenüber der noogenen Neurose unternehmen können — war doch soeben von Sinngebung die Rede. Nun, eigentlich läßt sich Sinn gar nicht geben, und am allerwenigsten kann der Therapeut ihn geben — dem Leben des Patienten einen Sinn geben oder diesen Sinn dem Patienten mit auf den Weg geben. Sondern Sinn muß gefunden werden, und er kann jeweils nur von einem selbst gefunden werden. Und zwar wird dieses Geschäft vom eigenen Gewissen besorgt. In diesem Sinne haben wir das Gewissen als das „Sinn-Organ" bezeichnet (VIKTOR E. FRANKL, Logotherapie und Religion, in: Psychotherapie und religiöse Erfahrung, herausgegeben von WILHELM BITTER, Ernst Klett, Stuttgart 1965).

Sinn läßt sich also nicht verschreiben; aber was wir sehr wohl zu tun vermöchten, ist eine Be-schreibung dessen, was da im Menschen vorgeht, wann immer er auf die Suche nach Sinn geht.[1]) Es stellt sich nämlich heraus, daß die Sinnfindung auf eine Gestaltwahrnehmung hinausläuft — ganz im Sinne von MAX WERTHEIMER und KURT LEWIN, die bereits von einem „Aufforderungscharakter" sprechen, der bestimmten Situationen innewohne. Nur daß es sich bei einer Sinngestalt nicht um eine „Figur" handelt, die uns vor einem „Hintergrund" in die Augen springt, sondern was bei der Sinnfindung jeweils wahrgenommen wird, ist — auf dem Hintergrund

---

[1]) "What is it ultimately about, human life, that is? We hear this question again and again in our psychotherapy sessions. Who can tell whom what? All we can do is study the lives of people who seem to have found their answers as against those who have not. The study of these lives seems to me to be a basically important method for the humanistic psychologist." (CHARLOTTE BÜHLER, "Basic Theoretical Concepts of Humanistic Psychology", American Psychologist 26, 378, April 1971.)

der Wirklichkeit — eine Möglichkeit: die Möglichkeit, die Wirklichkeit — so oder so — zu verändern.

Nun zeigt sich, daß der schlichte und einfache Mensch — also nicht einer, der jahrelanger Indoktrination ausgesetzt war, sei es als Student an einer Universität, sei es als Patient auf einer Couch — es zeigt sich, daß der schlichte und einfache Mensch immer schon darum weiß, auf welchen Wegen sich Sinn finden — das Leben mit Sinn erfüllen läßt. Nämlich zunächst einmal dadurch, daß wir eine Tat setzen oder ein Werk schaffen, also schöpferisch. Aber auch durch ein Erlebnis, also dadurch, daß wir etwas erleben — etwas oder jemanden, und jemanden in seiner ganzen Einmaligkeit und Einzigartigkeit erleben heißt ihn lieben. Aber das Leben erweist sich als bedingungslos sinnvoll, es bleibt sinnvoll — es hat Sinn und behält ihn — unter allen Bedingungen und Umständen. Denn kraft eines präreflexiven ontologischen Selbst-Verständnisses, aus dem sich eine ganze Axiologie destillieren läßt, weiß der Mann von der Straße nicht zuletzt auch[1]) darum, daß er auch dann noch, ja gerade dann, wenn er mit einem unabänderlichen Faktum konfrontiert ist, eben in der Bewältigung dieser Situation sein Menschsein bewähren — Zeugnis davon ablegen kann, wessen der Mensch fähig ist. Was dann zählt, ist also die Haltung und Einstellung, mit der er die unausweichlichen Schicksalsschläge des Lebens abfängt. Diesem Leben Sinn abzuringen und abzugewinnen, ist dem Menschen also bis zu seinem letzten Atemzug vergönnt und verstattet.

Diese im Rahmen der Logotherapie ursprünglich intuitiv entwickelte Logo-Theorie — die Lehre von den ursprünglich so benannten „schöpferischen, Erlebnis- und Einstellungswerten" (VIKTOR E. FRANKL, „Zur geistigen Problematik der Psychotherapie", Zentralblatt für Psychotherapie 10, 33, 1938) — wurde inzwischen empirisch verifiziert und validiert. So konnten BROWN, CASCIANI, CRUMBAUGH, DANSART, DURLAK, KRATOCHVIL, LUKAS, LUNCEFORD, MASON, MEIER, MURPHY, PLANOVA, POPIELSKI, RICHMOND, ROBERTS, RUCH, SALLEE, SMITH, YARNELL und YOUNG nachweisen, daß Sinnfindung und -erfüllung unabhängig sind vom jeweiligen Alter und Bildungsgrad und vom männlichen bzw. weiblichen Geschlecht, aber auch davon, ob jemand religiös bzw. irreligiös ist, und wenn er sich zur Religion bekennt, unabhängig von der Konfession, zu der er

---

[1]) Dank dem präreflexiven ontologischen Selbst-Verständnis weiß der Mann von der Straße nämlich zunächst einmal darum, daß jede einzelne Situation eine Frage ist, auf die er antworten muß, sodaß er eigentlich gar nicht nach dem Sinn seines Daseins fragen kann, denn „das Leben selbst ist es, das dem Menschen Fragen stellt: Er hat nicht zu fragen, er ist vielmehr der vom Leben her Befragte, der dem Leben zu antworten — das Leben zu verantworten hat." (VIKTOR E. FRANKL, Ärztliche Seelsorge, Franz Deuticke, Wien 1946.)

sich bekennt. Und dasselbe gilt vom IQ. (VIKTOR E. FRANKL, Der unbewußte Gott, Kösel-Verlag, München 1974.) Zuletzt konnte BERNARD DANSART mit Hilfe eines von ihm entwickelten Tests die Einführung des Begriffs „Einstellungswerte" empirisch legitimieren (Development of a Scale to Measure Attitudinal Values as Defined by VIKTOR FRANKL, Dissertation, Northern Illinois University, 1974).

Wie sieht nun die Nutzanwendung dieser Logo-Theorie in der Praxis aus? In diesem Zusammenhang möchte ich den Fall einer Krankenschwester zitieren, die mir im Rahmen eines Seminars, das ich für das Department of Psychiatry an der Stanford University zu halten hatte, vorgestellt wurde: Diese Patientin litt an einem nicht operierbaren Krebs, und sie wußte darum. Weinend trat sie ins Zimmer, in dem die Stanford-Psychiater versammelt waren, und mit von Tränen erstickter Stimme sprach sie von ihrem Leben, von ihren begabten und erfolgreichen Kindern und davon, wie schwer es ihr nun falle, von alledem Abschied zu nehmen. Bis zu diesem Zeitpunkt hatte ich, offen gesagt, noch keinen Ansatzpunkt gefunden, um logotherapeutisches Gedankengut in die Diskussion zu werfen. Nunmehr ließ sich das in ihren Augen Negativste, daß sie das für sie Wertvollste in der Welt zurücklassen muß, in etwas Positives umsetzen, als etwas Sinnvolles verstehen und deuten: Ich brauchte sie nur zu fragen, was denn eine Frau sagen soll, die keine Kinder hätte. Ich sei zwar überzeugt, daß auch das Leben einer kinderlos gebliebenen Frau keineswegs sinnlos bleiben muß. Aber ich könnte mir sehr wohl vorstellen, daß eine solche Frau zunächst einmal verzweifelt, weil eben nichts und niemand da ist, den sie „in der Welt zurücklassen muß", wenn es dazu kommt, von der Welt Abschied zu nehmen. In diesem Augenblick hellten sich die Züge der Patientin auf. Plötzlich war sie sich dessen bewußt, daß es nicht darauf ankommt, ob wir Abschied nehmen müssen, denn früher oder später muß es jeder von uns. Sehr wohl kommt es aber darauf an, ob überhaupt etwas existiert, von dem wir Abschied nehmen müssen. Etwas, das wir in der Welt zurücklassen können, mit dem wir einen Sinn und uns selbst erfüllen an dem Tag, an dem sich unsere Zeit erfüllt. Es läßt sich kaum beschreiben, wie erleichtert die Patientin war, nachdem das sokratische Gespräch zwischen uns eine kopernikanische Wendung genommen hatte.

Ich möchte nun dem logotherapeutischen Stil einer Intervention den psychoanalytischen gegenüberstellen, wie er aus einer Arbeit von EDITH WEISSKOPF-JOELSON (einer amerikanischen Anhängerin der Psychoanalyse, die sich heute zur Logotherapie bekennt) hervorgeht: „Die demoralisierende Wirkung der Verleugnung eines Lebenssinns, vor allem des tiefen Sinnes, der potentiell dem Leiden innewohnt, läßt sich an Hand einer Psychotherapie illustrieren, die ein Freudianer einer Frau zuteil werden ließ, die an einem unheilbaren Krebs litt." Und WEISSKOPF-JOELSON läßt K. EISSLER zu Wort kommen: „Sie verglich die Sinnfülle ihres früheren Lebens mit der Sinnlosigkeit der gegenwärtigen Phase; aber selbst jetzt, wo sie nicht mehr in ihrem Beruf arbeiten konnte und sich für viele Stunden am Tag hinlegen mußte, sei ihr Leben trotzdem sinnvoll, meinte sie, und zwar insofern, als ihr Dasein für ihre Kinder wichtig war und sie selber so eine Aufgabe zu erfüllen hatte. Wenn sie aber einmal ins Spital eingeliefert würde, ohne Aussicht, jemals nach Hause zurückkehren zu können, und nicht mehr fähig, das Bett zu verlassen, würde aus ihr ein Klumpen nutzlosen faulenden Fleisches werden und ihr Leben jeden Sinn verlieren. Zwar war sie bereit, alle Schmerzen so lange zu ertragen, als dies noch irgendwie sinnvoll wäre; aber wozu wollte ich sie dazu verurteilen, ihre Leiden zu einer Zeit zu erdulden, zu der das Leben längst keinen Sinn mehr hätte? Daraufhin erwiderte ich, daß sie meines Erachtens einen groben Fehler begehe; denn ihr ganzes Leben sei sinnlos und von jeher sinnlos gewesen, noch bevor sie jemals erkrankt wäre. Einen Sinn des Lebens zu finden, sagte ich, hätten die Philosophen noch immer vergeblich versucht, und so bestehe denn auch der Unterschied zwischen ihrem früheren und ihrem gegenwärtigen Leben einzig und allein darin, daß sie in dessen früherer Phase an einen Sinn des Lebens noch zu glauben vermochte, während sie in der gegenwärtigen Phase eben nicht mehr imstande war, es zu tun. In Wirklichkeit, schärfte ich ihr ein, seien beide Phasen ihres Lebens ganz und gar sinnlos gewesen. Auf diese Eröffnung hin reagierte die Patientin, indem sie ratlos war, mich nicht recht zu verstehen vorgab und in Tränen ausbrach."[1]

Eissler gab der Patientin nicht etwa den Glauben, daß auch noch das Leiden einen Sinn haben kann, sondern er nahm ihr auch noch den Glauben, daß das ganze Leben auch nur den geringsten Sinn haben könnte. Fragen wir uns aber nicht nur, wie ein Psychoanalytiker, sondern auch, wie ein Verhaltenstherapeut Fällen von menschlicher Tragik wie dem bevorstehenden eigenen Tode oder dem Tode eines anderen gegenübertritt. Einer der repräsentativsten Vertreter der lerntheoretisch begründeten Verhaltensmodifikation läßt es uns wissen: In solchen Fällen „sollte der Patient telephonische Anrufe besorgen, auf der Wiese das Gras mähen oder Geschirr waschen, und diese Betätigungen sollten vom Therapeuten gelobt und anderweitig belohnt werden".[2]

Wie sollte auch eine Psychotherapie, die ihr Menschenverständnis von Rattenexperimenten bezieht, mit dem fundamental-anthropologischen Faktum fertig werden, daß der Mensch einerseits mitten in der Überflußgesellschaft Selbstmord begeht und anderseits bereit ist zu leiden, voraus-

---

[1] K. Eissler, The Psychiatrist and the Dying Patient, New York 1955, S. 190 f.
[2] J. Wolpe, in: American Journal of Psychotherapy 25, S. 362, 1971.

gesetzt, daß sein Leiden Sinn hat? Vor mir liegt der Brief eines jungen Psychologen, der mir schildert, wie er versucht habe, seine sterbende Mutter innerlich aufzurichten. „Es war eine bittere Erkenntnis für mich", — schreibt er dann — „daß ich nichts von all dem, das ich in 7 langen Jahren des Studiums gelernt hatte, verwenden konnte, um meiner Mutter die Härte und Endgültigkeit ihres Schicksals zu erleichtern" — nichts, als was er während seiner anschließenden logotherapeutischen Ausbildung gelernt hatte „vom Sinn des Leidens und von der reichen Ernte in die Geborgenheit der Vergangenheit". Und angesichts dessen habe er sich eingestehen müssen, daß diese „teilweise unwissenschaftlichen, jedoch weisen Argumente in letzter menschlicher Instanz das höhere Gewicht besitzen." (Anmerkung 4.)

Es ist auch nicht ausgeschlossen, daß eine an der spezifisch humanen Problematik vorbeigehende, sie aus dem humanen Raum in die subhumane Ebene projizierende Psychotherapie nicht nur gegenüber der existentiellen Frustration hilflos ist, sondern zu ihrer Verdrängung damit aber auch zur Entstehung einer noogenen Neurose beiträgt. ZEV W. WANDERER vom Center for Behavior Therapy (Beverly Hills, California) scheinen solche Bedenken nicht geplagt zu haben, wenn er in einem Falle von „existential depression" die verhaltenstherapeutische Technik des "thought-stopping" anwandte (J. Behav. Ther. & Exp. Psychiat. 3, 111, 1972).

Daß aber nicht nur eine verhaltenstherapeutische, sondern auch eine psychoanalytische Behandlung an der spezifisch humanen Problematik vorübergehen kann und daß dergleichen nicht nur einem Patienten, sondern auch einem Therapeuten passieren kann, geht aus folgendem Protokoll hervor: "Since the summer of 1973 I have been employed as an assistant psychologist by two psychiatrists in San Diego. During my supervision sessions I often disagreed with the psychoanalytic theory that my employers sought to teach me. Yet, as their manner was very authoritarian I was fearful of expressing my contrary opinions. I feared that I might lose my job. I therefore suppressed my own opinions to a large degree. After several months of this self-suppression, I began to feel anxiety during my supervision session. I began to accept the therapeutic aid of some of my friends. However, we succeeded only in making the anxiety problem worse; for what did we do but approach the problem in a somewhat psychoanalytic manner. We sought to uncover the early traumas in me that were causing my transference anxiety with my supervisors. We studied my early relationship to my father, etc., to no avail. Thus, I increasingly found myself in a state of hyper-reflection, and my condition grew worse. My anxiety rose to such a level at my supervision sessions that I had to mention it to the psychiatrists in order to explain my behavior. They recommended that I see a psychoanalytically oriented psychotherapist for personal therapy in order to get to the hidden meaning of this anxiety. Not being able to afford such professional help, my friends and I increased our efforts to uncover the deep hidden meaning of my anxiety; and I became worse. I often had extreme anxiety attacks. My recovery began with Dr. FRANKL's class Man's Search for Meaning on January 8th, 1974. I heard Dr. FRANKL speak of the difficulties encountered when one tries to psychoanalytically unmask an authentic response. During that 4 hour class I began to see how the therapy I had undergone had increased my problem: an iatrogenic neurosis almost. I began to see that it was my own self-suppression in the supervision sessions that had caused my anxiety. My disagreement with the psychiatrists and my fear of expressing this disagreement had caused my reaction. I quickly ended the therapy and felt better upon doing so. Yet, the real change came during my next supervision session. During this session I began to express my opinions and disagreements with the psychiatrists when I actually felt such disagreements. I felt no fear of losing my job, for my peace of mind had become far more important than my job. As I began to express myself in this session, I immediately felt my anxiety beginning to decrease. In the past two weeks, my anxiety has decreased by about 90%."

Inzwischen dürfte klar geworden sein, daß nur eine Psychotherapie, die es wagt, über Psychodynamik und Verhaltensforschung hinauszugehen und in die Dimension der spezifisch humanen Phänomene einzusteigen, mit einem Wort, daß nur eine rehumanisierte Psychotherapie imstande sein wird, die Zeichen der Zeit zu verstehen und den Nöten der Zeit sich zu stellen. Mit anderen Worten, es dürfte inzwischen klar geworden sein, daß wir, um die existentielle Frustration oder gar eine noogene Neurose auch nur zu diagnostizieren, im Menschen ein Wesen sehen müssen, das — kraft seiner Selbst-Transzendenz — ständig auf der Suche nach Sinn ist. Was aber nicht die Diagnose, sondern die Therapie anlangt, und zwar nicht die Therapie der noogenen, sondern die Therapie der psychogenen Neurose, müssen wir, um alle Möglichkeiten auszuschöpfen, auf die den Menschen nicht weniger auszeichnende Fähigkeit zur Selbst-Distanzierung zurückgreifen, und ihr begegnen wir nicht zuletzt in Form seiner Fähigkeit zum Humor. Eine humane, eine humanisierte, eine rehumanisierte Psychotherapie setzt also voraus, daß wir die Selbst-Transzendenz in den Blick bekommen und die Selbst-Distanzierung in den Griff bekommen. Beides ist aber nicht möglich, wenn wir im Menschen ein Tier sehen. Kein Tier schert sich um den Sinn des Lebens, und kein Tier kann lachen. Damit ist nicht gesagt, daß der Mensch nur Mensch und nicht auch Tier ist. Die Dimension des Menschen ist ja gegenüber der Dimension des Tieres die höhere, und das heißt, daß sie die niedrigere Dimension einschließt. Die Feststellung spezifisch humaner Phänomene im Menschen und die gleichzeitige Anerkennung subhumaner Phänomene an ihm widersprechen einander also gar nicht, denn zwischen dem Humanen und dem Subhumanen besteht ja kein Ausschließlichkeits-, sondern — wenn ich so sagen darf — ein Einschließlichkeitsverhältnis.

Die Technik der paradoxen Intention

Es ist nun genau das Anliegen der logotherapeutischen Technik der paradoxen Intention, die Fähigkeit zur Selbst-Distanzierung im Rahmen der Behandlung der psychogenen Neurose zu mobilisieren, während einer weiteren logotherapeutischen Technik, der Dereflexion, das andere fundamental-anthropologische Faktum, nämlich die Selbst-Transzendenz, zugrunde liegt. Um diese beiden Behandlungsmethoden zu verstehen, müssen wir aber von der Neurosentheorie der Logotherapie ausgehen.

Wir unterscheiden da drei pathogene Reaktionsmuster. Das erste läßt sich folgendermaßen beschreiben: Der Patient reagiert auf ein gegebenes Symptom (Abb. 2) mit der Befürchtung, es könnte wieder auftreten, also mit Erwartungsangst, und diese Erwartungsangst bringt es mit sich, daß das Symptom dann auch wirklich wieder auftritt — ein Ereignis, das den Patienten in seiner ursprünglichen Befürchtung nur bestärkt.

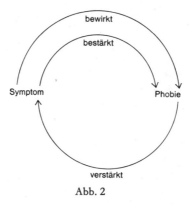

Abb. 2

Nun kann das, vor dessen Wiederauftreten der Patient solche Angst hat, unter Umständen auch die Angst sein. Unsere Patienten sprechen da von einer „Angst vor der Angst", und zwar ganz spontan. Und wie wird diese Angst von ihnen motiviert? Nun, für gewöhnlich fürchten sie sich vor dem Ohnmächtigwerden, vor einem Herzinfarkt oder davor, daß sie der Schlag treffen könnte. Wie reagieren sie aber auf ihre Angst vor der Angst? Mit Flucht. Sie vermeiden es etwa, das Haus zu verlassen. Tatsächlich ist die Agoraphobie das Paradigma dieses ersten, des angstneurotischen Reaktionsmusters.

Warum soll dieses Reaktionsmuster aber „pathogen" sein? Auf einem auf Einladung der American Association for the Advancement of Psychotherapy gehaltenen Vortrag (New York, 26. Februar 1960) haben wir es folgendermaßen formuliert: "Phobias and obsessive-compulsive neuroses are partially due to the endeavor to avoid the situation in which anxiety arises." (VIKTOR E. FRANKL, "Paradoxial Intention: A Logotherapeutic Technique", American Journal of Psychotherapy 14, 520, 1960.) Diese unsere Auffassung jedoch, daß die Flucht vor der Angst durch das Vermeiden der die Angst auslösenden Situation für die Perpetuierung des angstneurotischen Reaktionsmusters so entscheidend ist, — diese unsere Auffassung ist inzwischen auch von verhaltenstherapeutischer Seite wiederholt bestätigt worden. So sagt I. M. MARKS ("The Origins of Phobic States", American Journal of Psychotherapy 24, 652, 1970): "The phobia is maintained by the anxiety reducing mechanism of avoidance." Wie denn überhaupt nicht zu verkennen ist, daß die Logotherapie Vieles vorweggenommen hat, das später von der Verhaltenstherapie auf eine solide experimentelle Grundlage gestellt wurde. War es doch bereits 1947, daß wir folgende Ansicht vertraten: „Bekanntlich kann man die Neurose in einem gewissen Sinne und mit einem gewissen Recht auch als bedingten Reflex-Mechanismus auffassen. Allen vornehmlich analytisch orientierten seelenärztlichen Behandlungsmethoden geht es dann vorwiegend darum, die primären Bedingungen des bedingten Reflexes, nämlich die äußere und innere Situation des erstmaligen Auftretens eines neurotischen Symptoms, bewußtseinsmäßig zu erhellen. Wir aber sind der Ansicht, daß die eigentliche Neurose — die manifeste, die bereits fixierte — nicht nur durch ihre primäre Bedingung verursacht ist, sondern durch ihre (sekundäre) Bahnung. Gebahnt jedoch wird der bedingte Reflex, als welchen wir das neurotische Symptom jetzt aufzufassen versuchen, durch den Circulus vitiosus der Erwartungsangst! Wollen wir demnach einen eingeschliffenen Reflex sozusagen entbahnen, dann gilt es allemal, die Erwartungsangst zu beseitigen, und zwar in jener angegebenen Art und Weise, als deren Prinzip wir die paradoxe Intention hingestellt haben." (VIKTOR E. FRANKL, Die Psychotherapie in der Praxis, Franz Deuticke, Wien 1947.)

Das zweite pathogene Reaktionsmuster ist nun nicht in angstneurotischen, sondern in zwangsneurotischen Fällen zu beobachten. Der Patient steht unter dem Druck (Abb. 3) der auf ihn einstürmenden Zwangsvorstellungen und reagiert auf sie, indem er sie zu unterdrücken versucht. Er sucht also, einen Gegendruck auszuüben. Dieser Gegendruck aber ist es, was den ursprünglichen Druck nur erhöht. Wieder schließt sich der Kreis, und wieder schließt sich der Patient in diesen Teufelskreis ein. Was die Zwangsneurose charakterisiert, ist aber nicht, wie im Falle der Angstneurose, eine Flucht, sondern der Kampf, das Ankämpfen gegen die Zwangsvorstellungen. Wieder hätten wir uns zu fragen, was ihn dazu bewegt und veranlaßt. Und es stellt sich heraus, daß sich der Patient entweder davor fürchtet, die Zwangsvorstellungen könnten mehr als eine Neurose sein, indem sie eine Psychose signalisieren. Oder der Patient fürchtet sich davor, er könnte Zwangsvorstellungen kriminellen Inhalts in die Tat umsetzen, indem er jemandem etwas antut — jemandem oder sich selbst. So oder so: der an einer Zwangsneurose leidende Patient hat nicht Angst vor der Angst selbst, sondern Angst vor sich selbst.

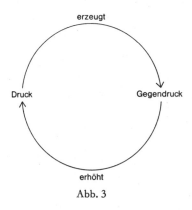

Abb. 3

Es ist nun die Aufgabe der paradoxen Intention, die beiden Zirkelmechanismen zu sprengen, aufzubrechen, aus den Angeln zu heben. Und zwar geschieht das, indem den Befürchtungen des Patienten der Wind aus den Segeln genommen wird, indem er also, wie sich ein Patient einmal ausdrückte, „den Stier bei den Hörnern packt". Wobei darauf Rücksicht zu nehmen ist, daß sich der Angstneurotiker vor etwas fürchtet, das ihm widerfahren könnte, während sich der Zwangsneurotiker auch vor etwas fürchtet, das er anstellen könnte. Beides wird nun berücksichtigt, wenn wir die paradoxe Intention folgendermaßen definieren: Der Patient wird angewiesen, genau das, wovor er sich immer sosehr gefürchtet hatte, nunmehr sich zu wünschen (Angstneurose) bzw. sich vorzunehmen (Zwangsneurose).

Wie wir sehen, handelt es sich bei der paradoxen Intention um eine Inversion jener Intention, die die beiden pathogenen Reaktionsmuster charakterisiert, nämlich des Vermeidens von Angst und Zwang durch Flucht vor der ersteren bzw. Kampf gegen den letzteren. Das ist aber genau das, was heute auch die Verhaltenstherapeuten für entscheidend halten:

I. M. Marks bringt etwa im Anschluß an seine Hypothese, daß die Phobie durch die Angst herabsetzenden Mechanismen der Vermeidung aufrechterhalten wird, folgende therapeutische Empfehlung vor: "The phobia can then be properly overcome only when the patient faces the phobic situation again." (l. c.) Und dazu bietet sich eben die paradoxe Intention an. In einer gemeinsam mit S. Rachman und R. Hodgson verfaßten Arbeit hebt Marks ebenfalls hervor, daß der Patient dazu überredet und ermutigt werden muß, sich gerade auf das einzulassen, was ihn am meisten aufregt ("The Treatment of Chronic Obsessive-Compulsive Neurosis", Behav. Res. Ther. 9, 237, 1971). Aber auch in einer gemeinsam mit J. P. Watson und R. Gaind verfaßten Arbeit empfiehlt er therapeutisch, daß der Patient an den Gegenstand seiner Befürchtungen so nahe und so rasch herantreten muß, wie er nur kann, und nicht mehr solchen Gegenständen ausweichen darf ("Prolonged Exposure", Brit. Med. J. 1, 13, 1971).

Daß die Logotherapie in Form der bereits 1939 beschriebenen paradoxen Intention diese therapeutischen Empfehlungen längst schon in die Tat umgesetzt hatte, wird heute auch von führenden Verhaltenstherapeuten zugegeben. „Die paradoxe Intention geht zwar von einem ganz anderen als dem lerntheoretischen Ansatz aus," schreiben H. Dilling, H. Rosefeldt, G. Kockott und H. Heyse vom Max-Plank-Institut für Psychiatrie, ihre „Wirkung könnte möglicherweise aber mit einfachen Prinzipien der Lernpsychologie erklärt werden." Nachdem die Autoren zugeben, daß mit der paradoxen Intention „gute und zum Teil sehr rasche Erfolge erzielt wurden", interpretieren sie diese Erfolge lernpsychologisch, indem sie „eine Lösung der konditionierten Verbindung zwischen auslösendem Reiz und Angst annehmen. Um neue, angepaßtere Reaktionsweisen auf bestimmte Situationen hin aufzubauen, muß das Meidungsverhalten mit seiner ständig verstärkenden Wirkung aufgegeben werden und die betreffende Person neue Erfahrungen mit den angstauslösenden Reizen gewinnen." („Verhaltenstherapie bei Phobien, Zwangsneurosen, sexuellen Störungen und Süchten", Fortschr. Neurol. Psychiat. 39, 293, 1971.) Dieses Geschäft besorge eben die paradoxe Intention. Arnold A. Lazarus bestätigt ihre Erfolge ebenfalls und erklärt sie vom Standpunkt der Verhaltenstherapie aus folgendermaßen: "When people encourage their anticipatory anxieties to erupt, they nearly always find the opposite reaction coming to the fore — their worst fears subside and when the method is used several times, their dreads eventually disappear." (Behavior Therapy and Beyond, McGraw-Hill, New York 1971.)

Die paradoxe Intention wurde von mir bereits 1929 praktiziert (Ludwig J. Pongratz, Psychotherapie in Selbstdarstellungen, Hans Huber, Bern 1973), aber erst 1939 beschrieben (Viktor E. Frankl, „Zur medikamentösen Unterstützung der Psychotherapie bei Neurosen", Schweizer Archiv für Neurologie und Psychiatrie 43, 26, 1939) und erst 1947 unter ihrem Namen publiziert (VIKTOR E. FRANKL, Die Psychotherapie in der Praxis, Franz Deuticke, Wien 1947). Die Ähnlichkeit mit später auf den Markt gekommenen verhaltenstherapeutischen Behandlungsmethoden, wie anxiety provoking, exposure in vivo, flooding, implosive therapy, induced anxiety, modeling, modification of expectations, negative practice, satiation und prolonged exposure, ist unverkennbar und ist auch einzelnen Verhaltenstherapeuten nicht verborgen geblieben. DILLING, ROSEFELDT, KOCKOTT und HEYSE zufolge „liegt der Methode der paradoxen Intention nach V. E. FRANKL, obwohl sie ursprünglich nicht lernpsychologisch konzipiert wurde, möglicherweise ein ähnlicher Wirkungsmechanismus zugrunde wie den Flooding und Implosive Therapy genannten Behandlungsformen" (l. c.). Und was die zuletzt genannte Behandlungsform anlangt, verweist I. M. MARKS ebenfalls auf "certain similarities to the paradoxical intention technique" (Fears and Phobias, Academic Press, New York 1969) sowie auf das Faktum, daß die paradoxe Intentionstechnik "closely resembled that now termed modeling" (Treatment of Obsessive-Compulsive Disorders, in Psychotherapy and Behavior Change 1973, edited by Hans H. STRUPP et al., Aldine Publishing Company, Chicago 1974). (Anmerkung 5.)

Wenn jemand gegenüber der paradoxen Intention eine Priorität beanspruchen kann, dann sind es meines Erachtens nur folgende Autoren: RUDOLF DREIKURS verdanke ich den Hinweis auf einen analogen „Trick", der bereits 1932 von ihm (Das nervöse Symptom, Verlag Moritz Perles, Wien und Leipzig) und noch früher von ERWIN WEXBERG beschrieben wurde, welch letzterer ad hoc den Ausdruck „Antisuggestion" prägte. Und 1965 wurde mir zur Kenntnis gebracht, daß H. v. HATTINGBERG ebenfalls auf eine analoge Erfahrung hinweist: „Wem es zum Beispiel gelingt, das Auftreten eines nervösen Symptoms, gegen das er sich bisher ängstlich gewehrt hatte, bewußt zu wünschen, der kann durch diese willentliche Einstellung die Angst und schließlich auch das Symptom zum Schwinden bringen. Es ist also möglich, den Teufel durch den Beelzebub auszutreiben. Eine solche Erfahrung ist freilich nur manchen praktisch erreichbar. Es gibt jedoch kaum eine Erfahrung, die für den seelisch Gehemmten lehrreicher wäre." (Über die Liebe, München — Berlin 1940).

Es ist auch nicht anzunehmen, daß die paradoxe Intention, wenn sie wirklich wirksam sein soll, nicht ihre Vorgänger und Vorläufer gehabt haben sollte. Was man der Logotherapie daher als Verdienst anrechnen kann, ist nur, daß sie das Prinzip zu einer Methode ausgebaut und in ein System eingebaut hat.

Nur um so bemerkenswerter ist es, daß der erste Versuch, die Wirksamkeit der paradoxen Intention experimentell zu beweisen, von Verhaltenstherapeuten unternommen wurde. Waren es doch die Professoren L. So-

LYOM, J. GARZA-PEREZ, B. L. LEDWIDGE und C. SOLYOM von der Psychiatrischen Klinik der McGill University, die in Fällen von chronischer Zwangsneurose jeweils zwei gleich intensiv ausgeprägte Symptome auswählten und dann das eine, das Zielsymptom, mit paradoxer Intention behandelten, während das andere, das „Kontroll"-Symptom, unbehandelt blieb. Tatsächlich ergab sich, daß einzig und allein die jeweils behandelten Symptome dahinschwanden, und zwar innerhalb weniger Wochen. Und zu Ersatzsymptomen kam es in keinem einzigen Falle! ("Paradoxical Intention in the Treatment of Obsessive Thoughts: A Pilot Study", Comprehensive Psychiatry 13, 291, 1972.) (Anmerkung 6.)

Unter den Verhaltenstherapeuten war es nun wieder LAZARUS, dem "an integral element in FRANKL's paradoxical intention procedure" aufgefallen ist: "the deliberate evocation of humor. A patient who fears that he may perspire is enjoined to show his audience what perspiration is really like, to perspire in gushes of drenching torrents of sweat which will moisturize everything within touching distance." (l. c.) Tatsächlich gehört, wie wir ja bereits vorwegnehmend bemerkt haben, als von der Mobilisierung der Fähigkeit zur Selbst-Distanzierung die Rede war — tatsächlich gehört der Humor, mit dem der Patient die paradoxe Intention jeweils formulieren muß, zum Wesen dieser Technik, und mit ihm hebt sie sich auch von den verhaltenstherapeutischen Behandlungsmethoden ab, die wir aufgezählt haben.

Mit welchem Recht wir aber immer schon und immer wieder auf die Bedeutung des Humors für den Erfolg der paradoxen Intention hingewiesen haben, wurde jüngst ebenfalls von einem Verhaltenstherapeuten bewiesen, und zwar war es IVER HAND vom Londoner Maudsley Hospital, der beobachten konnte, daß an Platzangst leidende Patienten, die — in Gruppen zusammengefaßt — mit den bis dahin von ihnen vermiedenen, weil ihre Angst auslösenden Situationen konfrontiert worden waren, ganz spontan sich selbst und einander mit Humor zur Übertreibung ihrer Angst antrieben: "They used humor spontaneously as one of their main coping mechanisms." (Vortrag auf dem Montrealer Logotherapie-Symposium, veranstaltet von der American Psychological Association auf ihrer Jahrestagung 1973.) Kurz, die Patienten „erfanden" die paradoxe Intention — und so wurde ihr Reaktions-„Mechanismus" von dem Londoner Forscher-Team auch interpretiert!

Nun wollen wir uns aber der paradoxen Intention zuwenden, wie sie lege artis, nach den Regeln der Logotherapie durchgeführt wird, und zwar soll dies an Hand von Kasuistik erläutert werden. In diesem Zusammenhang darf zunächst einmal auf die Fälle verwiesen werden, die in meinen Büchern „Theorie und Therapie der Neurosen", „Der Wille zum Sinn" und

„Ärztliche Seelsorge" besprochen werden. Im folgenden konzentrieren wir uns aber auf unpubliziertes Material.

SPENCER ADOLPH M. aus San Diego, California, schreibt mir: „Zwei Tage, nachdem ich Ihr Buch Man's Search for Meaning gelesen hatte, befand ich mich in einer Situation, die mir Gelegenheit gab, die Logotherapie einmal auf die Probe zu stellen. An der Universität nehme ich nämlich an einem Seminar über Martin Buber teil, und während der ersten Zusammenkunft nahm ich mir kein Blatt vor den Mund, als ich glaubte, genau das Gegenteil von dem sagen zu müssen, was die anderen gesagt hatten. Da begann ich auf einmal mächtig zu schwitzen. Und sobald ich das bemerkt hatte, bekam ich es mit der Angst zu tun, die anderen könnten es merken, woraufhin ich erst recht zu schwitzen begann. Plötzlich fiel mir der Fall eines Arztes ein, der Sie wegen seiner Angst vor Schweißausbrüchen konsultiert hatte, und ich dachte mir, meine Situation sei doch ähnlich. Aber ich halte nicht viel von der Psychotherapie, und von der Logotherapie am allerwenigsten. Aber nur um so mehr schien mir meine Situation eine einmalige Gelegenheit zu sein, um die paradoxe Intention einmal auszuprobieren. Was war es doch, was Sie Ihrem Kollegen geraten hatten? Er möge sich doch zur Abwechslung einmal wünschen und vornehmen, den Leuten zu zeigen, wie tüchtig er schwitzen kann — ‚bisher hab' ich nur einen Liter zusammengeschwitzt, jetzt aber will ich 10 Liter herausschwitzen', heißt es in Ihrem Buch. Und während ich im Seminar weitersprach, sagte ich mir: Tu doch auch du einmal deinen Kollegen was vorschwitzen, Spencer! Aber so richtig — das ist noch gar nichts — noch viel mehr sollst du schwitzen! Und es vergingen nicht mehr als ein paar Sekunden, und ich konnte beobachten, wie meine Haut trocken wurde. Innerlich mußte ich lachen. War ich doch nicht darauf gefaßt, daß die paradoxe Intention wirken wird, und noch dazu sofort. Zum Teufel noch einmal, sagte ich mir, da muß was dran sein, an dieser paradoxen Intention — das hat hingehauen, und dabei bin ich doch so skeptisch gegenüber der Logotherapie."

Einem Bericht von MOHAMMED SADIQ entnehmen wir folgenden Fall: „Frau N., eine 48 Jahre alte Patientin, litt an Zittern, und zwar in dem Maße, daß sie außerstande war, eine Schale Kaffee oder ein Glas Wasser zu halten, ohne etwas zu verschütten. Auch konnte sie weder schreiben noch ein Buch ruhig genug halten, um lesen zu können. Eines Morgens ergab es sich, daß wir einander allein gegenübersaßen und sie wieder einmal begann zu zittern. Daraufhin beschloß ich, einmal die paradoxe Intention zu versuchen, und zwar richtig mit Humor. So begann ich denn: Wie wär's, Frau N., wenn wir einmal ein Wettzittern veranstalteten? — Sie: Was soll das heißen? — Ich: Wir wollen einmal sehen, wer schneller und wer länger zittern kann. — Sie: Ich hab' nicht gewußt, daß Sie ebenfalls an Zittern leiden. — Ich: Nein, nein — keineswegs; wenn ich aber will, dann kann ich zittern. (Und ich begann — und wie.) — Sie: Jö — Sie können's ja schneller als ich. (Und lächelnd begann sie, ihr Zittern zu beschleunigen.) — Ich: Schneller — los, Frau N., Sie müssen viel schneller zittern. — Sie: Aber ich kann ja nicht — hören Sie auf, ich kann nicht mehr weiter. — Und sie war wirklich müde geworden. Sie stand auf, ging in die Küche und kam zurück — mit einer Schale Kaffee. Und sie trank sie aus, ohne auch nur einen Tropfen zu verschütten. Wann immer ich sie seither beim Zittern ertappe, brauche ich bloß zu sagen: Nun, Frau N., wie wär's mit einem Wettzittern? Woraufhin sie zu sagen pflegt: Schon recht, schon recht. — Und das hat noch jedesmal geholfen."

GEORGE PYNUMMOOTIL (USA) berichtet folgendes: „Ein junger Mann kam in meine Ordination, und zwar wegen eines schweren Blinzeltics, der immer auftrat, wenn er mit jemandem zu sprechen hatte. Da die Leute ihn zu fragen pflegten, was denn los sei, wurde er immer nervöser. Ich überwies ihn an einen Psychoanalytiker. Aber nach einer ganzen Reihe von Sitzungen kam er wieder, um mir zu melden, der Psychoanalytiker hätte nicht die Ursache finden, geschweige denn ihm helfen können. Daraufhin empfahl ich ihm, das nächste Mal, wenn er mit jemandem zu sprechen habe, so viel wie möglich mit den Augen zu zwinkern, um seinem Gesprächspartner zu zeigen, wie ausgezeichnet er das könne. Er aber meinte, ich müsse wohl verrückt geworden sein, wenn ich ihm mit solchen Empfehlungen komme, denn sowas könne seinen Zustand ja nur verschlechtern. Und er ging. Paar Wochen lang ließ er sich nicht wieder sehen. Dann aber kam er eines Tages wieder, und zwar, um mir ganz begeistert zu erzählen, was inzwischen geschehen war: Da er von meinem Vorschlag nichts gehalten hatte, dachte er auch nicht daran, ihn in die Tat umzusetzen. Das Zwinkern verschlimmerte sich aber, und als ihm eines Nachts wieder einfiel, was ich ihm gesagt hatte, sagte er sich: Jetzt hab' ich alles versucht, was es gibt, und nichts hat geholfen. Was kann schon passieren — versuchst' halt 'mal, was der dir da empfohlen hat. Und als er am nächsten Tag dem Erstbesten begegnete, nahm er sich vor, so viel wie möglich mit den Augen zu zwinkern — und zu seiner größten Überraschung war er einfach außerstande, es auch nur im geringsten zu tun. Von da an machte sich der Blinzeltic nie mehr bemerkbar."

Ein Universitätsassistent schreibt uns: „Ich hatte mich irgendwo vorzustellen, nachdem ich mich um einen Posten beworben hatte, an dem mir sehr gelegen war, da ich dann in der Lage gewesen wäre, Frau und Kinder nachkommen zu lassen nach Kalifornien. Ich war aber sehr nervös und bemühte mich riesig, einen guten Eindruck zu hinterlassen. Wann immer ich aber nervös werde, fangen meine Beine zu zucken an, und zwar in einem Ausmaß, daß es die Anwesenden merken müssen. Und so geschah's auch diesmal. Diesmal aber sagte ich mir: Jetzt werd' ich einmal diese

Saumuskeln da so zwingen zu zucken, daß ich nicht mehr sitzen bleiben kann, sondern aufspringen muß und im Zimmer so lange herumtanzen, bis die Leute glauben, daß ich überg'schnappt bin. Diese Saumuskeln werden heute zucken wie noch nie — heut' gibt's einen Zuckrekord. — Nun, die Muskeln haben während der ganzen Besprechung kein einziges Mal gezuckt, ich hab' den Posten bekommen, und meine Familie wird bald hier in Kalifornien sein."

Zwei Beispiele von ARTHUR JORES (Der Kranke mit psychovegetativen Störungen, Vandenhoeck, Göttingen) passen in diesen Zusammenhang: Es kam eine Krankenhausfürsorgerin zu JORES, „die darüber klagte, daß sie immer, wenn sie zu dem Arzt in sein Zimmer müsse, um mit ihm etwas zu besprechen, rot anlaufe. Wir übten zusammen die paradoxe Intention, und wenige Tage später bekam ich einen glücklichen Brief, es funktioniere ausgezeichnet." Ein anderes Mal kam ein Medizinstudent zu JORES, „für den es wegen eines Stipendiums außerordentlich wichtig war, ein gutes Physikum zu bestehen. Er klagte über Examensangst. Auch mit ihm wurde die paradoxe Intention geübt, und siehe da, er war während des Examens vollständig ruhig und bestand es mit einer guten Note." (Seite 52.)

LARRY RAMIREZ verdanken wir folgenden kasuistischen Beitrag: "The technique which has helped me most often and worked most effectively in my counseling sessions is that of paradoxical intention. One such example I have illustrated below. Linda T., an attractive nineteen year old college student, had indicated on her appointment card that she was having some problems at home with her parents. As we sat down, it was quite evident to me that she was very tense. She stuttered. My natural reaction would have been to say, 'relax, it's alright,' or 'just take it easy,' but from past experience I knew that asking her to relax would only serve to increase her tension. Instead, I responded with just the opposite, 'Linda, I want you to be as tense as you possibly can. Act as nervously as you can.' 'O. K.,' she said, 'being nervous is easy for me.' She started by clenching her fists together and shaking her hands as though they were trembling. 'That's good,' I said, 'but try to be more nervous.' The humor of the situation became obvious to her and she said, 'I really was nervous, but I can't be any longer. It's odd, but the more I try to be tense, the less I'm able to be.' In recalling this case, it is evident to me that it was the humor that came from using paradoxical intention which helped Linda realize that she was a human being first and foremost, and a client second, and that I, too, was first a person, and her counselor second. Humor best illustrated our humanness."

Vor der Royal Society of Medicine hielt J. F. BRIGGS einen Vortrag, dem wir folgendes entnehmen: "I was asked to see a young man from Liverpool, a stutterer. He wanted to take up teaching, but stuttering and teaching do not go together. His greatest fear and worry was his embarassment by the stuttering so that he went through mental agonies every time he had to say anything. I remembered a short time before having read an article by VIKTOR FRANKL, who wrote about a reaction of paradox. I then gave the following suggestions — 'You are going out into the world this weekend and you are going to show people what a jolly good stutterer you are.' He came up the following week and was obviously elated because his speech was so much better. He said 'What do you think happened!' I went into a pub with some friends and one of them said to me 'I thought you used to be a stutterer' and I said 'I did — so what'! It was an instance where I took the bull by the horns and it was successful."

Ein anderer Fall von Stottern betrifft einen Studenten an der Duquesne University, der mir folgendes schreibt: „17 Jahre hindurch war ich ein schwerer Stotterer. Es gab Zeiten, zu denen ich überhaupt außerstande war zu sprechen. Ich war auch wiederholt in Behandlung, hatte aber keinen Erfolg. Da wurde mir eines Tages von einem Professor der Auftrag erteilt, im Rahmen eines Seminars Ihr Buch Man's Search for Meaning zu besprechen. So las ich es denn und stieß auch auf Ihre paradoxe Intention. Daraufhin beschloß ich, sie auch in meinem eigenen Falle zu versuchen, und siehe da, gleich das erste Mal wirkte sie fabelhaft. Von Stottern war keine Spur. Dann machte ich mich auf und begab mich in jene Situationen, in denen ich immer gestottert hatte, aber wieder blieb das Stottern aus, sobald ich die paradoxe Intention anwandte. Ein paarmal wandte ich sie aber nicht an, und sofort war das Stottern auch wieder da. Ich sehe darin einen Beweis dafür, daß es tatsächlich die paradoxe Intention war, die mich von dem Stottern befreit hatte."

Der Pikanterie entbehrt nicht ein Bericht, den ich URIEL MESHOULAM, einem Logotherapeuten von der Harvard University, verdanke: Einer seiner Patienten wurde vom australischen Militär einberufen und war überzeugt, er würde nicht eingezogen werden, da er ein schwerer Stotterer war. Als er nun assentiert wurde, versuchte er vor dem Arzt dreimal, zu demonstrieren, wie schwer sein Stottern war, und war einfach total unfähig, überhaupt zu stottern. Schließlich wurde er zurückgestellt, aber auf Grund von hohem Blutdruck. "The Australian army probably doesn't believe him until today," — so schließt der Bericht — "that he is a stutterer."

Die Anwendung der paradoxen Intention in Fällen von Stottern ist in der Literatur viel diskutiert worden. MANFRED EISENMANN widmete dem Thema seine Dissertation an der Universität Freiburg im Breisgau (1960). J. LEHEMBRE publizierte seine Erfahrungen mit Kindern und hebt hervor, daß es nur ein einziges Mal zu Ersatzsymptomen gekommen wäre („L'intention paradoxale, procédé de psychothérapie", Acta neurol. belg. 64, 725, 1964), was ja mit den Beobachtungen von L. SOLYOM, GARZA-PEREZ,

LEDWIDGE und C. SOLYOM übereinstimmt, die — nach paradoxer Intention — sogar in keinem einzigen Falle Ersatzsymptome feststellen konnten (l. c.). (Anmerkung 7.)

JORES (l. c.) „behandelte einmal eine Patientin, die in der festen Vorstellung lebte, daß sie immer ausreichend Schlaf haben müsse. Sie war nun mit einem Manne verheiratet, der größere gesellschaftliche Verpflichtungen hatte, so daß es nicht ausblieb, daß sie immer wieder einmal recht spät ins Bett kam. Sie berichtete, daß sie das immer schlecht vertragen habe. Teilweise setzte schon nachts, so etwa gegen 1.00 Uhr, ein Migräneanfall ein oder spätestens am nächsten Morgen. Die Beseitigung dieser an das längere Aufbleiben gekoppelten Anfälle war durch die paradoxe Intention möglich. Es wurde der Patientin empfohlen, sich zu sagen: ‚So, jetzt willst du einmal einen richtigen, schönen Migräneanfall bekommen.'" Daraufhin seien, wie JORES berichtet, die Anfälle ausgeblieben.

Dieser Fall leitet über zur Anwendung der paradoxen Intention in Fällen von Schlafstörung. SADIQ, den wir bereits zitiert haben, behandelte einmal eine 54 Jahre alte Patientin, die von Schlafmitteln abhängig geworden und dann in ein Spital eingeliefert worden war: „Um 10 Uhr abends kam sie aus ihrem Zimmer heraus und bat um ein Schlafmittel. Sie: Darf ich um meine Pillen bitten? Ich: Tut mir leid — die sind heute ausgegangen, und die Schwester hat vergessen, rechtzeitig neue zu bestellen. Sie: Wie soll ich jetzt schlafen können? Ich: Heute wird's eben ohne Schlafmittel gehen müssen. — 2 Stunden später erscheint sie wieder. Sie: Es geht einfach nicht. Ich: Und wie wär's, wenn Sie sich wieder hinlegten und zur Abwechslung einmal versuchten, nicht zu schlafen, sondern — im Gegenteil — die ganze Nacht aufzubleiben? Sie: Ich hab' immer geglaubt, ich bin verrückt, aber mir scheint, Sie sind's auch. Ich: Wissen Sie, manchmal macht mir's Spaß, verrückt zu sein, oder können Sie das nicht verstehen? Sie: War das Ihr Ernst? Ich: Was denn? Sie: Daß ich versuchen soll, nicht zu schlafen. Ich: Natürlich war das mein Ernst. Versuchen Sie's doch einmal! Wir wollen einmal sehen, ob Sie die ganze Nacht wach bleiben können. Nun? Sie: O. K. — Und als die Schwester morgens ihr Zimmer betrat, um ihr das Frühstück zu bringen, war die Patientin noch immer nicht erwacht."

Übrigens gibt es eine Anekdote, die es verdienen würde, in diesem Zusammenhang zitiert zu werden, und zwar aus dem bekannten Buch von JAY HALEY "Strategies of Psychotherapy" (Grune & Stratton, New York 1963): Während eines Vortrags, den der berühmte Hypnotiseur und Therapeut MILTON H. ERICKSON hielt, stand ein junger Mann auf und sagte zu ihm: „Vielleicht können Sie andere Leute hypnotisieren — mich bestimmt nicht." Daraufhin lud Erickson den jungen Mann ein, sich aufs Podium zu begeben und Platz zu nehmen, und dann sagte er zu ihm: „Sie sind hellwach — Sie bleiben wach — Sie werden immer wacher, wacher und wacher..." Und prompt fiel die Versuchsperson in tiefe Trance.

R. W. MEDLICOTT, dem Psychiater von der Universität Neuseeland, ist es vorbehalten geblieben, erstmalig die paradoxe Intention nicht nur aufs Schlafen, sondern auch aufs Träumen angewendet zu haben. Er hatte mit ihr schon viel Erfolg gehabt — auch, wie er hervorhebt, im Falle eines Patienten, der von Beruf Psychoanalytiker war. Da war aber eine Patientin, die an regelmäßigen Alpträumen litt, und zwar träumte sie jeweils, daß sie verfolgt und schließlich niedergestochen werde. Dann schrie sie auf, und ihr Mann wachte ebenfalls auf. Medlicott trug ihr nun auf, alles daranzusetzen, um diese schrecklichen Träume zu Ende zu träumen, bis auch die Messerstecherei ein Ende habe. Und was geschah? Es gab keine Alpträume mehr, aber der Schlaf des Mannes war nach wie vor gestört: die Patientin schrie zwar nicht mehr auf, während sie schlief, aber dafür mußte sie nunmehr so laut lachen, daß der Mann auch jetzt nicht ruhig schlafen konnte. ("The Management of Anxiety", New Zealand Medical Journal 70, 155, 1969.)

Ähnliches berichtet uns eine Leserin aus den USA. „Donnerstag morgens erwachte ich deprimiert und dachte, ich würde überhaupt nicht mehr gesund werden. Im Laufe des Vormittags fing ich dann zu weinen an und war einfach verzweifelt. Da fiel mir die paradoxe Intention ein, und ich sagte zu mir: Wollen 'mal sehen, wie deprimiert ich werden kann. Jetzt wird einmal so geweint, daß ich die ganze Wohnung nur so überschwemme mit Tränen. Und ich stellte mir vor, meine Schwester kommt heim und jammert: Zum Teufel noch einmal, hat das wirklich sein müssen, diese Flut von Tränen? Woraufhin ich dermaßen lachen mußte, daß ich Angst bekam. Und so blieb mir denn nichts anderes übrig, als mir zu sagen: Das Lachen wird so arg werden, daß die Nachbarn zusammenlaufen werden, um nachzusehen, wer denn da so laut lacht. Währenddessen hatte ich aufgehört, deprimiert zu sein, ich lud meine Schwester ein, mit mir auszugehen, und das war wie gesagt Donnerstag, und heute haben wir Samstag, und ich fühle mich nach wie vor sauwohl. Ich glaube halt, die paradoxe Intention wirkte vor 2 Tagen wie ein Versuch, zu weinen und gleichzeitig in den Spiegel zu schauen — weiß Gott warum, aber es ist dann einfach nicht möglich weiterzuweinen." Und sie mag nicht ganz so Unrecht haben. Ist doch Beides — die paradoxe Intention ebenso wie die Selbstbespiegelung — ein Vehikel der menschlichen Fähigkeit zur Selbst-Distanzierung.

Immer wieder konnte beobachtet werden, daß die paradoxe Intention auch in schweren und chronischen, lang anhaltenden Fällen wirkt, und sie tut es auch dann, wenn die Behandlung kurz dauert. So wurden Fälle von Zwangsneurose beschrieben, die 60 Jahre lang bestanden hatten, bis mit der paradoxen Intention eine entscheidende Besserung herbeigeführt wurde (K. KOCOUREK, EVA NIEBAUER und PAUL POLAK, in: Ergebnisse der klinischen Anwendung der Logotherapie, Handbuch der Neurosenlehre und Psychotherapie, herausgegeben von VIKTOR E. FRANKL, VICTOR E. v. GEBSATTEL und J. H. SCHULTZ, Urban & Schwarzenberg, München — Berlin 1959). Die therapeutischen Erfolge, die sich mit dieser Technik erzielen lassen, sind zumindest dann erstaunlich und bemerkenswert, wenn wir sie mit dem ubiquitären Pessimismus konfrontieren, mit dem der Psychiater von heute schweren und chronischen Zwangsneurosen gegenübertritt. So verweisen L. SOLYOM, GARZA-PEREZ, LEDWIDGE und C. SOLYOM (l. c.) auf das Ergebnis von 12 nachgehenden Untersuchungen, die aus 7 verschiedenen Ländern stammen und denen zufolge sich die Zwangsneurose in 50% der Fälle als therapeutisch unbeeinflußbar erwies. Die Autoren halten die Prognose der Zwangsneurose für schlechter als die Prognose jeder anderen Neurosenform, und die Verhaltenstherapie, meinen sie, habe da keinen Wandel zuwege gebracht, denn nur 46% der von Verhaltenstherapeuten publizierten Fälle seien gebessert worden. Aber auch D. HENKEL, C. SCHMOOK und R. BASTINE (Praxis der Psychotherapie 17, 236, 1972) weisen unter Berufung auf erfahrene Psychoanalytiker darauf hin, „daß sich besonders schwere Zwangsneurosen trotz intensiver therapeutischer Bemühungen als unbehandelbar erweisen", während die paradoxe Intention, die im Gegensatz zur Psychoanalyse stehe, „deutlich Möglichkeiten zu einer wesentlich kurzfristigeren Beeinflussung zwangsneurotischer Störungen erkennen läßt".

FRIEDRICH M. BENEDIKT hat in seiner Dissertation „Zur Therapie angst- und zwangsneurotischer Symptome mit Hilfe der paradoxen Intention und Dereflexion nach V. E. FRANKL" (München 1968) gezeigt, daß für die Handhabung der paradoxen Intention in schweren und chronischen Fällen ein unerhörter persönlicher Einsatz erforderlich sei. In diesem Zusammenhang möchten wir aber auch wiederholen, daß „der therapeutische Effekt der paradoxen Intention damit steht und fällt, daß der Arzt auch den Mut hat, dem Patienten ihre Handhabung vorzuspielen" (VIKTOR E. FRANKL, Die Psychotherapie in der Praxis, Franz Deuticke, Wien 1961), was an Hand eines konkreten Falles bereits demonstriert wurde (Seite 165). Die Verhaltenstherapie anerkennt ja die Bedeutung solchen Vorgehens ebenfalls, wenn sie dafür sogar einen eigenen Ausdruck geprägt hat und von modeling spricht.

Daß auch in Fällen von langer Dauer die paradoxe Intention helfen und dabei die Behandlung von kurzer Dauer sein kann, soll mit folgender Kasuistik belegt werden. RALPH G. VICTOR und CAROLYN M. KRUG ("Paradoxical Intention in the Treatment of Compulsive Gambling", American Journal of Psychotherapy 21, 808, 1967) vom Department of Psychiatry an der University of Wahington wandten diese Technik im Falle eines Mannes an, der seit seinem 14. Lebensjahr ein ausgesprochener Spieler war. Und zwar wiesen sie ihn an, täglich 3 Stunden lang zu spielen, obzwar er dabei so verlor, daß ihm nach 3 Wochen das Geld ausging. Und was taten die Therapeuten? Sie empfahlen ihm kaltblütig, er solle doch seine Uhr verkaufen. So oder so: es war das erste Mal nach mehr als 20 Jahren ("after 20 years and five psychiatrists", wie es in der Publikation wörtlich heißt), daß der Patient von seiner Spielleidenschaft loskommen konnte.

In dem von ARNOLD A. LAZARUS herausgegebenen Buch "Clinical Behavior Therapy" (Brunner-Mazel, New York 1972) bespricht MAX JACOBS folgenden Fall: Mrs. K. hatte mindestens 15 Jahre lang an einer schweren Klaustrophobie gelitten, als sie ihn in Südafrika aufsuchte, und zwar eine Woche, bevor sie von dort nach England fliegen mußte, das ihre Heimat ist. Sie ist Opernsängerin und muß viel in der Welt herumfliegen, um ihren Engagementverpflichtungen nachzukommen. Dabei konzentrierte sich die Klaustrophobie ausgerechnet auf Flugzeuge, Aufzüge, Züge, Restaurants und — Theater. "FRANKL's technique of paradoxical intention was then brought in", heißt es weiter, und tatsächlich wies JACOBS die Patientin an, die ihre Phobie auslösenden Situationen aufzusuchen und sich zu wünschen, was sie immer so gefürchtet hatte, nämlich zu ersticken — auf der Stelle will ich ersticken, mußte sie sich sagen, los — "let it do its damndest". Dazu kam noch, daß die Patientin in "progressive relaxation" und "desensitization" instruiert wurde. 2 Tage später stellte sich heraus, daß sie bereits imstande war, ohne weiteres ein Restaurant aufzusuchen, im Aufzug und sogar in einem Autobus zu fahren. 4 Tage später konnte sie ohne Angst ein Kino besuchen und sah ihrem Rückflug nach England ohne Erwartungsangst entgegen. Aus London berichtete sie dann, daß sie sogar imstande war, erstmalig nach vielen Jahren wieder in der Untergrundbahn zu fahren. 15 Monate nach der so kurz dauernden Behandlung ergab sich, daß die Patientin beschwerdefrei geblieben war.

JACOBS beschreibt anschließend einen Fall, in dem es sich nicht um eine Angst-, sondern um eine Zwangsneurose handelte. Mr. T. hatte 12 Jahre lang an seiner Neurose gelitten und ohne Erfolg sowohl eine Psychoanalyse als auch eine Elektroschockbehandlung über sich ergehen lassen. Hauptsächlich fürchtete er zu ersticken, und zwar beim Essen, beim Trinken oder beim Überqueren einer Straße. JACOBS wies ihn nun an, genau das zu tun, was er immer so gefürchtet hatte: "Using the technique of paradoxical intention, he was given a glass of water to drink and told to try as hard as possible to make himself choke" — im Sinne der paradoxen Intention reichte JACOBS dem Patienten ein Glas Wasser und forderte ihn auf, alles daranzusetzen, um zu ersticken. "He was instructed to try to choke at least 3 times a day" — er sollte sich vornehmen, mindestens dreimal täglich zu ersticken. Daneben wurde Entspannung geübt, und während der 12. Sitzung konnte der Patient berichten, daß er komplett beschwerdefrei geworden war.

Immer wieder wird gefragt, unter welchen Bedingungen und Voraussetzungen eine Ausbildung in der logotherapeutischen Methode möglich sei. Gerade die Technik der paradoxen Intention bestätigt jedoch, daß es mitunter durchaus genügt, sich mit ihr auf Grund der vorliegenden Literatur vertraut zu machen. Jedenfalls gehören zu jenen Psychiatern und Psychologen, die mit der paradoxen Intention am erfolgreichsten und verständnisvollsten umgehen, auch solche, die kein einziges Mal mit uns Kontakt aufgenommen hatten. Wie sie die paradoxe Intention nur von unseren Publikationen her kennen, so wissen wir von ihren Erfolgen und Erfahrungen nur von ihren Publikationen her. Es ist aber auch interessant festzustellen, wie die diversen Autoren die paradoxe Intention modifizieren und mit anderen Verfahren kombinieren. Diese Feststellung bekräftigt nur unsere Überzeugung, daß die Psychotherapie, also nicht nur die Logotherapie, angewiesen ist auf ständige Bereitschaft zur Improvisation. Wo die Möglichkeit gegeben ist, die Ausbildung in Form klinischer Demonstrationen zu bewerkstelligen, ist es nicht zuletzt dieses Improvisieren, was gelehrt werden muß — und auch gelernt werden kann.

Es ist erstaunlich, wie häufig auch Laien die paradoxe Intention mit Erfolg auf sich selbst anwenden. Vor uns liegt der Brief einer 14 Jahre lang an Platzangst Leidenden, die 3 Jahre lang ohne Erfolg in orthodoxpsychoanalytischer Behandlung gestanden war. 2 Jahre lang wurde sie von einem Hypnotiseur behandelt, woraufhin sich ihre Platzangst ein wenig besserte. Für die Dauer von 6 Wochen mußte sie sogar interniert werden. Nichts half wirklich. Immerhin schreibt die Kranke: "Nothing has really changed in 14 years. Every day of those years was hell." Dann war es wieder einmal so weit, daß sie auf der Straße umkehren wollte. So arg überkam sie die Platzangst. Da fiel ihr ein, was sie in meinem Buch "Man's Search for Meaning" gelesen hatte, und sie sagte sich: „Jetzt werd' ich einmal all den Leuten rings um mich hier auf der Straße zeigen, wie ausgezeichnet ich das alles kann: in Panik geraten und kollabieren." Und auf einmal war sie ruhig. Sie setzte ihren Weg zum Supermarket fort und besorgte ihre Einkäufe. Als es aber dann zum Zahlen kam, geriet sie in Schweiß und begann zu zittern. Da sagte sie sich: „Dem Kassier da werd' ich jetzt einmal wirklich zeigen, was ich zusammenschwitzen kann. Der wird Augen machen." Erst auf dem Rückweg bemerkte sie, wie ruhig sie geworden war. Und so ging es weiter. Nach wenigen Wochen war sie imstande, mit Hilfe der paradoxen Intention die Platzangst so weit zu beherrschen, daß sie manchmal nicht glauben konnte, daß sie jemals krank gewesen war. "I have tried many methods, but none gave me the quick relief your method did. I believe in paradoxical intention, because I have tried it on my own with just a book." Der Pikanterie halber sei noch erwähnt, daß die — nunmehr gesundete — Kranke den Ehrgeiz gehabt hatte, ihr aus der Lektüre eines einzigen Buches gewonnenes Wissen um die paradoxe Intention zu komplettieren. Schließlich hatte sie in der "Chicago Tribune" sogar eine Annonce aufgegeben, die sie eine Woche lang erscheinen ließ. Der Zeitungsausschnitt lag ihrem Brief bei. Die Annonce lautete folgendermaßen: "Would like to hear from anyone having knowledge of or treated by paradoxical intention for agoraphobia." Aber niemand meldete sich auf die Annonce hin.

Daß der Laie die paradoxe Intention überhaupt und noch dazu auf sich selbst anwenden kann, wird verständlich, wenn wir bedenken, daß sie auf coping mechanisms zurückgreift, die — wie ja auch die von uns bereits zitierten Beobachtungen von HAND beweisen — im Menschen bereitliegen. Und so ist denn auch ein Fall wie der folgende zu verstehen. RUVEN A. K. aus Israel, der an der U. S. International University studiert, wurde im Alter von 18 Jahren zum Militärdienst eingezogen. "I was looking forward to serving in the army. I found meaning in my country's struggle for survival. Therefore, I decided to serve in the best way I could. I volunteered to the top troops in the army, the paratroopers. I was exposed to situations where my life was in danger. For example jumping out of the plane for the first time. I experienced fear and was literally shaking and trying to hide this fact made me shake more intensively. Then I decided to let my fear show and shake as much as I can. And after a while the shaking and trembling stopped. Unintentionally I was using paradoxical intention and surprisingly enough it worked."

Aber die paradoxe Intention wird nicht nur von einzelnen Individuen ad usum proprium erfunden. Das ihr zugrunde liegende Prinzip wurde auch schon von der vorwissenschaftlichen Psychiatrie entdeckt. J. M. OCHS hielt in der Pennsylvania Sociological Society an der Villanova University einen Vortrag ("Logotherapy and Religious Ethnopsychiatric Therapy", 1968), in dem er die Ansicht vertrat, die Ethnopsychiatrie wende Prinzipien an, die später von der Logotherapie systematisiert worden seien. Im besonderen sei die Volksmedizin der Ifaluk ausgesprochen logotherapeutisch. "The Shaman of Mexican-American folk psychiatry, the curandero, is a logotherapist." Ochs verweist auch auf WALLACE und VOGELSON, denen zufolge die Volksmedizin auch im allgemeinen Prinzipien zur Anwendung bringe, die auch in der modernen Psychiatrie eine Rolle spielen. "It appears that logotherapy is one nexus between the two systems."

Solche Hypothesen werden plausibel, wenn wir zwei Berichte wie die folgenden miteinander vergleichen. Der erste handelt von einem 24 Jahre alten Schizophrenen, der an akustischen Halluzinationen litt. Er hörte Stimmen, die ihn bedrohten und verspotteten. Unser Gewährsmann hatte mit ihm im Rahmen eines Spitalsaufenthaltes zu tun. „Der Patient verließ mitten in der Nacht sein Zimmer, um sich darüber zu beklagen, daß ihn die Stimmen nicht schlafen lassen. Es sei ihm empfohlen worden, sie zu ignorieren, aber das sei eben unmöglich. Es entspann sich nun folgender Dialog. Arzt: Wie wär's, wenn Sie's einmal auf eine andere Tour versuchten? Patient: Wie meinen Sie das? Arzt: Legen Sie sich jetzt einmal hin und verfolgen Sie so aufmerksam wie nur möglich, was Ihnen die Stimmen sagen — lassen Sie sich kein einziges Wort entgehen, verstehen Sie? Patient: Ist das Ihr Ernst? Arzt: Selbstverständlich mein' ich das im Ernst. Ich seh' auch nicht ein, warum Sie nicht zur Abwechslung einmal diese Scheiß-Stimmen ("these God damn things") genüßlich auskosten sollen? Patient: Ich hab' doch gedacht... Arzt: Jetzt versuchen Sie's einmal — dann reden wir weiter. — 45 Minuten später war er eingeschlafen. Am Morgen war er begeistert — so sehr hatten ihn die Stimmen für den Rest der Nacht in Ruhe gelassen."

Und nun das Gegenstück. JACK HUBER (Through an Eastern Window, Bantam Books, New York 1968) besuchte einmal eine von Zen-Psychiatern geführte Klinik. Das Motto, das die Arbeit dieser Psychiater beherrscht, lautet: "Emphasis on living with the suffering rather than complaining about it, analyzing, or trying to avoid it." Da wurde eines Tages eine buddhistische Nonne eingeliefert, die sich in einem schweren Verwirrtheitszustand befand. Sie war ängstlich erregt, denn sie glaubte, Schlangen kriechen auf ihr herum. Europäische Ärzte, Psychiater und Psychologen hatten den Fall bereits aufgegeben, als eben der Zen-Psychiater beigezogen wurde. „Was ist los", fragte er. „Ich fürchte mich so vor den Schlangen — überall sind da Schlangen um mich herum." Der Zen-Psychiater überlegte eine Weile, und dann sagte er: „Ich muß jetzt leider wieder gehen, aber in einer Woche komme ich wieder. Während dieser Woche möchte ich nun, daß Sie die Schlangen ganz genau beobachten — wenn ich Sie wieder besuche, müssen Sie nämlich ganz genau jede einzelne Bewegung beschreiben." Eine Woche später war die Nonne längst wieder normal und versah ihren Dienst. „Nun, wie geht's", fragte der Zen-Psychiater. „Ich hab' die Schlangen so aufmerksam wie nur möglich beobachtet, aber das ging nicht lange, denn je mehr ich es tat, desto mehr machten sie sich aus dem Staube." (Anmerkung 8.)

Bliebe noch, das dritte pathogene Reaktionsmuster zu besprechen. Während das erste für angstneurotische und das zweite für zwangsneurotische Fälle charakteristisch ist, handelt es sich beim dritten pathogenen Reaktionsmuster um einen Mechanismus, dem wir bei Sexualneurosen begegnen, also in Fällen, in denen Potenz und Orgasmus gestört sind. Und zwar beobachten wir in diesen Fällen wieder, wie bei den Zwangsneurosen, daß der Patient kämpft, aber bei den Sexualneurosen kämpft er nicht gegen etwas — wir sagten doch, der Zwangsneurotiker kämpfe gegen den Zwang. Sondern der Sexualneurotiker kämpft um etwas, und er tut es insofern, als er, eben in Form von Potenz und Orgasmus, um sexuelle Lust kämpft. Aber leider: je mehr es einem um Lust geht, um so mehr vergeht sie einem auch schon. Dem direkten Zugriff entzieht sie sich nämlich. Denn Lust ist weder der wirkliche Zweck unseres Verhaltens und Handelns noch ein mögliches Ziel, vielmehr ist sie in Wirklichkeit eine Wirkung, eine Nebenwirkung, die sich von selbst einstellt, wann immer wir unsere Selbst-Transzendenz ausleben, wann immer wir uns also entweder liebend einem anderen oder aber dienend einer Sache hingeben. Sobald wir aber nicht mehr den Partner meinen, sondern nur noch Lust, steht dieser unser Wille zur Lust auch schon sich selbst im Wege. Die Selbst-Manipulation scheitert. Der Weg zu Lustgewinn und Selbstverwirklichung führt nun einmal über Selbst-Hingabe und Selbst-Vergessenheit. Wer diesen Weg für einen Umweg hält, ist versucht, eine Abkürzung zu wählen und auf die Lust wie auf ein Ziel loszusteuern. Allein, die Abkürzung erweist sich als eine Sackgasse.

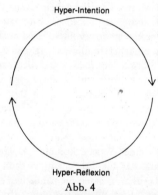

Abb. 4

Und wieder können wir beobachten, wie sich der Patient in einem Teufelskreis verfängt. Der Kampf um die Lust, der Kampf um Potenz und Orgasmus, der Wille zur Lust, die forcierte, eine Hyper-Intention (Abb. 4) der Lust bringt einen nicht nur um die Lust, sondern bringt auch eine ebenso forcierte, eine Hyper-Reflexion mit sich: man beginnt, während des Aktes sich selbst zu beobachten und womöglich auch den Partner zu belauern. Um die Spontaneität ist es dann geschehen.

Fragen wir uns, was in Fällen von Potenzstörung die Hyperintention ausgelöst haben mag, so läßt sich immer wieder feststellen, daß der Patient im Sexualakt eine Leistung sieht, die von ihm verlangt wird. Mit einem Wort, für ihn hat der Sexualakt einen Forderungscharakter. Bereits 1946

(VIKTOR E. FRANKL, Ärztliche Seelsorge, Franz Deuticke, Wien) haben wir darauf hingewiesen, daß der Patient „sich zum Vollzug des Sexualakts gleichsam verpflichtet fühlt", und zwar könne dieser „Zwang zur Sexualität ein Zwang seitens des eigenen Ich oder der Zwang seitens einer Situation sein". Der Zwang könne aber auch von der Partnerin ausgehen („temperamentvolle", sexuell anspruchsvolle Partnerin). Die Bedeutung dieses dritten Moments wurde inzwischen sogar an Tieren experimentell bestätigt. So konnte KONRAD LORENZ ein Kampffisch-Weibchen dazu bringen, dem Männchen bei der Paarung nicht kokett davon-, sondern energisch entgegenzuschwimmen, woraufhin der Kampffisch-Mann, wie es heißt, menschlich reagierte: es verschloß sich ihm auf reflektorischem Weg der Paarungsapparat.

Zu den aufgezählten drei Instanzen, von denen sich die Patienten zur Sexualität gedrängt fühlen, kommen nun neuerdings zwei weitere Faktoren hinzu. Zunächst einmal der Wert, den die Leistungsgesellschaft nicht zuletzt auch auf die sexuelle Leistungsfähigkeit legt. Die peer pressure, also die Abhängigkeit des einzelnen Individuums von seinesgleichen und davon, was die anderen, die Gruppe, der er angehört, für „in" hält, — die peer pressure führt dazu, daß Potenz und Orgasmus forciert intendiert werden. Aber nicht nur die Hyperintention wird solcherart im kollektiven Maßstab gezüchtet, sondern auch die Hyperreflexion. Den Rest von Spontaneität, den die peer pressure noch unangetastet läßt, nehmen dem Menschen von heute dann die pressure groups. Wir meinen die sexuelle Vergnügungsindustrie und die Aufklärungsindustrie. Der sexuelle Konsumationszwang, auf den sie es abgesehen haben, wird durch die hidden persuaders an die Leute herangebracht, und die Massenmedien geben sich dazu her. Paradox ist nur, daß sich auch der junge Mensch von heute dazu hergibt, sich solcherart vom Industriekapital gängeln und von der Sexwelle schaukeln zu lassen, ohne zu bemerken, wer ihn da manipuliert. Wer gegen die Heuchelei auftritt, sollte es auch dort tun, wo die Pornographie, damit es zu keiner Geschäftsstörung kommt, je nachdem für Kunst oder Aufklärung ausgegeben wird.

Die Situation hat sich zuletzt insofern verschärft, als immer mehr Autoren unter den jungen Leuten eine Zunahme der Impotenz beobachten konnten und diese Zunahme auf die moderne Frauenemanzipation zurückführen. So berichtet J. M. STEWART über "impotence at Oxford": die jungen Frauen, heißt es da, rennen herum und fordern ihre sexuellen Rechte ("demanding sexual rights"), und die jungen Männer fürchten sich davor, von Partnerinnen mit viel Erfahrung für armselige Liebhaber gehalten zu werden (Psychology and Life Newsletter 1, 5, 1972). Aber auch GEORGE L. GINSBERG, WILLIAM A. FROSCH und THEODORE SHAPIRO brachten unter dem Titel „Die neue Impotenz" eine Arbeit heraus, in der sie ausdrücklich davon sprechen, daß „der junge Mann von heute insofern gefordert ist, als sich bei der Exploration erweist, daß in diesen Fällen einer neuen Form von Impotenz die Initiative zum Geschlechtsverkehr von der weiblichen Seite kam" (Arch. gen. Psych. 26, 218, 1972).

Die Dereflexion

Der Hyperreflexion treten wir logotherapeutisch mit einer Dereflexion entgegen, während zur Bekämpfung der in Fällen von Impotenz so pathogenen Hyperintention eine logotherapeutische Technik zur Verfügung steht, die auf das Jahr 1947 (VIKTOR E. FRANKL, Die Psychotherapie in der Praxis, Franz Deuticke, Wien 1947) zurückgeht. Und zwar empfehlen wir, den Patienten dazu zu bewegen, daß er den Sexualakt „nicht programmatisch sich vornimmt, sondern es bewenden läßt bei fragmentarisch bleibenden Zärtlichkeiten, etwa im Sinne eines mutuellen sexuellen Vorspiels". Auch veranlassen wir „den Patienten, seiner Partnerin gegenüber zu erklären, wir hätten vorderhand ein strenges Koitusverbot erlassen — in Wirklichkeit soll sich der Patient über kurz oder lang nicht mehr daran halten, sondern — nunmehr entlastet vom Druck sexueller Forderungen, wie sie bis dahin seitens der Partnerin an ihn ergangen waren — in einer zunehmenden Annäherung ans Triebziel heranmachen, auf die Gefahr hin, daß er von der Partnerin — eben unter Hinweis auf das vorgebliche Koitusverbot — abgewiesen würde. Je mehr er refüsiert wird, desto mehr reüssiert er auch schon."

WILLIAM S. SAHAKIAN und BARBARA JACQUELYN SAHAKIAN ("Logotherapy as a Personality Theory", Israel Annals of Psychiatry 10, 230, 1972) sind der Ansicht, daß die Forschungsergebnisse von W. MASTERS und V. JOHNSON unsere eigenen durchaus bestätigt haben. Tatsächlich ist ja auch die 1970 von MASTERS und JOHNSON entwickelte Behandlungsmethode der 1947 von uns publizierten und soeben skizzierten Behandlungstechnik in vielen Punkten sehr ähnlich. Im folgenden sollen aber unsere Ausführungen wieder einmal kasuistisch belegt werden.

GODFRYD KACZANOWSKI ("Logotherapy: A New Psychotherapeutic Tool", Psychosomatics 8, 158, 1967) berichtet über ein Ehepaar, das ihn konsultierte. Sie waren erst seit wenigen Monaten verheiratet. Der Mann erwies sich nun als impotent und war schwerst deprimiert. Sie hatten aus Liebe geheiratet, und der Mann war so glücklich, daß er nur ein Ziel kannte, und das war, auch seine Frau so glücklich wie nur möglich zu machen, und zwar auch sexuell, indem er ihr also einen möglichst intensiven Orgasmus ermöglichte. Nach wenigen Sitzungen war er aber von KACZANOWSKI an die Einsicht herangeführt worden, daß gerade diese Hyperintention des Orgasmus der Partnerin seine eigene Potenz verunmöglichen mußte. Auch sah er ein, daß er dann, wenn er seiner Frau „sich selbst" gäbe, ihr mehr geben würde, als den Orgasmus, zumal sich der letztere ohnehin automatisch einstellen würde, wenn er es nicht mehr auf ihn abgesehen hätte. Nach den Regeln der Logotherapie verordnete KACZANOWSKI bis auf weiteres ein Koitusverbot, was den Patienten sichtlich von seiner Erwartungsangst entlastete. Wie erwartet, kam es dann wenige Wochen später dazu, daß der Patient das Koitusverbot ignorierte, seine Frau sträubte sich eine Weile dagegen, gab aber dann ebenfalls auf, und seither ist das Sexualleben der beiden hundertprozentig normalisiert.

Analog ein Fall von DARRELL BURNETT, in dem es sich nicht um Impotenz, sondern um Frigidität handelte: "A woman suffering from frigidity kept observing what was going on in her body during intercourse, trying to do everything according to the manuals. She was told to switch her attention to her husband. A week later she experienced an orgasm." Wie beim Patienten von KACZANOWSKI die Hyperintention durch die paradoxe Intention, nämlich das Koitusverbot, behoben wurde, so wurde bei der Patientin von BURNETT die Hyperreflexion durch die Dereflexion beseitigt, was aber nur geschehen konnte, wenn die Patientin zur Selbst-Transzendenz zurückfand. Ähnlich verlief folgender Fall, den ich meiner eigenen Kasuistik entnehme. Die Patientin wandte sich wegen ihrer Frigidität an mich. In der Kindheit war sie vom eigenen Vater geschlechtlich mißbraucht worden. „Dies muß sich rächen", so lautete die Überzeugung der Patientin. Im Banne dieser Erwartungsangst aber war sie, wann immer es zu einem intimen Beisammensein mit ihrem Partner kam, „auf der Lauer"; denn sie wollte sich endlich einmal in ihrer Weiblichkeit bewähren und bestätigen. Eben damit war jedoch ihre Aufmerksamkeit aufgeteilt zwischen dem Partner und ihr selbst. All dies mußte aber auch schon den Orgasmus vereiteln; denn in dem Maße, in dem man auf den Sexualakt achtgibt, in ebendemselben Maße ist man auch schon unfähig, sich hinzugeben. — Ich redete ihr ein, ich hätte im Augenblick keine Zeit, die Behandlung zu übernehmen, und bestellte sie in 2 Monaten wieder. Bis dahin aber möge sie sich nicht weiter um ihre Fähigkeit bzw. Unfähigkeit zum Orgasmus kümmern — die würde dann im Rahmen der Behandlung ausgiebig zur Sprache kommen —, sondern nur um so mehr während des Geschlechtsverkehrs ihre Aufmerksamkeit dem Partner zuwenden. Und der weitere Verlauf gab mir recht. Was ich erwartet hatte, trat ein. Die Patientin kam nicht erst nach 2 Monaten wieder, sondern bereits nach 2 Tagen — geheilt. Die bloße Ablösung der Aufmerksamkeit von sich selbst, von ihrer eigenen Fähigkeit bzw. Unfähigkeit zum Orgasmus — kurz: eine Dereflexion — und die nur um so unbefangenere Hingabe an den Partner hatten genügt, um erstmalig den Orgasmus herbeizuführen.

Mitunter kann unser „Trick" nur ausgespielt werden, wenn weder der eine noch der andere Partner eingeweiht ist. Wie erfinderisch man in einer solchen Situation sein muß, erhellt folgender Bericht, den ich MYRON J. HORN — einem ehemaligen Studenten von mir — verdanke: „Ein junges Paar suchte mich wegen der Impotenz des Mannes auf. Seine Frau hatte ihm wiederholt gesagt, daß er ein miserabler Liebhaber ("a lousy lover") sei und sie nunmehr gedenke, sich mit anderen Männern einzulassen, um endlich einmal wirklich befriedigt zu werden. Ich fordere die beiden nun auf, eine Woche hindurch jeden Abend mindestens eine Stunde lang nackt miteinander im Bett zu verbringen und zu tun, was ihnen behagt, das Einzige, das aber unter keinen Umständen zulässig ist, sei der Koitus. Eine Woche später sah ich sie wieder. Sie hätten versucht, meinten sie, meine Anweisungen zu befolgen, aber ‚leider' sei es dreimal zum Koitus gekommen. Ich gab mich erzürnt und bestand darauf, daß sie sich wenigstens in der kommenden Woche an meine Instruktionen halten. Es vergingen nur wenige Tage, und sie riefen mich an, um abermals zu berichten, daß sie außerstande gewesen waren, mir zu folgen, vielmehr war es jetzt sogar mehrmals täglich zum Koitus gekommen. Ein Jahr später erfuhr ich dann, daß es bei diesem Erfolg auch geblieben war."

Es ist aber auch möglich, daß wir nicht den Patienten, sondern seine Partnerin in unseren „Trick" einweihen müssen. So geschah es im folgenden Falle. Die Teilnehmerin an einem Logotherapie-Seminar, das JOSEPH B. FABRY an der Universität von Berkeley hielt, wandte unsere Technik unter seiner Führung auf ihren eigenen Partner an, der von Beruf Psychologe war und als solcher eine Sexualberatungsstelle leitete. (Ausgebildet war er von Masters und Johnson worden.) Dieser Sexualberater erwies sich nun selber und seinerseits als potenzgestört. "Using a FRANKL technique," — so wird uns berichtet — "we decided that Susan should tell her friend that she was under doctor's care who had given her some medication and told her not to have intercourse for a month. They were allowed to be physically close and do everything up to actual intercourse. Next week Susan reported that it had worked." Dann gab's aber einen Rückfall. FABRYs Studentin Susan war aber erfinderisch genug, um diesmal allein mit der Potenzstörung ihres Partners fertig zu werden: "Since she could not have repeated the story about doctor's orders she had told her friend that she had had seldom, if ever, reached orgasm and asked him not to have intercourse that night but to help her with her problem of orgasm." Sie übernahm also die Rolle einer Patientin, um ihrem Partner die Rolle des praktizierenden Sexualberaters aufzudrängen und ihn so in die Selbst-Transzendenz zu lotsen. Damit wurde aber auch schon die Dereflexion herbeigeführt und die so pathogen gewesene Hyperreflexion ausgeschaltet. "Again it worked. Since then no more problem with impotence occurred."

GUSTAVE EHRENTRAUT, ein kalifornischer Sexualberater, hatte einmal einen Patienten zu behandeln, der seit 16 Jahren an Ejaculatio praecox litt.

Zuerst wurde der Fall verhaltenstherapeutisch angegangen, aber auch nach 2 Monaten stellte sich kein Erfolg ein. "I decided to attempt FRANKL's paradoxical intention", heißt es dann weiter. "I informed the patient that he wasn't going to be able to change his premature ejaculation, and that he should, therefore, only attempt to satisfy himself." Als EHRENTRAUT dem Patienten dann noch empfahl, den Koitus so kurz wie nur möglich dauern zu lassen, wirkte sich die paradoxe Intention so aus, daß die Dauer des Koitus auf das Vierfache verlängert werden konnte. Zu einem Rückfall kam es seither nicht.

Ein anderer kalifornischer Sexualberater, CLAUDE FARRIS, überließ mir einen Bericht, aus dem hervorgeht, daß die paradoxe Intention auch in Fällen von Vaginismus anwendbar ist. Für die Patientin, die in einem katholischen Kloster erzogen wurde, war die Sexualität ein strenges Tabu. In Behandlung kam sie wegen heftigster Schmerzen während des Koitus. FARRIS wies sie nun an, die Genitalgegend nicht zu entspannen, sondern die Scheidenmuskulatur möglichst zusammenzuziehen, so daß es ihrem Mann unmöglich wird, in die Scheide einzudringen. Eine Woche später erschienen die beiden abermals, um zu berichten, daß der Koitus das erste Mal in ihrem Eheleben schmerzfrei gewesen war. Rezidiv war keines zu verzeichnen. Das Bemerkenswerteste an diesem Bericht ist aber der Einfall, die paradoxe Intention einzuschalten, um Entspannung zustande zu bringen.

In diesem Zusammenhang soll auch ein Experiment von DAVID L. NORRIS, einem kalifornischen Forscher, erwähnt werden, in dessen Rahmen die Versuchsperson Steve angewiesen wurde, sich möglichst zu entspannen, was sie auch versuchte, aber ohne Erfolg, da Steve zu aktiv auf dieses Ziel lossteuerte. NORRIS konnte das sehr genau beobachten, da die Versuchsperson in einen Elektromyographen eingespannt war, der ständig auf 50 Mikro-Ampere ausschlug. Bis Steve von NORRIS erfuhr, daß er es in seinem Leben nicht dazu bringen werde, sich wirklich zu entspannen. Da platzte Steve heraus: „Soll die Entspannung der Teufel holen. Ich pfeif' auf Entspannung." Und da schnellte auch schon der Zeiger des Elektromyographen auf 10 Mikro-Ampere hinunter. "With such speed", berichtet NORRIS, "that I thought the unit had become disconnected. For the succeeding sessions Steve was successful because he was *not* trying to relax."[1])

---

[1]) Etwas Analoges gilt auch von den diversen Methoden, um nicht zu sagen Sekten, der Meditation, die heute nicht weniger „in" ist, als die Entspannung. So schreibt mir eine amerikanische Psychologieprofessorin: "I was recently trained in doing Transcendental Meditation but I gave it up after a few weeks because I feel I meditate spontaneously on my own, but when I start meditating formally I actually stop meditating."

Zusammenfassend läßt sich sagen, daß die Logotherapie 5 Indikationsbereiche kennt. Und zwar ist sie als Therapie vom Logos, vom Sinn her zunächst einmal indiziert in Fällen von noogener Neurose, die ja als solche, als noogene, nicht zuletzt durch einen Sinn-Verlust entstanden ist. In diesem ihrem 1. Indikationsbereich dürfen wir die Logotherapie daher als eine spezifische Therapie ansehen.

Anders in ihrem 2. Indikationsbereich: in Fällen von psychogener Neurose, in denen sie in Form von Dereflexion und paradoxer Intention eingesetzt wird, wirkt sie sich insofern als eine unspezifische Therapie aus, als ja die diversen pathogenen Reaktionsmuster, deren Auflösung sie sich so angelegen sein läßt, mit der Sinnproblematik nichts zu tun haben. Damit ist noch lange nicht gesagt, daß es sich bei einer solchen unspezifischen Therapie auch nur um eine symptomatische Therapie handelt. Denn Dereflexion und paradoxe Intention greifen in Fällen, in denen sie wirklich indiziert sind, die Neurose an ihrer Wurzel an, nämlich dort, wo die zu sprengenden Zirkelmechanismen eben so pathogen gewesen waren. So ist denn die Logotherapie auch dann, wenn sie qua Logotherapie nicht mehr eine spezifische Therapie ist, qua Psychotherapie noch immer eine kausale, an den Ursachen angreifende Therapie.

Wieder anders in ihrem 3. Indikationsbereich: da hört sie nämlich auf, überhaupt eine Therapie zu sein, und zwar aus dem einfachen Grund, weil sie es in diesem ihrem Indikationsbereich nicht nur im allgemeinen mit somatogenen Leiden zu tun hat, sondern im besonderen mit somatogenen Krankheiten, die unheilbar sind, bei denen es also von vornherein nur noch darum gehen kann, dem Kranken auch noch in seinem Leiden, also bis zuletzt, eine Sinnfindung zu ermöglichen, und zwar in Form der Verwirklichung von Einstellungswerten. Wie gesagt handelt es sich dabei, kann es sich dabei zwar nicht mehr um eine Therapie handeln, aber niemand kann leugnen, daß solche ärztliche Seelsorge[1]) eben in den Aufgabenbereich ärztlichen Behandelns und Handelns gehört — im Gegensatz zum 4. Indikationsbereich der Logotherapie, in dem sie nicht mehr wie in ihrem 3. Indikationsbereich eine ärztliche Behandlung (wenn auch unheilbarer Leiden und Krankheiten) ist, sondern wo sie mit soziogenen Phänomenen wie dem Sinnlosigkeitsgefühl, dem Leeregefühl und dem existentiellen Vakuum konfrontiert ist, also durchwegs mit Phänomenen, auf die sich das medizinische Modell nicht mehr anwenden läßt, da sie an sich noch nicht pathologisch sind, mögen sie auch noch so sehr pathogen sein, nämlich in Fällen, in denen sie zu einer noogenen Neurose führen.

Schließlich der 5. Indikationsbereich der Logotherapie: mit dem soziogenen Zweifeln und Verzweifeln an einem Lebenssinn konfrontiert, war

---

[1]) „Was wir treiben," — sagte FREUD — „ist Seelsorge im besten Sinne."

sie, wenn schon nicht mit der ärztlichen Behandlung von Kranken, so doch mit der menschlichen Betreuung von Leidenden betraut. In ihrem 5. Indikationsbereich geht es aber weder um die spezifische oder unspezifische Therapie noogener bzw. psychogener Neurosen noch um die Behandlung oder die Betreuung somatogener bzw. soziogener Fälle, vielmehr um ein Verhüten, und zwar um die Verhütung iatrogener Neurosen. Eigentlich müßten wir aber von psychiatrogenen Neurosen sprechen. Was wir meinen, sind nämlich Fälle, in denen sich der Arzt (ιατρος) bzw. der Psychiater insofern an der Intensivierung existentieller Frustration mitschuldig macht, als er an den Patienten durchaus subhumanistische Modellvorstellungen heranträgt, so daß die Psychotherapie nolens volens auf eine Indoktrination hinausläuft, und auf eine reduktionistische noch dazu.

Nach dem systematischen Überblick wollen wir abschließend einen historischen wagen. W. SOUCEK hat von der Logotherapie als von der Dritten Wiener Richtung der Psychotherapie gesprochen („Die Existenzanalyse Frankls, die dritte Richtung der Wiener psychotherapeutischen Schule", Deutsche Medizinische Wochenschrift 73, 594, 1948) und sie als solche in der Nachfolge von Psychoanalyse und Individualpsychologie angesiedelt. Wenn dem so ist, dann darf nur nicht übersehen und vergessen werden, daß das Biogenetische Grundgesetz von Ernst HAECKEL auch von der Logotherapie gilt. Wie nach HAECKEL die ontogenetische Entwicklung die phylogenetische rekapituliert, so gab es im Leben, in der persönlichen Lebensgeschichte des Begründers der Logotherapie zunächst einmal Phasen, aus denen Publikationen hervorgegangen sind, deren Manuskripte von FREUD und ADLER persönlich an die Redaktionen der Internationalen Zeitschriften für Psychoanalyse bzw. Individualpsychologie weitergeleitet worden waren, wo sie dann 1924 bzw. 1925 erschienen. (LUDWIG J. PONGRATZ, Psychotherapie in Selbstdarstellungen, Hans Huber, Bern 1973.)

So oder so: SIGMUND FREUD schrieb einmal: „Alle unsere Darstellungen warten darauf, ergänzt, überbaut und dabei berichtigt zu werden." T. P. MILLAR meint freilich, daß die gegenwärtige Situation dagegen spreche, daß eine nennenswerte theoretische Revision aus den eigenen Reihen kommt (British Journal of Psychiatry 115, 421, 1969). Vielmehr stimmt er mit Ernest HILGARD überein, demzufolge die eigentliche Umformulierung der psychoanalytischen Theorie noch am ehesten von Leuten kommen dürfte, die eben keiner psychoanalytischen Organisation und Institution verpflichtet sind. Wie sehr eine solche „Umformulierung" aber an der Zeit wäre, mag aus folgenden Äußerungen hervorgehen. J. MARMOR, Präsident der American Academy of Psychoanalysis, schreibt: „In den letzten zehn Jahren scheint das Prestige der Psychoanalyse in unserem Lande innerhalb akademischer und wissenschaftlicher Kreise signifikant gesunken zu sein" ("The Current Status of Psychoanalysis in American

Psychiatry", American Journal of Psychiatry 125, 131, 1968). Und der Herausgeber des American Journal of Psychoanalysis, HAROLD KELMAN, konfrontierte die American Psychiatric Association mit folgenden Fakten: 1945 wünschte praktisch jeder angehende Psychiater, sich einer Lehranalyse zu unterziehen. 1960 war es einer unter sieben, und 1969 war es einer unter zwanzig. ("How Does Psychoanalysis Fit into the Total Concept of Care?" Psychiatric Spectator 3, 8.) Wie denn überhaupt „24 von 31 nordamerikanischen Psychoanalytikern über ein Nachlassen des Interesses für Psychoanalyse in ihrem Beobachtungsbereich berichten" (E. D. WITTKOWER und J. NAIMAN, „Psychoanalyse in internationaler Sicht", Zeitschrift für Psychosomatische Medizin und Psychoanalyse 19, 220, 1973).

Und doch bleibt es dabei, was ich in einem meiner englisch verfaßten und noch nicht ins Deutsche übersetzten Bücher[1]) sage: daß die Psychoanalyse auch für die Psychotherapie der Zukunft[2]) die Grundlage sein wird, mag sie auch noch sosehr, wie jeder Baugrund, immer mehr dem Blick entschwinden, während das Gebäude dieser Psychotherapie der Zukunft auf ihr errichtet wird. So ist denn FREUDS Beitrag zur Grundlegung der Psychotherapie unvergänglich, und so ist denn auch seine Leistung unvergleichlich: Wenn wir die älteste Synagoge der Welt besuchen, die Alt-Neu-Schule in Prag, dann zeigt uns der Führer 2 Sitze — auf dem einen war der berühmte, legendenumwobene Rabbi Löw (dem man nachsagt, er habe aus einem Lehmklumpen den Golem geschaffen) gesessen, und auf dem anderen alle Rabbiner seither; denn keiner wagte es, sich gleich zu erachten dem Rabbi Löw und dessen Sitz einzunehmen. Und so ist denn durch die Jahrhunderte der Sitz des Rabbi Löw unbesetzt geblieben. Ich glaube, mit FREUD geht es uns ähnlich: niemand wird sich jemals mit ihm messen können.

Anmerkung zu Seite 28: Im Zusammenhang mit der Bedürfnishierarchie, wie sie von Abraham Maslow gelehrt wird, wäre nicht zuletzt darauf hinzuweisen, daß etwa die Befriedigung des Sicherheitsbedürfnisses keineswegs eine Bedingung und Voraussetzung dafür ist, daß ein „höheres Bedürfnis" - wie etwa der Wille zum Sinn! - sich meldet: Die Insassen des Konzentrationslagers Auschwitz hätten entweder bis zu ihrer Befreiung oder (vergebens) bis zu ihrer Vergasung darauf warten müssen, daß sie sich wenigstens halbwegs sicher fühlen konnten; und doch war der eine oder der andere darauf aus, auch noch in der aussichtslosen Situation des Lagerlebens eine Sinnmöglichkeit zu suchen – und sie vielleicht in Bruchteilen einer Sekunde zu finden, wie es etwa Maximilian Kolbe imstande war, als er hinging und sich freiwillig meldete, um für einen Familienvater einzuspringen, der zum Tode verurteilt worden war ...

[1]) The Will to Meaning, New American Library, New York 1969.
[2]) EDITH WEISSKOPF-JOELSON, "Logotherapy: The Psychotherapy of the Future", Symposion on Logotherapy, Annual Meeting of the Psychological Association, Montreal 1973.

„Der Respekt vor der Größe gehört gewiß zu den besten Eigenschaften der menschlichen Natur. Aber er soll gegen den Respekt vor den Thatsachen zurücktreten. Man braucht sich nicht zu scheuen, es auszusprechen, wenn man die Anlehnung an eine Autorität gegen das eigene, durch Studium der Thatsachen erworbene Urtheil zurücksetzt."
(S. FREUD, Wien. med. Wschr. 39, 1889.)

Theoretischer Teil

GRUNDLAGEN DER EXISTENZANALYSE UND LOGOTHERAPIE

Zunächst gilt es, Mißverständnissen vorzubeugen: Existenzanalyse und Logotherapie sind eigentlich dasselbe — zumindest sind sie es insofern, als beide je eine Seite ein und derselben Theorie darstellen. Demgegenüber sind Existenzanalyse und Daseinsanalyse nichts weniger als miteinander identisch. Vielmehr lauten nur die spanischen, englischen und französischen Übersetzungen der Namen dieser beiden Schulen gleich. Auch sofern beide Richtungen um so etwas wie Existenzerhellung (KARL JASPERS) bemüht sind, wird — wie namentlich PAUL POLAK in einer vergleichenden Studie über die Daseinsanalyse von LUDWIG BINSWANGER und die Existenzanalyse nachweisen konnte — von der Daseinsanalyse der Akzent auf eine Existenzerhellung im Sinne von Seinserhellung gelegt, während die Existenzanalyse, über alle Seinserhellung hinaus, den Vorstoß zu einer Sinnerhellung wagt, so daß sich der Akzent von der Erhellung von Seinswirklichkeiten in Richtung auf eine Erhellung von Sinnmöglichkeiten verschiebt. Daran mag es gelegen sein, daß die Existenzanalyse über jede bloße Analyse hinausgeht und Therapie ist, eben Logo-Therapie, anders als die Daseinsanalyse, die — zumindest den authentischen Definitionen der führenden Daseinsanalytiker zufolge — an sich und als solche keine (Psycho-)Therapie im eigentlichen Wortsinn darstellt. Tatsächlich bedeutet „Logos" zunächst einmal den Sinn und „Logotherapie" eine am Sinn orientierte — und den Patienten an ihm re-orientierende — Psychotherapie.

Existenzanalyse will aber nicht nur eine Analyse der konkreten Person sein, also eine Analyse im ontischen Sinne, sondern auch eine Analyse im ontologischen Sinne, nämlich eine Analyse, eine Explikation, eine Wesensentfaltung des personalen Daseins — wobei von der Selbstentfaltung der personalen Existenz abgesehen wird, wie sie im Medium der Biographie immer schon geschieht.

Ein Charakteristikum der menschlichen Existenz ist nun ihre Transzendenz. Und zwar transzendiert der Mensch nicht nur seine Umwelt auf eine, auf die Welt, sondern auch sein Sein auf ein Sollen hin. Wann immer der Mensch jedoch solcherart sich selbst übersteigt, erhebt er sich selbst über sein eigenes Psychophysikum, verläßt er die Ebene des Somatischen und des Psychischen und betritt den Raum des eigentlich Menschlichen, der durch eine neue, durch die noetische Dimension, die Dimension des Geistigen, konstituiert ist; denn weder das Somatische noch das Psychische allein machen das eigentlich Menschliche aus. Beide stellen vielmehr nur zwei Seiten des menschlichen Seins dar, zwei Seiten noch dazu, auf denen die Befunde nicht selten einander widersprechen, so daß von einer Parallelität im Sinne des Dualismus oder gar von einer Identität im Sinne des Monismus nicht die Rede sein kann. Dennoch läßt sich, trotz all der ontologischen Mannigfaltigkeit von Somatischem, Psychischem und Noetischem, die anthropologische Einheit und Ganzheit des Wesens Mensch bewahren und retten, sobald wir die Wendung vollziehen von der Existenzanalyse zu einer Dimensionalontologie. Widerspruchsvoll sind nämlich die Befunde allenthalben: wo immer wir das Buch der Wirklichkeit aufschlagen — auf jeder Seite bildet sich die Wirklichkeit anders ab (Abb. 5), und die verschiedenen Abbildungen auf den einzelnen Seiten lassen sich auch dann nicht zur Deckung bringen, wenn wir umblättern (Abb. 6). Sondern erst dann, wenn

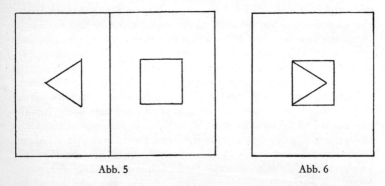

Abb. 5   Abb. 6

wir die nächsthöhere Dimension einbeziehen, und das will heißen, wenn wir das Blatt mit der linken Abbildung im Raum aufrichten und zur Ebene des aufgeschlagenen Buches bzw. der rechten Abbildung senkrecht stellen (Abb. 7), erweist sich eine Aufhebung der Widersprüche als möglich, und die Widersprüche selbst erweisen sich als notwendig; denn es zeigt sich, daß die linke und die rechte Abbildung, das Dreieck und das Viereck je eine Projektion einer Pyramide aus dem Raum in zwei Ebenen darstellen (Abb. 8). Aber es läßt sich nicht sagen, eine Pyramide setze sich zusammen oder bestehe aus einem Dreieck und einem

Viereck; ist sie doch dimensional mehr. Ebensowenig läßt sich sagen, der Mensch setze sich zusammen oder bestehe aus Leib und Seele. Vielmehr geht das Wesen des Menschen weder im Leiblichen noch im Seelischen auf und geht das Wesen des Menschen weder in die Ebene des Somatischen noch in die des Psychischen ein. Sondern es läßt sich nur verkrampft und gewaltsam in sie hineinzerren und aus dem Raum des eigentlich Menschlichen in sie hineinprojizieren.

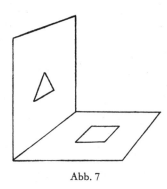

Abb. 7

Bis zu einem bestimmten Grade und in einem bestimmten Sinne gehört es zum Wesen der Wissenschaft, daß sie solche Projektionen vornimmt, in eine bestimmte Dimension, und das heißt, daß sie von der vollen Dimensionalität der Realität prinzipiell und methodisch absieht und sich an die Fiktion einer unidimensionalen Welt hält. Es ist dies Schicksal und Aufgabe der Wissenschaft, und diesbezüglich kann die Wissenschaft auch vor dem Menschen nicht haltmachen, sondern sie muß auch ihn aus dem noologischen Raum je nachdem in die biologische oder in die psychologische Ebene hineinprojizieren. Wenn ich beispielsweise einen Patienten, der mir wegen eines Hirntumors zugewiesen wird, neurologisch zu untersuchen habe, dann muß ich selbstverständlich die voll dimensionale Wirklichkeit des konkreten Menschen abblenden und so tun, als ob es sich bei ihm um ein geschlossenes System mehr oder weniger bedingter Reflexe handeln würde. Sobald ich jedoch den Reflexhammer weglege, blende ich wieder auf und kann wieder der Menschlichkeit des Patienten gewahr werden, die ich ausgeklammert hatte.

Genau so mag es legitim sein, den Menschen aus dem ihm gemäßen noologischen Raum nicht wie im Falle der neurologischen Untersuchung in die physiologische, sondern in die psychologische Ebene zu projizieren, und es geschieht dies zum Beispiel im Rahmen psychodynamischer Forschung. Aber wenn es nicht in vollem Methodenbewußtsein geschieht, dann kann es mich sehr wohl auch irreführen. Vor allem hätte ich mir jeweils vor Augen zu halten, was ich hierbei alles herausfiltere; denn im Koordinatensystem einer einseitig und ausschließlich psychodynamischen Betrachtung kann ich ja von vornherein nichts weiter und nichts anderes vom Menschen zu sehen bekommen als ein Wesen, das da anscheinend nur getrieben wird bzw. Triebe befriedigt. Das eigentlich Menschliche jedoch bildet sich in einem solchen Bezugssystem notwendigerweise nur verzerrt ab; ja, gewisse humane Phänomene werden mir überhaupt entgehen. Denken wir doch nur an so etwas wie den Sinn und die Werte: Sie müssen mir aus dem Gesichtsfeld entschwinden, sobald ich nur Triebe und Triebkräfte gelten lasse, und zwar müssen sie es aus dem einfachen Grunde, weil Werte mich nicht treiben, sondern — ziehen! Und zwischen beiden besteht ein gewaltiger Unterschied, dessen Anerkennung wir uns nicht verschließen

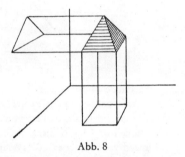

Abb. 8

dürfen, wenn anders wir im Sinne einer phänomenologischen Analyse einen Zugang suchen zur totalen, unverkürzten Wirklichkeit des Menschseins[1]).

Oder — um ein anderes Beispiel ins Auge zu fassen: es muß fraglich erscheinen, ob wir von einem Moraltrieb im gleichen Sinne sprechen dürfen wie von einem Sexualtrieb, oder von einem Religionstrieb „wie von einem Aggressionstrieb" (H. Bänziger). Das würde nämlich darauf hinauslaufen, daß wir das Wesen von so etwas wie Moralität zu sehen hätten in der Be-

---

[1]) Es handelt sich um den Unterschied zwischen der Psychodynamik und einer Noodynamik (siehe S. XIII), wie ich sie nennen möchte; die letztere ist nicht, wie die erstere, eine Psychomechanik: ob ich mich von Werten „ziehen" lasse, setzt die Freiheit voraus, ein Wertangebot anzunehmen oder abzulehnen, eine Wertmöglichkeit zu verwirklichen oder zu verwirken.

friedigung eines Moraltriebes — oder in der Beruhigung des Überich oder aber in der Beschwichtigung des Gewissens. Aber ein guter Mensch ist nicht gut um eines guten Gewissens willen, sondern einer Sache — der „guten" Sache! — wegen oder einer Person zuliebe — oder aber um Gottes willen. Wäre ein guter Mensch wirklich nur gut, um ein gutes Gewissen zu haben, dann würden wir es ja erst mit einem Fall von Pharisäismus zu tun haben. Ein gutes Gewissen zu haben kann niemals der Grund meines Gutseins sein, vielmehr jeweils nur die Folge. Es ist auch kaum anzunehmen, daß die Heiligen heilig geworden wären, wenn es ihnen darum zu tun gewesen wäre, Heilige zu sein. Dann wären sie nämlich Perfektionisten geworden, und der Perfektionismus ist wohl eines der typischen Hindernisse auf dem Weg zur Perfektion. Gewiß ist ein gutes Gewissen, wie das Sprichwort sagt, das beste Ruhekissen; trotzdem müssen wir uns davor hüten, aus der Moral ein Schlafmittel zu machen, und aus dem Ethos einen Tranquilizer.

Was alledem letztlich und eigentlich zugrunde liegt, das ist die Auffassung oder, besser gesagt, **die Fehldeutung der menschlichen Psyche als eines Etwas, das wesentlich von einem Ausgleichs- und Gleichgewichtsprinzip beherrscht wird**, mit einem Wort, die Stipulierung des Homöostaseprinzips als eines Regulativs. Aber absolut gilt das Homöostaseprinzip ja nicht einmal im biologischen Bereich — worauf zuletzt CHARLOTTE BÜHLER aufmerksam gemacht hat, und zwar im Anschluß an L. VON BERTALANFFY —, geschweige denn im psychologischen Bereich — worauf unter anderen GORDON W. ALLPORT hingewiesen hat. Die genannte anthropologische Konzeption jedoch tut so, als ob es sich bei der Seele des Menschen um ein geschlossenes System handeln würde und als ob es dem Menschen selbst um die (Wieder-)Herstellung intrapsychischer Zustände zu tun wäre, etwa durch Versöhnung und Befriedigung der Ansprüche der Triebe, des Es und des Überich. Solcherart aber schlittert die Anthropologie in eine Monadologie hinein; denn dem wahren Menschen geht es nicht um irgendwelche Zustände in seiner Seele, sondern um die Gegenstände in der Welt: primär ist er auf sie hingeordnet und ausgerichtet, und es ist erst der neurotische Mensch, der nicht mehr, wie der normale, gegenständlich orientiert ist, vielmehr zuständlich interessiert ist. Ihn jedoch würde eine Psychotherapie, die einzig und allein das Homöostaseprinzip gelten läßt und sich durch ein monadologisches Menschenbild leiten läßt, nur noch mehr in den „Binnenraum des Seelischen" (PHILIPP LERSCH) bannen und im Eskapismus bestärken.

In diesem Zusammenhang können wir uns eine kritische Bemerkung nicht versagen, und zwar was das so gängige Schlagwort von Selbsterfüllung und Selbstverwirklichung anlangt: Selbsterfüllung und Selbstverwirklichung können unmöglich der letzte Zweck des Lebens oder das letzte

Ziel des Menschen sein — im Gegenteil, je mehr der Mensch sie anpeilt, desto mehr verfehlt er sie auch schon. Diesbezüglich ergeht es ihm wie bei jeder Zuständlichkeit — etwa dem „zuständlichen Gefühl" (MAX SCHELER) der Lust: je mehr es dem Menschen um Lust geht, um so mehr vergeht sie ihm auch schon, und es sind nicht wenige Sexualneurosen, denen diese Gesetzmäßigkeit ätiologisch zugrunde liegt. Die Jagd nach dem Glück verscheucht es auch schon.

Nun, worum es dem Menschen wirklich geht, das ist nicht, sich selbst zu erfüllen und sich selbst zu verwirklichen, sondern einen Sinn zu erfüllen und Werte zu verwirklichen. Und nur in dem Maße, in dem er den konkreten und persönlichen Sinn seines Daseins erfüllt, im gleichen Maße erfüllt er auch sich selbst. Selbsterfüllung aber stellt sich dann von selbst ein: nicht per intentionem, sondern per effectum.

Aber wann ist der Mensch sosehr auf Selbsterfüllung bedacht, wann ist er in diesem Sinne auf sich selbst reflektiert? Ist es nicht so, daß solche Selbstreflexion jeweils Ausdruck ist einer gescheiterten Sinnintention? Verrät nicht das forcierte Streben nach Selbsterfüllung ein frustriertes Streben nach Sinnerfüllung? Im Sinne einer Analogie drängt sich mir in diesem Zusammenhang der Bumerang auf, von dem man nämlich im allgemeinen vermeint, sein Zweck besteht darin, zum Jäger zurückzukehren, der ihn geworfen hatte. Aber das stimmt nicht; denn nur der Bumerang kehrt zum Jäger zurück, der sein Ziel, die Beute — verfehlt hatte. Nun, es ist auch so, daß nur der Mensch immer wieder auf sich selbst zurückkommt und auf seine eigenen Zustände bedacht ist, sei es, daß er ein gutes Gewissen haben will, sei es, daß er seine Lust und seine Ruhe haben will; nur der Mensch, sage ich, ist in diesem Sinne auf sich und auf die Zustände in seiner Seele bedacht, der vergessen hatte, daß draußen in der Welt ein konkreter und persönlicher Sinn auf ihn wartet, daß da draußen eine Aufgabe darauf wartet, durch ihn und durch ihn allein erfüllt zu werden; denn wirklich „bei sich sein" kann der Mensch nur in dem Maße, in dem er bei den Dingen in der Welt ist, in dem er in der Welt steht — die Welt besteht.

Halten wir fest: erst wenn die primäre gegenständliche Orientierung verfehlt wird und gescheitert ist, kommt es zu jener zuständlichen Interessiertheit, wie sie das neurotische Dasein sosehr auszeichnet. Und so ist denn auch das Streben nach Selbsterfüllung keineswegs etwas Primäres, vielmehr sehen wir in ihm einen defizienten Modus menschlichen Daseins; denn primär geht es dem Menschen ja nicht um Selbsterfüllung, sondern um Sinnerfüllung. In der Logotherapie sprechen wir da von einem Willen zum Sinn — als welchen wir das Streben des Menschen bezeichnen, möglichst viel Sinn zu erfüllen in seinem Dasein, in seinem Leben möglichst viel Werte zu verwirklichen —, und den Willen zum Sinn stellen wir an die Seite sowohl einem Willen zur Lust, nämlich dem „Lustprinzip" der Psychoanalyse, als auch dem „Geltungsstreben" der Individualpsychologie, also dem Willen zur Macht.

All dies fällt, im Rahmen des Menschenbildes der dynamischen Psychologie, auf einen blinden Fleck; aus der den Menschen charakterisierenden noologischen Dimension heraus in die bloß psychologische Ebene hineinprojiziert, bildet es sich nicht ab. Im geschlossenen System eines „seelischen Apparats" (FREUD), der vom Lustprinzip beherrscht wird, ist kein Platz für den Willen zum Sinn, der ja den „Binnenraum des Seelischen" sprengt, indem er den Menschen auf die Welt, und zwar auf eine geordnete Welt — auf einen Kosmos — von Sinn und Werten hinordnet und ausrichtet. Demgegenüber bedeutet das Lustprinzip, also der Kampf um die Lust bzw. der gegen die Unlust (der Kampf um den Ausgleich bzw. der gegen alle das Gleichgewicht störenden Erregungen und Spannungen) nichts Primäres, vielmehr etwas Sekundäres, etwas Abkünftiges, nämlich eine bloße Resignationsstufe, so zwar, daß es erst einer Frustration des Sinnwillens — als eines Ursprünglichen und als des Eigentlichen im Menschen! — bedarf, soll es zur Ausbildung eines Willens zur Lust kommen.

Für die Neurose ist die Ablösung der Orientierung an Sinn- und Wertgegenständen durch die Interessiertheit an Lust- und Unlustzuständen konstitutiv. Im besonderen zeigt sich in sexualneurotischen Fällen, daß das Ringen um Sinn und Werte abgelöst wird durch den Kampf um die Lust bzw. durch den gegen die Unlust. Die betreffenden Patienten sprechen spontan von einer „Onanie am Weibe". Was sie meinen, ist ein Sexualakt, der ein bloßes Mittel zu dem Zweck ist, die sexuelle Erregung abzureagieren: diesem „Triebziel" dient das „Triebobjekt" (FREUD). Instinktiv sehen sie als den eigentlichen Sexualakt einen an, innerhalb dessen sie auf den Partner als solchen eingestellt, ihm liebend hingegeben und — in dem Maße, in dem sie nicht auf den Akt achten oder auf die Lust bedacht sind — imstande sind, frei von jeder Störung den Akt zu vollziehen und frei von jeder Hemmung die Lust zu genießen. Aber je mehr sie am Zustand der Triebbefriedigung interessiert sind, desto weniger sind sie am Triebgegenstand als solchem interessiert, vielmehr sind sie am Gegenstand bloß insofern interessiert, als er ein Mittel zum Zweck ist, einen Zustand (wieder-) herzustellen. Aber wenn dem so ist, dann kommt es nicht mehr darauf an, ob der Gleichgewichtszustand nun mit Hilfe des eigentlichen Gegenstands (wieder-)hergestellt wird oder durch ein masturbatorisches Geschehen. Nur daß dieser Weg nicht über die Welt führt, sondern eben unter deren Umgehung einen intrapsychischen Kurzschluß darstellt. Die intramundanen Gegenstände dienen nur noch als Mittel zum Zweck, intrapsychische Zustände (wieder-)herzustellen. Im Rahmen dieser Verkehrung eines Zwecks — Begegnung mit der Welt und deren Gegenständen — zum Mittel — Triebbefriedigung im Dienste der Selbstberuhigung — sintert das Wertrelief der Welt in eine Ebene der Gleich-Gültigkeit zusammen. So werden die Gegenstände der Welt als einer Welt des Sinnes und der Werte gleichgültige Mittel im Dienste des Lustprinzips[1]).

Der Wille zum Sinn ist also etwas Ursprüngliches, etwas Eigentliches, etwas Echtes, und als solches wäre er auch seitens der Psychotherapie ernst zu nehmen. Eine sich selbst so bezeichnende „entlarvende Psychologie" jedoch ist darauf aus, ihn zu demaskieren, indem sie den Anspruch des Menschen auf ein möglichst sinnerfülltes Dasein etwa als die Tarnung unbewußter Triebwünsche hinstellt und als eine bloße „Rationalisierung" abtut. Was da not tut, ist, ich möchte sagen, eine Entlarvung der Entlarver. Vor dem Echten müßte die Entlarvungstendenz nämlich haltmachen können; tut sie es nicht, dann steht hinter der Entlarvungstendenz — des „entlarvenden" Psychologen eigene Entwertungstendenz.

Am allerwenigsten kann die Psychotherapie es sich leisten, den Sinnwillen zu ignorieren — statt an ihn zu appellieren; handelt es sich bei ihm doch um ein Psychotherapeutikum ersten Ranges, und ein Appell an ihn kann unter Umständen nicht nur etwa eine seelisch oder gar leiblich gesunderhaltende, sondern sogar eine ausgesprochen lebensrettende Wirkung haben. In dieser Beziehung liegen nicht nur klinische, sondern auch anderweitige, aber darum nicht weniger empirische und praktische Erfahrungen und Beobachtungen vor: im Experimentum crucis der Kriegsgefangenen- und Konzentrationslager wurde bewiesen, daß es kaum etwas in der Welt gibt, das den Menschen so instand setzt, all diese „Grenzsituationen" (KARL JASPERS) zu überleben, wie das Wissen um eine Lebensaufgabe. Worte von

---

[1]) Das Lustprinzip dient einem universalen Ausgleichsprinzip, das auf den Ausgleich jeder Spannung hinarbeitet. Die Physik kennt ja etwas Ähnliches in ihrer Lehre von der Entropie als dem zu erwartendem kosmischen Endzustand. Dem „Wärmetod" könnte man sonach das Nirwana als psychologisches Korrelat gegenüberstellen; der Ausgleich jeder seelischen Spannung durch Befreiung von allen Unlustgefühlen wäre dann als mikrokosmisches Äquivalent für die makrokosmische Entropie anzusehen, das Nirwana als die Entropie „von innen gesehen". Das Ausgleichsprinzip selbst aber stellt den Widersacher eines „Individuationsprinzips" dar, das alles Sein als individuiertes Sein, als Anderssein zu erhalten bestrebt wäre (Ärztliche Seelsorge, Wien 1946, p. 30). (Nicht über das Sein, sondern über das Leben liegt von SCHRÖDINGER eine analoge Theorie vor.) Die Vorzugsstellung des Menschen innerhalb des Seins, die menschliche Seinsweise als besondere können wir so präzisieren, daß wir in Anlehnung an unsere These „Sein = Anders-sein" (l. c., p. 3) den Satz aufstellen: Personsein (menschliches Dasein, Existenz) heißt absolutes Anders-sein. Denn die wesentliche und werthafte Einzigartigkeit jedes einzelnen Menschen bedeutet ja nichts anderes, als daß er eben anders ist als alle anderen Menschen (l. c., p. 56 und 57). Indem jeder Mensch gegenüber allen anderen „absolut anders ist", ist er, was sein Sosein anlangt, einzigartig; zugleich ist jeder Mensch, was sein Dasein anlangt, einmalig, und so ist denn auch der Sinn jedes Daseins einmalig und einzigartig.

Friedrich W. Nietzsche hatten sich bestätigt: „Wer ein Warum zu leben hat, erträgt fast jedes Wie." Sollen die Worte aber auch zutreffen, dann darf es sich freilich nicht nur um irgendeine, sondern dann muß es sich um die einmalige und einzigartige Lebensaufgabe handeln, deren Einmaligkeit und Einzigartigkeit der Tatsache entspricht, daß jedes Menschenleben in seinem Da-sein einmalig und in seinem So-sein einzigartig ist[1]).

Der Sinnwille des Menschen kann nun auch frustriert werden, und in der Logotherapie sprechen wir dann von einer **existentiellen Frustration**, da es gerechtfertigt erscheint, als existentiell zu bezeichnen, was immer mit dem Sinn des Lebens bzw. mit dem Willen zum Sinn in Zusammenhang steht. Das Gefühl, daß sein Sein keinen Sinn hat, beherrscht den alltäglichen Durchschnittsmenschen von heute anscheinend mindestens so wie das Gefühl, daß er weniger Wert hat als andere, also das in der Individualpsychologie soviel genannte Minderwertigkeitsgefühl. Aber genauso wie das Minderwertigkeitsgefühl stellt auch dieses **Sinnlosigkeitsgefühl** — das heute dem Minderwertigkeitsgefühl den Rang abläuft — nichts Pathologisches dar: es ist etwas Menschliches — ja das Allermenschlichste, das es geben mag —, nicht aber etwas Allzumenschliches, etwas Krankhaftes. Und wir müssen unterscheiden lernen zwischen dem Humanen und dem Morbiden, wollen wir nicht zwei wesensverschiedene Dinge miteinander verwechseln, nämlich geistige Not und seelische Krankheit. Und an sich ist die existentielle Frustration nichts Krankhaftes[2]).

Heute spielt die existentielle Frustration eine wichtigere Rolle denn je. Bedenken wir doch bloß, wie sehr der Mensch von heute nicht nur an einem fortschreitenden Instinktverlust, sondern auch an einem Traditionsverlust leidet: in der vitalen Dimension werden die Lebensaufgaben von Instinkten und in der sozialen Dimension von Traditionen zugewiesen. Aber dem Menschen, der aus dem Paradies der Geborgenheit und Sicherheit durch die Instinkte vertrieben wurde, und im besonderen dem Menschen von heute, der — über diesen Instinktverlust hinaus — durch den Traditionsverlust auf sich allein gestellt war, wird weder von den Instinkten

---

[1]) Selbstverständlich genügt es nicht etwa, unseren Patienten im Sinne eines Daseinssinns das diesbezüglich soviel zitierte Hobby zu rezeptieren: ob jemand in seinem Lande der soundsovielte oder aber der soundsoviel plus erste Briefmarkensammler ist, wird existentiell wohl irrelevant sein. Vielmehr geht es jeweils um den konkreten und persönlichen Lebenssinn, dessen Erfüllung jedem einzelnen abverlangt und aufgetragen ist: er allein ist von therapeutischer Dignität.

[2]) Uns ist ein Patient bekannt, ein Wiener Universitätsprofessor, der uns deshalb zugewiesen worden war, weil er sich mit der Frage nach dem Sinn seines Lebens abgequält hatte; es stellte sich nun heraus, daß er an einer rezidivierenden endogenen Depression litt; aber gegrübelt und am Sinn seines Lebens gezweifelt hatte er keineswegs etwa in den Phasen seines seelischen Krankseins, vielmehr in den Intervallen, also zur Zeit seelischer Gesundheit.

eingegeben, was er muß, noch von den Traditionen, was er soll: aus seinem Willen zum Sinn heraus weiß er noch darum, daß er sollen will. Aber vielfach weiß er um nichts mehr, das er wollen soll; mit anderen Worten, er weiß nicht mehr um den Sinn selbst. Vielmehr ist er mit einer Erscheinung konfrontiert, die wir in der Logotherapie ein existentielles Vakuum nennen, nämlich mit der inneren Leere und Inhaltslosigkeit, mit dem Gefühl des verlorenen Daseinssinns und Lebensinhalts, das sich dann auftut[1]).

Das existentielle Vakuum kann sowohl manifest werden als auch latent bleiben. Manifest wird es im Zustand der Langeweile, und wenn ARTHUR SCHOPENHAUER einmal gemeint hat, der Menschheit sei es anscheinend bestimmt, stets zwischen den beiden Extremen von Not und Langeweile hin und her zu pendeln, so hat er nicht nur Recht behalten, sondern es läßt sich füglich sagen, daß uns Psychiatern die Langeweile bereits mehr zu schaffen gibt als die Not, wobei die Sexualnot nicht ausgenommen, sondern eingeschlossen ist. Wir leben in einem Zeitalter der einsetzenden Automation, und sie beschert dem Menschen ein zunehmendes Ausmaß von Freizeit. Mit ihr aber weiß er kaum etwas anzufangen. Aber nicht nur der Feierabend, sondern auch der Lebensabend stellt den Menschen vor die Frage, wie er seine Zeit ausfüllen soll: auch die Überalterung der Bevölkerung konfrontiert den oft jäh aus seiner beruflichen Arbeit herausgerissenen Menschen mit seinem existentiellen Vakuum. Schließlich ist es, neben dem Alter, die Jugend, bei der wir vielfach sehen können, wie sehr der Wille zum Sinn frustriert wird; denn die Jugendverwahrlosung ist wohl nur zum Teil auf die leibliche Akzeleration zurückzuführen: die gleichzeitige geistige Frustration ist, wie immer mehr anerkannt wird, ebenso ausschlaggebend.

---

[1]) Eine statistische Stichprobe, die meine Mitarbeiter erhoben hatten, ergab an psychisch gesunden und neurotischen Patienten unserer Klinik, daß nicht weniger als 55% das existentielle Vakuum an sich erlebt und erfahren haben. Es ist selbstverständlich, daß unter Personen, die sich einer Aufgabe, sagen wir dem Medizinstudium hingeben, vom Willen beseelt, ihren Mitmenschen zu helfen — es ist selbstverständlich, sage ich, daß unter solchen Personen der durchschnittliche Prozentsatz existentiell Frustrierter niedriger sein wird als in einer durchschnittlich zusammengesetzten Gruppe. Und so ist es denn verständlich, wenn sich gelegentlich einer auf Grund von Fragebogen erstellten statistischen Stichprobe herausstellte, daß unter den Hörern meiner deutschsprachigen Vorlesung über Neurosentheorie und -therapie, das heißt unter Medizin- und anderen Studenten aus Mitteleuropa, das Ergebnis lautete: etwas mehr als 40%. Nur um so erstaunlicher war das Resultat einer analogen Befragung der Hörer meiner englisch gehaltenen Vorlesung über Logotherapie, so zwar, daß sich unter diesen amerikanischen Studenten ein nicht weniger als doppelt so hoher Prozentsatz ermitteln ließ — doppelt soviel hatten so etwas wie eine letzte und abgründige Sinnlosigkeit ihres Daseins an sich selbst erlebt und erfahren.

Latente Formen existentieller Frustration begegnen uns unter dem klinischen Bild der Managerkrankheit sowie im Alkoholismus, der in der breiten Masse mehr und mehr um sich greift; im Falle der Managerkrankheit wird der frustrierte Wille zum Sinn vikariierend kompensiert vom forcierten Willen zur Macht, während er im Falle des Alkoholismus dem outrierten Willen zur Lust weicht. Freilich: im einen Falle handelt es sich um die primitivste Ausprägung des Machtwillens, nämlich den Willen zum Geld, und im anderen Falle um einen Willen zur (von ARTHUR SCHOPENHAUER so benannten) „negativen" Lust, bei der es sich — im Gegensatz zur sogenannten „positiven" Lust — um eine bloße Freiheit von der Unlust handelt.

Die existentielle Frustration kann nun auch zu neurotischen Erkrankungen führen. Und zwar sprechen wir dann in der Logotherapie von noogenen Neurosen — worunter wir jene Neurosen verstehen, die ursprünglich und eigentlich durch ein geistiges Problem, einen Gewissenskonflikt oder eine existentielle Krise verursacht sind —, und die noogene Neurose stellen wir heuristisch der Neurose sensu strictiori gegenüber, die ex definitione eine psychogene Erkrankung ist.

Es versteht sich von selbst, daß die spezifische Therapie noogener Neurosen nur eine Psychotherapie sein kann, die dem Menschen und auch dem Kranken in die noetische Dimension folgt, und als solche Therapie, die den Einstieg in die Dimension des Geistigen wagt, auch was die Ätiologie neurotischer Erkrankungen anlangt, versteht sich selbst die Logotherapie, wobei „Logos" nunmehr nicht nur den Sinn (s. o.), sondern auch das Geistige[1]) bedeutet. Es ist nur selbstverständlich, daß diese Gegenüberstellung von Psychotherapie im engeren Wortsinn und Logotherapie ebenfalls bloß heuristisch ist.

Eine noetische Therapie ist aber nicht nur in Fällen von noogener Neurose indiziert; vielmehr zeigt es sich nicht selten, daß eine psychogene Neurose die seelische Wucherung in ein geistiges Vakuum darstellt, so daß ihre Psychotherapie sich erst dann vollenden läßt, wenn das existentielle Vakuum aufgefüllt bzw. die existentielle Frustration abgebaut wird — ja, mehr als dies: wir selbst konnten zeigen, daß es auch somatogene (Pseudo-)Neurosen gibt, von denen sich drei Gruppen herausstellen ließen, die wir als basedowoide, addisonoide und tetanoide Gruppe beschrieben haben. Ebenso konnten wir zeigen, wie solche (Pseudo-)Neurosen auf eine zielende medikamentöse Behandlung ansprechen, und zwar je nachdem auf die Medikation von Dihydroergotaminsulfonat, Desoxykortikosteronazetat oder

---

[1]) Der Wille zum Sinn ist ein subjektiv Geistiges und der Sinn selbst ein objektiv Geistiges; zumindest ist er insofern objektiv, als es ja darum geht, ihn zu „finden", und keineswegs etwa, ihn zu „geben". Ebenso kann es nur an der Objektivität des Sinnes gelegen sein, daß er jeweils entdeckt werden muß und nicht erfunden werden kann.

o-Methoxyphenylglyzerinäther. Aber auch hier kommen wir nicht aus, wofern wir nicht den Einstieg in die noetische Dimension wagen.

In all diesen Fällen: sowohl bei den psychogenen Neurosen als auch bei den somatogenen (Pseudo-)Neurosen — ist die Logotherapie nun nicht mehr im Sinne einer spezifischen, sondern in dem einer unspezifischen Therapie wirksam. Als solcher ist es ihr weniger um das Symptom zu tun, als um die Einstellung des Patienten gegenüber dem Symptom; denn nur allzuoft ist die betreffende Fehleinstellung das eigentlich Pathogene. Die Logotherapie unterscheidet da verschiedene Einstellungsmuster und versucht, auf seiten des Patienten einen Einstellungswandel herbeizuführen; mit anderen Worten, sie ist so recht Umstellungstherapie. In diesem Sinne hält die Logotherapie eine spezifische Methodik und Technik bereit; ich verweise nur auf die Methode der Dereflexion und der paradoxen Intention.

Wie dem auch sein mag: sei es im Sinne einer spezifischen, sei es im Sinne einer unspezifischen Therapie — die Logotherapie versucht, den Patienten auf einen konkreten und persönlichen Sinn hinzuordnen und auszurichten. Sie ist aber nicht dazu da, dem Dasein des Patienten einen Sinn zu geben — schließlich und endlich wird auch niemand von der Psychoanalyse — die sich doch sosehr mit der Sexualität befaßt — erwarten oder gar verlangen, daß sie Ehen vermittelt, oder von der Individualpsychologie — die sich doch sosehr mit der Sozietät beschäftigt —, daß sie Stellen vermittelt; nun, ebensowenig werden von der Logotherapie Werte vermittelt. Es geht ja nicht darum, daß wir dem Patienten einen Daseinssinn geben, sondern einzig und allein darum, daß wir ihn instand setzen, den Daseinssinn zu finden, daß wir sozusagen sein Gesichtsfeld erweitern, so daß er des vollen Spektrums personaler und konkreter Sinn- und Wertmöglichkeiten gewahr wird.

Soll sich der Patient jedoch eines möglichen Sinnes bewußt werden, dann muß sich zunächst einmal der Arzt selbst aller Sinnmöglichkeiten bewußt geblieben sein, und das heißt, daß er nicht zuletzt wissen muß um so etwas wie den Sinn des Leidens, will heißen des Leidens unter einem unabänderlichen, wenn nicht gar unabwendbar gewesenen Schicksal, beispielsweise des Leidens an einer unheilbaren Krankheit; denn solches Leiden birgt in sich nicht nur eine oder die letzte Möglichkeit der Sinnerfüllung und Wertverwirklichung, sondern die Möglichkeit, den tiefsten Sinn zu erfüllen und den höchsten Wert zu verwirklichen, und so hört denn das Leben bis zum letzten Augenblick nicht auf, einen Sinn zu haben. Die Logotherapie aber wird sich nicht nur die Wiederherstellung der Arbeitsfähigkeit und der Genuß- und Erlebnisfähigkeit des Patienten angelegen sein lassen, sondern auch die Erstellung seiner Leidensfähigkeit, nämlich seiner Fähigkeit, den möglichen Sinn des Leidens zu erfüllen.

Aber zu den Dingen, die dem menschlichen Leben den Sinn zu nehmen scheinen, gehört nicht nur das Leiden, sondern auch das Sterben, nicht nur die Not, sondern auch der Tod. Nur um so weniger dürfen wir müde werden, darauf hinzuweisen, daß eigentlich nur die Möglichkeiten vergänglich sind: sobald sie einmal verwirklicht wurden, haben wir sie hineingerettet ins Vergangensein, wo sie vor der Vergänglichkeit — bewahrt sind; denn im Vergangensein ist nichts unwiederbringlich verloren, vielmehr alles unverlierbar geborgen. Die Vergänglichkeit unseres Daseins macht es also keineswegs sinnlos. Aber sie macht unsere Verantwortlichkeit aus; denn jetzt kommt eben alles darauf an, die (vergänglichen) Möglichkeiten auch zu verwirklichen. Und so verstehen wir denn auch den kategorischen Imperativ der Logotherapie, der folgendermaßen lautet: „Lebe so, als ob du bereits das zweitemal lebtest und das erstemal alles so falsch gemacht hättest, wie du im Begriffe bist, es zu tun!" Uns will scheinen, als ob nichts den Menschen sosehr und dermaßen instand zu setzen vermöchte, sich seiner Verantwortung bewußt zu werden, wie dieser Wahlspruch.

Bei alledem ist es letztlich nicht am Menschen, nach dem Sinn seines Lebens zu fragen. Sondern eigentlich hätte der Mensch sich selbst als einen zu verstehen, der gefragt wird, und zwar ist es das Leben selbst, das ihn fragt, und er hat zu antworten, sein Leben zu ver-antworten. Tatsächlich sieht die Existenzanalyse im Verantwortlichsein das Wesen menschlichen Daseins, die Essenz der Existenz.

Verantwortlich sein heißt nun mehr als bloß frei sein, so zwar, daß der Mensch frei ist von etwas, während er verantwortlich ist für etwas und vor etwas. Aber die Logotherapie macht dem Patienten nur sein Verantwortlichsein bewußt und läßt ihn sich selbst entscheiden, wofür er sein eigenes Dasein als Verantwortlichsein auslegt und ausdeutet, und wovor bzw. ob überhaupt vor etwas (vor dem Gewissen oder vor der Gesellschaft) und nicht vor jemandem (vor Gott).

So oder so: der Logotherapeut wird der letzte sein, der hinsichtlich einer solchen Entscheidung dem Patienten die Verantwortung abnimmt oder auch nur zuläßt, daß der Patient seine Verantwortung auf den Psychotherapeuten abwälzt.

Im allgemeinen ist die Logotherapie gedacht als eine Ergänzung und nicht etwa als ein Ersatz der Psychotherapie im engeren Wortsinn. Aber sofern dem so ist, möchte die Logotherapie auch dazu beitragen, das Menschenbild der Psychotherapie zu ergänzen, zu einem Bild vom „ganzen" Menschen, vom Menschen in all seinen Dimensionen, zu einem Bild, das auch die eigentlich menschliche, das ist die geistige Dimension einbezieht.

Vorhin war von der existentiellen Frustration die Rede; nun, sie ist gleichsam ein gelebter Nihilismus. Ihm läßt sich an die Seite stellen der gelehrte Nihilismus — und wir können sagen: mit dem gelebten Nihilismus wird nur eine Psychotherapie es aufnehmen können und fertig werden, die sich freihält — oder freimacht — vom gelehrten Nihilismus, will heißen von jener impliziten Anthropologie, die im Menschen nichts weiter und nichts anderes sieht als die Resultante in einem Kräfteparallelogramm, wobei die Komponenten dargestellt werden je nachdem von den biologischen, psychologischen oder soziologischen Konditionen. Im Rahmen dieses Menschenbildes wird der Mensch hingestellt als das bloße Produkt von Trieben, von Erbe und Umwelt. Aber der Mensch ist überhaupt kein Produkt. Sondern was ein Produkt ist, das ist noch nicht der Mensch, sondern erst ein Homunkulus. Der Homunkulismus aber ist eine Signatur des Zeitgeistes. Soll die Psychotherapie eine Therapie bleiben und nicht ein Symptom werden innerhalb der Pathologie des Zeitgeistes, dann bedarf sie eines korrekten Menschenbildes, und seiner bedarf sie mindestens so sehr wie einer exakten Methodik und Technik[1]). Der Arzt jedoch, der die Methodik und Technik überschätzt und vergötzt und seine Rolle als die eines Médecin technicien versteht, bewiese nur, daß er im Menschen einen Mechanismus und eine Maschine sieht — „L'homme machine" (JULIEN O. DE LAMETTRIE)! —, und nicht hinter dem Kranken den Menschen.

Der Traum eines halben Jahrhunderts ist ausgeträumt: der Traum nämlich, der einer Mechanik der Seele und einer Technik der Seelenheilkunde gegolten hatte — oder, mit anderen Worten: einer Erklärung des Seelenlebens auf Grund von Mechanismen und einer Behandlung von Seelenleiden mit Hilfe von Technizismen. Aber was sich in der Morgendämmerung abzuzeichnen beginnt, sind nicht die Umrisse einer psychologisierten Medizin, sondern die einer humanisierten Psychiatrie.

Zusammenfassung

Primär geht es dem Menschen nicht um die (Wieder-)Herstellung irgendwelcher intrapsychischer Zustände in seiner Seele, etwa durch Befriedigung der Triebe und Versöhnung der Ansprüche des Es und des Überich, son-

---

[1]) Mag sein, daß die Logotherapie wenig Wert legt auf Methodik und Technik. Was den Ausschlag gibt, überhaupt in der Psychotherapie, ist die menschliche Beziehung, die Begegnung von Arzt und Krankem. Aber auch die Art und Weise dieser Begegnung ist lehr- und lernbar. Lehren können wir durch das Vorbild, durch das Beispiel, das wir geben, und das gute Beispiel löst eine Kettenreaktion aus, wodurch jedem eine Chance ohnegleichen gegeben ist: die Chance, der erste zu sein, der mit dem guten Beispiel vorangeht.

dern um die Gegenstände in der Welt, und zwar in einer Welt des Sinnes und der Werte, in einer nicht nur gegebenen, sondern auch aufgegebenen Welt. Erst wenn die primäre gegenständliche Orientierung, das Auf-etwas-hingeordnet-Sein des Menschen, die Transzendenz der Existenz, verfehlt wird und gescheitert ist, kommt es zu jener zuständlichen Interessiertheit, wie sie das neurotische Dasein so sehr auszeichnet. Worum es dem Menschen geht, das ist, einen Sinn zu erfüllen und Werte zu verwirklichen. In der Logotherapie sprechen wir da von einem Willen zum Sinn. So ist denn auch das Streben nach Selbsterfüllung keineswegs etwas Primäres; nur in dem Maße, in dem der Mensch den konkreten und persönlichen Sinn seines Daseins erfüllt, erfüllt er auch sich selbst. Der Sinnwille des Menschen kann nun auch frustriert werden, und in der Logotherapie sprechen wir da von einem existentiellen Vakuum. Es kann auch zu neurotischen Erkrankungen führen. Und zwar sprechen wir in der Logotherapie von noogenen Neurosen, und als deren spezifische Therapie versteht sich selbst die Logotherapie. Aber es geht nicht darum, daß wir dem Patienten einen Daseinssinn geben, sondern den Patienten instand setzen, den Daseinssinn zu finden, daß wir sozusagen sein Gesichtsfeld erweitern, so daß er des vollen Spektrums personaler und konkreter Sinn- und Wertmöglichkeiten gewahr wird. So ist es eigentlich nicht am Menschen, nach dem Sinn des Lebens zu fragen. Sondern eigentlich hätte der Mensch sich selbst als einen zu verstehen, der gefragt wird, und zwar ist es das Leben selbst, das ihn fragt, und er hat zu antworten, sein Leben zu verantworten. Tatsächlich sieht die Existenzanalyse im Verantwortlichsein das Wesen menschlichen Daseins, die Essenz der Existenz.

Bibliographie

ALLPORT, G. W.: Becoming, Basic Considerations for a Psychology of Personality (Yale University Press, New Haven 1955).
ARNOLD, M. B., and GASSON, J. A.: The Human Person, Chapter 16: Logotherapy and Existential Analysis (Ronald Press, New York 1954).
BÄNZIGER, H.: Persönliches und Archetypisches im Individuationsprozeß. Schweiz. Z. Psychol. 6, 272—283 (1947).
BERTALANFFY, L. VON: Problems of Life (J. W. Wiley, New York 1952).
BUEHLER, C.: Zur Psychologie des menschlichen Lebenslaufes. Psychol. Rundsch. 8, 1—15 (1956).
DIENELT, K.: Erziehung zur Verantwortlichkeit. Die Existenzanalyse V. E. Frankls und ihre Bedeutung für die Erziehung (Österreichischer Bundesverlag, Wien 1955).
FRANKL, V. E.: Philosophie und Psychotherapie. Zur Grundlegung einer Existenzanalyse. Schweiz. med. Wschr. 69, 707 (1939). — Theorie und Therapie der Neurosen. Einführung in Logotherapie und Existenzanalyse (Urban & Schwarzenberg, Wien 1956). — Das Menschenbild der Seelenheilkunde. Drei Vorlesungen zur Kritik des dynamischen Psychologismus (Hippokrates-Verlag, Stuttgart 1959).

Kocourek, K., Niebauer, E., und Polak, P.: Ergebnisse der klinischen Anwendung der Logotherapie, in: Hb. der Neurosenlehre und Psychotherapie, hrsg. von V. E. Frankl, V. E. v. Gebsattel und J. H. Schultz, Band III (Urban & Schwarzenberg, München-Berlin 1959).

Lersch, Ph.: Seele und Welt. Zur Frage der Eigenart des Seelischen. 2. Auflage (J. A. Barth, Leipzig 1943).

Polak, P.: Frankls Existenzanalyse in ihrer Bedeutung für Anthropologie und Psychotherapie (Tyrolia-Verlag, Innsbruck-Wien-München 1949). — Existenz und Liebe. Ein kritischer Beitrag zur ontologischen Grundlegung der medizinischen Anthropologie durch die „Daseinsanalyse" Binswangers und die „Existenzanalyse" Frankls. Jb. Psychol. Psychother. 1, 355—364 (1953).

Diagnostischer Teil

DIE NEUROLOGISCHE DIFFERENTIALDIAGNOSE „ORGANISCH — FUNKTIONELL"

Zunächst werden wir uns fragen müssen, mit welcher Berechtigung im besonderen von der neurologischen Differentialdiagnose zwischen organischen und sogenannten funktionellen Zustandsbildern gesprochen wird; ist denn diese Differentialdiagnose nicht gleichermaßen Angelegenheit auch der andern medizinischen Disziplinen — findet sich denn etwa der Internist nicht mindestens so oft und so sehr vor diese differentialdiagnostische Frage gestellt? Nun, das mag wohl schon stimmen; dennoch ist es nun einmal so, daß de facto — wenn auch kaum de jure — am häufigsten der Neurologe sich vor die Frage gestellt sieht, ob im konkreten Falle an eine funktionelle Störung zu denken sei, und warum. Ist es doch so, daß schon der Begriff des Funktionellen hinüberleitet zum Gebiet des Psychogenen, und dieser Begriff wiederum zum Gebiet des Neurotischen, sonach in die Domäne der Neuropsychiatrie hineinführt.

Allein hier hätten wir bereits eine kritische Vorbemerkung einzuflechten. Gilt es doch nun zu fragen, ob und inwieweit die Begriffe „funktionell" und „neurotisch" sich decken oder ob sie vielleicht einander vielmehr überschneiden. Um diese Frage zu entscheiden, müssen wir fürs erste einmal die möglichen Gegenspieler des Begriffs „funktionelle Erkrankung" Revue passieren lassen; fragen wir uns demnach: im Gegensatz zu was allem wird der Ausdruck „funktionell" sinnvoll gebraucht — was alles soll ausgeschlossen erscheinen, wenn wir irgendein Krankheitsbild als funktionell hinstellen?

Nun, zunächst wird unter „funktionell" ein Zustand verstanden, von dem wir aussagen wollen, daß er unserer Meinung nach nicht organischen Ursprungs ist, daß er nicht somatisch bedingt, also nicht „physiogen" (GERSTMANN) ist. Bereits an dieser Stelle jedoch wäre zu bemerken, daß der Bereich der organischen Verursachung keineswegs ein für allemal festlegbar ist; es ist vielmehr allenthalben, auf allen einzelnen Fachgebieten, zu beobachten, daß sich die Grenzen dessen, was wir als physiogen betrachten, im Laufe der Geschichte der medizinischen Forschung weitestgehend verschieben, und nicht nur etwa zugunsten neu aufgehellter Psychogenese, sondern ebenso gut auch zugunsten neuentdeckter Physiogenese. Was alles galt ehemals nicht als funktionell — einfach deshalb, weil die organische Grundlage bis dahin noch unbekannt war! Denken wir doch bloß einmal an einstmals als „funktionelle Nervenkrankheiten" oder gar als „Neurosen" bezeichnete Krankheiten wie die Epilepsie! Aber auch auf internistischem Gebiet neigt man, insbesondere seit den einschlägigen Arbeiten G. v. BERGMANNS, der Auffassung zu, daß vieles, was heute noch als funktionell angesehen wird, sich dereinst in seiner organischen Substruktion und Ätiologie noch erweisen wird. Freilich: solche organische Substruktion braucht noch lange nicht in einer nachweisbaren morphologischen Strukturveränderung und Abweichung von der Norm zu bestehen — im Gegenteil, die von v. BERGMANN beschriebenen „Betriebsstörungen" des Organismus werden sich vielfach erst nach mehr oder minder langem Bestehen, somit erst „mit der Zeit", in substantiellen Formänderungen manifestieren, zu denen sie inzwischen geführt haben. Denn genauso, wie sich die Funktion das Organ „baut", genauso baut auch die Funktionsstörung, will heißen: die ursprünglich nur funktionelle Störung, das Organ ab.

Funktionell in diesem zuerst besprochenen Sinne bedeutet sonach zunächst: nicht physiogen; sodann: nicht nachweisbar physiogen; und schließlich: nicht primär physiogen (wohl aber — fakultativ — zu sekundären organischen Veränderungen hinführend). Wie wir sehen, deckt sich dieser Begriff von „Funktionalität" ganz beiläufig mit dem, was im allgemeinen, herkömmlichen groben Sprachgebrauch unter „nervös" subsumiert wird — allerdings sofern von „nervösen Symptomen" und nicht von „nervösem Charakter" (A. ADLER) (also einer psychologischen Qualifikation des das betreffende Symptom produzierenden Menschen) die Rede ist. Und hiermit wären wir auch schon am zweiten Punkt angelangt, an dem wir nämlich den Begriff des „Funktionellen" gegen einen weiteren Gegenbegriff auszuspielen hätten: gegen den Begriff des Psychogenen. Denn wir dürfen eines nicht übersehen: Damit, daß wir irgendeine Störung als funktionell im soeben skizzierten Sinne hingestellt haben, damit ist noch keineswegs gesagt, daß wir sie — die „nicht physiogene" Störung — positiv auch schon für psychogen halten. Nicht alles, was entweder nicht organisch verursacht ist oder dessen organische Ursache uns bloß bisnun noch nicht bekannt ist, muß allein darum auch schon psychisch verursacht sein. Aus der vermutlichen oder gesicherten Negativität der Organbefunde darf keineswegs bereits das positive, direkte Urteil auf Psychogenese gefolgert werden. Psychogenese muß sich vielmehr ebenso ihrerseits nachweisen oder zumindest wahrscheinlich machen, diagnostisch erhärten lassen wie Physiogenese. Psychogenese kann und darf also nie einfach per exclusionem diagnostiziert werden. Wir werden noch davon zu sprechen haben, wieviel Unheil dadurch gestiftet wird, daß der Arzt aus dem Mangel positiver organischer Befunde eine vermeintliche Psychogenese erschließt — und dem Kranken gegenüber auch schon „eröffnet": der Patient wird durch solches irregehendes und irreführendes Vorgehen seitens des Arztes womöglich überhaupt erst in eine neurotische Protesteinstellung hineingehetzt.

Fassen wir zusammen, so hätte sich herausgestellt, daß der Begriff des Funktionellen sowohl das Nicht-Physiogene meinen kann, als auch, positiv, das Psychogene; wobei wir allerdings noch zweierlei mit zu berücksichtigen haben: erstens bedeutet „neurotisch" eine Qualifikation eines Menschen, also des jeweiligen Trägers eines Symptoms; neurotisch kann nur die psychologische, ja oftmals charakterologische Grundstruktur eines Menschen sein, und erst von dieser Qualifikation des Menschen her, der ein bestimmtes Symptom „hat", läßt sich auch das Symptom selbst als neurotisch qualifizieren. Mit dieser Kennzeichnung des Symptoms ist also immer auch schon ein Urteil über den Stellenwert im Gesamtgefüge der Persönlichkeit als eines Ganzen gefällt. — Zweitens wäre schließlich der Begriff „reaktiv" vom Begriff „psychogen" zu differenzieren: gewiß sind reaktive Symptome, etwa ein reaktiver Depressionszustand, psychogen; aber alles, was psychogen ist, muß nicht reaktiv (ausgelöst) sein; vielmehr gibt es psychogene Störungen, die auch unabhängig von äußeren Erlebnissen, rein aus innerer Konfliktneigung, entstehen.

Aus all dem Gesagten wollen wir das eine Ergebnis festhalten: daß es erklärlich ist, wenn speziell der Neuropsychiater mit der Differentialdiagnose zwischen „organisch" und „funktionell" befaßt wird. Wenn nun im folgenden — mehr oder weniger schlaglichtartig — auf mögliche Hilfen zu dieser Differenzierung eingegangen werden soll, dann empfiehlt es sich, mit den Möglichkeiten zu beginnen, die uns bereits die Aufnahme der Anamnese an die Hand gibt:

Im allgemeinen weist uns schon etwa die Angabe, ein bestimmtes Symptom sei im Anschluß an Aufregungen aufgetreten oder habe sich in deren Gefolge zusehends entwickelt, einen diesbezüglichen Weg. Allein es wäre voreilig, aus einer solchen Angabe unmittelbar auf das Vorliegen einer psychogenen Störung zu schließen. Denken wir doch bloß einmal an die — freilich ein wenig problematische — sogenannte Affektepilepsie! Auch die bei dieser Krankheit auftretenden, gewiß letztlich organisch bedingten Anfälle pflegen ja durch Aufregungen, also psychische Emotionen, eben durch Affekte, ausgelöst zu werden. Dem Affekt kommt hier demnach wohl eine ursächliche Bedeutung zu, aber er spielt nicht die Rolle einer eigentlichen, primären Ursache, vielmehr bloß die einer auslösenden Bedingung. Es wäre also weit gefehlt und gefährlich, aus einem derartigen anamnestischen Hinweis im konkreten Falle statt auf (Affekt-)Epilepsie etwa die Diagnose auf hysterischen Anfall zu stellen. Daß wir bei der diagnostischen Differenzierung zwischen epileptischen und hysterischen Anfällen — sofern wir den Kranken nicht im Anfall selber zu Gesicht bekommen können — in der Anamnese hauptsächlich auf Zungenbiß und unwillkürlichen Abgang von Harn oder Stuhl achten bzw. fahnden werden, ist selbstverständlich. Hier soll ergänzend nur bemerkt werden, daß bei den namentlich bei Kindern häufigen „kleinen" Anfällen (Absenzen; Pyknolepsie), bei denen die diagnostische Klarstellung ihres organischen Gepräges anamnestisch nicht so ohne weiteres gelingen mag, eine wichtige Unterstützung uns dadurch zuteil wird, daß wir von den Angehörigen, die solche Anfälle selbst beobachtet haben, die Frage beantworten lassen, ob hierbei auffälliges Erröten oder Blaßwerden im Gesicht bzw. rascher Wechsel der Durchblutung zur Beobachtung gelangt ist — ein Faktum, das jedenfalls in die Richtung des Petit mal weist.

Es ist heute übrigens unwahrscheinlich, daß es so etwas wie die seinerzeit vielgenannte „Hystero-Epilepsie" wirklich gibt — nämlich als echte nosologische Einheit. Im allgemeinen handelt es sich, sofern dieser Ausdruck heutzutage noch gebraucht wird, nur um eine Verlegenheitsdiagnose. Und wir werden uns im konkreten Falle zu entscheiden bemühen müssen, ob die eine oder die andere Erkrankung vorliegt. Daß die epileptische Charakterveränderung auch zu gewissen psychogenen Mechanismen disponiert, ist zwar keine Frage; aber selbst diese Mechanismen liegen wohl in einer anderen Richtung als in der von Hysterie. Aber mag es auch höchst unwahrscheinlich sein, daß die Verquickung und Verkettung organischer Symptome mit hysterischen Mechanismen gerade zu einer solchen Zwitterbildung führt, wie sie die sogenannte Hystero-Epilepsie darstellen würde, so gilt doch der alte Satz der Praktiker: daß auch ein echter und sichergestellter hysterischer Charakter den betreffenden Patienten nicht davor immunisiert, nebenbei auch an irgendeiner organischen Störung zu erkranken.

Wir werden noch bei Besprechung des Untersuchungsganges, der uns die differentiale Diagnose zwischen organischen und funktionellen Zustandsbildern ermöglichen soll, davon hören, wie sehr und inwieweit die Untersuchung selber imstande ist, scheinbare Symptome nachgerade zu erzeugen. Jetzt soll nur angemerkt werden, daß schon die Erhebung der Anamnese unter Umständen denselben Effekt haben kann. Gerade bei von Haus aus neurotischen Kranken kann eine ungeschickte Fragestellung ihrerseits zur Etablierung schwerster hypochondrischer Vorstellungen führen. Hier kommt eben alles darauf an, solchen Vorstellungen rechtzeitig die Spitze abzubrechen, indem wir den Patienten klarmachen, welche Bedeutung ihren Antworten auf unsere Fragen zukommt; so etwa, wenn uns ein Kranker auf die Frage nach diesen oder jenen Krankheitsfällen in der Verwandtschaft (bei Aufnahme der Familienanamnese) von Krankheiten berichtet, bei denen eine gleichsinnige Heredität nicht in Betracht kommt — in solchen Fällen haben wir die Pflicht, dem Patienten sofort zu sagen, daß keinerlei Konnex besteht, und allen hypochondrischen Befürchtungen und jeder Erwartungsangst einen Riegel vorzuschieben. Besondere Vorkehrungen im Sinne einer Verhütung hypochondrischer Gedankengänge bzw. der Fortführung und des Ausspinnens durch unsere Fragen angeregter hypochondrischer Überlegungen seitens des Kranken haben wir aber dann zu treffen, wenn sich beim Erheben der Familienanamnese Fälle von Geistesgestörtheit ergeben; denn es gibt wenig hypochondrische Ideen, die sich so sehr festsetzen und so schwer wieder zu eliminieren sind und dabei dem Betroffenen in einem solchen Maße sein Leben verleiden können, wie die Furcht vor psychotischer Erkrankung, die sich eben oft lediglich auf das Vorkommen solcher Erkrankungen unter Verwandten stützt und bis zum Grade einer ausgesprochenen Phobie zu steigern vermag.

Solche und ähnliche Phobien hypochondrischen Inhalts werden durch eine unabsichtlich ungeschickte Anamnese oft geradezu gezüchtet. Sie gehören in das Gebiet der iatrogenen Neurosen, also jener Neurosen, die von ärztlicher Seite überhaupt erst erzeugt wurden. Die Gefahr, iatrogene Neurosen zu erzeugen, ist freilich ubiquitär. Aber nur um so mehr läßt sich in dieser Beziehung verhüten, sobald der Arzt um diese Gefahr weiß. Freilich, von ihr ist nicht einmal die wohlmeinendste medizinische Aufklärung frei; ja gerade sie erfordert eine besonders gewissenhafte Methodik, sofern sie dieser sie konkomitierenden Gefahr nicht erliegen will. Freilich: es mag uns Ärzten lieber sein, etwa durch eine großzügige, groß angelegte Aufklärungspropaganda auf venerologischem Gebiet von zehn Syphilidophoben aufgesucht zu werden, die wir beruhigen müssen, — wenn wir auf diesem Wege nur einen einzigen wirklichen Luesfall rechtzeitig in Behandlung bekommen haben.

Ein Kapitel für sich, das in diesem Zusammenhang zu berühren wäre, stellen jene hypochondrisch-phobischen „Komplexe" dar, die ihre Entstehung einer Diagnose „um jeden Preis" verdanken, wie sie oftmals gestellt wird. Wir denken hierbei etwa an die einstmals so häufige Diagnose „Enteroptose", die — in Ermangelung weiterer positiver Organbefunde — Patienten mitgeteilt zu werden pflegte, die aus irgendeinem, vielleicht psychischen Grunde einfach abgemagert waren. Der Kranke, der die Relativität, in der man „Ptose" überhaupt als Diagnose gelten lassen kann, naturgemäß gar nicht kennen kann, wird sich weiß Gott wie krank fühlen — bereits auf diese Diagnose hin. Es ist jedoch auch schon vorgekommen, daß noch viel harmlosere Befunde Anlaß zu weitgehenden hypochondrischen Trugschlüssen gegeben haben.

Daß sich zumal für die Differentialdiagnose zwischen hirnorganischen und funktionellen Zustandsbildern bereits beim Aufnehmen der Anamnese wesentliche Anhaltspunkte ergeben werden, ist klar; dies ist etwa dort der Fall, wo wir eine organische Grundlage wenn auch geringen Grades für die scheinbar nur funktionellen Beschwerden des Kranken vermuten, sie jedoch — eben wegen ihrer Geringfügigkeit — bei der somatischen Untersuchung kaum nachweisen können. Wenn wir zum Beispiel bei einer fraglichen postkommotionellen Cephalea anamnestisch feststellen können, daß die Kopfschmerzen vornehmlich beim Bücken auftreten, um danach raschest auch wieder zu schwinden, oder wenn wir bei einer fraglichen Neuritis neben den Schmerzen auch Parästhesien angegeben erhalten, dann weisen bereits diese anamnestischen Angaben in die organische Richtung; nur müssen wir uns dabei davor hüten, durch eine falsch gehandhabte Fragestellung entsprechende positive Auskünfte dem Patienten sozusagen zu suggerieren; im Gegenteil, wir werden jeweils die negative, rhetorische Frageart bevorzugen, d. h. wir werden den betreffenden Kranken, sobald wir den funktionellen Charakter seiner Erkrankung ausschließen wollen, eher wie folgt befragen: „Nicht wahr, Sie haben Schmerzen, richtig Schmerzen — und nicht vielleicht eine Art Gefühllosigkeit, oder etwa Ameisenlaufen oder dergleichen?"

Daß richtiggehende funktionelle oder gar hysterisch bedingte Zustandsbilder sich durch die ganze Art, in der sie während der Erhebung der Anamnese geschildert werden, manchmal selbst entlarven, ist bekannt. Der Hysteriker pflegt bereits in der anamnestischen Darstellung seiner Beschwerden so demonstrativ und ostentativ zu werden, daß aus seiner Darstellung alsbald eine Schaustellung wird. So erwähnt ALLERS den Fall einer hysterischen Lähmung, in dem die Kranke über ihre Unfähigkeit, den linken Arm zu erheben, mit den Worten klagte: „Glauben Sie mir, ich kann nicht einmal s o machen" — um bei diesen Worten den Arm bis zur Horizontalen zu erheben...

Wenden wir uns nun, nach dieser einleitenden Besprechung der Frage, inwieweit uns bereits die Anamnese für unsere diagnostischen Absichten Anhaltspunkte liefern kann, dem Anliegen zu: Was haben wir bei der Erhebung von Organbefunden, also bei der somatischen Untersuchung des Kranken, hauptsächlich zu berücksichtigen, sofern wir organische und funktionelle Zustandsbilder differenzieren wollen? Namentlich dort, wo es sich um die fragliche Echtheit von Krankheitserscheinungen handelt, die im Gefolge von Traumen aufgetreten sind, wären nun folgende grundsätzliche Möglichkeiten zu unterscheiden:

1. Direkte Schädigung des betreffenden Organs — sagen wir: des Gehirns, durch das Trauma, wobei sich jedoch kein organisches, sondern ein neurasthenisches Syndrom entwickelt, das wir — weil auf organischer Grundlage erwachsen — als pseudoneurasthenisch bezeichnen. Gerade das bereits erwähnte postkommotionelle Syndrom imponiert manchmal (wenn nämlich kein pathologischer somatischer Befund erhebbar ist) als neurasthenisch.

2. Von solchen pseudoneurasthenischen Syndromen (oder Pseudoneurosen, wie man sie eigentlich auch nennen könnte) zu unterscheiden sind die eigentlichen Unfallsneurosen. Hier haben wir es mit echten Neurosen zu tun, die auf der Grundlage einer von Haus aus neurotischen Persönlichkeitsstruktur erwachsen und durch das Trauma gleichsam nur ins Rollen gebracht werden. Die Neurose war in solchen Fällen im Sinne einer Disposition immer schon vorhanden — denn sie gründet ja in der Persönlichkeit —, während das Trauma im Sinne eines konditionierenden, auslösenden Moments jeweils sekundär hinzugetreten ist. Daß bestimmte Persönlichkeitstypen, unter den mannigfaltigen neurotisch strukturierten Charakteren, sozusagen eine besondere Avidität zu Traumen zeigen, ist vielfach bereits erwiesen. Wir erinnern hier nur an die einschlägigen Arbeiten von ALEXANDRA ADLER, die den psychologischen Beziehungen zwischen neurotischer Persönlichkeit und Arbeitsunfällen nachgegangen ist, sowie an die Publikationen von ERWIN STRAUS, der sich nachzuweisen bemühte, welche repräsentative, symbolische Bedeutung für den Unfallsneurotiker das Trauma hat.

3. Von der Unfallsneurose im oben umrissenen Sinne ist die Rentenhysterie abzutrennen. Während nämlich im Falle einer Unfallsneurose das Erlebnis des Traumas und dessen weitere seelische Verarbeitung rein ausdruckhaft ist — insofern der Unfall irgendwelchen neurotischen Tendenzen des Betroffenen irgendwie entgegenkommt —, ist es bei der Rentenhysterie so, daß die Beschwerden nicht Ausdruck einer traumatisch exazerbierenden Neurose sind, sondern Mittel zum Zweck, Mittel im Dienste hysterischer Strebungen, Mittel, um aus dem Faktum des Unfalls Kapital zu schlagen bzw. sich ein möglichst sorgenfreies Leben zu sichern.

4. Trotzdem ist im Auge zu behalten, daß auch dieser Mittel-Charakter der Symptome bei der Rentenhysterie im Unbewußten verdeckt und verborgen ruht; anders bei der Simulation: hier ist die Absicht, in deren Dienst das Symptom gestellt erscheint, eine dem Kranken bewußte.

Fassen wir zusammen, dann ließe sich sagen, daß wir prinzipiell sehr genau unterscheiden müssen zwischen: posttraumatischer Pseudoneurasthenie — Unfallsneurose — Rentenhysterie — Simulation. Die posttraumatische Pseudoneurasthenie ist ein organisches Zustandsbild — die übrigen drei Zustandsbilder sind funktionelle; die Unfallsneurose stellt den Ausdruck einer neurotischen Haltung dar — die Rentenhysterie ein Mittel im Dienste einer hysterischen Tendenz bzw. des Rentenbegehrens; so zwar, daß diese Tendenz als solche nicht bewußt ist — im Falle der Simulation jedoch bewußt intendiert wird.

Bei Schmerzangaben ist es oftmals schon die Angabe selbst, die uns differentialdiagnostisch zu leiten vermag. Mit Recht ist der Arzt gewohnt, etwa der Behauptung, schlechthin überall tue es dem Kranken weh, mit

Skepsis näherzutreten. Wollen wir dann einen (poly-)neuritischen bzw. neuralgischen Prozeß ausschließen, so empfiehlt es sich, die körperliche Untersuchung derart einzurichten, daß wir beim Verdacht auf das Vorliegen eines funktionellen Zustandsbildes anfangs nicht die diversen VALLEIXschen Druckpunkte prüfen, vielmehr zuerst gerade dort drücken und auf Schmerzäußerungen des Patienten achten, wo keine Nervenstämme verlaufen und wo sich keine Nervenaustrittsstellen befinden. Klagt der Kranke schon hierbei über Druckschmerz, so trachten wir ihn in ein seine Aufmerksamkeit ablenkendes Gespräch zu verwickeln, um erst dann, wenn er es nicht beachtet, an den typischen Stellen einen Druck auszuüben.

Zu warnen ist vor der längst überholten Untersuchungsart, bei der man nach den für Hysterie angeblich so charakteristischen Druckschmerzhaftigkeiten fahndet, wie sie als sogenannte Clavus, Mammarie usw. bezeichnet wurden. Längst ist es erwiesen, daß es sich hierbei um suggestive Artefakte handelt; die betreffenden Befunde sind keine wahren Funde, sondern Kunstprodukte einer falschen Untersuchungstechnik. Denn wann immer wir einen hysterischen Patienten positiv fragen werden, ob ihn dieser oder jener Druck, an dieser oder jener Stelle, schmerze, werden wir auf jeden Fall auch eine positive Antwort erhalten; wir erklären uns bereit, in entsprechenden Fällen auch eine „Glabellie", eine „Xiphoidie" o. dgl. zu — erzeugen. Im Zweifelsfalle empfiehlt es sich daher immer, die Ausübung eines Druckes an einem für organische Erkrankungen typischen Punkt mit der negativ gehaltenen Frage einzubegleiten: „Nicht wahr — hier tut es Ihnen nicht weh?"

Gehen wir nun zur Untersuchung der Hirnnerven über, dann wollen wir auf die Finessen der Funktionsprüfung des ersten und neunten Hirnnervenpaares, also auf die Frage der echten Anosmie bzw. Ageusie, nicht näher eingehen, ebensowenig auf die Technik, mit deren Hilfe sich funktionelle oder hysterische Sehstörungen oder aber Aphonien als solche entlarven lassen. All dies würde eine Arbeit für sich darstellen, die überdies weitestgehend ins rhino-laryngologische bzw. ophthalmologische Fach einschlägig wäre, also den Bedürfnissen des praktischen Arztes nur wenig entsprechen könnte. Hingegen kommt, was die Hirnnerven anlangt, der Untersuchung der Pupillen gerade für die Differenzierung organischer und funktioneller Zustandsbilder eine eminente Bedeutung zu. Denn erstens ist sie unerläßlich zur Feststellung einer allenfalls vorliegenden progressiven Paralyse als organischer Grundlage eines pseudoneurasthenischen Syndroms bzw. Prodroms. Zweitens ist die Pupillenuntersuchung besonders wichtig für die Lösung der Frage, ob posttraumatischen neurasthenischen Beschwerden ein echtes, also organisch substruiertes, postkommotionelles Syndrom zugrunde liegt (in welchem Falle wir schon eine bloße Anisokorie für sehr wesentlich halten müssen). Eine große Rolle spielt ja bei der minutiösen

Untersuchung der Pupillen, ihrer Form, Weite und Reaktion der Umstand, daß sich Pupillenstörungen wohl sicher nicht absichtlich imitieren lassen. Wohl hat O. BUMKE nicht nur einen Fall psychogener Ptosis einmal festgestellt, sondern — übrigens ebenso wie andere Autoren — gelegentlich einen Fall von hysterischer Pupillenstarre beschrieben; diese Pupillenstarre war jedoch während eines hysterischen Anfalls aufgetreten, und BUMKE selbst hat sie auf die tetanisierende Wirkung der Hyperventilation zurückgeführt. Diese pathogenetischen Zusammenhänge sind des weiteren von JOHANNES LANGE und E. GUTTMANN herausgestellt worden; beide Autoren halten nämlich an der Möglichkeit fest, daß es bei entsprechender epileptischer Veranlagung insofern zu einem echten Übergang eines hysterischen Anfalls in einen epileptischen kommen kann, als ja die Hyperventilation die organische Krampfbereitschaft im nötigen Ausmaß zu erhöhen geeignet ist.

Wenden wir uns nunmehr der neurologischen Untersuchung der Sensibilität zu, dann haben wir im Hinblick auf eine allfällige Differentialdiagnose zwischen organischen und funktionellen Zustandsbildern folgendes zu berücksichtigen: 1. Bei der Prüfung der sensiblen Funktion des Trigeminus haben wir auf den Cornealreflex zu achten. Die einstmals so oft gehörte Behauptung jedoch, ein fehlender Corneal- oder Rachenreflex sei als hysterisches Stigma zu werten, muß heute abgelehnt werden; auch bei normalen Personen ist der Cornealreflex beiderseits mitunter nicht auslösbar. Allein wichtig ist nämlich die einseitige Herabsetzung des Cornealreflexes; wenn sie konstant zu erheben ist, dann ist dieses Symptom auf jeden Fall bedeutsam. Wir brauchen in diesem Zusammenhang nur an die Bedeutung eines solchen Befundes in jenen Fällen zu erinnern, in denen Schwindel und sonstige vage subjektive Beschwerden bei spärlichen organischen Befunden trotzdem an den Verdacht eines Kleinhirnbrückenwinkeltumors denken lassen müssen.

Bei der Untersuchung der Oberflächensensibilität des Körpers werden wir in Fällen, in denen sich hierbei eine halbseitige Herabsetzung ergeben hat, größten Wert darauf legen, die mediane Abgrenzung festzustellen. Wissen wir doch, daß funktionelle oder hysterische Halbseitenlähmungen der Oberflächenempfindung immer streng median begrenzt sind, während organisch bedingte Hemianästhesien bereits paramedian in normale Sensibilität übergehen. Ebenso bekannt ist, daß psychogene Sensibilitätsstörungen an den Extremitäten in den meisten Fällen gliedhaft ausgeprägt sind und sich weder an das periphere Innervationsschema halten noch an die segmentalen Grenzen. Nur dürfen wir nicht vergessen, daß die Syringomyelie desgleichen tut, insofern sie zu manschettenförmigen Sensibilitätsausfällen führen kann; während wiederum eine andere organisch bedingte, nämlich die von kortikalen Herden ausgehende Sensibilitätsstörung ebenfalls gliedförmige Ausfälle, und zwar typischerweise an den Fingern, mit sich bringen kann.

Es wäre verfehlt, widerspruchsvolle Angaben, wie wir sie von seiten unserer Patienten bei der Sensibilitätsprüfung nicht selten zu hören bekommen, von vornherein diagnostisch in Richtung auf funktionelle Störung zu verwerten. Denn es ist ja bekannt, daß sich während der Untersuchung der Sensibilität Verschiebungen der Schwellenwerte ergeben, die nicht zuletzt als Ermüdungserscheinungen zu gelten haben. Eine sachgemäße Untersuchung der Sensibilität erfordert daher nicht wenig Geduld seitens der Ärzte und in diesem Sinne läßt sich sagen, daß die Sensibilitätsprüfung des Patienten oft genug auf eine Geduldprobe des Arztes hinausläuft.

Hegen wir den Verdacht auf hysterische Mechanismen oder ausgesprochene Simulation, dann gehen wir folgendermaßen vor: Wir fordern den Kranken — der die Augen natürlich geschlossen halten muß — auf, uns jeweils prompt zu melden, ob er die von uns in möglichst gleichen Zeitabständen bald im anästhetischen Areale, bald außerhalb seiner gesetzten Berührungs- oder Stichreize wahrgenommen habe oder nicht. Während wir nun anfangs jedesmal ausdrücklich fragen: Spüren Sie das — ja oder nein? und so den Patienten darauf einstellen, immer mit Ja oder Nein zu antworten, gehen wir alsbald dazu über, das jeweilige Fragen zu unterlassen und außerdem die Reize nunmehr in unrhythmischer Abfolge zu setzen, so daß alles bloße Erwarten und Erraten ausgeschlossen werden kann. Trotzdem wird der Hysteriker bzw. Simulant auch dann noch das eine oder andere Mal mit einem Nein reagieren und sich damit selbst entlarven.

Bei Besprechung der Prüfung der motorischen Funktionen möchten wir mit der Sprechfunktion beginnen. Wir meinen damit nicht die Sprachfunktion — deren Prüfung liefe auf eine Aphasieuntersuchung hinaus —, sondern die Prüfung auf eine allfällige Dysarthrie hin. Haben wir nun den Eindruck, daß der Kranke bei Testworten Silbenstolpern zeigt, dann lassen wir ihn das betreffende Testwort mehrere Male wiederholen: wird die Aussprache von einem Mal zum andern immer besser, dann handelt es sich wahrscheinlich um eine neurotische Störung, die allenfalls, nämlich bei Syphilidophoben, der hypochondrischen Befürchtung, an einer Paralyse erkrankt zu sein, also einer Erwartungsangst vor dem Silbenstolpern, entspringt. So nun, wie in solchen Fällen das Moment der Übung die Sprechfunktion zusehends bessert, so macht sich in Fällen tatsächlicher Paralyse beim Wiederholen des Testworts das Moment der Ermüdung geltend, wobei es zu zunehmendem Silbenstolpern kommt. Im übrigen möchten wir bemerken, daß wir wiederholt die Beobachtung machen konnten, daß sich der Paralytiker als solcher bereits entpuppt, noch bevor wir überhaupt dazugekommen sind, ihm ein Testwort vorzusagen: konnten wir doch beobachten, daß so mancher Paralytiker uns gar nicht „zum Testwort kommen läßt", vielmehr uns „ins Testwort fällt", indem er uns unterbricht und in seiner typischen jovialen Bereitwilligkeit das (immerhin längere und schwierigere) Wort schon nachzusprechen versucht, noch bevor er es zur Gänze vernommen hat.

Daß bei der Prüfung der Sprechfunktion in jenen Fällen, wo der Verdacht auf Paralyse gegeben ist, auf überschießende mimische Mitbewegungen im Sinne des sogenannten Wetterleuchtens zu achten ist, ist selbstverständlich. Allein wir dürfen uns auf dieses Symptom nie allzusehr verlassen; denn erstens neigen auch Neurotiker zu ähnlichen motorischen Erscheinungen, und zweitens gibt es so etwas wie ein Analogon zum Wetterleuchten auch bei Schizophrenen, und zwar bei ihnen speziell im Bereich des ersten Facialisastes. Wir selbst haben die betreffenden Mitbewegungen — die sich vorwiegend in den Mm. corrugatores supercilii abspielen — als im Initialstadium schizophrener Schübe häufige Erscheinung beschrieben und als Corrugatorphänomen bezeichnet.[1])

Wenden wir uns nun der Untersuchung der Motorik an den Extremitäten zu, dann wäre vor allem zu erwähnen, daß wir jeweils sehr genau darauf achten müssen, ob der Kranke den entsprechenden Aufträgen insofern nachkommt, als er tatsächlich innerviert. Freilich gehört eine gewisse persönliche Erfahrung dazu, sofort zu bemerken, ob eine Willkürinnervation wirklich eingetreten ist oder aber unterbleibt; wobei selbstredend nicht vergessen werden darf, daß mangelhafte Innervation auch dann erfolgt, wenn einfache Schmerzhemmung vorliegt, also etwa bei organischen Prozessen, wie Neuritiden, Arthritiden u. dgl. Im übrigen werden wir bei peripheren Nervenaffektionen unser Hauptaugenmerk darauf lenken, ob die motorischen Ausfälle charakteristisch sind; beispielsweise werden wir bei einer fraglichen Radialisläsion unter Vornahme der üblichen Tests nach den für solche Läsionen typischen motorischen Ausfällen fahnden. Haben wir den Verdacht, daß im besonderen eine einseitige motorische Parese einer unteren Extremität funktionellen Charakters ist, dann lassen wir den liegenden Kranken zuerst das gesunde Bein heben und sodann, vergleichsweise, das angeblich kranke Bein. Wird letzteres nun weniger hoch aufgehoben, so machen wir uns irgendwie am Fuß zu schaffen — wir tun etwa so, als ob uns ganz nebenbei aufgefallen wäre, daß an der Fußsohle oder an der Ferse irgendeine krankhafte Veränderung vorliege, und heben die Gliedmaße nunmehr passiv höher — scheinbar um jene ins Auge gefaßte Stelle näher zu inspizieren. Mit dieser unserer gezielten lokalisierten Aufmerksamkeitszuwendung jedoch wird gleichzeitig die Aufmerksamkeit des

---

[1]) VIKTOR E. FRANKL, Ein häufiges Phänomen bei Schizophrenie, Zeitschrift für Neurologie und Psychiatrie 152, 161—162, 1935.

Kranken von seiner motorischen Leistungsfähigkeit abgelenkt und richtet sich nun ihrerseits auf die in Frage stehenden krankhaften Auffälligkeiten an seiner Ferse. Der Effekt — im Falle bloß funktioneller motorischer Parese — wird aber der sein, daß das angeblich paretische Bein auch dann in gleicher Höhe wie das gesunde Bein gehalten wird, wenn wir selbst es nicht mehr unterstützen, sondern nur noch der aktiven Motilität überlassen.

Leichteste Grade einer Hemiparese lassen sich bekanntlich mit ziemlicher Sicherheit durch die Untersuchung nach GIERLICH nachweisen bzw. als organische Paresen verifizieren, wobei wir nur besonders darauf zu achten haben, daß beim eigentlichen GIERLICHschen Phänomen die paretische Hand, sobald sie (unter Augenschluß) eine Zeitlang mit der Vola nach oben vorgestreckt gehalten wird, nicht nur absinkt, sondern — und das ist wesentlich — hierbei auch eine deutliche Pronationstendenz zeigt.

In Zweifelsfällen steht zur Klärung der Differentialdiagnose zwischen organischer und funktioneller Parese selbstverständlich auch die elektrodiagnostische Untersuchung der peripheren Nerven wie der Muskulatur zur Verfügung. Aber schon bevor wir an sie herangehen, werden wir aus allfälligen trophischen ebenso wie vasomotorischen Störungen, die wir zumindest bei längerdauernden Affektionen des peripheren Neurons voraussetzen dürfen, unsere Schlüsse ziehen können.

Bei der Prüfung der Funktionsverhältnisse im Sinne der passiven Motilität läßt sich im Hinblick auf das so wichtige LASEGUEsche Zeichen die Differenzierung des echten von einem unechten LASEGUE folgendermaßen vornehmen: Haben wir das betreffende Bein im Hüftgelenk so weit gebeugt und es zugleich im Kniegelenk so weit gestreckt, daß bei einem bestimmten Winkel der Flexion deutliche Schmerzhaftigkeit angegeben wird, dann versuchen wir das Bein, unter Beibehaltung des Winkels, sowohl einwärts als auch auswärts zu rotieren; nimmt die Schmerzhaftigkeit bei Innenrotation zu und bei Außenrotation ab, dann ist damit ein Hinweis auf das Vorliegen eines echten LASEGUE gegeben. (Die umgekehrten Verhältnisse sprechen unter Umständen für eine Erkrankung im Bereich des Hüftgelenks, daher zwar auf jeden Fall für einen Pseudo-LASEGUE, aber nicht in jedem Fall für eine funktionelle Erkrankung.)

Zur Untersuchung der Motilität gehört auch die Untersuchung auf krankhafte Erscheinungen im Sinne einer Hypermotilität. Hier geht es naturgemäß vornehmlich um Symptome wie Tremor u. dgl. bzw. um die Frage ihres organischen Ursprungs. Wir werden hierbei dazu neigen, jeden uncharakteristischen und unregelmäßigen Tremor für funktionell zu halten, während andrerseits sowohl das für Hyperthyreose charakteristische rasche und feinwellige Zittern der Finger als auch das für extrapyramidale Prozesse ebenso typische langsame und grobschlägige Handzittern von vornherein den organischen Charakter evident machen. Daß die letztgenannte Form des Tremors in Zweifelsfällen um so leichter diagnostiziert werden kann, als wir weitere Anhaltspunkte für eine striäre Genese haben, ist klar; typisches „Pillendrehen" wird uns hierbei in unserer Differentialdiagnose ebenso leiten können wie etwa das sogenannte Zahnradphänomen — das oft auch in jenen Fällen vorfindbar ist, in denen die striäre Tonuserhöhung kaum aufgefallen ist. Ist der Tremor jedoch wenig charakteristisch, so braucht er trotzdem nicht funktionell zu sein. Vielmehr haben wir in solchen Fällen dann, wenn der Tremor ein isoliertes Symptom darstellt, an den sogenannten essentiellen oder familiären Tremor zu denken und anamnestisch entsprechend zu inquirieren.

Ein diagnostisch sehr bedeutsames Kapitel für sich stellt der Intentionstremor dar — mit dessen einwandfreiem Nachweis ja mitunter nicht mehr und nicht weniger steht und fällt als die schwerwiegende Diagnose einer multiplen Sklerose, nämlich in ansonsten oligosymptomatischen Fällen dieser Krankheit. Wir konnten nun beobachten, daß sich gerade die auffällig groben Störungen des Finger-Nasen-Versuchs quoad ihrer organischen bzw. funktionellen Natur sehr leicht differenzieren lassen: bei grobem Zielverfehlen brauchen wir nämlich nur darauf zu achten, wie sich der Kranke im Augenblick verhält, wo seine Zeigefingerspitze (bei geschlossenen Augen) mehr oder minder fern von der Nasenspitze gelandet ist — korrigiert er sofort, d. h. tastet er sich, vermöge der ungestörten Oberflächensensibilität, mit der Fingerspitze prompt an die Nasenspitze heran, dann ist das Zielverfehlen beim FNV organisch bedingt gewesen; während umgekehrt der neurotische, hysterische oder simulierende Patient — eben in demonstrativer, ostentativer Absicht — mit seinem Finger weiterhin an der fehlerhaften Stelle verbleiben wird.

Wollen wir wissen, ob eine andere extrapyramidale Hypermotilitätserscheinung, nämlich die choreatische Bewegungsunruhe, bloßen Verlegenheitsbewegungen eines kindlichen oder jugendlichen Patienten entspricht oder aber bereits ein eigentliches striäres Symptom repräsentiert, dann ist es nur notwendig, die Aufmerksamkeit des Untersuchten abzulenken, indem wir etwa Kopfrechnungen ausführen lassen: es gehört zum Wesen der echten choreiformen Hypermotilität, daß sie hierbei zunimmt.

Zur neurologischen Untersuchung gehört auch die Prüfung der Diadochokinese. Sofern wir ihren Ausfall differentialdiagnostisch auswerten wollen, haben wir allerdings daran zu denken, daß sie bei Rechtshändern links schon physiologischerweise relativ weniger gut gelingt. Im übrigen sei an dieser Stelle darauf verwiesen, daß sich eine immerhin deutliche Hypodiadochokinese in Fällen sogenannter latenter Hemiparese, also etwa als letztes und geringfügigstes Residuum nach einem leichtgradigen apoplektischen Insult, oftmals viel eher nachweisen läßt, als selbst der ohnehin schon feine Indikator des GIERLICHschen Phänomens.

Wichtig für die Feststellung allfälliger organischer Erkrankungen des Nervensystems bzw. für eine einwandfreie Sicherstellung der Differentialdiagnose ist auch die Untersuchung des Muskeltonus. Bei ihr aber haben wir uns vor allem davor zu hüten, Willkürspannungen oder auch nur mangelhafte Entspanntheit schon für Tonuserhöhung zu halten. Der schlichte Rat, zu entspannen, genügt nämlich nicht bei allen Kranken; im Gegenteil, nicht selten sehen wir, namentlich gerade bei neurotischen Personen, daß sie auf eine solche Aufforderung hin erst recht „spannen", indem sich nämlich ihre „angespannte" Aufmerksamkeit just der Gliedmaße zuwendet, die entspannt werden soll. Daher ziehen wir es vor, die Entspannung durch passive Bewegungen selber herbeizuführen — nur müssen diese passiven Bewegungen möglichst unrhythmisch durchgeführt werden, weil der Kranke sonst mitinnerviert.

Die Entspannung ist bekanntlich auch bei der exakten Reflexprüfung eine unumgängliche Voraussetzung; dies um so mehr, als wir im allgemeinen viel weniger das absolute Ausmaß des motorischen Effekts berücksichtigen müssen, als vielmehr die relative Seitengleichheit bzw. -differenz. Diese ist jedoch auch beim geringsten Grad ein Hinweis auf das Vorliegen eines organischen Zustandsbildes, sofern sie nur konstant gefunden wird. Was nun im besonderen die Prüfung des PSR anlangt, empfiehlt es sich, sie beim sitzenden Kranken derart vorzunehmen, daß er nicht die Beine übereinanderschlägt, sondern beide Fußsohlen zu Gänze auf dem Boden aufsetzt. Wir aber legen unsere linke Hand — während die rechte mit dem Reflexhammer umgeht — auf den betreffenden Quadrizeps des zu Untersuchenden; damit verfolgen wir freilich die doppelte Absicht, nicht nur die Entspanntheit des Muskels kontrollieren zu können, sondern in jenen Fällen von schwer auslösbarem PSR, die ohne motorischen Effekt bleiben, die Kontraktion des Muskels wenigstens palpatorisch beobachten zu können. Läßt sich dann der Reflex noch immer nicht sicher auslösen, so fordern wir den Kranken auf, die Fußspitze abwärts, auf den Boden zu drücken — womit wir eine Innervation der Antagonisten herbeiführen und so indirekt, auf die einfachste Art, den Quadrizeps schließlich doch zu möglichster Entspannung zwingen. Von dieser Weise des Vorgehens ist in den meisten Fällen noch immer mehr zu erwarten als vom berühmten JENDRASSIKschen Handgriff. Bei der Prüfung des ASR wiederum versuchen wir, den höchstmöglichen Grad von Entspanntheit dadurch zu erreichen, daß wir den Kranken auf einer weichen Unterlage aufknien lassen. Auf diese Weise entziehen wir nämlich fürs erste einmal die Reflexprüfung seinen Blicken. Überdies bewegen wir den Fuß abwechselnd plantar- und dorsalwärts, und zwar unrhythmisch; denn damit wird relativ noch am sichersten volle Entspannung erzielt.

Bei der Prüfung des so wichtigen BABINSKIschen Reflexes gilt es, ihn gegebenenfalls möglichst „klassisch" zur Darstellung zu bringen; klassisch ist der Ausfall dieses Reflexes aber nur dann zu nennen, wenn gleichzeitig erstens die Dorsalflexion der großen Zehe tonisch erfolgt und zweitens die übrigen Zehen währenddessen deutlich plantarflektiert werden. Um auch einen echten positiven BABINSKI dermaßen klassisch auslösen zu können, ist es oft nötig, ihn zu „bahnen" — was am einfachsten dadurch gelingt, daß man zuerst wiederholte Male nur den äußeren Fußrand entlang streicht. Im übrigen sei darauf hingewiesen, daß es innerhalb weiter Grenzen richtige Übergänge vom bloßen „Verdacht" über den zweifelhaften bis zum klassisch ausgeprägten BABINSKI gibt. Außerdem wäre zu berücksichtigen, daß schließlich selten ein BABINSKI „von heute auf morgen" auftritt. In Zweifelsfällen bzw. bei inzipienten organischen Erkrankungen werden wir uns daher darauf beschränken und damit begnügen müssen, die motorischen Reaktionen, die wir „bei Prüfung auf BABINSKIschen Reflex" festzustellen vermögen, rein deskriptiv festzuhalten. Auf diese Weise werden wir in Grenzfällen jeder künftigen blamablen Überraschung entgehen — was ja im Hinblick auf die Tatsache äußerst wichtig ist, daß so manche multiple Sklerose einerseits mit scheinbar funktionellen, nämlich vorwiegend subjektiven Beschwerden beginnt, andrerseits eben im Beginn einen angedeuteten BABINSKI oder — noch typischer! — einen angedeuteten ROSSOLIMO als einziges isoliertes organisches Symptom bietet.

Zum Schlusse jedes Nervenstatus wird für gewöhnlich die Statik und die Lokomotion geprüft. Hierbei gilt es vor allem, auf das ROMBERGsche Zeichen hin zu untersuchen. Aber auch diesbezüglich gibt es bequeme Merkmale, die einen organischen von einem funktionellen ROMBERG differenzieren lassen. Bekanntlich gehört zum echten ROMBERG dazu, daß die Unsicherheit bei Fußschluß sich mit Augenschluß steigert. Wir pflegen diese Untersuchung nun so vorzunehmen, daß wir den Kranken ausdrücklich zuerst nur die Füße schließen lassen, um erst noch abzuwarten, bis er zu ruhigem Stehen kommt; dann erst geben wir ihm den Auftrag, auch die Augen zu schließen. Diesen Auftrag jedoch verbinden wir in jenen Fällen, wo wir einen bloß funktionellen ROMBERG erwarten, mit der Suggestion, bei Augenschluß werde sich die Standsicherheit nur noch erhöhen. Tatsächlich gelingt es auf diesem Wege in den meisten Fällen, den funktionellen ROMBERG als solchen zu erweisen; dürfen wir doch gerade in diesen Fällen mit Recht eine erhöhte Suggestibilität voraussetzen.

Für die Prüfung des Ganges lassen sich allgemeingültige Anhaltspunkte für die Differenzierung organischer bzw. funktioneller Störungen freilich nur schwer angeben. Hier ist der Neuropsychiater nämlich vollends auf seine Erfahrung und auf das Eindrucksmäßige angewiesen — sobald einmal eine uncharakteristische und andrerseits dennoch nicht typisch funktionell anmutende Gangstörung aufscheint. Denn das übliche Rezept, bei hysterisch imponierender Abasie es darauf ankommen zu lassen, daß der Kranke zu Boden stürzt, nur um unsererseits den Beweis erbringen zu können, daß er sich hierbei nicht verletzt, mutet uns schließlich doch ein wenig zu heroisch an. Immerhin werden wir in jenen Fällen, in denen vermutlich eine funktionelle Parese einer unteren Extremität vorliegt, die Störung des Stehens und Gehens als funktionelle leicht dadurch entlarven können, daß wir wie folgt vorgehen: Wir fordern den Kranken auf, zuerst zu zeigen, wie hoch er im Stehen das angeblich kranke Bein heben könne; sodann veranlassen wir ihn, das nämliche mit dem gesunden Bein zu tun, und der Kranke wird alsdann das gesunde Bein demonstrativ höher heben — ohne, von uns überrumpelt, zu merken, daß er dann das angeblich kranke Bein — als Standbein — mehr beansprucht.

Zum Schlusse dieser Besprechung des neurologischen Untersuchungsganges unter besonderer Berücksichtigung der Differentialdiagnose zwischen organischen und funktionellen Zustandsbildern wollen wir es nicht unterlassen, darauf hinzuweisen, welcher psychotherapeutische Effekt in Fällen funktioneller Erkrankung allein der Tatsache zukommt, daß trotz des funktionellen Aspekts eine gründliche organische Untersuchung durchgeführt wurde. Ein nicht gering zu erachtender Teil einer psychotherapeutischen Behandlung ist nämlich erstens in einer gründlichen Anamnese gelegen (die bloße Tatsache, daß der Kranke sich gründlich aussprechen kann — wenn man ihn nur überhaupt zu Worte kommen läßt —, erleichtert und entlastet ihn schon bedeutend), und zweitens liegt ein gut Stück Psychotherapie bereits in der Konfrontation des Patienten mit einem negativen organischen Befund — sofern dieser nur gründlich genug erhoben wurde, um dem Kranken die vorgehaltene Negativität auch glaubhaft erscheinen zu lassen.

Haben wir im vorstehenden die Möglichkeiten einer Differentialdiagnose „organisch—funktionell" auf Grund erstens der Anamnsee und zweitens der Untersuchung erörtert, so bliebe jetzt noch die dritte Möglichkeit zu besprechen: die Differentialdiagnose ex iuvantibus, demnach die Differentialdiagnose auf Grund einer geglückten bzw. mißlungenen Therapie. So werden sich funktionelle Störungen als solche leicht dadurch erweisen, daß wir sie mit einer rein psychisch ausgerichteten Therapie beheben können. Darüber hinaus aber kann nicht genug davor gewarnt werden, aus einer erfolgreichen Psychotherapie direkt auch schon auf Psychogenese des behandelten Leidens zu schließen: **ebenso wie der negative Organbefund noch lange nicht besagt, daß es sich auch positiv um eine neurotische Erkrankung handelt, ebensowenig erlaubt bereits der positive Behandlungseffekt allein, eindeutige differentialdiagnostische Rückschlüsse auf ein** psychogenes Zustandsbild zu ziehen. Wir werden vielmehr noch sehen, wie sehr der Satz gilt, mit dem wir den diagnostischen Teil beschließen: Quoad Psychogenese gibt es weder eine Diagnose per exclusionem noch eine Diagnose ex iuvantibus.

Therapeutischer Teil

KOMBINIERTE PHARMAKO- UND PSYCHOTHERAPIE

Das Thema ist nicht gerade dankbar zu nennen; so populär es nämlich auch sein mag, daß Tranquilizer eingenommen werden (der Verbrauch in den USA belief sich im Jahre 1957 auf vier Milliarden österreichische Schilling), so unpopulär macht man sich heute noch, wenn man — nicht sie einnimmt, sondern — für sie eintritt, sich für sie einsetzt, und ich gedenke sehr wohl, dies zu tun. Ich glaube nämlich, wo es um das Wohl unserer Patienten geht, sollten wir bereit sein, den Makel auf uns zu nehmen, der der Psychopharmakologie anhaftet — ich meine den Makel des Materialismus; ein analoger Makel, freilich nicht der eines materialistischen, vielmehr der eines mechanistischen Denkens, haftet ja, noch immer, auch einer andern psychiatrischen Methode an, dem Elektroschock. So konnte man denn im Preliminary Report über die McGill Conference on Depression and Allied States, die im Jahre 1959 in Montreal stattgefunden hatte, den folgenden Passus finden: "A number of speakers pointed out the great danger, inherent in shock treatment and drug treatment, that the medical management may become mechanized and the patient cease to be regarded as a person." Nun, ich halte eine solche Besorgnis für höchst naiv. Denn meines Erachtens kann ein Psychiater Elektroschocks applizieren, ohne dabei auch nur im geringsten der Würde des Patienten nahezutreten; andrerseits kenne ich Fälle genug, in denen Tiefenpsychologen hinter dem scheinbaren Bemühen um die Entlarvung unbewußter Zusammenhänge eigentlich nur ihre Sucht nach Entwertung des Höheren im Menschen ausleben: in Unkenntnis von so etwas wie Höhenpsychologie dient ihnen ihre Tiefenpsychologie als ein Deckmantel des Zynismus, dem sie verfallen sind.

Vergessen wir doch auch nicht, daß Methodik und Technik nun einmal zum Wesen der ärztlichen Handlung gehören, und der Fehler, sie in Bausch und Bogen zu verdammen, ist nicht geringer zu erachten als der, sie zu vergötzen. Vor dem einen wie vor dem andern sollten wir uns hüten. Denn was uns abverlangt ist, das ist, die goldene Mitte einzuhalten zwischen ihnen—oder, allgemeiner gesagt: zwischen Materialismus und Spiritualismus.

— und auf einen Spiritualismus würde es hinauslaufen, wollte man von vornherein es ablehnen, den psychischen Zustand eines Patienten mit Hilfe von Tranquilizern therapeutisch zu beeinflussen. Für gewöhnlich lautet die

Argumentation, die man uns dann entgegenhält, etwa wie folgt: Neurosen sind psychogene Erkrankungen, und als solche haben sie psychotherapeutisch, und nur psychotherapeutisch, behandelt zu werden. Gegenüber einer solchen Auffassung sehe ich mich jedoch gezwungen, darauf aufmerksam zu machen, daß sich das Vorliegen von Psychogenese keineswegs auch schon mit einer Indikation zur Psychotherapie deckt. Sind doch auch Zustände psychotherapeutisch ohne weiteres angehbar, die nichts weniger als psychogen sind — während es auf der andern Seite Umstände gibt, unter denen wir von irgendwelchen psychotherapeutischen Behandlungsmaßnahmen oft bewußt Abstand nehmen müssen, obgleich wir es mit einem Falle psychogener Erkrankung zu tun haben. Nicht selten haben wir dann mit einem medikamentösen Vorgehen Erfolg, und zwar auch dauerhaften Erfolg.

Zu alledem kommt noch, daß der Umfang des Begriffs Neurose ungebührlich überdehnt zu werden pflegt. Gegenwärtig neigt man dazu, menschliches Kranksein insofern in einem einseitig spiritualistischen Sinne zu interpretieren, als überhaupt nur noch eine letzten Endes seelische Begründung und Verwurzelung anerkannt wird. Das aber ist flagranter Spiritualismus. Zu ihm gesellt sich alsbald ein Monismus, so zwar, daß erklärt wird, Somatisches und Psychisches seien ja ohnehin ein und dasselbe.

Der Fehler, der dem allen zugrunde liegt, wird uns sofort klar, wenn wir uns ein Schema zurechtlegen, innerhalb dessen sich menschliches Kranksein einerseits seiner Entstehung nach und andrerseits seiner Erscheinung nach einteilen läßt in somatogene, psychogene, phänosomatische und phänopsychische Erkrankungen (Abb. 9). Nun zeigt sich nämlich, daß

	phänosomatisch	phänopsychisch
psychogen	Organneurose	Psychoneurose
somatogen	Erkrankung im banalen Wortsinn	Psychose

Abb. 9

der Spiritualismus — der letzten Endes nur Psychogenese gelten läßt — innerhalb der Kreuzfigur, die unsere beiden Einteilungsprinzipien markiert, die horizontale Trennungslinie verleugnet — während der Monismus die vertikale ignoriert, indem er die Grenzen zwischen (Phäno-)Somatischem und (Phäno-)Psychischem fallenläßt. Oder, um es anders zu formulieren: während für den klinischen Spiritualismus alles psychogen ist, ist für den klinischen Monismus alles (Somatisches und Psychisches) eins.

Ich glaube, es waren die alten Scholastiker, die gesagt haben: qui bene distinguit, bene docet — und ich glaube, die modernen Kliniker täten gut daran, sich an eine Variation dieser Worte zu halten: qui bene distinguit, bene curat; aber das ist ja nichts Neues: daß uns nur dann ein therapeutischer Erfolg beschieden ist, wenn wir uns zunächst einmal der Mühe einer exakten Differentialdiagnose unterzogen haben; worauf ich Wert legen möchte, ist jedoch, daß sich all dies auch auf die Differenzierung „somatogen — psychogen" bezieht. Wer sie über Bord wirft, verbarrikadiert sich auch schon den Zugang zu einer kausalen und spezifischen Therapie. Freilich: v. BAEYER (1) hat schon recht, wenn er „die Entgegensetzung von kausaler und symptomatischer Behandlung zumindest im Bereich der Psychiatrie fragwürdig und nur partiell gültig" nennt; aber dies mögen sich in erster Linie die Verächter der Tranquilizer gesagt sein lassen, deren Medikation von ihnen als eben bloß symptomatisch, bloß palliativ hingestellt und ebendarum auch schon perhorresziert wird. Zu Unrecht; denn der Zufall will es, daß — um, vorgreifend und unsere eigenen Erfahrungen vorwegnehmend, einen Gewährsmann zu Wort kommen zu lassen — der Zufall will es, sage ich, daß wieder v. BAEYER (2), den wir bereits vorhin zitiert haben, konzediert, „die klinische Somatotherapie nichtpsychotischer Zustände kann manchmal als solche schon einen relativ dauerhaften Wandel schaffen, depressive, ängstliche, hypochondrische, hie und da auch einmal zwangsneurotische Verfassungen so weit auflösen, daß der Patient auf lange Sicht aus dem Gröbsten heraus gerät und auch ohne methodisch angewandte Psychotherapie ins Leben zurückkehren kann".

Was nun meine persönlichen Erfahrungen mit Tranquilizern anlangt, stützen sie sich auf eine nunmehr neunjährige Bekanntschaft, ja, ich möchte zu sagen wagen, Vertrautheit mit einem Präparat, das eigentlich den ersten Tranquilizer darstellt, der auf kontinentaleuropäischem Boden als solcher auch deklariert wurde: ich meine den Guajakolglyzerinäther, der — unter der firmenmäßigen Bezeichnung Myoscain E — ursprünglich nur als Muskelrelaxans und, in niedriger Dosierung, als Expektorans in Verwendung gestanden war, bis ich (3) im Jahre 1952 entdeckte, daß es sich beim genannten Präparat nachgerade um ein Spezifikum gegen Angst handelt. Im Gegensatz zu seinen chemisch verwandten angloamerikanischen Vorgängern, nämlich dem Myanesin und dem Tolserol, ist das österreichische Myoscain E nicht, wie die letzteren, ein o-Kresylglyzerinäther, sondern ein o-Methoxyphenylglyzerinäther; aber bereits den Autoren, die mit dem Myanesin und dem Tolserol gearbeitet hatten (4—6), war deren angstdämpfender Einfluß nicht verborgen geblieben. Das österreichische Präparat hat noch den Vorteil, daß es praktisch genommen überhaupt nicht mehr hämolytisch wirkt. Mit dem österreichischen Myoscain E chemisch identisch sind seine westdeutschen und ostdeutschen Nachfolger, nämlich das Reorganin und das Neuroton. Die Tranquilizer jedoch, die inzwischen am meisten bekanntgeworden sind, gehören einer ganz andern Gruppe an, nämlich den sogenannten Meprobamaten, also Dikarbamatderivaten. Das unter ihnen berühmteste stellt das Miltaun dar, das chemisch mit einer ganzen Reihe weiterer Präparate identisch ist, nämlich den folgenden: aequo, Biobamat, Cyrpon, Diveron, Epikur, Equanil, Pertranquil, Quaname, Restenil, Sedapon und Tranquisan. Eine Gruppe für sich bilden die Piperazinderivate Atarax, Stoikon und Suavitil. Dazu kommt schließlich noch das Oblivon, chemisch ein Methylpentynol.

Was nun all diese Präparate im Sinne eines gemeinsamen Nenners auszeichnet, das ist ihr Vermögen, polysynaptische Leitungsbahnen zu unterbrechen und zu blockieren. Und zwar tun sie das, ohne auf die vegetativen Zentren zu wirken, was etwa die Neuroplegika und die Thymoleptika sehr wohl tun, wozu noch kommt, daß sie auch nicht eine unmittelbare Dämpfung des Zwischenhirns verursachen, was wieder die Hypnotika tun.

Nun, ob wir dem einen oder dem andern Präparat den Vorzug geben, darauf kommt es zu allerletzt an; denn was wir anwenden, das ist praktisch genommen Nebensache — Hauptsache ist bloß, wie wir es anwenden, Hauptsache ist, ob die Medikation eingebaut und eingebettet wird in eine simultane Psychotherapie!

Wir leben in einer Zeit, in der sich etwas abzuzeichnen beginnt, was ich die Heimholung der Psychotherapie in die Medizin nennen möchte; es kommt zu einer zunehmenden Annäherung von Somato- und Psychotherapie, und in diesem Stadium medikohistorischer Entwicklung wäre es deplaciert, würden wir uns zu gut dünken, somatische und psychische Methoden miteinander zu kombinieren (7, 8). Am allerwenigsten können wir uns das leisten, wo wir es mit den von mir (9) als solchen bezeichneten somatogenen Pseudoneurosen zu tun bekommen. Unter ihnen finden wir drei Gruppen, die unsere besondere Beachtung verdienen: die basedowoiden, die addisonoiden und die tetanoiden Pseudoneurosen. Was die addisonoide Gruppe anlangt, geht sie mit der von uns (10, 11) beschriebenen psychadynamischen Trias „Depersonalisationssyndrom—Konzentrationsunfähigkeit—Merkfähigkeitsstörung" einher; in solchen Fällen hat die nicht selten geübte Medikation von Barbituraten eine unter Umständen deletäre Wirkung; wird doch die in derartigen Fällen ohnehin vorhandene „Hypotonie des Bewußtseins" (J. Berze) dann nur noch vertieft. Während nun die basedowoide Gruppe der Pseudoneurosen, wie wir (12) zeigen konnten, im Sinne eines psychischen Monosymptoms zu einer Agoraphobie führt, ist die tetanoide Gruppe häufig durch eine Klaustrophobie charakterisiert, also durch das Gegenteil von Platzangst: Angst vor engen Räumen. Daneben kreisen die typischen Klagen der betreffenden Patienten um Beschwerden, wie sie im allgemeinen als Globus „hystericus" mißdeutet werden, darüber hinaus aber auch um eine Störung des sogenannten Durchatmens. Es hat sich nun gezeigt, daß es insbesondere diese tetanoiden Pseudoneurosen sind, die auf eine Medikation von Tranquilizern aus der Reihe der Guajakolglyzerinäther ganz besonders gut ansprechen.

Nun sollen diese meine Ausführungen nicht den Eindruck hinterlassen, als ob wir es im Falle somatogener Pseudoneurosen mit den unmittelbaren psychischen Auswirkungen der jeweiligen somatischen Substruktion zu tun hätten. Vielmehr handelt es sich bei diesen Pseudoneurosen um bloß primär somatogene Erkrankungen, d.h. was jeweils somatogen ist, ist nicht mehr als eine bloße Angstbereitschaft; zu ihr aber muß, soll es zur vollen Ausbildung einer Neurose kommen, also je nachdem einer Agoraphobie oder einer Klaustrophobie, im Sinne einer Art sekundärer Psychogenese ein dem Kliniker geläufiger pathogener Mechanismus treten, nämlich der Circulus vitiosus der Erwartungsangst. Nehmen wir beispielsweise an, ein Patient hat anfallsweise Herzklopfen, so wird er nach ein paar Anfällen beginnen, sich vor dem nächsten Anfall zu fürchten; diese Furcht aber genügt, um selber und ihrerseits Herzklopfen auszulösen, mit anderen Worten, ein Symptom erzeugt ein entsprechende Phobie, die betreffende Phobie verstärkt das Symptom, und schließlich bestärkt das daraufhin immer wiederkehrende Symptom den Patienten nur noch in seiner Phobie (Abb. 10).

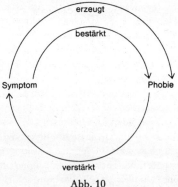

Abb. 10

Sobald nun ein Patient in diesen Teufelskreis der Erwartungsangst einmal hineingeschlittert ist, sobald seine primär somatogene Pseudoneurose solcherart psychisch überbaut und überlagert wurde, empfiehlt es sich, diesen Teufelskreis womöglich gleichzeitig sowohl an seinem somatischen als auch an seinem psychischen Pol zu unterbrechen. Auf diese Art und Weise wird der neurotische Zirkel in eine therapeutische Zange genommen (Abb. 11). Unsere Therapie hat dann gleichzeitig am somatischen und psychischen Pol dieses Zirkelgeschehens den Hebel anzusetzen. Ersteres geschieht nun sinngemäß durch die Tranquilizer, und zwar schon deshalb, weil der Fortschritt, den diese Präparate bedeuten, ja gerade darin zu sehen ist, daß sie einer Simultanpsychotherapie so ganz und gar keine Hindernisse in den Weg legen, insofern nämlich nicht, als sie — im Gegensatz beispielsweise zu den Barbituraten — die Vigilität des Patienten nicht im geringsten mitaffizieren — eine Vigilität, die ja Bedingung und Voraussetzung jeder differenzierteren psychotherapeutischen Maßnahme ist. Dazu kommt aber noch etwas anderes: vielfach handelt es sich um Fälle von mehr oder weniger akuter Angstneurose, wie Prüfungsangst und Lampenfieber, und

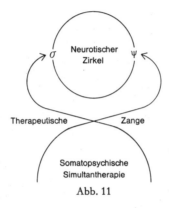

Abb. 11

in solchen Fällen sind dem Patienten Leistungen abverlangt, zu deren Bewältigung er der vollauf erhalten gebliebenen Vigilität in eminentem Maße bedarf. Denken wir doch nur an die Rigorosanten und die Debütanten unter unseren Patienten, Fälle also, deren Angstneurosen aus aktuellen Anlässen resultiert, dafür aber auch eine nur um so dringlichere Therapie erfordert, allein um welcher Dringlichkeit willen sich bereits die Kombination simultan somatischen und psychischen Vorgehens empfehlen würde.

Was nun letzteres anlangt, ist es in Fällen von Erwartungsangst angezeigt, die Medikation von Tranquilizern zu kombinieren mit der von mir (7, 13) eingeführten paradoxen Intention. In deren Rahmen wird der Patient angewiesen, sich gerade dasjenige, wovor er sich bis dahin sosehr gefürchtet hatte, wenn auch selbstverständlich nur für Augenblicke, zu wünschen und vorzunehmen; „heute geh' ich einmal aus, um mich vom Schlag treffen zu lassen", muß sich beispielsweise ein Patient sagen, der an einer Agoraphobie leidet. Auf diese Art und Weise wird nämlich der Angst schließlich der Wind aus den Segeln genommen! Der therapeutische Effekt der paradoxen Intention steht und fällt damit, daß der Arzt auch

den Mut hat, dem Patienten ihre Handhabung vorzuspielen.[1])
Zunächst wird der Patient lächeln; dann wird er es aber auch tun müssen, sobald er die paradoxe Intention in der konkreten Situation eines Angstanfalls anwendet, und schließlich wird er es lernen, seiner Angst ins Gesicht zu lachen und sich solcherart von ihr immer mehr zu distanzieren. G. W. ALLPORT (14), der Psychologe von Harvard, war es, der sich einmal dahingehend geäußert hat, daß sich der Neurotiker, der es vermöchte, über sich selbst einmal so richtig zu lächeln, ebendamit auch schon auf dem Wege zur Heilung befände. Fast habe ich den Eindruck, als hätten wir in der paradoxen Intentionsmethode die klinische Verifizierung dieses ALLPORTschen Aperçus zu sehen.

Abgesehen von der erhalten gebliebenen Vigilität des Patienten im Falle der Medikation der Tranquilizer ist deren Indikation in Kombination mit Psychotherapie auch dort gegeben, wo es darauf ankommt, auf medikamentösem Wege den Patienten stimmungsmäßig aufzulockern, um auf diese Art und Weise der Psychotherapie das Feld zu bereiten, ihr den Weg zu ebnen. Wo wir es mit einer panischen Exazerbation paroxysmaler Angst zu tun bekommen, rennen wir ja auch mit der paradoxen Intention gegen eine Mauer an.

Wie sich die Dinge nun konkret gestalten, möge im folgenden kasuistisch illustriert werden:

Der Patient, Josef M., Buchhalter, 41 Jahre alt (Amb.-Prot. Nr. 438 ex 1959), war Monate hindurch ohne jeden therapeutischen Effekt in Behandlung einer ganzen Reihe von Ärzten und Kliniken gestanden; nun aber suchte er uns in äußerster Verzweiflung auf und gab zu, dem Selbstmord nahe zu sein. Seit Jahren litt er an einem Schreibkrampf, der in letzter Zeit jedoch dermaßen zugenommen hatte, daß er seinen Posten zu verlieren drohte — es wäre denn, daß im letzten Augenblick eine Kurzbehandlung noch das Steuer herumzureißen vermöchte. Der Patient wurde zwecks Behandlung der Abteilungsassistentin zugewiesen, die ihm dann empfahl, einmal das Gegenteil davon zu machen, was er bis dahin gemacht hatte: nämlich nicht zu versuchen, möglichst leserlich zu schreiben, sondern, im Gegenteil, soviel wie nur möglich darauf los zu schmieren. „Denen da schmier' ich jetzt einmal was vor", war nunmehr die Devise. Gleichzeitig nahm der Patient dreimal täglich je zwei Dragees Myoscain E. Nun, es vergingen keine 48 Stunden, und der Patient war — und blieb bis heute — von seiner Erwartungsangst, ebendamit aber auch schon von seinem ganzen Schreibkrampf befreit: „Ich habe versucht zu schmieren; aber es ist nicht

---

[1]) Die Verhaltensterapie anerkennt ja die Bedeutung solchen Vorgehens ebenfalls, wenn sie dafür sogar einen eigenen Ausdruck geprägt hat und von modeling spricht (Seite 29).

gegangen", sagte er; „ich kann wieder schreiben — ich kann wieder arbeiten und meine Familie erhalten — ich bin so glücklich, daß ich es gar nicht ausdrücken kann."[1])

Wir müssen uns nun fragen, in welchem Ausmaß in dergleichen Fällen, sei es bewußt und beabsichtigt oder nicht, suggestive Faktoren am Erfolg der Behandlung mitbeteiligt sein mögen. Von vornherein wäre auch nichts dagegen einzuwenden, daß wir, im Falle der Kombination psychotherapeutischer und medikamentöser Behandlung, als psychotherapeutische Methode der Wahl zu suggestiven Maßnahmen greifen. Zum Beispiel mag ein derartiges Vorgehen durch die primitive Charakterstruktur des Patienten bedingt und begründet sein. In derartigen Fällen, denen wir es nicht zutrauen, daß sie auf die paradoxe Intention ansprechen, genügt es ja oft, wenn wir, um eine larvierte verbale Suggestion zu setzen, gelegentlich der Rezeptur des Tranquilizers die Bemerkung fallenlassen, zunächst einmal würde auf diesem Wege vom Somatischen her die Angst(bereitschaft) behoben und beseitigt werden, woraufhin wir abschließend erklären: „— aber mehr sage ich Ihnen nicht — sonst glauben Sie am Ende noch, ich will Ihnen was suggerieren." Dann sitzt nämlich die Suggestion wirklich.

Nun begegnet man auf Schritt und Tritt der Behauptung, die ganzen therapeutischen Effekte der Tranquilizer seien an sich und als solche bereits bloß suggestiver Natur. Daß Suggestion nun nicht etwa zusätzlich, vielmehr ausschließlich am Tranquilizereffekt beteiligt sei, möchte ich auf das entschiedenste bestreiten. Ich muß es mir leider versagen, im Rahmen dieser meiner Ausführungen auf die Problematik der Plazeboversuche einzugehen; in diesem Zusammenhang möchte ich nur auf eines aufmerksam machen, und das ist eine Tatsache, die nur allzuoft übersehen und vergessen wird: daß sich nämlich Somatisches ebensosehr wie Psychisches als larvierter Suggestion, wie sie in den Plazeboversuchen vorliegt, zugänglich erweist.

Ich hatte einmal Gelegenheit, ungemein eindrucksvoll davon Zeuge zu sein, wie Schmerzen, die durch eine Karzinommetastase verursacht waren, nicht nur auf Mo-Injektionen, sondern genauso auf Injektionen von physiologischer Kochsalzlösung hin prompt gestillt werden konnten. Nun, darum allein wird es wohl niemandem einfallen, die schmerzstillende Wirkung von Mo als einen bloßen Suggestiveffekt abzutun oder womöglich auch noch die Schmerzen selbst in einem Falle wie dem vorliegenden als bloß psychogen hinzustellen.

---

[1]) Zwei Jahre später — Patient war eingeladen worden, über seinen derzeitigen Zustand zu berichten: „Ich bin zufrieden. Ich bin noch leistungsfähiger als vor meiner Erkrankung. Ich war in diesen zwei Jahren keinen einzigen Tag im Krankenstand, obwohl ich eigentlich in einem Hexenkessel von einem Büro bin."

Überhaupt sollten wir bedenken, daß die Zeiten vergangen sind, in denen der Suggestion etwas Ehrenrühriges anhaftete. Viel zu gut wissen wir heute, daß die Suggestion die Artikulation einer mit- und zwischenmenschlichen Beziehung darstellt, wie sie letzten Endes aller Psychotherapie zugrunde liegt, so zwar, daß durch das Medium der gegenseitigen Begegnung von Arzt und Krankem hindurch auf Seite des letzteren ein Urvertrauen zum Dasein (15) wiederhergestellt wird, das den Erfolg einer Psychotherapie auf Grund noch so divergenter Schulen und Richtungen entscheidet und ausmacht. Daß sich die Wendung zum Positiven nicht selten bereits nach den ersten Sitzungen anbahnt und abzeichnet, und zwar auch im Laufe von sich über lange Jahre hinziehenden Psychoanalysen, ist seit der diesbezüglichen Publikationen von Frank, Gliedmann, Imber, Stone und Nash (16) bekannt.

Freilich: etwas anderes ist es, wenn einem daran gelegen ist, aus Gründen wissenschaftlicher Exaktheit klar zu sehen, wann ein larvierter psychotherapeutischer und wann ein echter psychopharmazeutischer Effekt vorliegt. Die Abgrenzung mag nicht immer leicht sein, die Grenzen selbst mögen unter Umständen fließende sein; woran wir festhalten müssen, ist jedoch, daß es so etwas wie echte psychopharmazeutische Effekte gibt. Schließlich weisen ja die eindeutigen Ergebnisse tierexperimenteller Untersuchungen in diese Richtung. Ich möchte diesbezüglich bloß auf die Arbeit von D. Müller (17) verweisen, der über die Wirkung von Guajakolglyzerinäther auf die Verhaltensweise von siamesischen Kampffischen und Schwärmfischen berichtet hat und feststellen konnte, daß es sich bei dem verwendeten Präparat um einen echten Tranquilizer bzw. ein Ataraktikum handelt. In Anlehnung an die Versuche von D. Müller hat A. Müller-Settle (18) das Verhalten von zehn männlichen Kampffischen untersucht, und zwar in Lösungen verschiedener Tranquilizer (Myoscain E, Reorganin, Neuroton, Stoikon und Miltaun).

Ein letztes Wort sei mir noch verstattet hinsichtlich der Wirkung und hinsichtlich der Ursache der heute so weitverbreiteten Tranquilizermode. Was zunächst ihre Wirkung anlangt, wird die Gefahr der Süchtigkeit im allgemeinen überschätzt. Diesbezüglich halte ich es mit C. Riebeling (19), der seine eigene Meinung zu diesem Problem in den Worten zusammenfaßt: „Wir glauben, daß das Glas Schnaps auf den Schreck, die allzu hastig gerauchte Zigarette, die durch den Gebrauch eines harmlosen Beruhigungsmittels nicht benutzt werden, ein größerer Gewinn sind als die Gefahren, die allenfalls mit diesem heraufbeschworen werden."

Was jedoch die Ursache, den Grund, den Hintergrund der Tranquilizermode anlangt, ist es richtig, in ihr nicht nur den Versuch einer Therapie zu sehen, sondern auch das Symptom einer Neurose; nur dürfte man darüber nicht vergessen, daß es sich dann nicht um eine individuelle, vielmehr um eine kollektive Neurose handelt, als welche wir ja ohne weiteres das unsere Zeit sosehr charakterisierende, zeitspezifische Unvermögen, emotionale Spannungen auszuhalten, ansehen können: die **emotionale Intoleranz**, wie ich sie nennen möchte, ist geradezu eine Signatur dieser Zeit. Ihr aber, dieser kollektivneurotischen Leidensunfähigkeit von heute, läßt sich nicht begegnen und steuern mit den bloßen Mitteln althergebrachter Psychotherapie; was da not tut, ist vielmehr eine Überwindung der primären Interessiertheit an Lust und Unlust, wie sie alles neurotische Dasein sosehr auszeichnet, und zwar ihre Überwindung durch eine Reorientierung an Sinn und Werten von einer solchen Weite des Horizontes, daß sie auch noch den Sinn daseinsimmanenten Leidens mit in sich einbegreift.

Literaturverzeichnis

(1) W. v. Baeyer, Der Nervenarzt 30, 1 (1959).
(2) W. v. Baeyer, in: Handbuch der Neurosenlehre und Psychotherapie, hrsg. v. V. E. Frankl, V. E. v. Gebsattel und J. H. Schultz, Band V, Urban & Schwarzenberg, München und Berlin.
(3) V. E. Frankl, Wien. med. Wschr. 102, 535 (1952).
(4) Schlan und Unna, J. Amer. Med. Ass. 140, 672 (1949).
(5) J. Wortis, Americ. J. Psychiatr. 107, 519 (1951).
(6) R. K. Freudenberg, J. Ment. Sci. 96, 751 (1950).
(7) V. E. Frankl, Zur medikamentösen Unterstützung der Psychotherapie bei Neurosen, Schweizer Archiv für Psychiatrie 43, 23 (1939).
(8) K. Kocourek, Kombinierte medikamentöse und Logotherapie neurotischer Erkrankungen, Aerztl. Prax. 7, 12 (1955).
(9) V. E. Frankl, Über somatogene Pseudoneurosen, Wien. klin. Wschr. 68, 280 (1956).
(10) V. E. Frankl, Über ein psychadynamisches Syndrom und seine Beziehungen zu Funktionsstörungen der Nebennierenrinde, Schweiz. med. Wschr. 79, 1057 (1949).
(11) V. E. Frankl, Psychadynamie und Hypokortikose, Wien. klin. Wschr. 61, 735 (1949).
(12) V. E. Frankl, Psychische Symptome und neurotische Reaktionen bei Hyperthyreose, Med. Klin. 51, 1139 (1956).
(13) V. E. Frankl, Die Psychotherapie in der Praxis. Eine kasuistische Einführung für Ärzte, Wien 1947.
(14) G. W. Allport, The Individual and his Religion, New York 1956.
(15) V. E. Frankl, Das Menschenbild der Seelenheilkunde. Drei Vorlesungen zur Kritik des dynamischen Psychologismus, Stuttgart 1959.
(16) Frank, Gliedmann, Imber, Stone und Nash, Amer. J. Psychiatr. 115, 961 (1959).
(17) D. Müller, Psychiatrie, Neurologie und medizinische Psychologie 11, 58 (1959).
(18) A. Müller-Settele, Der praktische Arzt 14, 65 (1960).
(19) C. Riebeling, Aerztl. Mitt. 43, 245 (1958).

ALLGEMEINE PSYCHOTHERAPIE

Prophylaxe iatrogener Neurosen

Die „allgemeine" Psychotherapie deckt sich beiläufig mit jenem Sektor der Psychotherapie, der auch in der allgemeinen Praxis faktisch ausgeübt wird — „faktisch": d. h. entweder absichtlich, oder aber unbewußt. Diese Psychotherapie des praktischen Arztes jedoch hat auszugehen vom obersten Gebot des „primum nil nocere". Wissen doch die psychotherapeutischen Fachleute nur allzu gut, wieviel an den bei ihnen zur Behandlung gelangenden Neurosen nicht zuletzt auf Unkenntnisse oder auf Mißverständnisse auf ihrem Fachgebiet zurückzuführen ist. Ja, es gibt Neurosen, deren eigentliche Ätiologie auf das Konto unbedachter Äußerungen von Ärzten gebucht werden muß. Für diese Neurosen hat man daher auch einen eigenen Ausdruck geprägt. Jene (eben vorwiegend neurotischen) Krankheitszustände, bei denen es sich nachträglich erweist, daß der Arzt — ιατρος — das pathogene Moment gestellt hat, bezeichnen wir als „iatrogen".

Diese vom Arzt ausgehende Pathogenese beruht nun im wesentlichen auf einem psychischen „Mechanismus", der dem Psychotherapeuten hinlänglich bekannt ist: auf Erwartungsangst. Sehen wir doch im Bereich der Ätiologie psychogener Erkrankungen immer wieder, wie verhängnisvoll sich der gekennzeichnete Mechanismus auswirkt; es handelt sich hierbei um einen echten Circulus vitiosus. Immer ist es nämlich so, daß ein Symptom Furcht erzeugt, die Furcht nun ihrerseits das Symptom verstärkt und schließlich das solcherart verstärkte Symptom den Patienten in seinen Befürchtungen nur noch mehr bestärkt. Im besonderen haben aber die seiner therapeutischen Methode zugrunde gelegten Versuche von J. H. SCHULTZ gezeigt, wie sehr die bloße Hinlenkung der Aufmerksamkeit, also forcierte Selbstbeobachtung, an sich schon imstande ist, unterschwellige Sensationen bewußt werden zu lassen. Nehmen wir doch ein einfaches Beispiel:

Ein von Haus aus vegetativ Labiler erlebt eines Tages einen vehementen Schweißausbruch gerade in einem Augenblick, in dem er ihm am wenigsten gelegen kommt, sagen wir, wenn er einem Vorgesetzten die Hand reichen soll: Vermutlich selber durch das Erlebnis der Verlegenheit bedingt, bewirkt dieser Schweißausbruch seinerseits Verlegenheit. So ist es nur allzu gut verstehbar, wenn bei der nächsten analogen Gelegenheit ein solcher Schweißausbruch ängstlich erwartet wird, und diese Erwartungsangst ist es dann, die dem Patienten nunmehr eben den Angstschweiß in die Poren treibt (Abb. 12).

Wir sehen, wie das Symptom eine entsprechende Phobie erzeugt, die betreffende Phobie jedoch das Symptom verstärkt und solcherart das verstärkte Symptom schließlich den Patienten in seiner Phobie bestärkt (siehe S. 80). Damit ist ein Teufelskreis geschlossen bzw. hat sich der Patient in ihn eingeschlossen, um sich — im Falle einer neurotischen Entwicklung — immer mehr darin einzuspinnen wie in einen Kokon.

Ist der Wunsch der sprichwörtliche Vater des Gedankens, so die Furcht die Mutter des Geschehens, nämlich des Krankheitsgeschehens. Ist Angst nun einmal erzeugt, dann bemächtigt sich der soeben besprochene unselige Teufelskreis auch ihrer: es kommt zu dem, was wir als Angst vor der Angst bezeichnen, also zu einer gleichsam potenzierten und zugleich selber auch ein allfälliges somatisches Symptom potenzieren-

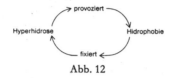

Abb. 12

den Angst (dabei ist es nicht selten und nicht zuletzt eine durch Angst ausgelöste Hyperventilation, welche das somatische Symptom so sehr verstärkt). Letztlich ist es die Erwartungsangst, die in vielen Fällen das eigentliche pathogene Moment an einer neurotischen Erkrankung abgibt; zumindest ist dies insofern der Fall, als erst die Erwartungsangst das betreffende Symptom fixiert.

Ein Ausspruch, den F. D. ROOSEVELT, wenn auch in ganz anderem Zusammenhang, gemacht hat, gilt auch in diesem: Wir haben nichts so sehr zu fürchten wie — die Furcht selbst. Darüber hinaus aber haben wir kaum etwas so zu fürchten wie jene Ärzte, die es im Züchten iatrogener Neurosen, durch ihre unbedachten oder bedenkenlosen Äußerungen gegenüber ihren Patienten, zu einer solchen, ich möchte sagen, Meisterschaft gebracht haben, daß man von ihnen füglich als von Iatrogenies sprechen könnte. Wenden wir uns nunmehr der Frage möglicher Prophylaxe iatrogener Neurosen zu, so sollen im folgenden allgemeine Gesichtspunkte, Leit- und Merksätze der Psychotherapie zusammengestellt werden, die — schon Besprochenes rekapitulierend oder noch zu Besprechendes antizipierend — das für die allgemeine Praxis Wichtigste kurz zusammenfassen.

Die erste Pflicht jedes Arztes, vom Standpunkt der Psychotherapie und Psychohygiene aus gesehen, wäre: fürs erste einmal den Kranken sich gründlich aussprechen zu lassen, ja überhaupt ihn zu Wort kommen zu lassen; kann er doch von sich aus in den meisten Fällen gar nicht recht wissen, was alles an dem, was er da vorbringen mag, in den Augen des Arztes wesentlich erscheinen wird und was nicht. Der Patient wird sich verstanden und erleichtert fühlen, und vielfach wird er schon durch die Objektivierung seiner Beschwerden, wie sie im und durch das Gespräch erfolgt, befreiende Distanz zu ihnen gewinnen. Bereits die gründliche Aussprache kann entspannend und seelisch druckentlastend wirken. Denn nicht nur „geteiltes", sondern auch schon „mit-geteiltes" Leid ist halbes Leid, und wenn es eines diesbezüglichen Beweises bedurft hätte, dann wäre er durch die folgende Episode erbracht worden: Eines Tages sucht mich eine Studentin aus den USA auf, um mir ihr Leid zu klagen; sie spricht jedoch den ärgsten Slang, und trotz all meiner Bemühungen verstehe ich kein einziges Wort; dennoch schüttet sie ihr Herz aus, und, um mir die Verlegenheit, in die sie mich bringt, nicht anmerken zu lassen, beschließe ich, sie an einen ihrer Landsmänner unter meinen Kollegen zu weisen, und zwar unter dem Vorwand, sie müsse sich einer Ekg-Untersuchung unterziehen, und sie wieder zu bestellen. Allein, sie sucht weder den Kollegen noch mich wieder auf; vielmehr begegnen wir einander eine Zeitlang später auf der Straße, und es stellt sich heraus, daß die Aussprache mit mir genügt hatte, um sie über eine konkrete Konfliktsituation hinwegzubringen — und bis heute habe ich keine Ahnung, was sie überhaupt zu mir geführt hatte.

Die zweite Pflicht bestünde in gründlicher organischer Untersuchung — deren Gründlichkeit demonstrativ sein soll. Soll doch dem Kranken, gerade für den Fall eines negativen Ergebnisses, eindringlich und eindrücklich vor Augen geführt werden, daß er eine schwerere organische Grundlage seiner Erkrankung auch wirklich nicht zu befürchten braucht.

Die dritte Pflicht: Man vermeide es hierbei, den negativen Organbefund nun seinerseits mit irgendeinem diagnostischen Terminus à tout prix zu belegen und damit im Erleben des Patienten zu hypostasieren. Der Kranke könnte unter Umständen z. B. im Wort Herzneurose ganz genauso ein hypochondrisches Schreckgespenst sehen wie in der „Angina pectoris". (Sohin hatte KARL KRAUS vielleicht gar nicht so unrecht, wenn er einmal meinte: „Eine der verbreitetsten Krankheiten ist die Diagnose.")

Die vierte Pflicht: Ebenso schädlich wie das zu viele Reden kann unter Umständen auch ein Schweigen sein; dann nämlich, wenn der Arzt allzu geheimnisvoll tut und, wenn auch wohlmeinend, über einen negativen Befund hinweggehend ihn vollends verschweigt. Der Kranke weiß dann nicht recht, woran er ist, und neigt gegebenenfalls dazu, eher etwas Böses anzunehmen. Darum empfiehlt es sich, dem Patienten auch ein negatives Untersuchungsergebnis ausdrücklich als negatives zu eröffnen und zu erklären. Überhaupt hüte man sich davor, einen Befund aus der Hand bzw. dem Patienten in die Hand zu geben, ohne ihn entsprechend zu belehren. Vielmehr sind wir verpflichtet, jeden Befund, wenn auch nur mit wenigen Worten, zu kommentieren. (Uns ist ein Fall bekannt, in dem eine Kranke den Versuch, ihr Leiden zu bagatellisieren und als harmlos hinzustellen, mit der Bemerkung quittierte, sie wisse es besser — sie wisse sehr wohl, daß ihr nicht zu helfen und von welcher schweren Krankheit sie befallen sei, und zwar habe sie es selber in einem Befunde gelesen, und darin habe es geheißen, sie leide an einem — „Corpulmo"; die Frage allerdings, ob nach diesem Wort „o. B." vermerkt war, mußte sie freilich bejahen...)

Die fünfte Pflicht: Man vermeide es, den Kranken gelegentlich der Mitteilung der Negativität organischer Befunde dadurch zu kränken, daß man ihm vorhält, alles sei nur nervös, oder gar: er bilde sich alles nur ein. Mit solchem Abtun der zwar subjektiven, aber als solcher realen Sensationen ist es nicht getan. Damit würden wir höchstens erreichen, daß der Patient nur in eine Protesteinstellung hineingetrieben wird, aus der heraus er seine Beschwerden (womöglich noch mehr) aggraviert — schon um uns zu beweisen, daß seine Krankheit ja doch nicht so harmlos sei, als wie wir sie hinstellen. Demgegenüber pflegen wir in solchen Fällen dem Patienten mitzuteilen, die genauen Untersuchungen hätten glücklicherweise normale Befunde ergeben; trotzdem habe er sich gewiß nicht das geringste etwa nur eingebildet — was er spüre, sei glaubhaft; aber es stehe zum Glück keine organische Erkrankung dahinter. Sein Leiden sei somit zwar unangenehm, aber dafür ungefährlich — das sei schließlich immer noch besser als das Umgekehrte: wenn er beispielsweise an einer schleichend verlaufenden lebensgefährlichen Krankheit litte, ohne daß er es merkte.

SPEZIELLE PSYCHOTHERAPIE

Potenzstörungen

Aus vielerlei Gründen beginnen wir die Besprechung der einzelnen Neurosetypen bzw. ihrer Psychotherapie mit den Sexualneurosen und innerhalb ihrer wiederum mit den Potenzstörungen. Wer sich jemals mit solchen Fällen psychotherapeutisch beschäftigt hat, wird zugeben, daß es kaum Fälle gibt, die für einen therapeutischen Erfolg menschlich so tief dankbar sind, wie gerade Menschen, die sich wegen derartiger Beschwerden an uns wenden.

Bevor wir nun an die Psychotherapie psychogener Potenzstörungen herantreten, haben wir uns fürs erste einmal zu vergewissern, ob es sich im konkreten Falle auch tatsächlich um eine psychogene Potenzstörung handelt. Besser gesagt: wir haben nicht allein uns — wir haben vielmehr auch den Patienten dessen zu versichern, daß die vorliegende Störung seelisch bedingt ist. Denn der Kranke wird sich nur dann von der Psychogenese seines Leidens überzeugen lassen, wenn er das Gefühl hat, daß auch wir unsererseits davon wirklich überzeugt sind; für so etwas jedoch wie die eigene Überzeugtheit des Arztes von der dem Kranken gegenüber geäußerten

Diagnose und Prognose, für so etwas hat der kranke Mensch im allgemeinen eine Art von sehr deutlichem Instinkt. Nun, die Überzeugtheit seitens des Patienten von der im wesentlichen psychischen Ätiologie seiner Erkrankung ist insofern eine unerläßliche Voraussetzung für deren psychotherapeutische Behandlung, als ja die Psychotherapie von vornherein auf einem gewissen Vertrauen zum behandelnden Arzt basiert, und dieses Vertrauen wiederum auf der Überzeugung, daß die vom Arzt angegebene Diagnose, Prognose und Therapie begründet ist — und das heißt: daß ihr eine gründliche Untersuchung vorangegangen ist.

Eine solche gründliche Untersuchung wird sich in erster Linie mit dem Ausschluß aller in Betracht kommenden organischen Momente befassen müssen, die — zumindest im Sinne somatischer Komponenten — an der Pathogenese einer Potenzstörung beteiligt sein können. Wir werden somit in jedem Falle, und so denn auch in dem einer vermutlich psychogenen Potenzstörung, auf jeden Fall 1. das Genitale inspizieren und hierbei die Testes (physiologischer Hodendruckschmerz!) palpieren, 2. die Pupillenreaktionen und die Sehnenreflexe (namentlich die ASR) prüfen und 3. den Harn auf Saccharum hin untersuchen. Mit der zweitgenannten Untersuchung wollen wir für alle Fälle einen spinalen Prozeß als Krankheitsgrundlage ausschalten, und mit der letztgenannten das Vorhandensein eines Diabetes mellitus, bei dem es bekanntlich nicht selten zu Potenzstörungen kommt; während die Untersuchung des Genitales hauptsächlich in demonstrativer Absicht erfolgen soll. Denn weniger wir sind es, die uns von der Inspektion nennenswerte Aufschlüsse in Richtung auf einen allfälligen physiogenen Faktor erwarten, als es der Kranke ist. Er ist neugierig darauf, ob wir „etwas finden", eine Abnormität feststellen können; wir werden selbst dann, falls wir nicht ganz normgerechte Verhältnisse feststellen, dem nicht allzu große Bedeutung beimessen und vor allem nicht zuviel Aufhebens davon machen. Wissen wir doch nur allzu gut, wie verhältnismäßig irrelevant allenfalls vorgefundene morphologische Hypogenitalismen für die regelrechte Funktion des Genitalapparates sind. Äußerst instruktiv in diesem Zusammenhang und denkwürdig in unserer Erinnerung ist ein Fall, von dem OSWALD SCHWARZ einmal berichtet hat: Es handelt sich bei einem Patienten um einen Mann, dessen Untersuchung bloß bohnengroße Testikel ergab. Die Potenzstörung jedoch — derentwegen der Kranke sich behandeln lassen wollte — war erst aufgetreten, sobald er gelegentlich eines Freibades in den gemeinschaftlichen Umkleideräumen bemerkte, daß andere Männer größere Hoden hatten; vorher, bis dahin, war die Potenz eine völlig normale gewesen! So erweist sich, daß auch in jenen Fällen, in denen organmorphologische Auffälligkeiten und Abwegigkeiten, ja ausgesprochene Minderwertigkeiten vorhanden sind, trotzdem der Arzt noch lange nicht das Recht hat, hinsichtlich eines ursprünglich geplanten psychotherapeutischen Vorgehens etwa die Flinte ins Korn zu werfen. Wir haben uns vielmehr in allen so gelagerten Fällen im Sinne von Rudolf Allers an jenes heuristische Prinzip zu halten, dem zufolge man versuchsweise so tun muß, als ob gar nichts organisch bedingt und alles nur psychogen wäre; denn nur dann, wenn wir so handeln, erreichen wir auch wirklich die äußerste Grenze psychotherapeutischer Möglichkeiten. Wir erreichen sie nämlich ausschließlich dann, wenn wir sie aus heuristischen Gründen — ignorieren.

Von der gründlichen somatischen Untersuchung des Patienten abgesehen, ist für die Psychotherapie der (psychogenen) Fälle eine genaue und geschickt aufgenommene Anamnese ebenfalls eine unerläßliche Voraussetzung. „Geschickt" wird eine Anamnese aber dann aufgenommen, wenn sie sozusagen gezielt ist, und das will heißen: wenn bereits die Fragestellung so erfolgt, daß wir die Antworten nur einbauen müssen in das Gesamt des Eindrucks (den wir vom Patienten erhalten haben), um ein plastisches Bild von der Erkrankung und deren Geschichte zu bekommen. Es zeigt sich nämlich immer wieder, daß der therapeutische Weg, den wir jeweils einzuschlagen haben, in seiner Richtung diktiert wird und auch diktiert werden soll von irgendeinem Detail, das der Patient in der Anamnese angibt; wenn wir nur halbwegs geschickt die Fragen einrichten, dann weisen die Antworten den Weg. Ja, oft hat man das Gefühl, als ob der Kranke unbewußt und unabsichtlich selber um den Ausweg wüßte aus seiner Not und um die notwendige Richtung der Therapie, und als ob wir nur die Aufgabe hätten, hellhörig genug zu sein, um von seinem Wissen unsererseits therapeutisch auch Gebrauch zu machen.

Andrerseits gibt eine entsprechende Anamnese uns auch Fingerzeige darauf, welche Irrtümer und Mißverständnisse an der Entstehung oder zumindest an der Fixierung neurotischer Symptome schuldtragend sein mögen. Wir denken hierbei vornehmlich an den so verbreiteten Aberglauben auf sexuologischem Gebiet. Zum Teil sind veraltete, aber noch immer verbreitete Fehlansichten mit im Spiel, zum nicht geringen Teil jedoch handelt es sich hier um falsch interpretierte, manchmal auch von Haus aus vulgär dargestellte Theoreme, wie sie in sogenannten „aufklärenden" Broschüren niedergelegt sind. Vielfach können wir jedoch auch feststellen, daß so manche sexualhypochondrische Idee in unvorsichtig und gewissenlos vorgebrachten Behauptungen wurzelt, die der Patient gelegentlich eines „populärwissenschaftlichen" Vortrags von ärztlicher Seite übernommen hat. Aus solchen Keimen, sobald sie nur auf den Nährboden hypochondrischer Disposition fallen, entstehen mitunter die ärgsten neurotischen Hypochondrien; denn es gibt nicht nur iatrogene Neurosen schlechthin, als welche man die — paradoxerweise — durch unbedachte ärztliche Äußerungen verursachten Neurosen versteht, sondern es gibt anscheinend auch eine kollektive Iatrogenese — und sie ist die Gefahr bei all dem, was kollektive Aufklärung sein will. Daher dürfen wir niemals vergessen, daß jeder Versuch einer kollektiven Aufklärung insofern von vornherein zum Scheitern verurteilt sein muß, als er auf jeden Fall schematisiert und eo ipso nicht individualisieren kann. Denn bei jedem kollektivaufklärenden Vortrag werden wir dem einen zu viel und dem andern zu wenig gesagt haben. Während wir für den einen Trivialitäten bringen und uns damit nur lächerlich machen, schaffen wir für den andern Probleme und machen ihn damit zum iatrogenen Hypochonder.

Die hypochondrischen Gedankengänge, um die es sich hier handelt und die uns im Verlaufe der weiteren Besprechungen noch wiederholt begegnen werden, drehen sich hauptsächlich um die Masturbation, um Pollutionen und um Coitus interruptus. Auf die Masturbationsfrage wird des näheren noch eingegangen werden müssen. Was die Pollutionen anlangt, empfiehlt es sich, anläßlich der Exploration unserer potenzgestörten Kranken ausdrücklich danach zu fragen. Dies zwar aus einem doppelten Grunde, nämlich aus einem negativen wie aus einem positiven. Das negativ gemeinte Motiv unseres diesbezüglichen Fahndens soll die oftmals an die Tatsache von Pollutionen geknüpften und bereits während der Anamnese seitens des Kranken geäußerten hypochondrischen Befürchtungen betreffs ihres Wesens oder ihrer Wirkung beseitigen. Geben doch unser Patienten in nicht seltenen Fällen an, daß sie an Pollutionen „leiden", und sie führen die Tatsache nächtlicher Traumpollutionen nachgerade als Krankheitszeichen an. Gleich hier hätten wir therapeutisch einzuhaken, um dem Kranken gegenüber klarzumachen, daß die Pollution keineswegs — wie solche Patienten vielfach glauben — einen Kräfteverlust mit sich bringt, sie also „schwächt". Dabei wollen wir nicht übersehen, auf Grund welcher Vorstellungen die Beweisführung unserer sexualhypochondrischen Patienten entstanden ist: gewöhnlich identifizieren sie nämlich das Sperma mit einer von einer mythologischen Sphäre umgebenen Substanz, die in ihrer Phantasie eine Art Träger einer Lebenskraft darstellt (der eigenen — und nicht etwa der ihrer Nachkommenschaft!).

Der positive Grund nun, aus dem wir beizeiten und daher sogleich, noch während der Anamnese, der Pollutionshypochondrie energisch entgegentreten müssen, ergibt sich aus dem Umstand, daß wir mit einer kurzen Besprechung der Tatsache von Pollutionen bereits zum Effekt aller weiteren Psychotherapie beitragen können. Wir brauchen nämlich bloß darauf hinzuweisen, daß diese Tatsache nicht nur kein Zeichen von Krankheit ist, sondern auch umgekehrt ein gewisser Beweis sexualer Gesundheit. In diesem Sinne haben wir dem Kranken gegenüber den Standpunkt einzunehmen, daß Pollutionen einen normalen Ventilmechanismus darstellen, der selbstverständlich nur dort abläuft, wo ein endokrin und genital normaler Organismus seiner bedarf; Pollutionen sind als Beweis für diese Normalität anzusehen, denn verfügte der Organismus nicht eben über einen Überschuß, dann brauchte er ja auch gar nicht jenes „Ventil" funktionieren zu lassen. Pollutionen beweisen, daß der Organismus sie sich sozusagen leisten kann; sie sind also ein Beweis für sexuelle Leistungsfähigkeit, um nicht tautologisch zu sagen: für fakultative Potenz. Aber auch abgesehen von der therapeutischen Absicht, die wir mit der Frage nach Pollutionen verbinden, ist die Antwort schon rein anamnestisch für uns wichtig; denn im allgemeinen werden wir als Beleg für eine supponierte endokrine Normalität zumindest bei sexuell abstinent lebenden jüngeren Männern voraussetzen dürfen, daß es in gewissen Intervallen mehr oder minder regelmäßig zu Pollutionen kommt.

Was die Angabe von Coitus interruptus anlangt, wäre folgendes zu sagen: Es steht wohl fest, daß die ältere Auffassung, wie sie auch heute noch in so manchem Lehrbuch herumspukt, falsch ist; die Auffassung nämlich, daß der Coitus interruptus an sich Neurosen entstehen lasse oder die Entstehung von Neurosen auch nur fördere. Bei kritischer Beurteilung ist keineswegs einzusehen, wie solch schädigender Einfluß zustande kommen sollte. Freilich: unsere Bagatellisierung des Coitus interruptus bezieht sich eigentlich ausschließlich auf den männlichen Partner. Denn in bezug auf die Frau kann zumindest diese Form der Kohabitation, zumal wenn sie wirklich „chronisch" praktiziert wird, funktionelle Schädigungen mit sich bringen. Vergessen wir nicht, daß die Frau, bei ihrer bekanntlich im Durchschnitt langsameren orgastischen Ansprechbarkeit, zum Zeitpunkt der Unterbrechung der Kohabitation für gewöhnlich noch nicht am Höhepunkt der Exzitation angelangt ist; da jedoch dieses Exzitationsstadium sicherlich mit einer erheblichen Kongestionierung der Beckenorgane einhergeht, wird es begreiflich, daß jene nicht normgemäße, vielmehr durchaus unphysiologische Beendigung des Sexualakts mit der Zeit zu chronischen Stauungsvorgängen führen kann — ganz zu schweigen von den erlebnismäßigen Beeinträchtigungen und seelischen Belastungen und Schädigungen, denen die Frau auf diese Weise ausgesetzt ist. Kehren wir jedoch zu den Männern zurück, die den Coitus interruptus pflegen, so halten wir angesichts unserer bagatellisierenden Auffassung dafür, daß wir bei der Anamnese von Potenzstörungen die Frage nach dem Coitus interruptus am besten gar nicht erst aufwerfen, und nur dann und erst dann (eben bagatellisierend) überhaupt davon zu sprechen beginnen, wenn der Kranke selber diese Frage aufs Tapet gebracht hat.

Im folgenden soll die Rede sein von einer Gruppe sexualneurotischer Funktionsstörungen, die uns deshalb hervorhebenswert dünkt, weil sie einer Reihe wohlcharakterisierter pathogener Reaktionsmuster ihre Entstehung verdankt und sich einer in dieser ätiologischen Richtung zielenden psychotherapeutischen Kurzbehandlung als zugänglich erweist[1]). Der gemeinsame Nenner dieser Reaktionsmuster ist die **Erwartungsangst**. Wie dem Kliniker bekannt ist, ist die Erwartungsangst nicht selten das eigentlich Pathogene innerhalb der Neurosenätiologie, so zwar, daß **sie ein an sich flüchtiges und insofern harmloses Symptom fixiert, indem sie die Aufmerksamkeit des Patienten um dieses Symptom zentriert. Das Symptom erzeugt eine entsprechende Phobie, die betreffende Phobie verstärkt das Symptom, und das solcherart verstärkte Symptom bestärkt den Patienten nur noch mehr in seiner Befürchtung einer Wiederkehr des Symptoms** (siehe S. 80).

Es gibt aber nicht nur eine Erwartungsangst in diesem allgemeinen Sinne, sondern auch eine solche in einem besonderen Sinne. In diesem besonderen Sinne unterscheiden wir[2]) erstens **die Angst vor der Angst** — wie wir ihr in erster Linie bei Angstneurosen begegnen — und zweitens **die Angst vor sich selbst** — wie sie namentlich bei Zwangsneurosen zutage tritt. Auch bei Sexualneurosen stoßen wir nun auf die Erwartungsangst, und zwar sowohl in allgemeiner als auch in besonderer Form. Was erstere anlangt, sehen wir immer wieder, wie unsere männlichen Patienten durch ein einmaliges, um nicht zu sagen zufälliges sexuelles Versagen — wie es auch bei gesunden Männern vorkommt — ihrer sexuellen Leistungsfähigkeit unsicher werden; sind sie einmal unsicher, so bemächtigt sich ihrer die Erwartungsangst vor einer Wiederholung der Potenzstörung. Nicht selten ist es dann erst, daß die eigentliche Geburtsstunde ihrer Sexualneurose geschlagen hat, so zwar, daß **die Erwartungsangst die Potenzstörung überhaupt erst fixiert** — oder, mit anderen Worten: **das einmalige Versagen zu einem erstmaligen fixiert**.

Nun hätten wir uns zu fragen, wodurch die — eine Potenzstörung fixierende — allgemeine Erwartungsangst ihrerseits provoziert wird. Dazu wäre zu sagen: durch die besondere Erwartungsangst des Potenzgestörten, die darin besteht, daß er typischerweise ängstlich erwartet, daß **etwas von ihm erwartet wird** — daß etwas von ihm verlangt wird. Und zwar ist, was er so sehr fürchtet, daß eine Leistung von ihm gefordert

---

[1]) Vgl. V. E. FRANKL und L. MARKSTEINER, Monatskurse für die ärztliche Fortbildung 9, 547 (1959). Der eine von uns (M.) fand mit dieser Technik praktisch genommen beim gesamten Krankengut unseres poliklinischen Betriebs, soweit es sich um Potenzstörungen handelte, sein Auslangen.

[2]) Vgl. V. E. FRANKL, Theorie und Therapie der Neurosen, Uni-Taschenbücher 457, Ernst Reinhardt, München 1975.

wird — der Koitus —, und eben dieser Forderungscharakter ist es, was sich so pathogen auswirkt.

Daß der Forderungscharakter überhaupt so drückend und dadurch pathogen und dann das Versagen für den Patienten so bedrückend werden kann, läßt sich letzten Endes freilich nur von der soziologischen Struktur einer Welt her verstehen, in der so vieles, und so denn auch der sexuelle Erfolg, eben zu einer Sache des persönlichen Prestiges gemacht wird.

Die Forderung, die für den Sexualneurotiker dem Koitus anhaftet, pflegt nun von folgenden drei Instanzen auszugehen[1]):

1. von der jeweiligen Partnerin,
2. von der Situation und
3. vom Patienten selbst, der die Kohabitation vornehmen will — nicht zuletzt eben deshalb, weil er die Kohabitation nur allzusehr sich vornimmt.

1. Die Forderung seitens der Partnerin: Einer sexuell anspruchsvollen, „temperamentvollen" Partnerin gegenüber hat der Sexualneurotiker Angst davor, ihren sexuellen Ansprüchen nicht gewachsen zu sein. Nicht weniger typisch kommt es zu dieser Angst, wenn der Patient viel älter ist als seine Partnerin — dann fühlt er sich, was seine sexuelle Leistungsfähigkeit anlangt, überfordert —, oder aber, wenn sie älter ist als er, unterlegen; denn dann nimmt er an, daß sie sexuell erfahren ist, und er befürchtet, sie würde seine sexuelle Leistungsfähigkeit mit der eines Vorgängers vergleichen[2]).

2. Die Forderung seitens der Situation: Der Sexualneurotiker verträgt es nicht, wenn er sich in Situationen begibt, die in sexueller Hinsicht eine Forderung involvieren, also, wenn ich so sagen darf, nach einem „Hic Rhodus, hic salta!" aussehen; so kommt es, daß der Sexualneurotiker typischerweise versagt, wann immer er ein Absteigquartier, ein Stundenhotel aufsucht oder auch nur einer Einladung folgt, die die Forderung einer sexuellen Leistung impliziert — während derselbe Patient, sobald er Gelegenheit hat, den Koitus zu improvisieren, nicht im geringsten funktionsgestört ist.

---

[1]) Vgl. V. E. FRANKL, The International Journal of Sexology 5, 128 (1952).

[2]) In manchen Fällen geht die Forderung der sexuellen Leistung eigentlich nicht von der Partnerin, sondern von dritten Personen aus. So wird berichtet, daß bei den yemenitischen Juden in Israel die Eltern der Braut in der Hochzeitsnacht im Vorraum des Brautgemaches lauern und lauschen — auf den Augenblick wartend, da ihnen die Braut das im Zuge der Defloration sanguinolent gewordene Linnen darreicht: genug, um den Bräutigam in einem so pathogenen Ausmaß befangen zu machen, daß — wie uns von israelisch-ärztlicher Seite mitgeteilt wird — die nuptiale Impotenz unter yemenitischen Brautleuten häufig ist.

3. Die Forderung seitens des eigenen Ich: Nicht nur das Hic: „Hic et nunc" spielt eine Rolle — wie bereits angedeutet wurde, als davon die Rede war, daß es für unsere potenzgestörten Patienten so charakteristisch sei, daß sie den Koitus „sich vornehmen": mit einem Wort, er steht sozusagen auf dem Programm. Betrachten wir z. B. die Situation im Stundenhotel: Dort gilt ein „Carpe — nicht diem, sondern: horam". Für den Neurotikertypus, den wir im Auge haben, ist nämlich Zeit Geld; dieses Geld aber soll Lust werden. FREUD hat den Ausdruck Lustökonomie geprägt; nun, immer wieder begegnen wir diesem Neurotikertypus, der gleichsam auf seine „lustökonomische" Rechnung kommen will; was er investiert — etwa in die Miete eines Absteigquartiers —, was er hineingesteckt hat, will er wieder hereinbringen; nur vergißt er, daß es wesentlich uneinbringlich ist; er hat die Rechnung ohne den Wirt gemacht; denn je mehr es einem um die Lust geht, um so mehr vergeht sie einem auch schon, und schließlich entgeht einem der Genuß vollends.

Das Gesagte soll im folgenden kasuistisch belegt und erläutert werden:
(Fall 1.) Der 40jährige Kranke wird wegen Impotenz von ärztlicher Seite an uns gewiesen. Wie er angibt, habe die Erektion erstmalig bei einer bestimmten Gelegenheit zu wünschen übriggelassen; einmal nämlich, als die betreffende Partnerin sich sichtlich von ihm „etwas erwartete". Wir werden also nicht fehlgehen, wenn wir vermuten, zur vagen, sozusagen blanden Unsicherheit in sexualibus sei damals ein situativ bedingtes, exquisit psychogenes Moment hinzugetreten, als er, angesichts der sichtlich „fordernden" Einstellung seiner Partnerin, sich seiner Unsicherheit besonders bewußt werden mußte. Denn der eigenen Leistungsfähigkeit wird ein Mensch immer dann besonders unsicher sein, wenn die Leistung von ihm betont verlangt wird. Nun dürfen wir aber nicht meinen, daß diese „Betontheit" eine unmittelbare sein müsse; sie kann ohne weiteres auch quasi implizit gegeben sein — dann etwa, wenn ein Mensch aus dem ganzen Verhalten, ja aus dem Charakter, aus dem Typus oder aus dem „Temperament" des Sexualpartners schließen zu können glaubt, daß von dessen Seite eine sexuelle Leistung ihm abverlangt werde. Und in diesem Sinne läßt sich wohl auch die weitere Angabe unseres Patienten verstehen, nach dem ersten Versagen sei es zunächst immer dann zu einer Erektionsschwäche gekommen, wenn er es mit „temperamentvollen" Partnerinnen zu tun bekam.

Haben wir nunmehr festgestellt, wodurch eine irgendwie bedingte allgemeine Unsicherheit zu Potenzschwierigkeiten führen kann: nämlich fürs erste einmal durch ein aktuelles Erlebnis der „Forderung seitens des Partners" — dann hören wir nun weiter, welches zweite Moment in die gleiche Richtung führt bzw. drängt: Unser Patient berichtet nämlich, daß seine Potenzstörung schließlich immer dann auftrat, wenn er — mit was für einer

Partnerin immer — eine Situation aufsuchte, die schon an sich so etwas wie einen „fordernden Charakter" hatte; immer dann nämlich, wenn er anscheinend ein improvisiertes Absteigquartier aufsuchte.

Wir sehen also, daß die ursprüngliche Unsicherheit quoad Sexualleistung typischerweise durch die Momente der (diese Leistung) fordernden Person des Partners und der ebenso als fordernd erlebten Situation neurotisch vertieft werden kann. Aber noch haben wir das weitere, das dritte und letzte Moment nicht berücksichtigt, das unseres Erachtens ganz typisch in der Pathogenese psychogener Potenzstörungen anzutreffen ist: das Moment der Forderung seitens des eigenen Ich!

(Fall 2.) Der 26jährige Patient wendet sich in äußerster Verzweiflung an uns: er möchte heiraten — bisher war er jedoch noch kein einziges Mal fähig, die Kohabitation zu vollziehen. Die Anamnese ergibt nun vor allem, daß er erst vor Jahresfrist wegen einer schmerzhaften Phimose operiert wurde. Es ist sonach klar, daß wir in diesem Faktum jenes primäre Moment sehen müssen, das die Aufmerksamkeit des jungen Mannes auf das Genitale bzw. auf die Genitalfunktion in einem Sinne gerichtet hatte, aus dem leicht eine gewisse Unsicherheit betreffs der Funktionstüchtigkeit resultieren konnte. Hier ist es also nicht, wie im zuerst besprochenen Falle, die Situation, sondern ein somatischer Tatbestand, der den Kristallisationspunkt der Potenzstörung geliefert hatte. Dies veranlaßte uns auch sofort, eine genaue organische Untersuchung des Kranken vorzunehmen, und vor allem, deren negatives Ergebnis dem Kranken eindringlich vor Augen zu halten.

Nun erzählte unser Patient, daß seine Braut sexuell völlig unerfahren sei; von ihrer Seite erscheint er somit keinerlei „Druck" ausgesetzt — das „fordernde Moment" seitens der Partnerin fällt im vorliegenden Falle demnach fort. Insofern liegt dieser Fall, therapeutisch bzw. prognostisch gesehen, auch denkbar günstig. Denn der Kranke wird hinsichtlich seiner sexuellen Leistungsfähigkeit durch keinerlei „Erwartungsangst" gehandikapt sein müssen: seine Braut wird die sexuelle Leistung nicht nur nicht von ihm erwarten, sondern auch gar nicht beurteilen können; denn sie wird sie niemals mit der Leistungsfähigkeit anderer Männer vergleichen können. So hätte unser Patient in dieser Richtung „nichts zu fürchten" — in dieser Richtung zumindest wäre also die Erwartungsangst gegenstandslos. Aber mehr als dies: der Kranke erwähnt, daß seine Braut überhaupt auf das „Körperliche" gar nicht so erpicht sei und hauptsächlich auf das „Seelische" Wert lege. Um so weniger, werden wir sagen, ist die innere Situation unseres Patienten durch eine „fordernde" Haltung seiner Partnerin belastet.

Aber er selbst ist es, der von sich die sexuelle Leistung fordert! Und gerade dieses Fordern von sich, dieses ungeduldige Verlangen nach dem endlichen Gelingen des Sexualakts und die Tatsache, daß er sich diese Leistung ständig und immer mehr abverlangt, dies ist es, was seine Fähigkeit zu ihr sofort auch schon herabsetzen muß. Denn so wie jeder normalerweise automatisch ablaufende Vollzug ist auch die Sexualfunktion, ja sie ganz besonders, dadurch gefährdet, daß das, was ursprünglicher Akt sein muß, bewußt und absichtlich intendiert wird. Jeder Akt, und so auch der Sexualakt, wird durch absichtliche Hinlenkung der Aufmerksamkeit, durch sein Gewolltsein, in seinem Vollzug bedroht: alle Bewußtheit, alle Absichtlichkeit scheint zu einer Interferenz mit der Ursprünglichkeit eines Aktes zu führen! Sexuelle Leistungsfähigkeit, die Sexualleistung überhaupt, steht und fällt mit der Unmittelbarkeit, in der ein Sexualakt erfolgt. So wird es verständlich, daß forcierte Selbstbeobachtung, die Re-flexion der Aufmerksamkeit, der Intention, auf den Aktvollzug selbst, eo ipso ihn stören muß. Der Mensch kann einfach nicht gleichzeitig liebend sich hingeben, also als Liebender, in Liebe, dem andern, dem Gegenstand seiner Liebe, hingegeben sein und — gleichzeitig mit der Intention aufs Objekt der Liebe — intentional eingestellt sein auf sich selbst, aufs Subjekt und auf den eigenen Aktvollzug. Je mehr der Liebende sich selbst beobachtet, um so weniger geht er unmittelbar auf in der Hingabe an den geliebten Menschen. Woher aber soll beim Menschen, im menschlichen Sexualleben — das doch nur eigentlich menschliches, nämlich menschenwürdiges Sexualleben ist, sofern es Liebesleben ist, — woher soll da die leibliche Liebesfähigkeit kommen, wenn nicht aus der Liebesintention?

Der innere Zwang, sich selbst zu beobachten, noch dazu sich ängstlich zu beobachten, resultiert allemal aus jener primären und vagen Unsicherheit, von der bereits die Rede war. Die aufgezählten drei Momente der „Forderung" sind es sonach, welche die Intention vom Liebespartner auf den Patienten selbst abbiegen, zurückbiegen. Einmal, aus irgendeinem Grunde, seiner Leistungsfähigkeit unsicher geworden, wird der Kranke aus einem der angeführten drei Momente nun erst recht unsicher werden, deshalb nämlich, weil die Leistungsfähigkeit dann erst recht in Frage gestellt ist, wenn die Leistung betont gefordert wird. Jetzt aber beginnt auch schon der Mechanismus der sogenannten Erwartungsangst zu spielen: sobald nämlich der Partner oder die Situation, oder der Kranke selbst, von ihm eine Sexualleistung erwartet, muß sich ja die Erwartungsangst, d. h. die ängstliche Erwartung eines Mißerfolges, in besonderem Maße geltend machen.

Wie sieht dies in praxi aus? Typischerweise hofft der Kranke nach dem ersten Versagen noch zaghaft, daß es beim zweiten Mal nicht wieder dazu kommen werde; beim zweiten Versagen jedoch fürchtet er bereits, daß es beim dritten Mal zu einem Versagen kommen würde; und beim dritten

Versagen schließlich ist er schon bereits überzeugt davon, daß es künftighin jedes Mal, wenn er es nur darauf ankommen läßt, zum Versagen kommen wird! Damit ist der unselige Circulus vitiosus auch schon geschlossen: die Furcht bedingt ihren Gegenstand, das Eintreten des Gefürchteten — das Eintreffen des Gefürchteten vergrößert immer wieder die Furcht. So entsteht im Kranken eine fatalistische Überzeugung von der Unaufhebbarkeit seiner Krankheit, und alle seine Mißerfolge scheinen diese Überzeugung immer mehr und mehr nur zu bestätigen. Dem Arzt aber fällt die schwere, doch lohnende Aufgabe zu, diesen Teufelskreis zu sprengen.

Dies kann auf verschiedene Weise geschehen. Grundsätzlich steht da der Weg eines am Organischen ansetzenden, also etwa medikamentösen Vorgehens offen — beschritten in der Absicht, durch eine plötzliche Steigerung der libidinösen Appetenz den Kranken einmalig über seine sexuelle Unsicherheit hinwegzubringen, damit er späterhin, befreit von seiner Erwartungsangst, auch ohne medikamentöse Nachhilfe zu normaler sexueller Leistungsfähigkeit gelange —, oder wir gehen einen andern möglichen Weg, wie da wäre: die Sprengung des Circulus vitiosus durch suggestive Behandlungsmaßnahmen. Während wir den erstgenannten Weg dann betreten werden, wenn es sich um primitivere Menschen handelt, bei denen zudem die Anamnese keine nennenswerten psychogenetischen Momente und damit auch keinerlei Anhaltspunkt für die Psychotherapie liefert, werden wir suggestive Maßnahmen immer dann ergreifen, wenn Psychogenese wohl im Vordergrund steht, aber kein genügendes Verständnis für ein psychotherapeutisches Vorgehen auf der Seite des Kranken vorausgesetzt werden kann. Die suggestive Therapie kann dabei ebensogut in Form von Verbalsuggestionen oder von Hypnose erfolgen, wie in larvierter Form, nämlich mit Hilfe von sogenannten Begleitsuggestionen, die irgendwelche Prozeduren, auch die Verabfolgung indifferenter Medikamente oder Injektionen, „begleiten".

In all jenen Fällen jedoch, in denen eine eigentliche Psychotherapie durchführbar erscheint, müssen wir unsere Aufmerksamkeit ganz der Zerreißung jener Kette zuwenden, die, wie oben dargelegt, die Erwartungsangst sowohl als ursächliches wie auch als Wirkungsglied enthält und in der geschilderten Weise einen in sich geschlossenen Ring darstellt. Wie können und sollen wir nun diesen Ring sprengen? Daraufhin können wir antworten: Erstens haben wir dem Kranken gegenüber den Nachweis der Psychogenese und damit auch der Möglichkeit einer Psychotherapie aufzuzeigen; darüber wurde bereits eingangs, gelegentlich der organischen Untersuchung, gesprochen. Zweitens haben wir den Ursprung der primären Unsicherheit aufzudecken und dem Kranken aufzuzeigen. Und drittens haben wir den Mechanismus seiner Erwartungsangst ihm nicht nur klarzumachen, sondern auch hinzustellen als eine durchaus schon menschlich verständliche und nicht erst als krankhaft verstehbare Erscheinung. Damit wird es uns in der Mehrzahl der Fälle auch gelingen, den Patienten vom Gefühl zu befreien, seine Störung entspreche einer „Schwäche", oder Minderwertigkeit, sei es nun in somatischem oder psychischem Sinne. Ja er wird sich alsdann überhaupt nicht als eigentlich „Kranker" zu fühlen brauchen, es wird ihm vielmehr klarwerden, daß auch ein psychophysisch ganz und gar gesunder und vollwertiger Mann an den gleichen Störungen wie er erkranken könnte, sofern ihm nur die gleichen vorangegangenen Erlebnisse widerfahren würden, oder aber auf sie in gleicher Weise, nämlich mit Erwartungsangst, reagiert worden wäre. In diesem Sinne ist es daher auch zu verstehen, wenn wir solchen Kranken gegenüber abschließend, nach vollzogener Untersuchung und aufgenommener Anamnese, die eigentliche Psychotherapie damit einleiten, daß wir gleich vorweg erklären, er sei eigentlich gar nicht „impotent", sondern in einer auf Grund der angegebenen Erlebnisse „menschlich" durchaus verständlichen Weise in seiner Potenz gestört. Man soll nicht glauben, daß es hierbei nur um ein Spiel mit Worten gehe; gewiß handelt es sich um Nuancen, um eine Façon de parler — aber auf solche Dinge kommt es bei der Behandlung von Neurosen unter Umständen an. Auch ist der suggestive Erfolg dieser Unterscheidung nicht zu unterschätzen. Aber wir gestehen offen: **wir stehen nicht an, auch in eine ansonsten nichts weniger als suggestiv orientierte Psychotherapie das eine oder andere suggestive Moment bewußt mit eingehen zu lassen.**[1]) **Denn jede solche Suggestion ist letztlich nur dazu da, eine bestehende Autosuggestion zu kompensieren.** Solcher Autosuggestionen sind bei den in Frage stehenden Kranken aber viele. Denn die meisten sind von der Krankhaftigkeit ihrer Störungen oder von der eigenen Minderwertigkeit auf jeden Fall in einem dem wirklichen Sachverhalt nicht entsprechenden Grade überzeugt.

Kehren wir nun zu unserem Fall zurück. Was konnten wir unternehmen, um die Erwartungsangst unseres Patienten vollends aufzuheben — jene Erwartungsangst, die ja in solchen Fällen irgendwie damit zusammenhängt,

---

[1]) Auch in die Psychoanalyse und in die Verhaltenstherapie gehen ja suggestive Momente ein, wenn auch noch so unbewußt. J. Berze (Psychotherapie von Vernunft zu Vernunft, in: Festschrift zum 70. Geburtstag von Otto Pötzl, herausgeben von Hubert J. Urban, Universitätsverlag Wagner, Innsbruck 1949) geht sogar so weit, daß er meint, wo die Psychoanalyse therapeutisch wirke, tue sie es „im Grunde als Suggestionstherapie". Und was die Verhaltenstherapie anbelangt, beobachteten N. H. Klein, A. T. Bittman, M. R. Parloff und M. W. Gill ("Behavior Therapy", J. Consult. Clin. Psychol. 33, 259, 1969) 5 Tage lang 2 führende Verhaltenstherapeuten und waren einfach erstaunt darüber, in welchem Maße Suggestion mit im Spiel war und wie autoritär die Verhaltenstherapeuten ihren Patienten gegenübertraten.

daß (zumindest erlebnismäßig) der Partner von ihm „etwas erwartet". Nun, im konkreten Falle haben wir den Kranken einfach angewiesen, seiner Braut folgendes mitzuteilen: Der Arzt habe ihm gesagt, daß organisch alles in Ordnung sei. (Damit würde sie fürs erste einmal halbwegs beruhigt sein.) Das erstmalige bzw. einmalige Versagen könne er vor ihr dadurch bagatellisieren, daß er behauptet, wir hätten es in den harmlosen Zusammenhang mit einer gastrointestinalen Intoxikation gebracht, die er damals zufällig hatte. Des weiteren nun solle er ihr sagen, daß auch hinsichtlich der nunmehr als funktionell aufgefaßten bzw. hingestellten Sexualstörung eine Behandlung sicher alles in Ordnung bringen werde. Jetzt aber das Wichtigste: er möge seiner Braut berichten, daß ihm ärztlicherseits ein striktes Koitusverbot auferlegt worden sei, das er „bis auf weiteres" zu halten habe. Und was wollen wir mit dieser Maßnahme in solchen Fällen erreichen? Mit diesem einen Schlage erreichen wir nicht weniger, als daß nun seitens der Partnerin vom Kranken „nichts erwartet" wird. Auf diesem Wege gelingt es uns in allen analog gelagerten Fällen, das bedrückende Erlebnis des Kranken: eine Forderung von seiten des Partners warte auf ihn — zu beseitigen! Damit haben wir aber für ihn zugleich den Weg frei gemacht zu einer möglichst von Hemmungen — und das wäre: von Erwartungsangst, freien Entfaltung seiner „fakultativen Potenz". Denn jetzt kann sich der Kranke ja sozusagen Zeit lassen. Jetzt drückt ihn nichts mehr, jetzt drängt ihn niemand mehr. Daneben aber muß auch er selber jetzt aufhören, auf die sexuelle Leistung, sie intendierend, direkt hinzuarbeiten. Im Gegenteil: wir werden den Kranken anweisen, im Sinne des Sich-Zeit-lassens allmählich, in einer zunehmenden Annäherung ans Triebziel die Überzeugung zu gewinnen, daß die Erektion auch dort nicht ausbleibt bzw. nachläßt, wo er mit der Zeit schon ganz nahe an einen richtigen Koitus herangekommen ist[1]). Kommt er dann so weit, daß er sich den Koitus schon zutraut, dann empfehlen wir ihm erst recht, damit noch zuzuwarten; niemals nämlich darf er sich den Koitus sozusagen programmatisch vornehmen — wollen wir ihn doch gerade dazu bringen, daß er ihn eben nicht „will", daß der Koitus vielmehr sich wie von selbst ergibt, daß der Kranke also eines Tages vor den Koitus wie vor ein Fait accompli gestellt wird! Damit

---

[1]) Es ist selbstverständlich, daß dieses gestaffelte Sichheranarbeiten an den normalen Sexualakt bei ein und derselben Partnerin zu erfolgen hat, und nicht etwa bei einer andern oder gar bei mehreren Frauen. Der gern erteilte, oft gehörte Ratschlag von wohlmeinenden biederen Hausärzten alten Schlages, zum Zwecke einer Art Training Prostituierte aufzusuchen, muß nach all dem Gesagten und noch zu Sagenden natürlich nur ein paradoxes, aber kein therapeutisches Resultat zeitigen.

und nur damit erst hätten wir nämlich erreicht, daß alles Intendieren des Aktes ausgeschaltet ist.

So wird es uns in allen solchen Fällen wohl gelingen, dem Kranken beizubringen, daß wir ihn insofern für „fakultativ potent" halten, als wir der Ansicht sind, daß es nur seine allzu begreifliche Unsicherheit in sexuellen Dingen sei, die ihn bisnun gehemmt habe. Den vollen Erfolg jedoch erwarten wir uns bei unserem Vorgehen gerade vom Koitusverbot, das wir — wie geschildert — eigentlich gar nicht ernst meinen, sondern als eine Art Rückendeckung des Kranken. Denn sobald er von diesem ärztlichen Verbot seiner Partnerin Mitteilung gemacht hat, kann doch nur eines passieren: daß sie ihn gegebenenfalls abweist und an das Verbot erinnert. Auf keinen Fall wird sie jedoch auf den Koitus im geringsten hinarbeiten. Um so freudiger überrascht — das wissen wir aus vielen Fällen — werden beide Partner sein, wenn eines Tages, im Zuge einer fortgeschrittenen sexuellen Attitude und „hingerissen" von ursprünglich bloß spielerisch gedachten Zärtlichkeiten, der Patient sich selber ebenso wie seine Partnerin vor die vollendete Tatsache eines regelrecht abgelaufenen Koitus stellt, der dann erfolgt, ohne daß der Kranke viel daran gedacht, geschweige denn ihn „gewollt" hätte.

(Fall 3.) Patient R., 45 Jahre alt. Während er seiner Frau gegenüber potent ist, läßt seiner Freundin gegenüber die Potenz zu wünschen übrig. Quoad personam fragen wir ihn, ob seine Freundin von ihm die sexuelle Leistung erwarte, worauf er uns antwortet: „Was heißt ‚erwartet' — sie verlangt sie von mir." Quoad situationem erweist sich das Absteigquartier, das er jeweils aufsuchen muß, als etwas, das ihn von vornherein unter Druck setzt, und quoad patientem gibt er zu, daß das Absteigquartier ihn „ein Vermögen" koste. Schließlich berichtet er, während eines einwöchigen Urlaubs, den er mit seiner Freundin verbrachte, habe er Zeit gehabt, es sei klar gewesen, der Koitus werde früher oder später gelingen, und daraufhin sei die Potenz von allem Anfang an normal gewesen — wir können sagen: quod erat demonstrandum.

Wir haben nun schon wiederholt gehört, daß der Erwartungsangstmechanismus an irgendeiner zufälligen Situation sexueller Unsicherheit inseriert. Er nimmt seinen Ausgang von irgendeinem Erlebnis, das sich auf ein einmaliges Versagen bezieht. Pathogenetisch ist dieses Versagen etwas ganz und gar Unspezifisches: irgendein interkurrentes Moment führt einmal — oder, besser gesagt: erstmalig zu einem Versagen; unspezifisch ist es insofern, als ihm ebensowohl eine physiologische Indisposition (s. o. gastrointestinale Intoxikation) ätiologisch zugrunde liegen kann, wie eine psychologische „Disposition". Es kann nämlich, ebensogut wie auf Grund eines vorübergehenden somatischen Zustands, auch auf Grund einer seelischen Habitualhaltung zum ersten Versagen kommen. In solchen Fällen haben wir uns die Entstehung der Sexualneurose freilich als einen sekundären Vorgang vorzustellen, dessen primäre Grundlage eine Neurose schon ist — nämlich eine neurotische Einstellung zum Gesamtleben, zumindest zum Liebesleben, also gegenüber dem andern Geschlecht, und nicht bloß eine neurotische Einstellung zur sexuellen Leistung als solcher. In den folgenden beiden Fällen soll nun gezeigt werden, wie ein bereits von Haus aus bestehender neurotischer Habitus unter Umständen dazu führen kann, daß er zu jenem einmaligen bzw. erstmaligen Versagen Anlaß gibt, an dem dann der Erwartungsangstmechanismus einklinkt bzw. auf dem dann die eigentliche Sexualneurose sich aufpfropft. Hierbei hätten wir aber gleich eingangs die Tatsache zu berücksichtigen, daß sich zwischen zwei Grundmodis neurotischer Symptome unterscheiden läßt, je nach dem Stellenwert, den sie im seelischen Gefüge jeweils tragen: Entweder ein Symptom ist Ausdruck, unmittelbarer Ausdruck einer bestimmten (neurotischen) Haltung oder Einstellung des betreffenden Individuums, oder aber es ist Mittel: Mittel zum Zweck — ein Mittel im Dienste irgendeiner neurotischen Tendenz[1]). Der nächste Fall soll uns nun fürs erste einmal zeigen, wie das „zufällige", ursprüngliche, einmalige bzw. erstmalige Versagen Ausdruck einer allgemein neurotischen Haltung sein kann; nach welcher Feststellung wir allerdings eigentlich nicht mehr behaupten dürften, daß es sich bei jenem ursprünglichen Versagen um ein „zufälliges" gehandelt habe.

(Fall 4.) Der 32jährige Offizier wendet sich wegen Potenzstörung an den Arzt. Gleich eingangs gibt er an, zumindest in seinen Träumen bisexuell zu sein. Ohne daß wir diesem Tatbestand allzuviel Bedeutung beimessen (am allerwenigsten dem Kranken selbst gegenüber), gehen wir der Sache auf die Spur und erhalten in diesem Zusammenhang die Auskunft, daß er sich daran erinnern könne, mit zehn Jahren nicht ohne eine gewisse Wollust einen (jüngeren) Knaben anuriniert zu haben. Die Träume gehen mit Pollutionen einher. (Wir verwerten diese Tatsache natürlich sofort, um dem Kranken seine organische „fakultative Potenz" damit zu demonstrieren.) Erst seit dem 20. Lebensjahr, so berichtet er weiter, masturbiere er. Im Alter von 22 Jahren sei es nun erstmalig zum Geschlechtsverkehr gekommen, und zwar mit einer Prostituierten; und hierbei habe er versagt: zuerst sei eine Ejaculatio praecox aufgetreten, und später komplette Impotenz.

Was können wir bereits aus diesen Angaben schließen? Daß er vor der eigentlichen, nämlich vor aller menschenwürdigen Erotik, also daß er den Mädchen ausweicht, indem er bei der Prostituierten Zuflucht sucht. Diesem

---

[1]) Vgl. V. E. Frankl, Die Neurose als Ausdruck und Mittel. 3. Internationaler Kongreß für Individualpsychologie, Düsseldorf 1926.

ganzen Verhalten liegt somit ein tiefgehender menschlicher Kontaktmangel zugrunde — von dem der Kranke selber alsbald und spontan auch zu sprechen beginnt. Er ist also schlechthin menschlich kontaktunfähig — und seine ganze Potenzgestörtheit ist eben nur Ausdruck dieser Kontaktunfähigkeit; sexuell ist er deshalb „unfähig", weil er überhaupt der Liebe nicht fähig ist. Kein Wunder, wenn seine Haltung zur Potenzstörung führt: ist es ihm doch, in all seinem „Liebesleben", gar nicht um Liebe zu tun, sondern nur um Lust, und zwar Lust im Sinne von egoistischem Luststreben. „Gefühl" investiert er nur höchst wenig und selten in seine Beziehungen — wie er ausdrücklich zugibt. Daß er es gegenüber den Prostituierten nicht tat, ist ja ohne weiteres verständlich; aber auch späterhin habe er es nicht getan — auch dann nicht, als er den Verkehr mit Prostituierten bereits abgebrochen und sich schließlich doch dazu entschlossen hatte, mit Mädchen „anzufangen". Denn wie sah dies aus? Er erzählte uns selbst, daß er immer wieder Virgines „ins Bett nahm"; sobald sie jedoch zu weinen und sich zu weigern begannen, ließ er von ihnen ab — und hatte auch schon keine Erektion mehr. Spontan erklärte er in diesem Zusammenhang, daß er sich vor Verantwortung ungemein fürchte; er fürchte sich immer davor, heiraten zu müssen. Verantwortung sei ihm in jedem Falle eine Last. Warum, so werden wir uns nunmehr aber fragen, hält er sich dann just an die Virgines? Einfach deshalb, weil er ja neben seiner ohnehin schon tiefen Verantwortungsscheu auch im Sinne seines abgründigen Egoismus gehandikapt ist — jenes Egoismus, der dem Partner nichts „geben", der nichts leisten will, der nur Lust sucht, und die nur für sich; dieser Umstand hat ihn ja zu den Prostituierten getrieben! Das Versagen bei ihnen jedoch hat ihn kopfscheu und unsicher gemacht, und aus dieser seiner Unsicherheit heraus wagt er sich nun nur mehr an die unerfahrenen Mädchen heran. Jetzt aber, ihnen gegenüber, macht sich wieder die Kontaktunfähigkeit geltend (die ihn kein Gefühl investieren läßt) sowie die Verantwortungsscheu (die ihn das geringste Gefühl sofort auch wieder zurücknehmen läßt).

Worin hatte nun die Therapie im vorliegenden Falle zu bestehen? Wir mußten den Kranken dazu anleiten, vor allem die Kontaktunfähigkeit durch Selbsterkenntnis und Selbsterziehung mit der Zeit zu überwinden. Wir mußten ihn darauf hinweisen, daß nur ein wahres Liebesleben seiner würdig sei. Und wir mußten ihm schließlich klarmachen, daß die Herstellung seiner Potenz nicht nur unmöglich, sondern auch unnötig sei, solange er noch nicht (im engeren Wortsinn) liebesfähig wäre. Denn, so mußten wir sagen, der Arzt sei schließlich nicht dazu da, sozusagen ihm das Koitieren beizubringen; unsere Aufgabe sei es vielmehr, ihm den Weg zu weisen und zu ebnen zu einem ihm gemäßen Liebesleben — und damit und erst damit, ganz von selbst, auch zu einem normalen Sexualleben! In diesem Sinne wird auch eine vom Kranken ursprünglich gewünschte Injektionsbehandlung unsererseits strikte abgelehnt: was ihm not täte, sei vielmehr: Erkenntnis; Erkenntnis des großen Zusammenhangs, in dem seine Potenzstörung lediglich als Teilerscheinung eingebettet sei; Erkenntnis ihres Zusammenhangs mit seiner allgemeinen Lebenseinstellung. Und mag er sich in dieser Hinsicht das eine oder das andere auch schon selber wiederholt gesagt haben — ein Objektiver, ein Außenstehender müsse es ihm sagen! Und so dürfe er denn nicht damit rechnen, seine Potenzstörung früher loszuwerden, bevor er nicht erst einmal imstande sei, eine Partnerin wirklich zu lieben.

Nun wollen wir aber einen Fall besprechen, in dem zwar ebenfalls ein psychisches Moment interkurrierte, als es erstmalig zum Auftreten einer Potenzstörung kam, in dem jedoch dieses psychische Moment nicht Ausdruck einer seelischen Habitualhaltung war, vielmehr Mittel im Dienste einer bestimmten Einstellung zur Partnerin.

(Fall 5.) Der 24 Jahre alte Ingenieur klagt über Erektionsmangel, der seit neun Monaten bestehe. Seit zwei Jahren sei er verlobt. Bis zum Zeitpunkt, wo die Störung ganz plötzlich aufgetreten sei, habe er mit seiner Braut normal, und auch normal häufig, verkehren können — ebenso mit andern Frauen. Unsere Frage, ob er sich die plötzliche Störung hätte selber erklären können, muß er verneinen. Nun fragen wir ihn drauflos: Ob er seine Braut wirklich liebe? Dies bejaht er. Ob er sie früher vielleicht mehr geliebt habe? Auch dies muß er zugeben. Jetzt beginnen wir mit der Exploration bei der Auskunft einzuhaken, er habe seine Braut betrogen; aber unsere Frage nach Gewissensbissen oder Schuldgefühl wird verneint. Daraufhin nehmen wir die Spur sofort in die umgekehrte Richtung auf und fragen den Kranken, ob er unmittelbar vor Auftreten der Störung vielleicht seinerseits den Verdacht gehabt habe, daß seine Braut ihn betrüge? Und wir erhalten prompt ein etwas auffallend affektives Ja zur Antwort! Und ob ihn das sehr bedrücke? „Oh—doch!" Und schließlich: Ob er „gern" daran zurückdenke? (Sehr affektiv:) „Nein!" Zwar komme seine Braut mit dem betreffenden Manne seit nunmehr schon sechs Monaten überhaupt nicht mehr zusammen, so daß er allen weiteren Verdacht los sei; dennoch bedrückt ihn der alte Tatbestand — „unbewußt", aber darum wohl nicht weniger, sondern erst recht!

Dies wäre also unsere Deutung des ersten Versagens: Die primäre Potenzstörung, das ursprüngliche, erstmalige Versagen der Erektion, stellt gleichsam eine Sabotage der sexuellen Leistung dar; eine Sabotage des bloßen „Möchtens" von seiten des eigentlichen, tieferen „Nichtwollens". Das „Unbewußte" des Kranken streikt sozusagen; und zwar deshalb, weil „es" — oder, hier vielleicht besser gesagt: seine „Tiefenperson" — sich auflehnt dagegen, seiner Braut, diesem Mädchen, das ihn hintergangen hat, seine Liebe zu bezeugen. Wir sehen somit, wie diesem erstmaligen sexuellen Versagen ein Ressentiment zugrunde liegt; ein tiefer, innerer Groll „wollte" damals einfach nicht mitmachen, nichts hergeben, überhaupt nichts geben, am allerwenigsten sich selbst — ungeachtet dessen, daß ein sexuelles Verlangen nach dem „Nehmen" der Partnerin, nach dem puren sexuellen Genuß bestand: unser Patient „mochte" eben nur den Sexualgenuß — den Sexualakt jedoch „wollte" er nicht. Sein sexuelles Versagen bedeutet sonach letztlich nichts anderes als ein liebesmäßiges Sich-versagen gegenüber der Braut. Und insofern haben wir auch alles Recht, von diesem Falle zu behaupten, er zeige, wie das erstmalige Versagen, soweit es psychogener Natur ist, (nicht nur „Ausdruck" einer neurotischen Habitualhaltung, sondern auch) „Mittel" im Dienste einer aktuellen neurotischen Tendenz sein kann.

Aber sehen wir nun weiter, wie, ausgehend von dieser einmaligen Potenzstörung, die Fixierung der Störung zustande kommt, wie also die einmalige zur erstmaligen Sexualstörung wird! Wir werden bereits erwarten, daß die Störung dadurch fixiert wurde, daß der uns schon zur Genüge bekannte Erwartungsangstmechanismus hier einklinkt, um aus der aktuellen eine chronische Neurose zu machen; zur primären Psychogenese, als welche wir das aktuelle Ressentiment herausstellen konnten, tritt also eine sekundäre hinzu. Tatsächlich gibt uns der Kranke auf Befragen an, bereits beim nächsten Male einer intimen Zusammenkunft mit seiner Braut, nach dem erstmaligen Auftreten der Störung, sich vor deren Wiederauftreten gefürchtet zu haben. Ja er gibt zu, daß ihn erst der Gedanke, impotent zu sein, so recht dazu gemacht habe (während ihm die Tatsache, daß sein verdrängter Groll seiner Braut gegenüber, wegen deren vermeintlicher Untreue, die ursprüngliche Ursache der Störung war, nie recht zum Bewußtsein gekommen sei).

Nun kurz die Therapie im konkreten Falle: Der Kranke wird organisch durchuntersucht und eindringlich auf die Negativität der somatischen Befunde verwiesen. Es wird ihm klargemacht, daß er daher „fakultativ potent" sei, daß sich seine Potenz jedoch wegen der seinerzeitigen grollenden Einstellung zur Partnerin damals bzw. seither bloß nicht aktualisieren konnte. Dies nun ebenso wie die weitere Fixierung der Störung durch die inzwischen hinzugetretene Erwartungsangst sei aber ein durchaus normales und nicht eigentlich krankhaftes, vielmehr schon rein menschlich ohne weiteres verständliches Geschehen; dasselbe wie ihm könne jedermann, auch dem normalsten Manne, gelegentlich geschehen, und zumindest jeder in seinem Gemütsleben subtilere Mann habe dergleichen sicher schon einmal erlebt. So wisse er nun nicht nur, woher die ganze Störung kommt, sondern auch, daß es bei jedermann ganz genauso hätte kommen können, ja müssen. Die Erwartungsangst jedoch bauen wir dadurch ab bzw. ihrem

Fortbestand dadurch vor, daß wir dem Kranken unser übliches striktes Koitusverbot mit auf den Weg geben; freilich nicht ohne ihm einzuschärfen, daß er sich faktisch wohl eine Zeitlang an dieses Verbot auch halten solle, eigentlich aber nur, um sich allmählich davon zu überzeugen, daß Erektionen gegebenenfalls nicht nur eintreten, sondern auch vorhalten. Sobald er hiervon genügend überzeugt sei, solle er die Kohabitation trotzdem noch immer nicht versuchen, vielmehr weiterhin hinausschieben, und dies so lange, bis er sie eines Tages so impulsiv vollziehen werde, daß seine Tendenz zu übermäßiger Selbstbeobachtung und dadurch zur Störung aller Automatie ein für allemal beseitigt sein würde.

Wir sehen also, wie wenig mit der Aufdeckung der „komplexhaften" Ätiologie des erstmaligen Versagens getan wäre — auch in jenen Fällen, wo die ursprüngliche Störung tatsächlich psychogen ist (wie in den beiden zuletzt zitierten Fällen). **Immer wieder stellt sich nämlich heraus, daß die eigentliche Störung erst dort anfängt, wo die Erwartungsangst einsetzt und ihr Mechanismus ins Rollen kommt; ohne sie würde wohl in den meisten Fällen gar keine eigentliche Sexualneurose zustande kommen, vielmehr die einmalige Potenzstörung, eben als einmalige, ganz von selbst überwunden werden können.** Erst der Circulus vitiosus der Erwartungsangst spinnt den Kranken in eine „ausgewachsene", vollentwickelte Sexualneurose ein; erst in diesem Teufelskreis schlittern die Patienten immer mehr in jene schweren Störungen hinein, aus denen selbst eine langdauernde und langwierige „tiefenpsychologische" Behandlung sie oft nur allzu schwer herauszuführen, herauszureißen vermag. Wenn es einmal so weit gekommen ist, daß der betreffende Kranke — ganz analog den schwer Schlafgestörten — an ausgeprägter und ausgesprochener „Bettfurcht" leidet, daß er also (so wie der Schlaflose nur so lange schläfrig ist, bis er zu Bette geht) nur so lange eine Erektion hat, bis es „so weit" ist — dann hilft wohl kaum mehr eine einfache Aufdeckung der primären Psychogenese; was hier vielmehr not tut und recht häufig schlagartig wirkt, ist die Aufdeckung des Erwartungsangstmechanismus — im besonderen dort, wo es uns gelingt, diesen Mechanismus in seiner menschlichen Verstehbarkeit ganz klar herauszuarbeiten. Es erhellt von selbst, daß es uns auf diesem Wege das eine oder andere Mal wohl auch gelingen wird, eine regelrechte, dabei höchst wirksame **Kurzbehandlung** einzelner Fälle von Potenzstörung einzuleiten.

Paradigmatisch für eine solche kurze Gestaltung der Psychotherapie ist folgender Fall, der uns zugleich zur Besprechung der Masturbationsfrage überleiten soll.

(Fall 6.) Der 25jährige Patient sucht uns wegen Potenzstörung auf und gibt sogleich an, daß er seit zehn Jahren, bis jetzt, masturbiere. Auf entsprechende Fragen berichtet er, daß er schon von jeher besonders scheu und gehemmt sei, und namentlich Mädchen gegenüber ausgesprochen schüchtern. Derzeit habe er eine Freundin, die er auch wahrhaft liebe; mit ihr hatte er nun den Koitus versucht, welcher Versuch jedoch mißlang. Eine kurze Exploration ergibt nun, daß er bereits vor mehreren Jahren ein „sexuell aufklärendes" Buch gelesen habe, in dem davon die Rede war, daß Onanisten, sobald sie reguläre Geschlechtsbeziehungen beginnen, zumindest die ersten Male Potenzstörungen zeigen. Es zeigt sich also, daß für die Erwartungsangst, deren ganz wesentlichen pathogenischen Einfluß wir ja zur Genüge kennengelernt haben, ein fruchtbarer Boden bereitet worden war. Hinzu kommt aber noch, daß unser Patient, darüber hinaus, sich in der inneren Situation einer besonders zugespitzten Erwartungsangst befand, insofern nämlich, als er zwei Wochen vor dem geplanten ersten Koitus einvernehmlich mit seiner Partnerin das Datum ganz genau fixierte. Er machte also gerade das, was wir unseren Sexualneurotikern im Zuge der Behandlung ausdrücklich verbieten: ein Programm! Er intendierte somit die Kohabitation nur allzusehr — auf jeden Fall jedoch in einem Ausmaß, das sich angesichts der von Haus aus gegebenen Schüchternheit und Unsicherheit sowie der später hinzugetretenen vagen Erwartungsangst ganz besonders verderblich auswirken mußte. Die so notwendige emotionale Grundlage echter Ursprünglichkeit wurde damit aller sexuellen Aktivität entzogen. Aber nicht genug an dem: just innerhalb der zwei Wochen ängstlich gespannter Erwartungen fiel ihm eben jene Stelle aus jenem Buche ein, die er in so ominöser Erinnerung hatte. Nach alldem, was wir bisnun gehört haben, werden wir da wohl sagen müssen: es wäre ganz und gar erstaunlich, und zwar selbst bei einem ansonsten keineswegs neurotisch oder gar organisch gestörten Individuum, wenn es da mit normaler Potenz reagierte — sobald nur einmal die geschilderten drei Momente vorliegen: Schüchternheit, vage (iatrogene) Erwartungsangst, zugespitzte Erwartung des fixierten Datums. Mehr aber als eben dieses brauchten wir ja auch unserem Patienten nicht zu sagen! Nichts weiter als diese Zusammenhänge mußten wir ihm gegenüber klarstellen — und zwar als das, was sie sind, nämlich als schon rein menschlich und nicht etwa erst krankhaft durchaus verständliche. Zur Epikrise dieses Falles wollen wir nun bemerken, daß der Kranke im Rahmen eines psychotherapeutischen Praktikums demonstriert wurde, ohne daß vorher jenseits einiger Formalitäten das geringste meritorisch mit ihm besprochen worden wäre; erst im Praktikum, erst coram publico, wurde die „Psychotherapie" begonnen — und nicht mehr als dies: denn nach Abschluß der kurzen Exploration, welche eben die oben dargestellten ätiologischen Momente ergab, wurde der Patient, noch im Hörsaal, zur „eigentlichen" psychotherapeutischen Behandlung für nächste Woche in die Ambulanz wiederbestellt. Sechs Tage später erschien er nun dortselbst und erklärte gleich eingangs lachend wörtlich: „Ich bin über alles schon hinweg!" Auf unsere Frage nun, wie er das zustande gebracht — eine Frage, die zu stellen wir in solchen Fällen niemals verabsäumen, da wir aus ihrer Beantwortung noch immer das meiste selber lernen konnten! —, auf diese Frage gibt er an, daß ihm gerade die Examination vor einem Auditorium am besten getan habe: eben dieser Umstand sei es anscheinend gewesen, der die höchstmögliche Objektivierung seines Zustands ermöglicht habe (eine Wirkung, die wir natürlich schon vorher bewußt einkalkuliert und auf deren Beitrag zur Psychotherapie wir gerechnet hatten).

So hätte sich denn gezeigt: zunächst gilt es, den Koitus des Forderungscharakters zu entkleiden; hinsichtlich der Situation gilt es, sie so zu gestalten, daß ein gedeckter Rückzug offen ist; hinsichtlich der Forderung, die vom Patienten selbst ausgeht, gilt es, ihn dazu zu bewegen, daß er die Kohabitation nicht programmatisch sich vornimmt, sondern es bewenden läßt bei fragmentarisch bleibenden Zärtlichkeiten, etwa im Sinne eines mutuellen sexuellen Vorspiels. Dann ergibt sich der Koitus von selbst; dann stellt sich der Patient selbst vor dieses Fait accompli. Hinsichtlich der Partnerin schließlich und der von ihr ausgehenden Forderung hilft uns ein Trick: Wir veranlassen den Patienten, seiner Partnerin gegenüber zu erklären, wir hätten vorderhand ein strenges Koitusverbot erlassen — in Wirklichkeit ist von einem ernstlichen Verbot in dieser Beziehung keine Rede, vielmehr soll sich der Patient über kurz oder lang nicht mehr daran halten, sondern — nunmehr entlastet vom Druck sexueller Forderungen, wie sie bis dahin, bis zur Erlassung des scheinbaren Koitusverbots, seitens der Partnerin an ihn ergangen waren — in einer zunehmenden Annäherung ans Triebziel heranmachen, auf die Gefahr hin, daß er von der Partnerin — eben unter Hinweis auf das vorgebliche Koitusverbot — abgewiesen würde. Sobald das geschieht, hat der Patient gewonnenes Spiel: Je mehr er refüsiert wird, desto mehr reüssiert er auch schon.

Masturbation

Welcher ist nun unser Standpunkt in der Frage der Masturbation (schlechthin — also nicht nur der protrahierten Masturbation bei Erwachsenen, wie im vorigen Falle)? Vor allem haben wir unsere Patienten mit Nachdruck darauf aufmerksam zu machen, daß all jene typischen hypochondrischen Befürchtungen, die solche Patienten diesbezüglich zu haben bzw. zu äußern pflegen, nicht stichhaltig sind. Masturbation ist weder eine Krankheit noch ein Symptom einer Krankheit, weder die Folge noch die Ursache einer Krankheit. Sie ist dermaßen eine natürliche Erscheinung, daß wir sie bekanntlich auch bei Tieren antreffen; immerhin ein gewichtiger Tatbestand: daß sich etwa Akte der Selbsttötung bei Tieren (entgegen vereinzelt verbreiteten Behauptungen) nicht finden, Akte der sexuellen Selbstbefriedigung jedoch sehr wohl. In diesem Sinne vorläufiger restloser Bagatellisierung pflegen wir unseren Patienten gegenüber gern auch jenes Wort eines großen Wiener Arztes zu zitieren, der einst meinte: Jeder Mensch hat irgendwann in seinem Leben einmal masturbiert, und wer es nicht eingesteht — der masturbiert noch heute. Es ist eine müßige Frage, wieviel Prozent junger Männer in ihrer Pubertät masturbieren; allein es ist wahrscheinlich, und die bisher bekanntgewordenen einschlägigen statistischen Untersuchungsergebnisse schwanken in dieser Breite, daß es zwischen 90 und 99% sind. Auch dürfen wir niemals vergessen, daß nicht jeder masturbatorische Akt, der äußerlich gesehen, also sozusagen rein deskriptiv, als solcher imponiert, in phänomenologischer Sicht, also hinsichtlich seiner erlebnismäßigen Intention, auch wirklich einen Akt der „Selbstbefriedigung" darstellt. OSWALD SCHWARZ zumindest hat in diesem Zusammenhang immer darauf hingewiesen, daß die psychologische Qualifikation eines masturbatorischen Aktes darauf fundiert, daß der Gegenstand der Erregung mit dem Gegenstand der Befriedigung nicht identisch ist. Daher haben wir es mit diesem Autor abzulehnen, die mutuelle Onanie zwischen zwei Partnern einer wahren Liebesbeziehung überhaupt als Onanie zu bezeichnen; während wir andrerseits den äußerlich normalen Koitus eines Mannes mit seiner Gattin als durchaus masturbatorischen Akt zu qualifizieren alles Recht hätten, sofern der betreffende hierbei nicht die Gattin liebesmäßig intendiert, sie also gar nicht „meint", sondern lediglich zu seiner Befriedigung, eben zu einer Art Selbstbefriedigung, mißbraucht, indem er während des Geschlechtsaktes an eine andere denkt! Diese andere ist es also jeweils, die ihn, wenn auch nur in seiner Phantasie, erregt; die Gattin hingegen ist es, „an" der er „sich selbst" befriedigt. Damit wären wir aber auch schon ganz nahe an die tiefere seelische Verwurzelung des masturbatorischen Aktes herangekommen. Denn was ist die Masturbation letztlich anderes als eine nicht nur aller Liebe (das gilt ja bereits für die Prostitution), sondern überhaupt aller Intention entleerte Sexualität? Im masturbatorischen Akt ist das menschliche Sexualleben nämlich nicht nur seiner Intentionalität auf ein normales Triebobjekt hin beraubt, sondern auch seiner Intentionalität auf das normale Triebziel hin:

Das bei voll ausgereifter Sexualität adäquate Triebobjekt wäre jeweils: der geliebte Mensch. Geht menschliche Sexualität dieses ihres einzig gemäßen Gegenstandes auch verlustig, so bleibt wenigstens ihre Hingeordnetheit auf das „artgemäße" Triebziel, auf die normale Kohabitation; allerdings nur mehr im Sinne unspezifischer, unpersönlicher Gerichtetheit. Aller Richtung auf eine von Liebesstrebungen „gewählte" Person des andern Geschlechts als Sexualpartner ist dann das Sexualleben entkleidet; vom wahrhaft menschlichen, vom menschenwürdigen Sexualstreben in diesem Sinne, als einem Streben nach einer bestimmten (eben der geliebten) Person, bleibt dann nur mehr der Sexualtrieb übrig — im Sinne eines triebhaften Verlangens nach sexueller Befriedigung in Form des normalen Koitus, aber völlig losgelöst von jeder „Personalfrage", also völlig unabhängig von Liebe und insofern völlig ungeachtet der jeweiligen Partnerperson. Das wäre die ihres eigentlichen Sinnes entleerte, die ihrer (über sie selbst hinausweisenden, sie selbst transzendierenden) Intention beraubte menschliche Sexualität.[1])

Aber im Falle der Masturbation ist ein weiteres geschehen. Sehen wir nämlich von der sogenannten Notonanie ab, zu der als bloßem Ventil und Surrogat Zuflucht zu nehmen etwa langjährig Inhaftierte sich gezwungen sehen, so finden wir, daß im masturbatorischen Akt von jenen beiden grobschematischen sexuellen Triebkomponenten, deren Begriffe A. MOLL in die Sexuologie eingeführt hat: vom Kontrektationstrieb und vom Detumeszenztrieb — daß von diesem Triebpaar ausschließlich letzterer überhaupt noch zur Geltung bzw. Befriedigung gelangt. Während ersterer die innige Berührung, die „Verschmelzung" mit einem Partner des andern Geschlechts verlangt, geht es dem Detumeszenztrieb nur mehr noch um die Entladung überschüssiger Sexualenergien, um die Entspannung und die Befreiung etwa vom „überflüssigen" Sperma. Somit wird hier nicht nur auf die dem Menschen gemäße Intention auf den (nämlich den von ihm geliebten) Geschlechtspartner Verzicht geleistet, sondern auch auf Partnerschaft überhaupt.

So sehen wir denn, inwiefern der masturbatorische Akt dem Sinn aller Sexualität, vorab jedoch dem Sinn alles eigentlich menschlichen, menschenwürdigen Sexuallebens widerspricht. Dessenungeachtet haben wir im Rahmen psychotherapeutischer Behandlungen den gesamten Fragenkomplex der Masturbation dem Kranken gegenüber fürs erste einmal zu bagatellisieren. Denn wie sich bei der Besprechung zwangsneurotischer Impulse noch zeigen wird, führt gerade der forcierte Kampf, das übertriebene Anrennen gegen das, was man zu bekämpfen sucht, immer mehr und tiefer in die Verstrickung hinein. Dazu kommt noch, daß die fortwährenden Gewissenskämpfe und die ständigen Niederlagen hierbei nur dazu angetan sind, die ohnehin so luxurierenden Minderwertigkeitsgefühle typischer Masturbanten zu vertiefen. In diesem

---

[1]) Vgl. VIKTOR E. FRANKL, Anthropologische Grundlagen der Psychotherapie, Hans Huber, Bern 1975 (Kapitel „Liebe und Sex").

Sinne versuchen wir, die allgemeine Haltung und Einstellung des Kranken zur Masturbationsfrage gleichsam zu entkrampfen: wir treten allen seinen hypochondrischen Befürchtungen entschieden entgegen, wir lassen ihn die Masturbation als äußeres Zeichen einer tiefgehenden inneren Isolierung, als die Form des Sexuallebens des isolierten Menschen verstehen, um ihm schließlich über seine Isolierung auch hinwegzuhelfen. Das aber hieße, daß wir sein erotisches Interesse vom grob Sexuellen abzulenken haben auf das Erotische im engeren Wortsinn. Wir haben den (normalerweise bereits in der Pubertät eintretenden) Primat der Erotik gegenüber der Sexualität wiederherzustellen, wir haben den Akzent vom Verlangen nach bloßer Entladung bzw. Triebbefriedigung auf das Verlangen nach dem geliebten Partner des andern Geschlechts zu verschieben. Und wir werden immer wieder sehen, wie in dem Augenblick, wo etwa der junge Masturbant, den wir im obigen Sinne in eine Gemeinschaft eingeordnet haben, in der er sich eines Tages in ein Mädchen „verlieben" wird — wie im gleichen Augenblick die ganze sogenannte Sexualnot schlagartig weicht. Denn diese Sexualnot ist keineswegs insofern schicksalhaft, als die sexuelle Abstinenz beim jungen Menschen mit einem Noterlebnis einhergehen muß; vielmehr rührt sie lediglich vom ständigen Kreisen der Gedanken des seelisch (und nicht nur sexuell) Isolierten um den (unbefriedigten) Sexualtrieb her, mit dem dieser Isolierte alsdann gleichsam allein ist.

Ist diese brüske Akzentverschiebung vom Grobsexuellen zum eigentlich Erotischen einmal geglückt, dann berichten uns solche jungen Männer gewöhnlich, daß sie eines Tages buchstäblich vergessen hätten zu onanieren. Freilich: über kurz oder lang werden sich auch in diesen Fällen die sexuellen Triebregungen wieder melden; aber bis dahin ist ja voraussichtlich jene Synthese erreicht, die zu erreichen das eigentliche Anliegen aller verantwortungsbewußten psychischen Sexualhygiene, im besonderen aller Sexualpädagogik ist: die Synthese von Erotik und Sexualität. Unseres Erachtens sind diese beiden nämlich keineswegs von vornherein ineinander verschränkt; vielmehr fallen sie zu Beginn der psychischen Sexualentwicklung des Menschen noch auseinander, und erst diese Entwicklung läßt sie mit der Zeit konvergieren — bis der Gegenstand des Liebesstrebens mit dem des Sexualstrebens konfluiert und am Endpunkt der normalen Entwicklung kongruent ist. Dann ist das erreicht, was zu erreichen es gilt: daß der Mensch erst dort und nur dort sexuell begehrt, wo er liebt. Das allein verbürgt ein menschenwürdiges Sexualleben. Ein solches aber auch dort zu ermöglichen, wo die Entwicklung und Reifung nicht so weit gelangt ist, also in Fällen von sexualneurotischer Entwicklungshemmung, ist jeweils Sache der Psychotherapie.

Sofern, wie sich gezeigt hat, die aktuelle Sexualneurose auf dem Boden einer habituellen allgemein-neurotischen Haltung und Lebenseinstellung erwächst, deren Ausdruck oder aber Mittel sie jeweils darstellt, ist es nun klar, daß in diese neurotische Gesamthaltung des betreffenden Menschen auch Elemente eingehen werden, die primär eine psychopathologische Wertung gar nicht zulassen: es handelt sich dann nämlich weniger um eigentlich seelische Haltungen, als vielmehr um die ganze Geisteshaltung. In diesem Sinne jedoch ist ein Mensch nicht einfachhin gesund oder krank; dennoch bleibt es dem Arzt auch dann noch überlassen, dem Patienten einen Weg zu weisen, auf dem er sozusagen die (kausale) „Therapie der Wahl" von sich aus und an sich selbst vollziehen mag: die im besten Wortsinn radikale Behandlung seines Leidens — ansetzend an jener Wurzel, die freilich nicht mehr in der Schicht des bloß Psychologischen sitzt, sondern tiefer, nämlich im Kern der Person als einer geistigen.

Die eigentliche Natur des Menschen ist seine Kultur; während ein Tier je seine (arteigene) Umwelt hat, ist dem Menschen die eine Welt zugänglich, und zwar als eine Welt des Sinnes; mit einem Wort, der Mensch reicht in die geistige Dimension hinein.

Daraus ergibt sich aber auch schon, daß es keine „reine", „unschuldige" Natur für den Menschen mehr gibt. Oder, wie Novalis es ausgedrückt hat: auf dem Wege ihrer Entwicklung aufwärts ist die Leiter, auf der die Menschheit höhergestiegen ist, umgefallen — es gibt kein Zurück mehr zum bloß tierischen Dasein. Mit anderen Worten: Das „rein" Natürliche wäre für den Menschen eo ipso auch schon das Unnatürlichste!

Daraus ergibt sich wieder, daß alles Ungeistige in einem Wesenswiderspruch zum menschlichen Dasein steht. So, und nur so, ist es denn auch zu verstehen, daß sich das Widergeistige in Form von neurotischer Krankheit am jeweiligen Menschen selbst rächt.

Damit ist selbstverständlich nicht gesagt, daß jede Ungeistigkeit oder gar jede Ungläubigkeit auf Krankheit zurückzuführen ist (wie eine psychologisierte Theologie es vielfach glauben machen will). Ebensowenig ist damit gesagt, daß die Geistigkeit von vornherein in einem Gegensatz zur menschlichen Natur steht[1]) — im Gegenteil: die menschliche Natur ist eben a priori durchgeistigt, und wo sie es nicht ist, ist sie jeweils erst im nachhinein der Ungeistigkeit verfallen, die, wie gesagt, mit der Nichtgeistigkeit des Tieres nicht verwechselt werden darf.

---

[1]) Die den Menschen auszeichnende „Trotzmacht des Geistes" — gegenüber biologischen, psychologischen und soziologischen Bedingtheiten — ist eine „fakultative", d. h. sie kann zwar, muß aber nicht immer „bemüht werden". Ermessen läßt sie sich freilich erst an der Überwindung von Widerständen — analog zur Schelerschen Behauptung, Realität offenbare sich am Widerstand, den sie entgegensetzt, könnte man daher auch sagen: Moralität erweist sich erst, wenn sie erprobt wird, wenn sie in Versuchung gerät — aber: sie erschöpft sich nicht darin!

Mit folgendem Fall soll nun dargetan werden, wie sich diese Dinge in praxi gestalten:

(Fall 7.) Der 34jährige Kranke überreicht eine viele Seiten umfassende schriftliche Selbstschilderung. Darin berichtet er nicht nur von seiner gegenwärtigen schweren Depression und seiner bis zu Selbstmordabsichten gesteigerten Verzweiflung, sondern auch von deren Grund: schwerer Potenzstörung. Über die Vorgeschichte erfahren wir: Seine Erziehung sei streng gewesen; immer habe es geheißen, das oder jenes sei verboten. Dabei hatte seine Mutter einen Freund, der mit ihr vor den Augen des Patienten ausging, wovon der Vater jedoch nichts wissen durfte; so sei er frühzeitig Mitwisser eines Geheimnisses geworden, das sich irgendwie um erotische bzw. sexuelle Dinge bewegte. Des weiteren schildert unser Patient, wie sich schon beim kindlichen Spiel gezeigt habe, daß ihm eine zusehende, passive Rolle besonders liegt. Um so weniger wundert es uns, wenn wir später lesen, daß sich nach Eintritt der Pubertät seine sexuellen Beziehungen die längste Zeit auf das Betasten und Abgreifen von Mädchen und das „Spielen" mit deren Genitalien beschränkten, während er einem regelrechten Geschlechtsverkehr immer auswich. Schuld daran sei Angst vor jeder Bindung gewesen. Dafür artete jene Form sexueller Betätigung in quantitativer Beziehung aus. Und nun folgt in der Selbstschilderung ein auffallend ausführliches Eingehen auf die diversen Abenteuer, die der Kranke diesbezüglich jemals hatte; mit sichtlichem, wenn auch ihm selber wohl unbewußtem Stolz schildert er detailliert, wie er sich z. B. eines Tages auf der Plattform des Straßenbahnwagens an ein weiter nicht bekanntes Mädchen, das regelmäßig mit ihm fuhr, heranmachte, und wie er seine mitfahrenden Kollegen — sich damit brüstend — darauf noch aufmerksam machte; oder wie er ein andermal (angeblich) das Genitale eines im finsteren Kino neben ihm sitzenden Mädchens berührte, triumphierend darüber, daß ihr Begleiter davon nichts merkte.

Seine Impotenz sei, wie er ausdrücklich und spontan bemerkt, immer dann eine komplette gewesen, wenn er entweder „auch nur den leisesten Druck seitens eines Mädchens spürte" oder, ebenso typischerweise, wenn er mit einem Mädchen ein Stundenhotel aufsuchte. (Beide Momente — sowohl das der Forderung seitens der Partnerin als auch das der Forderung seitens der Situation — sind uns ja bereits des öfteren begegnet.) Nachdem eine Injektionskur, aber auch eine psychotherapeutische Behandlung von fachärztlicher Seite, ohne Erfolg geblieben war, habe er sich schließlich geschworen, jene Frau sofort zu heiraten, bei der er das erstemal potent sein würde. So geschah es auch. Alsbald habe seine Potenz jedoch nachgelassen; derzeit sei er überhaupt nur dann halbwegs potent, wenn er während des Verkehrs mit der Gattin an seine sexuellen Spielereien mit anderen Mädchen denke.

Der Kranke beruft sich nun immer wieder auf Dinge wie „Triebe — Gewohnheiten — Willensschwäche", und es muß alle psychotherapeutische Mühe zunächst darauf angewendet werden, ihm eindringlich und entschieden klarzumachen, daß es sich bei all dem um nichts anderes als um fatalistische Konstruktionen handelt, die ihn in seinen eigenen Augen in tragischem Lichte erscheinen lassen sollen. Eigentliche Tragik liege in Wirklichkeit aber gar nicht vor. Er habe sich vielmehr nur zu entscheiden: entweder für seine Frau — die, wenn auch „nur menschlich", zu lieben er zugibt bzw. vorgibt — oder aber für seine sexuellen Halbheiten! Sobald er sich jedoch für erstere entschieden hätte, habe er zu dieser Entscheidung auch zu stehen, und das heißt, er müsse sich dann nicht nur in Worten zu seiner Frau bekennen, sondern auch zu Opfern bereit sein — zum Verzicht auf ein Nachgeben gegenüber seinen „polygamen Neigungen". Liebe er wirklich, dann werde es ihn dazu nachgerade drängen, ein solches Opfer zu bringen.

Was wir damit versuchen, wäre also eine Überbrückung und Überwindung der allgemein-seelischen (und nicht nur sexuellen) Fehlhaltung des Kranken, wie sie sich hauptsächlich in seiner Art, passiv zu sein oder auf halbem Wege stehenzubleiben, dokumentiert, daneben aber auch in seiner Scheu vor Verantwortung und Bindungen, der wohl die Angst, sich zu verlieren, zugrunde liegt; jedoch die ganze seelische, im besonderen aber die sexuelle Entwicklung unseres Patienten war dermaßen „verfahren", daß die resultierende sexuelle Störung nur mehr durch eine Art geistiger Umstellung noch behebbar erscheinen konnte — durch eine Umstellung des ganzen Menschen in der ganzen Tiefe seiner geistigen Person und in der ganzen Fülle seiner persönlichen Beziehungen. Nur von der Wiederaufrichtung der schlechthin menschlichen Hingabebereitschaft ließ sich eine Wiederherstellung der sexuellen Hingabefähigkeit erwarten. Solange er seiner Frau nicht als Mensch dem Menschen zu begegnen vermag, ist er auch außerstande, der Gattin als Gatte zu begegnen; sobald er jedoch, aus der vollendeten Einsicht in die menschliche Unwürdigkeit seiner sexuellen Halbheiten heraus, die menschliche Beziehung zu seiner Frau ins reine gebracht haben wird, wird normale Potenz sich über kurz oder lang von selbst ergeben.

Ejaculatio praecox

Bei den bisher dargestellten Fällen von Potenzstörung haben wir eigentlich nur jene berücksichtigt, in denen es sich um Erektionsschwäche handelt. Im folgenden wollen wir nun von jenen Störungen sprechen, in denen der Erektionsmechanismus im wesentlichen ungestört ist bzw. wäre, jedoch der Ejakulationsvorgang gestört erscheint. Wir meinen die Fälle von sogenannter Ejaculatio praecox; wobei wir gleich eingangs erwähnen müssen, daß sich die Behandlung (und zwar nicht nur psychotherapeutisch) des vorzeitigen Samenergusses im allgemeinen weit schwieriger zu gestalten pflegt als die des Erektionsmangels. Anscheinend spielt hier eine gewisse Bereitschaft, zumindest im Sinne einer besonderen Gebahntheit des Ejakulationsreflexes, mit eine Rolle. Auch dürfen wir nicht vergessen, daß diese Störung gelegentlich als eine durchaus physiologische aufzufassen ist und passager auch bei völlig normalen Männern auftritt; immer dann nämlich, wenn es nach einer mehr oder minder langen Periode sexueller Abstinenz zur Wiederaufnahme des geschlechtlichen Verkehrs kommt. Der vorzeitige Samenguß in solchen Fällen ist weder ungewöhnlich noch prognostisch ungünstig zu bewerten — zumindest dann nicht, wenn sich kein neurotischer Erwartungsangstmechanismus einschaltet; sofern wir von solchen einmaligen Störungen hören, werden wir uns wohl hüten, sie als krankhafte Störungen überhaupt zu diagnostizieren. Denn einerseits führt die überschüssige sexuelle „Ladung" bereits normalerweise zu einem verfrühten Eintreten der Ejakulation, andrerseits bedürfen beide Partner in dieser Situation bereits normalerweise jener Rhythmisierung, die von sexuologischer Seite treffend als „Sicheintanzen"[1]) bezeichnet wurde. Der normale Mann, zumindest der relativ jüngere, wird über diese Klippen für gewöhnlich hinwegkommen. Ist doch bei seiner Fähigkeit zum Coitus repetitus (auf den er es gegebenenfalls natürlich auch ankommen lassen muß!) sein sexuelles Selbstvertrauen alsbald wiederhergestellt.

Anders beim aus irgendeinem Grunde in sexualibus unsicher gewordenen Manne! Hier klinkt nicht selten die Erwartungsangst ein, und diese allgemeine neurotische Bereitschaft bemächtigt sich des an sich noch gar nicht neurotischen, weil überhaupt noch nicht krankhaften, einmaligen sexuellen Versagens. Dann kommt es von psychischer Seite zu dem uns bekannten Circulus vitiosus der Erwartungsangst, zu dem dann noch die zunehmende reflektorische Bahnung hinzutritt. So wird es uns weiter nicht wundern, wenn wir seitens psychotherapeutischer Autoren hören, daß die Ejaculatio praecox oftmals eine wahre Crux darstellt. Wir selber erachten sie jedoch nur in jenen Fällen für prognostisch ungünstig und therapeutisch

---

[1]) Es ist auch ein Aberglaube, zu meinen, die Stärke des Sexualtriebes sei für jeden einzelnen in einem verschiedenen, aber bestimmten Maße gegeben. In Wirklichkeit ist jemand, der täglich einmal zu koitieren pflegt, nach einem Intervall von 2 Tagen sexuell erregt, während jemand, der nur wöchentlich einmal zu koitieren pflegt, erst nach 2 Wochen ebenso erregt sein würde. Dazu kommt aber noch, daß sich die Intervalle, wenn man einen Grund dazu zu haben glaubt, ohne weiteres auch verlängern lassen, sodaß einem eine Zeitlang die totale sexuelle Abstinenz nicht unbedingt schwerfallen muß. Diese unsere Ansicht wird von einem Beobachtungsmaterial bestätigt, das aus voneinander unabhängigen Quellen gewonnen wurde.

schwierig, wo entweder wegen des Alters des Kranken oder aus anderen Gründen ein Coitus repetitus nicht zustande gebracht wird, oder aber selbst dann noch die Ejaculation eine vorzeitige bleibt.

Therapeutisch empfiehlt es sich in den betreffenden Fällen, den Coitus repetitus zu forcieren, und sei es auch um den Preis eines entsprechenden medikamentösen Dopings. (Daraus ergibt sich, wie verfehlt es wäre, in solchen Fällen Sedativa zu verordnen.) Sobald sich beim Coitus repetitus eine zumindest relativ retardierte Ejakulation einstellt, und sei es auch nur auf eine in dieser Richtung zielende medikamentös larvierte oder verbale Suggestion hin, ist das beschleunigt gewesene reflektorische Geschehen wieder entbahnt, und die Erwartungsangst ist gegenstandslos geworden. Darüber hinaus wären jene Maßregeln anzuführen, die wir unseren Patienten bewußt in „technischer" Hinsicht mit auf den Weg geben. Wir denken hierbei in erster Linie an die diversen Möglichkeiten, den Ejakulationsdrang zurückzudrängen, indem die Menge der jeweils einstürmenden sexuellen Reize eingeschränkt und abgeblendet wird. In diesem Sinne gelingt es oft, etwa durch die Empfehlung eines Coitus condomatus die Störung schlagartig zu beseitigen und damit auch für später, für den gewöhnlichen Geschlechtsverkehr, allen Grund zur Erwartungsangst zu beseitigen. Zu schweigen von jenen vulgären Empfehlungen, die darauf abzielen, daß durch irgendwelche Tricks die Aufmerksamkeit im kritischen Augenblick vom Sexualpartner abgelenkt und auf affektiv möglichst belanglose Dinge hingelenkt wird. Gelingt es dem Kranken, auf welchem Wege immer, die Neigung zu vorzeitiger Ejakulation auch nur ein einziges Mal zu beherrschen, dann wird er alsbald merken, daß sich im Zuge eines gewissen Trainings diese Beherrschung so weit ausgestalten läßt, daß die Erektion gleichsam einschnappt, d. h. daß sie praktisch beliebig lange vorhält, ohne daß es, wenn nicht ausdrücklich gewünscht, zur Ejakulation kommt.

In den meisten Fällen jedoch werden wir womöglich tiefer gehen und die eigentliche Psychogenese der Ejaculatio praecox aufdecken müssen. Es erweist sich nun, daß bei den meisten einschlägigen Fällen die Störung letztlich darauf zurückzuführen ist, daß, um uns wieder einmal der begrifflichen Scheidung von A. Moll zu bedienen, das Interesse des betreffenden Mannes an der Detumeszenz gegenüber dem an der Kontrektation jeweils überwiegt. Ja vielfach werden uns solche Kranke ohne weiteres eingestehen, daß die versuchte Kohabitation den seelischen Stellenwert einer „Onanie am Weibe" hat — wie sie es mitunter spontan bezeichnen. Jetzt wird es uns aber auch nicht weiter wundern, wenn wir bei der Ejaculatio praecox dem gleichen Primat des Detumeszenztriebs gegenüber dem Kontrektationstrieb begegnet sind wie bei der Masturbation.

Kennzeichnend für die damit umrissene innere Situation, aus der heraus es zu so etwas wie Ejaculatio praecox mit psychologischer Notwendigkeit kommen muß, ist nun auch die äußere Situation, wie sie in den einschlägigen Anamnesen immer wieder aufscheint; nämlich die für solche Kranken geradezu typische Situation des Kohabitationsversuchs „zwischen Tür und Angel"! Denn diesen Menschen steht es, gemäß ihrer ganzen sexuellen Einstellung (hinter der freilich ihre menschliche Einstellung steht), gar nicht recht dafür, die übliche Situation sexueller Hingabe aufzusuchen: sie wollen gar nicht sich sexuell hingeben, sie wollen überhaupt nichts geben — was sie einzig wünschen, ist ja nur eben die Detumeszenz, das „Abreagieren" ihrer sexuellen Spannung und Stauung. So ist es typisch, was uns einer dieser Kranken berichtet: nämlich erstens, daß die betreffende Partnerin auf ihn lediglich einen körperlichen Reiz ausgeübt habe (von Liebe hätte keine Rede sein können), und zweitens, daß sich aus bestimmten Gründen „alles zwischen Tür und Angel abspielen mußte". Und ein anderer unserer Patienten berichtet, er habe die Kohabitation vergeblich versucht, nachdem er mit seiner Partnerin auf einen kleinen Bergsee hinausgerudert war; und zwar zuerst im Boot und dann, nach dem ersten Mißlingen, auf einer kleinen Insel, wo sich jedoch hinter den meisten Gebüschen bereits weitere Liebespaare befanden.

Es ist klar, daß auch hier wieder nur ein Zurückverfolgen der Störung bis in jene Region zum Ziele führen kann, in der sie schon längst nicht mehr rein Angelegenheit psychopathologischer Wertungen ist, sondern bereits Sache schlechthin menschlicher Haltung. Wir aber stehen nicht an, auf Grund unserer Erfahrungen am eigenen Krankengut einzugestehen, daß wir uns davor auch nicht scheuen, diesen geistigen Raum der menschlichen Auseinandersetzung mit unseren Patienten zu betreten. Es liegt ja nicht an uns, daß wir sowohl pathogenetisch als auch psychotherapeutisch die Sexualneurosen, im besonderen die Potenzstörungen, über ihre Psychogenese hinaus bis in ihre geistig-menschlichen Grundlagen, bis in ihre Noogenese hinab verfolgen müssen; das liegt vielmehr an der einen schlichten Tatsache: daß alles geschlechtlich-leibliche Vermögen letzten Endes in der geistig-seelischen Liebesfähigkeit gründet.

Lieben heißt Du sagen können zu jemandem; lieben heißt aber nicht nur Du sagen können zu einem, sondern auch ein anderes: Ja sagen können zu ihm; also nicht nur einen Menschen in seinem Wesen erfassen, in seiner Einmaligkeit und Einzigartigkeit, sondern auch ihn in seinem Wert bejahen. Nicht nur also einen Menschen in seinem So-und-nicht-anders-Sein sehen, sondern zugleich auch mehr als das: sein Sein-Können — sein Sein-Sollen mitsehen, d. h. sehen nicht nur, wie er wirklich ist, sondern auch, was alles er werden kann bzw. was er werden soll. Wirkliche Liebe macht den Menschen hellsichtig, sie macht ihn geradezu seherisch; denn die Wertmöglichkeiten des geliebten Wesens sehen, heißt ja sehen, was bloße

Möglichkeit ist, also noch gar keine Wirklichkeit, noch nichts Verwirklichtes, sondern noch zu Verwirklichendes.

Die Liebesfähigkeit richtet den Trieb aus und ordnet ihn hin, nicht nur auf ein „Triebziel", sondern auch auf ein „Triebobjekt", nämlich auf die Person des jeweils geliebten Partners. Nur in dem Maße, in dem der Trieb solcherart ausgerichtet ist und hingeordnet auf die Person des andern, des Geliebten, nur in diesem Maße läßt sich der Trieb auch einordnen und unterordnen der eigenen Person. Nur ein Ich, das ein Du intendiert, kann das Es integrieren!

Perversionen (Homosexualität)

Seit der „Psychopathia sexualis" von KRAFFT-EBING ist das wissenschaftliche Interesse für die Perversionen erwacht; erst recht wurde es geweckt durch die FREUDsche Psychoanalyse, die im Beginn ihrer Entwicklung die Aufmerksamkeit auf die latente perverse Veranlagung auch des normalen Menschen gelenkt hatte. Sprach doch FREUD vom Kinde als einem „polymorph perversen" Wesen. Freilich versteht die Psychoanalyse unter jener infantilen Sexualität, auf welche die analytische Forschung immer wieder gestoßen ist, etwas durchaus anderes, als wir gemeiniglich unter Sexualität — nämlich unter der Sexualität der Erwachsenen — zu subsumieren gewohnt sind; denn, um uns einer psychoanalytischen These zu bedienen, die Sexualität des erwachsenen Menschen steht normalerweise bereits unter dem von FREUD sogenannten Genitalprimat, der, normale Entwicklung vorausgesetzt, zur Zeit der Pubertät aufgerichtet wird. Daß die Beobachtungen der FREUDschen Schule bezüglich der infantilen Sexualität als Beobachtungen zu Recht bestehen, darüber kann heute kaum noch ein Zweifel aufkommen; eine andere Frage ist es jedoch, ob die betreffenden Beobachtungen auch richtig gedeutet sind.

Es wäre ein Gemeinplatz, darauf hinzuweisen, daß die Grenzen zwischen normal und abnorm gerade auf dem Gebiet der Sexualität, also hinsichtlich der Perversionen, ganz und gar fließend sind. Und das Kriterium, das uns berechtigen würde, von noch Normalem oder aber schon Abnormem zu sprechen, ist auf jeden Fall, selbst wenn wir eines angeben könnten, ein mehr oder minder äußerliches und willkürliches. Am einfachsten ist es wohl, sich diesbezüglich an die Ansicht OSWALD SCHWARZ' zu halten, der seinen Standpunkt dahingehend formuliert, daß er sagt: Eine „abnorm" sexuelle Liebhaberei als perverse zu bezeichnen haben wir nur dann und erst dann das Recht, wenn ein Mensch ohne Befriedigung der in Frage stehenden abnormen Neigungen und Wünsche außerstande ist, zum Erlebnis eines regelrechten Orgasmus zu gelangen. Wir dürften somit nur dann von einer Perversion reden, wenn die Erfüllung abnorm gerichteter Triebe (wobei selbstredend nur die Richtung auf abnorme Triebziele und nicht etwa auf abnorme Triebobjekte in Betracht kommt) im Hinblick auf den Orgasmus eine Conditio sine qua geworden ist; alles übrige würden wir als persönliche Tönung der Sexualität auffassen dürfen. Es ist hierbei klar, daß differenzierte Menschen, vor allem sublimere Naturen mit einem subtileren Gefühlsleben, von vornherein dazu neigen, ihren auch nicht ganz normalen und als solche auch wahrgenommenen sexuellen Impulsen nachzugeben: teils aus Originalitätssucht, Sensationslust oder Snobismus, teils aus dem Streben nach einer „Kultivierung" der Sexualinstinkte werden all diese Menschen ihren Instinkten freieren Lauf lassen als der „gutbürgerliche" Durchschnittsmensch.

Und doch werden wir gerade bei solchen „braven", „biederen", „hausbackenen" Typen ebenfalls abnorme oder gar perverse Neigungen wiederholt feststellen. Dann nämlich, wenn sich, namentlich in relativ fortgeschrittenem Alter, hinter den perversen Neigungen eine Potenzschwäche verbirgt.

Am häufigsten unter den Perversen sind es Homosexuelle, die sich um Rat und Hilfe an den Arzt wenden. Hier müssen wir nun von vornherein zwischen der sogenannten originären und der bloß neurotischen Homosexualität unterscheiden. Diese Unterscheidung wird naturgemäß nicht in allen Fällen leichtfallen; deshalb nicht, weil es in gewissen Grenzfällen gar keine strenge Unterscheidungsmöglichkeit gibt. Die einzige Möglichkeit, die uns diesbezüglich bleibt, ergibt sich aus einer Exploration, die in eingehender Anamnese herauszustellen versucht, ob der Patient jemals, und sei es auch nur in der Kindheit oder in der Jugend oder aber in Träumen, heterosexuell empfunden hat. Sollte dies der Fall sein, dann haben wir so ziemlich das Recht, von einer neurotischen Homosexualität zu sprechen, die nicht anlagemäßig verankert sein muß. Vielmehr hätten wir uns den pathogenetischen Sachverhalt wie folgt vorzustellen: Nicht nur im biologischen Sinne, sondern auch im Sinne einer Psychologie der ontogenetischen Entwicklung ist der Mensch bisexuell angelegt. Während nun normalerweise, beim normalen Individuum, in dessen Entwicklung spätestens zur Zeit der Reifejahre, also des Eintritts des „Genitalprimats", die homosexuelle Triebkomponente vollends zurücktritt, kann in anderen Fällen der Verlauf der Entwicklung gestört sein, und dann wird die ansonsten latente oder zumindest latent gewordene präpubertative Homosexualität im Vordergrund des Bewußtseins bleiben.

An diese Homoerotik nun kann der an sich und bis dahin normale Mensch unter Umständen fixiert sein. Diese Fixierung an die homoerotische Triebeinstellung tritt erfahrungsgemäß vorwiegend dann ein, wenn ein traumatisches Erlebnis, also ein „psychisches Trauma", die Aufmerksamkeit des Menschen — oder, wie wir auch sagen könnten: die sexuelle Triebrichtung beizeiten auf Partner des gleichen Geschlechts gelenkt hat. Psychisch traumatisierend in diesem Sinne wirken sich vornehmlich Situationen aus, in denen es zur Verführung Halbwüchsiger durch erwachsene Homosexuelle kommt. Aber es genügt, daß etwa die so häufige mutuelle Masturbation die Triebhaftigkeit in die homosexuelle Richtung drängt — ohne daß die betreffenden masturbatorischen Akte in ihrer ursprünglichen Intention homosexuell gemeint wären! Trotzdem wird sich in diesen Fällen eine gewisse Fixierung an eine gleichgeschlechtliche Partnerschaft — oder, besser gesagt: an das gleichgeschlechtliche Sexualorgan als mögliche libidinöse Lustquelle etabliert haben.

Aber wir können der Psychoanalyse noch einen Schritt weiter Gefolgschaft leisten. Denn wir dürfen ohne weiteres auch zugeben, daß, neben dem Moment der Fixierung, auch das der „Regression" mit eine Rolle spielen kann, wo es sich um jene Faktoren handelt, die eine Entwicklung in homosexueller Richtung auszulösen vermögen. Denn die Erfahrung zeigt immer wieder, daß auch in späteren Entwicklungsphasen ein Zurückgreifen auf die „längst vergessene" homosexuelle Triebrichtung vorkommt. Wir denken hierbei nämlich an jene Fälle, in denen jüngere, also seelisch noch „plastische" Menschen durch eine äußere Situation des „Triebverzichts", also erzwungener Abstinenz von normaler Triebbefriedigung, in den Ausweg homosexueller Beziehungen gedrängt werden. Man denke nur an Situationen wie die von Inhaftierten o. dgl.

Was nun die Behandlung der Fälle neurotischer Homosexualität anlangt, gilt auch hier wieder, was wir des öfteren in andern Zusammenhängen bereits betont haben. Es wird immer wieder vor allem darauf ankommen, dem Kranken gegenüber das Werden seiner scheinbar anlagebedingten, also auch nur scheinbar schicksalhaften „Perversion" aufzuzeigen — so zwar, daß wir die ätiologischen Zusammenhänge als durchaus menschlich verstehbare und keineswegs nur erst als krankhaft verständliche hinstellen. So wird der Patient schon von vornherein das bedrückende Bewußtsein loswerden können, seinen perversen Triebrichtungen wie einer „dämonischen" Schicksalsmacht, wie einem „Triebschicksal" — selber machtlos — gegenüberzustehen. Wobei wir nicht anstehen dürfen, auch dem Patienten gegenüber kein Hehl daraus zu machen, im Gegenteil, es immer aufs neue zu unterstreichen: daß und wie sehr jeder, und so auch der normalste Mensch, recht eigentlich im Sinne der Psychoanalyse als „polymorph pervers" veranlagt anzusehen sei, und daß beispielsweise die bisexuelle Anlage — bei dem einen mehr, bei dem andern weniger deutlich ausgeprägt — erst später, in der Pubertät, und auch dann nur unter der Voraussetzung normaler Umstände, überwunden werden könne; so daß auch derjenige, der unter abnormen Umständen in eine abnorme Entwicklung hineingedrängt wird, sich deshalb noch lange nicht für stigmatisiert zu halten braucht.

Im folgenden wollen wir einen konkreten Fall durchbesprechen, der die in Frage stehenden Verhältnisse in einer besonders lehrreichen Weise aufweisen läßt; insofern nämlich, als er am Zusammentreffen verschiedener genetischer Momente zeigt, wie eine Reihe von Zufälligkeiten der Lebensgeschichte unseres Patienten dessen Perversionen nicht nur determiniert, sondern — so recht im Sinne FREUDS — überdeterminiert erscheinen lassen.

(Fall 8.) Der Patient, ein 22jähriger Hochschüler, kommt wegen „Homosexualität" und Impotenz. Die Anamnese ergibt folgenden Tatbestand: Im Alter von vier Jahren sah der Kranke eines Tages, als er zufällig neben seiner relativ jungen Stiefmutter im Bette lag, daß sie, während sie schlief, ihre Glutäalgegend entblößt hatte. Daraufhin machte er sich — daran weiß er sich noch ganz genau zu erinnern — mit den Fingern an ihrem Anus zu schaffen — bis sie erwachte und seine Hand mit einem Klaps vertrieb.

Weder unser Patient noch seine Stiefmutter hatten anscheinend diesem Vorfall seinerzeit die geringste Bedeutung beigemessen. Immerhin konnte er genügen, um die spielerisch-triebhafte Aufmerksamkeit des Kindes irgendwie auf die anale Region zu richten und dortselbst zu fixieren. Hören wir nun weiter, was er anamnestisch anzugeben weiß:

In späteren Jahren bekam er häufig Klystiere, und dies just von der Stiefmutter. Wir gehen nicht fehl, wenn wir in dieser Tatsache einen weiteren Entwicklungsschritt vermuten, der in die Richtung auf eine Triebfixierung quoad „Analerotik" weist. Diesmal aber nicht mehr quoad die Analgegend eines „Partners", sondern quoad den eigenen Anus als mögliche Lustquelle. Aber die Anamnese geht weiter:

Zu Beginn der Pubertät, so führt unser Patient aus, begann er nun, anal zu masturbieren.

Als Lustquelle einmal erschlossen, war die anale Region nunmehr schon prädisponiert, um sich zur Zeit der heranflutenden Sexualität von dem wie immer in den Reifejahren noch amorphen (um nicht zu sagen: polymorphen) Sexualdrang in Dienst stellen zu lassen. Für uns jedoch ist es klar, daß diese dritte Etappe: anale Masturbation, nach den beiden ersten: Erlebnis mit der Stiefmutter einerseits und wiederholte Klystiere andrerseits, zu einer weiteren Zunahme der Fixierung in gleichsinniger Richtung führen mußte.

Eines Tages erfuhr unser Patient, vom Hörensagen, daß Homosexuelle Päderastie betreiben. Und von diesem Augenblick an, so erzählt er weiter, schlichen sich in jene Phantasien, die seine (analen) masturbatorischen Akte begleiteten, homosexuelle Inhalte ein.

Auch nachdem der Kranke, wie er des weiteren angibt, sich die Masturbation abgewöhnt hatte, war sein sexuelles Interesse nicht nur dreifach ans Anale als Triebziel fixiert, sondern darüber hinaus nunmehr auch an homosexuelle Triebobjekte (wenn auch nur in der Phantasie). Schließlich gibt unser Patient noch folgendes an:

In seiner Verzweiflung darüber, daß er, wie er angibt, durch und durch pervers sei, „prüfe" er sich immer wieder — er beobachte sich fortwährend darauf hin, ob er daran Gefallen findet, wenn er sich in seiner Phantasie etwa vorstellt, ein Mann sei „hinter ihm" usw.

Wir sehen sonach, wie gerade die Furcht vor dem Perverssein den Kranken dazu verhält, sich gleichsam selber zu verführen, nämlich immer aufs neue seine triebhafte Reaktion sozusagen auf die Probe zu stellen — eben aus der Angst heraus, daß sich seine „abgründige und unaufhebbare" Perversität dabei herausstellen würde; wen wundert es da, wenn sich auch hier eine Art Erwartungsangstmechanismus einschaltet, und das so gefürchtete Resultat der Experimente unseres Patienten — experimentell erzeugt wird. Abermals ist damit ein Schritt getan, der vollends zur Fixierung an das Homoerotische führen muß. Experimentell in einem Ausmaß, der uns das Recht gab, dem Kranken gegenüber die Behauptung zu wagen, daß auf diese Weise, nach all dem Vorangegangenen und überdies nach seinem Vorgehen (sich auf die Probe stellen), auch der anlagemäßig normalste Mensch schließlich in eine solche nur scheinbar schicksalhafte Homosexualität hineingetrieben worden wäre — teils von außen her, teils von sich aus.

Was die Pathogenese der homosexuellen Perversion im vorliegenden Falle anlangt, wären also die Zusammenhänge soweit durchsichtig gemacht; und dem Kranken muß nun, in therapeutischer Absicht, nur entsprechend klargemacht werden, daß, theoretisch genommen, eigentlich jeder, und so auch der Gesündeste, in genau dieselbe Entwicklungsrichtung seiner Sexualität hineingeschlittert wäre — sobald er bloß die gleichen zufällig in die eine Richtung weisenden und mit der Zeit sich häufenden Erlebnisse gehabt hätte! Mit dieser Klarstellung bereits wird eine begreifliche seelische Druckentlastung erzielt: denn nunmehr braucht sich unser Patient angesichts seiner Perversion nicht mehr wie einem schicksalhaften, ihn stigmatisierenden Sachverhalt gegenübergestellt vorzukommen. Aber der Therapie fällt, über all dies hinaus, auch eine positive Aufgabe zu. Denn wir wollen ihn ja nicht nur vom Druck, vom Alpdruck seines Pervertiertseins befreien, sondern auch zu einer normalen, zu der ihm gemäßen normalen Sexualität hinführen. Normale menschliche Sexualität jedoch — das dem Menschen einzig gemäße Sexualleben ist immer nur: ein Sexualleben, das ausdruckshaft ist, und zwar jeweilig Ausdruck einer Liebesregung. So gälte es denn, den Kranken weniger auf normale sexuelle Potenz hin, als zur Liebesfähigkeit zu erziehen. Wir müssen ihm demnach ans Herz legen, sich eine Partnerin zu suchen, die er lieben könne. Die Voraussetzungen zu diesem Ratschlag — und dies ist eine günstige Konstellation, die wir im konkreten Falle glücklicherweise antreffen — sind gegeben; berichtet doch der Kranke davon, daß in seinen Träumen auch normalsexuelle Trauminhalte vorkommen — ja mehr als dies: auch in seinem Wachleben macht sich Interesse an Mädchen bemerkbar. Trotzdem hat er sich, bei allen diesbezüglichen Versuchen, bisher immer als impotent erwiesen. Freilich: die Versuche waren hauptsächlich mit Prostituierten unternommen worden. Gerade deshalb wird jedoch jetzt vom Kranken gefordert, alle sexuellen Versuche vorderhand bleiben zu lassen, sofern sie nicht einen seelischen Stellenwert haben, nämlich den Stellenwert: leiblicher Ausdruck von Liebe zu sein.

Im Sinne der oben dargelegten seelischen Druckentlastung ist damit jedoch ein weiteres gewonnen: Zeit! Denn der Kranke, der gegenwärtig verzweifelt und demgemäß in seiner ganzen geistigen Haltung äußerst verkrampft ist, klagt unter anderem über seine derzeitige Unfähigkeit, sich dem Studium zu widmen; immer wieder kreisen seine Gedanken um sein fatalistisch gesehenes „Fatum", ein durch und durch pervertierter Mensch zu sein. Und jetzt wird von ihm verlangt, zu warten, bis er ein Mädchen gefunden habe, das er lieben kann; ist damit nicht Zeit gewonnen — muß er sich hierzu nicht Zeit lassen? Und kann er sich jetzt, nachdem seiner ganzen Perversion deren vermeintlicher Schicksalscharakter genommen wurde, nicht mit „gutem Gewissen", daher „in aller Ruhe", seinem Studium hingeben?

Aber noch haben wir unserem Patienten einiges mit auf den Weg zu geben. Denn wir dürfen jetzt nicht vergessen, daß wir es bei ihm mit einem Menschen zu tun haben, der in seiner Sexualität ganz und gar unsicher geworden ist. Wir hätten also an den Rat, abzuwarten und zu studieren — und inzwischen nach einer möglichen Liebespartnerin Ausschau zu halten, diesem Rat hätten wir folgenden anzuschließen: daß er sich womöglich eine Partnerin wähle, die sexuell unerfahren sei. Denn dadurch wird es ihm möglich sein, seine Unsicherheit, die gegebenenfalls in Befangenheit umschlagen würde, auf ein Minimum zu reduzieren. Auch dürfte die Partnerin keine solche sein, die von ihm irgendwie sexuelle Aktivität oder auch nur Initiative verlangt. Denn auch dies wäre geeignet, wenn schon nicht die aufkeimende Liebesregung, so doch einen sie ausdrückenden sexuellen Impuls zu hemmen. Wenn es ihm aber einmal gelingt, die geforderten günstigen Bedingungen zustande zu bringen, dann — dies können wir dem Kranken ruhig vorhersagen — würde die Liebesregung automatisch zu normaler Potenz und damit überhaupt zu einem normalen Sexualleben führen — zu jenem normalen Sexualleben, das sich bisher, ohne eigentliche Liebe, dafür aber mit nur um so verkrampfterem Wollen, eben nicht erzwingen ließ.

Eingangs war davon die Rede, daß wir zwischen neurotischer und originärer Homosexualität unterscheiden müssen. Wir wollen uns nun fragen, wie wir als Psychotherapeuten uns zu jenen Fällen einzustellen haben, in denen die Homosexualität allem Anschein nach originär, also anlagemäßig und darum schicksalhaft ist. Zum Glück sind diese Fälle die seltenen. Außerdem wird der Arzt, und nicht nur der Facharzt, von solchen Menschen nur selten zu Rate gezogen. Denn diese Menschen haben im allgemeinen gar nicht das Bedürfnis, sich behandeln zu lassen; sie erleben ihre Gestörtheit darum auch nicht als wesentlich krankhaft — im Gegenteil, es ist bekannt, daß sie ganz analog zu den Süchtigen die Neigung haben, für die „Schönheit" ihrer sexuellen Erlebnisse, oder gar für deren kulturelle Wertigkeit, eine Art Propaganda zu machen und (dies ist das gefährliche Moment in kollektiv-psychohygienischem Sinne!) „Proselyten" zu schaffen.

Trotzdem sei hier auch ein Fall, der in diese Kategorie einschlägt, angeführt; darum nämlich, um an ihm darzutun, wie sich der Psychotherapeut gerade angesichts des Vorliegens eines schicksalhaften Sachverhaltes zu verhalten hat.

(Fall 9.) Der Kranke, um den es sich handelt, ist 50 Jahre alt und hat eine gehobene berufliche Position. Er gibt an, bereits vor 20 Jahren zwei Jahre hindurch in regelmäßiger psychoanalytischer Behandlung gestanden zu sein, die jedoch völlig ohne Effekt blieb. Bemerkenswerterweise hat er auch damals — ebenso wie diesmal — den Arzt nicht etwa wegen seiner Homosexualität konsultiert, sondern wegen gewisser beruflicher Arbeitshemmungen. Homosexuell hat er von jeher empfunden — heterosexuell niemals in seinem Leben, nicht einmal in einem einzigen Traum, der ihm erinnerlich wäre. Auch in den Phantasien, die seine in der Pubertät einsetzenden masturbatorischen Akte begleiteten, seien nie andere als homosexuelle Vorstellungsinhalte aufgetreten. In früheren Zeiten habe er zu zwei Knaben je jahrelang dauernde sexuelle Beziehungen gehabt. Jetzt, „in seinem Alter", sei die Sexualität überhaupt kein Problem mehr für ihn. Er suche den Arzt vielmehr wegen Zerstreutheit bzw. Konzentrationsunfähigkeit auf. Diese Zerstreutheit, ergibt sich nun, besteht schon seit Kindheit, und zwar ohne daß in ihrer graduellen Ausprägung irgendwelche phasenhaften Unterschiede zu beobachten gewesen wären. Wir haben somit das Recht, anzunehmen, daß diese Zerstreutheit der Homosexualität des Kranken koordiniert sei in dem Sinne, daß beide Erscheinungen als zwei Seiten einer identischen Konstitution zu deuten sind. Die ihnen gemeinsam zugrunde liegende Konstitution jedoch müssen wir schlechterdings als eine schicksalhafte Gegebenheit hinnehmen bzw. dem Kranken gegenüber hinstellen; er aber hätte die Aufgabe, diese schicksalhafte Gegebenheit auf ein unumgängliches Minimum herabzusetzen, gerade dadurch, daß er von allem blindwütigen und verkrampften Ankämpfen dagegen Abstand nimmt. Denn es erwies sich im konkreten Falle alsbald, daß die Zerstreutheit, ganz allgemein die beruflichen Arbeitshemmungen unseres Patienten nicht etwa im Sinne eines neurotischen Symptoms aufzufassen sind, sondern durchaus im Sinne einer Teilerscheinung seiner Konstitution.

Aber auch die zweite wichtige Seite des Daseins, auf der dem Menschen existentielle Erfüllung werden kann: das Liebesleben — ist ihm letzten Endes ebenso verschlossen; ebenso wie im Beruf bleibt ihm die letzte Befriedigung auch in der Liebe versagt. Welch eine Einschränkung der existentiellen Möglichkeiten muß dies doch herbeiführen! Aber eine Psychotherapie, und jede Psychotherapie, und gerade in Fällen, in denen der Kranke mit einem schicksalhaften Tatbestand konfrontiert erscheint, muß es dem Patienten ermöglichen, da einen Ausweg zu finden, und das hieße: einen Weg zu finden zu einem persönlichen Lebenssinn und damit zur existentiellen Erfüllung. So wurde denn unser Patient, rein improvisierend, unvermutet gefragt: Was macht Ihnen eigentlich am meisten Freude im Leben? Daraufhin erhielten wir zur prompten Antwort: „Kunst — — Literatur — — und geistig anregender, freundschaftlicher Verkehr mit andern Menschen." Und nun ergab sich der Ausgangspunkt für die weitere Psychotherapie — die sich doch nunmehr nur der Frage zuwenden konnte, woher anders, wenn nicht mehr vom Berufs- und Liebesleben, diesem konkreten Menschendasein ein Sinn aufgezeigt werden könnte; der Ansatzpunkt ergab sich aus folgender Tatsache: der Kranke gab an, daß ihn in Dingen seiner kulturellen Neigungen die Zerstreutheit nicht im geringsten störe! Während er sich mit der Homosexualität bereits längst soviel wie ausgesöhnt hatte, blieb noch übrig, daß er auch die berufliche Arbeitshemmung einfach auf sich nehme, in Kauf nehme. Es hieße aber, das Prinzip, aus dem heraus wir eine Aussöhnung des Kranken mit seiner „Faktizität" planen und nahelegen, grundsätzlich mißverstehen, wollte man meinen, daß hiermit dem neurotischen Fatalismus in die Hand gearbeitet würde. Ganz im Gegenteil! Auf Grund unserer Erfahrungen erwarten wir uns vielmehr, daß die Arbeitshemmung gerade dann und nur dann und erst dann auf ihr unumgängliches Mindestmaß reduziert werden kann, wenn der Kranke eben aufhört, sich immer wieder gegen sie aufzulehnen, also, wie vorhin gesagt wurde, verkrampft gegen sie anzukämpfen. Denn auch hier, wie so oft bei andern Fällen, entsteht durch dieses Ankämpfen insofern ein Circulus vitiosus, als sich die Aufmerksamkeit solcher Patienten just dem zuwendet, wovon sie loskommen wollen. Wir haben es hier mit einer typischen neurotischen Wendung zu tun, die gewissermaßen subjektivistisch, um nicht zu sagen psychologistisch genannt werden darf. Im Falle unseres an seiner Zerstreutheit bzw. Konzentrationsunfähigkeit leidenden Patienten sieht dies so aus, daß er — und er gibt es auch zu, sobald wir es ihm auf den Kopf zusagen! — bei der Arbeit, statt sich auf die Arbeit zu konzentrieren, sich auf seine eigene Konzentrationsfähigkeit konzentriert! Nicht wahr, so fragen wir ihn,

Sie denken sich dann immerfort: ich muß mich konzentrieren — ich muß mich konzentrieren — ich muß mich konzentrieren, und längst nicht mehr daran, worauf Sie sich eigentlich konzentrieren sollen? Und wie befreit und erlöst durch den Hinweis auf einen grundlegenden Fehler, den er zeitlebens immer wieder beging, stimmt der Kranke zu. Dieser Fehler jedoch ist keineswegs mehr etwas Schicksalhaftes oder etwas, das man nicht abstellen könnte! Aber jetzt verstehen wir auch, wann erst dieser Fehler abstellbar wird: erst dann nämlich, sobald sich unser Patient einfach eingesteht, daß er nun einmal zu einem Menschentypus gehöre, der zu Konzentrationsschwierigkeiten neigt, und sobald er daher nicht mehr fortwährend gegen diesen schicksalhaften Kern seines Leidens Sturm läuft. Freilich, die gewünschte Aussöhnung mit dem Schicksal — eben um es auf sein unumgängliches Mindestmaß herunterzuschrauben —, diese Aussöhnung war im vorliegenden Falle dadurch leicht zu erreichen, daß, wie gesagt, das Eigentliche, das Erfüllende im Leben unseres Kranken ja doch jenseits von all dem lag, worin er durch seine Konzentrationsunfähigkeit gehandikapt war.

Sosehr nun der oben beschriebene Circulus vitiosus menschlich durchaus verständlich ist, also eine schon menschlich verstehbare Reaktionsweise darstellt und nicht erst als an sich schon krankhafter Mechanismus zu verstehen ist, so war es dennoch im vorliegenden Falle interessant zu sehen, aus welchem emotionalen Grunde unser Patient so besonders dazu neigen mußte, die Frage seiner Konzentrationsfähigkeit zu überschätzen (denn es ist klar, daß nur ein gut Stück Überschätzung der beruflichen Arbeitshemmungen ihn dazu veranlaßt haben wird, sie in so übertriebener Weise sein ganzes Leben hindurch zu bekämpfen). Als nämlich dem Kranken gegenüber zusammenfassend erklärt wurde, daß er sein Berufsleben (ebenso wie sein Liebesleben) so weit bagatellisieren müsse, als es die Aufrechterhaltung eines gewissen Lebensstandards eben noch erlaubt, und daß er seine Erfüllung im Privatleben, und zwar auf kulturellem Gebiet suchen solle, da machte sich plötzlich eine Art Widerstand bemerkbar, und in recht affektiver Weise, voll Ressentiment, wandte der Kranke ein: „Aber Leute, die viel primitiver sind als ich, stellen in Dingen, die Sie soeben als das bloß Handwerkliche mit Recht so bagatellisiert haben, ihren Mann!" So zeigte sich, wie der lebenslängliche übertriebene Kampf unseres Patienten um seine Konzentrationsfähigkeit — ein Kampf, der gerade in seiner Übertriebenheit die Konzentrationsunfähigkeit übertreiben mußte, — wie dieser Kampf recht eigentlich eine affektive Wurzel hatte, und es zeigte sich in einem damit, daß seine emotionale Grundlage nichts anderes war als: Eifersüchtelei! Eine Eifersüchtelei jedoch, von der wir dem Kranken gegenüber behaupten konnten, daß er zu ihr herzlich wenig Grund hatte; denn er hatte es ja gar nicht nötig, die andern, die beruflich Lebenstüchtigen, zu beneiden — um etwas, das ganz und gar nicht in der Linie seiner existentiellen Erfüllung gelegen war!

Sexualneurosen bei Frauen

Der Besprechung der Potenzstörungen müssen wir nun eine Besprechung der analogen Sexualneurosen beim weiblichen Geschlecht an die Seite stellen. Eigentlich müßten wir also in eine Besprechung der Frigidität bzw. Dyspareunie eingehen[1]). Aber die psychologischen Analogien sind dermaßen evident, daß es sich wohl erübrigt, das feminine Pendant zur Potenzstörung ausführlich abzuhandeln; zumal die Psychologie der Frigidität insofern eine blandere ist, als es sich hier auch nicht um offenkundige Störungen im Ablauf einer Organfunktion handelt, vielmehr um Störungen der sexuellen Erlebnisfähigkeit, um eine Störung des seelischen Ablaufs der Kohabitation bis zur vollen Befriedigung, bis zum Orgasmus.

Woran dem Ejaculatio-praecox-Patienten letztlich und eigentlich liegt, das ist: sich des Spermas zu entledigen und die Spannung zu entladen. Mit einem Wort, es geht ihm um die Freiheit von Unlust — um die negative Lust solchen Freiwerdens. Demgegenüber geht es dem Potenzgestörten um die positive Lust. Sagten wir doch, gerade deshalb, weil es ihm so sehr um die Lust geht, entgeht ihm ebendiese Lust auch schon. Mit einem Wort, das Lustprinzip scheitert an sich selbst — es steht sich selbst im Wege. Lust gehört zu den Dingen, die ein Effekt bleiben müssen und nicht intendiert werden können; zu ihnen gehört auch der Schlaf, von dem Dubois sagte, er sei eine Taube, die dann, wenn man nach ihr hasche, fortfliegt. Auch Lust ist ein Effekt, der sich nicht „haschen" läßt. Analog sagte Kierkegaard, die Tür zum Glück gehe nach außen auf; sie verschließt sich einem um so mehr, als man sich ins Glück einzudrängen versucht. Wir können sagen: die Jagd nach dem Glück verscheucht es — der Kampf um die Lust vertreibt sie. Im besonderen ist es der Sexualneurotiker, der dem Glück nachjagt — der der Lust nachläuft. Der Kampf um die Lust ist das Charakteristikum des sexualneurotischen Reaktionsmusters. Wir haben es hierbei mit einer forcierten Intention der Sexuallust und des Orgasmus zu tun. Nun gesellt sich zur forcierten Intention eine forcierte Reflexion — beides ist pathogen: ein Übermaß sowohl an Aufmerksamkeit als auch an Absicht.

---

[1]) In diesem Zusammenhang sei hier nur kurz darauf hingewiesen, daß Sexualneurosen auf seiten des Mannes solche auf seiten der Frau im Gefolge haben können, so daß füglich von „androgenen" weiblichen Sexualneurosen gesprochen werden konnte. So kann Ejaculatio praecox auf der einen Seite zu einer Dyspareunie auf der anderen führen, oder mutuelle Masturbation zu einer Fixierung an die sogenannte Klitoris-Erotik.

(Fall 10.) Fräulein S. wendet sich wegen ihrer Frigidität an uns. In der Kindheit wurde die Patientin vom eigenen Vater geschlechtlich mißbraucht. Heuristisch tun wir jedoch so, als ob so etwas wie ein psychosexuelles Trauma nicht existierte; vielmehr fragen wir die Patientin, ob sie etwa erwartet habe, durch den Inzest geschädigt worden zu sein, und die Patientin bestätigt unsere Vermutung, und zwar sei sie hierbei unter dem Einfluß einer populär gehaltenen Lektüre gestanden, die eine vulgär interpretierte Psychoanalyse zum Inhalt hatte. „Dies muß sich rächen" — so lautete die Überzeugung der Patientin. Mit einem Wort, es etablierte sich eine bibliogene Erwartungsangst. Im Banne dieser Erwartungsangst aber war die Patientin, wann immer es zu einem intimen Beisammensein mit ihrem Partner kam, „auf der Lauer"; eben damit war jedoch ihre Aufmerksamkeit aufgeteilt zwischen dem Partner und ihr selbst. All dies mußte aber auch schon den Orgasmus vereiteln; denn in dem Maße, in dem man auf den Sexualakt achtgibt, in ebendemselben Maße ist man auch schon unfähig, sich hinzugeben, mit andern Worten: an Stelle des Gegenstands der Liebe tritt ins Zentrum der Aufmerksamkeit der Geschlechtsakt. Im Falle unserer Patientin wurde solcherart unter der Einwirkung der bibliogenen Erwartungsangst nicht nur eine forcierte Reflexion des Sexualakts heraufbeschworen — mehr als dies: auch eine forcierte Intention der Sexuallust — die forcierte Intention des Orgasmus; denn die Patientin wollte sich endlich einmal in ihrer Weiblichkeit bewähren und bestätigen. Die Therapie nahm die forcierte Intention und die forcierte Reflexion aufs Korn. In diesem Sinne machten wir, ausgehend vom zitierten Gleichnis von DUBOIS, der Patientin klar, was vom Einschlafen gilt, gelte auch beim Beischlafen. „Nicht anders als der Schlaf", so setzten wir ihr auseinander, „ist das Liebesglück, das Sie so verkrampft und gewaltsam anpeilen, gleich einem Vogel, der fortfliegt, wenn Ihre Hand nach ihm greift. Denken Sie nicht an den Orgasmus — und je weniger Sie sich um ihn scheren, desto eher und früher wird er sich von selbst einstellen!" Ich redete dann meiner Patientin ein, ich hätte im Augenblick keine Zeit, die Behandlung zu übernehmen, und bestellte sie in zwei Monaten wieder. Bis dahin aber möge sie sich nicht weiter um ihre Fähigkeit bzw. die Unfähigkeit zum Orgasmus kümmern, sondern nur um so mehr während des Geschlechtsverkehrs ihre Aufmerksamkeit dem Partner zuwenden. Und der weitere Verlauf gab mir recht. Was ich insgeheim erwartet hatte, trat ein. Die Patientin kam nicht erst nach zwei Monaten wieder, sondern bereits nach zwei Tagen — geheilt. Die bloße Ablösung der Aufmerksamkeit von sich selbst, von ihrer eigenen Fähigkeit bzw. Unfähigkeit zum Orgasmus — kurz: eine Dereflexion — und die nur um so unbefangenere Hingabe an den Partner hatten genügt, um erstmalig den Orgasmus herbeizuführen.

Es ist bekannt, ein wie verhältnismäßig hoher Prozentsatz auch „glücklich verheirateter" Frauen sich bei näherem Zusehen als zumindest partiell frigid erweist. Die mannigfaltigsten seelischen Ursachen kommen dabei ätiologisch in Frage. Vorab wären erzieherische Einflüsse, also solche seitens eines gewissen sexualmoralischen Geistesmilieus anzuführen, das einerseits zu Prüderie und andrerseits, sich rächend, zu einer verfehlten, verkrampften, gehemmten Einstellung in sexualibus führt. Auf diesem Wege entwickelt sich bei Mädchen und jungen Frauen die Neigung zu so manchen Halbheiten, unter denen nun die mutuelle Masturbation gerade für die Pathogenese bestimmter Formen einer relativen Frigidität eine große Rolle spielt. Denn die mutuelle Masturbation ist ganz dazu angetan, auf Seite der weiblichen Partnerin eine Fixierung der Orgasmusbereitschaft an die Clitoris herbeizuführen. Es bedarf dann in der Ehe recht vieler Geduld von seiten beider Partner, um den Übergang von der sogenannten Klitoris-Erotik zur physiologischen Auslösbarkeit des Orgasmus auf normalem Wege, durch den normalen Koitus, also reflektorisch von der Tiefe der Vagina her, zu bewerkstelligen.

Es ist klar, daß in der tiefenpsychologischen Anamnese vieler einschlägiger Fälle psychische Traumen feststellbar sein werden. Versuchte oder vollzogene Vergewaltigungen sowie brutale, rücksichtslose Defloration wären in dieser Hinsicht an erster Stelle zu nennen. Selbstverständlich bemächtigt sich auch hier die Erwartungsangst des einmaligen traumatisierenden Erlebnisses und stellt wieder jenen Circulus vitiosus her, dessen Häufigkeit uns gelegentlich der Exploration potenzgestörter Männer begegnet ist. Daß die instinktive reflektorische Abwehr auf Grund solcher erstmaliger Traumen gegebenenfalls nicht nur eine erlebnismäßige bleibt, sondern zu körperlichen Erscheinungen führt, ergibt sich wohl von selbst. Unter diesen körperlichen Manifestationen ist nun die markanteste der Vaginismus. Es ist ohne weiteres verständlich, daß diese Sexualstörung, als bereits körperlicher Ausdruck seelischer Haltung, erst recht Ort eines Ansetzens des Erwartungsangstmechanismus sein kann.

Die seelische Grundhaltung, aus der heraus es zu so etwas wie Vaginismus kommt, läßt sich wohl am treffendsten kennzeichnen als die Angst vor dem sexuellen Überwältigtwerden. Für die Richtung nun, in der sich die Psychotherapie solcher Störungen zu bewegen hätte, soll folgende kasuistische Erfahrung beigebracht werden: Eine Patientin, die bereits seit vielen Jahren an einer schweren Form von Vaginismus gelitten hatte, wurde ärztlicherseits angewiesen, die Immissio membri von nun an derart zu vollziehen, daß sie sie selber, buchstäblich „eigenhändig", nämlich digitis propriis, vornimmt. Damit sollte jedes Moment des Überrumpeltwerdens symbolisch — und damit erlebnismäßig — radikal ausgeschaltet, und andrerseits ein symbolischer Ausdruck für die eigene Initiative gefunden werden, aus der heraus die nunmehr vollends spontane liebende Hingabe geschah. Weinend vor Glück berichtete die Kranke das nächstemal, welchen prompten und vollen Erfolg diese schlichte Maßnahme gezeitigt hatte!

Am Rande der Sexualneurosen stehen jene Fälle neurotischer Erkrankung, in denen es nicht oder weniger zu einer eigentlichen Sexualstörung kommt, als vielmehr zu einer allgemeinen neurotischen Gesamthaltung und Einstellung in bezug auf das Liebesleben als Ganzes — mag sich die allgemeine Neurose sekundär auch im einzelnen Symptom manifestieren. Einen Fall von dieser Art würde der folgende darstellen:

(Fall 11.) Die 27jährige Kranke wird vom Lungenfacharzt an uns gewiesen. Sie leidet an Tbc. pulmonum und mußte deshalb bereits wiederholt einen Pneumothorax angelegt bekommen. Nun steht im Vordergrund der Symptomatik häufiges Erbrechen, das mit der Tuberkulose nicht in Zusammenhang zu bringen sei und vom Lungenspezialisten als Magenneurose angesehen wird. Die Kranke gibt sofort zu, in letzter Zeit viel Aufregungen gehabt zu haben; aber weniger wegen ihrer Lungenkrankheit als solcher als im Zusammenhang mit dem aktuellen Problem ihrer Heirat: Ihr Bräutigam schien anfangs die Eheschließung aufschieben zu wollen, und zwar anscheinend deshalb, weil er von ihrer Lungenkrankheit Wind bekommen hatte. Daraufhin, gibt Patientin an, habe sie selber begonnen, ihrerseits die Ehe hinauszuschieben, und zwar aus dem Wunsch heraus, sich damit am Bräutigam irgendwie zu rächen. Ob sie ihn denn nicht liebe? „Eigentlich gar nicht so sehr; ich denk' mir vielmehr nur, daß er für mich als chronisch Kranke ganz gut taugen würde: er wird mich schonen, und die Liebe kommt vielleicht später von selber." Um ihn nicht abzuschrecken, wolle sie ihm nicht die volle Wahrheit ihrer Krankheit sagen; denn sie wisse nicht sicher, ob er sie genug liebe — habe sie ihn doch im Verdacht, sie nur um ihres Geldes willen heiraten zu wollen.

Wir sehen also, wie sich in dieser Ehefrage die verschiedensten Momente miteinander verquicken, die mit Liebe jedenfalls wenig zu tun haben. Es steht nicht fest, inwiefern der Bräutigam nur ihr Geld erheiraten will, und andrerseits steht ebensowenig fest, inwieweit die Kranke ihn nur als Pfleger heiraten möchte. Zu letzterem Zwecke ist sie bereit, die Ehe mit einer Lüge zu beginnen. Im übrigen ist ihr nicht wenig daran gelegen, die Heirat nur darum zu forcieren, damit sie sich selbst und dem Bräutigam und allen andern beweist, daß sie ihn, trotz seines Zögerns, schließlich doch noch soweit gebracht hat, ihr einen Heiratsantrag zu stellen: beinahe sieht es so aus, als ob die Ehe als Strafe für den zögernden Bräutigam gemeint wäre!

Demgegenüber wird der Kranken klargemacht, daß sie verpflichtet sei, ihren Bräutigam vor die Tatsache ihrer Krankheit und sich selbst vor die Entscheidung für oder gegen die Heirat zu stellen, da es wenig Sinn habe und sich über kurz oder lang rächen müßte, wenn sie mit einer Lüge die

Ehe einginge, bzw. aus uneigentlichen Motiven. Liebe sie ihn wirklich oder genug, dann müsse sie schon seinetwegen auch mutig die Wahrheit sagen. Reiche seine Liebe nicht hin, um sie trotz ihrer Krankheit zu heiraten, oder reiche sein materielles Interesse nur dazu, ihre Krankheit in Kauf zu nehmen, dann sei die Prognose einer Ehe ohnehin ungünstig.

In diesem Sinne wird die Patientin angewiesen, sich der Fülle der Probleme zu stellen und den Konflikt durchzudenken, und nicht der Entscheidung (wie bisher) auszuweichen — auszuweichen in die Krankheit: denn das, was ihrer ganzen Magenneurose letztlich zugrunde liegt, ist ja nichts anderes als ihre Unentschiedenheit und Unentschlossenheit gegenüber der Eheproblematik. Diese Problematik ist es eigentlich, was ihr „im Magen liegt"; ihr innerer Konflikt wird „nicht verdaut" — weil er nicht in adäquater Weise bewältigt wird[1])! Als Beleg für diese Deutung diene eine spontane wörtliche Äußerung unserer Patientin, die sie im Gespräch über ihre Eheproblematik macht: „Das ist es, was mich so krank macht — das liegt mir alles so im Kopf — wenn ich anfange, davon nur zu sprechen, bekomme ich auch schon Schwindel und Magenschmerzen."

Solche Entscheidungen bzw. das Ausweichen vor ihnen muß natürlich nicht in allen Fällen zu einer Neurose führen, vielmehr kann der Konflikt als solcher durchgelitten und in seiner scheinbaren Unlösbarkeit bewußt erlebt werden. Es würde sich dann also um eine Psychoneurose handeln. Es ist natürlich nicht Sache des Arztes und kann sie auch niemals sein, dem Kranken seine Entscheidung auch nur im geringsten abzunehmen; im Gegenteil, der Arzt hat die Pflicht, seinen Patienten so weit zu bringen, daß er im vollen Bewußtsein der eigenen Verantwortung die Entscheidung selber zu treffen imstande ist.

Klimakterische Neurosen

Im Bereich klimakterisch-neurotischer Erkrankungen wird das psychogene Moment vor allem durch die sogenannte Torschlußpanik repräsentiert. Man hat einmal behauptet, alle Angst sei letztlich Todesangst; diese These möchten wir zu ergänzen wagen: — und jede Todesangst ist eigentlich Gewissensangst. Nur daß diese Gewissensangst, zumindest im Zusammenhang mit der Psychogenese klimakterischer Neurosen, eine negative ist. Mit anderen Worten: sofern das angelsächsische Sprichwort „commission is better than omission" zu Recht besteht, würde sich diese **negative**

---

[1]) Nach v. WEIZSÄCKER versucht der Neurotiker, ein Problem seines Daseins auf einer anderen, niedrigeren Ebene zu lösen, als auf der es gestellt ist. Bei echt psychogenen Störungen eine bloß medikamentöse Therapie einleiten hieße demnach, sich auf diese niedrigere, inadäquate Ebene — des Somatischen — auch als Therapeut begeben!

Gewissensangst demnach auf die „omissions" beziehen, will heißen auf die verpaßten Chancen und die versäumten Gelegenheiten eines Menschen, auf seine unverwirklicht gebliebenen Möglichkeiten und auf sein unerfüllt gebliebenes Selbst. Mit einem Wort: Es geht hier um das, was die zeitgenössische angelsächsische Psychiatrie mit dem Ausdruck „frustration" belegt hat. Aber die Frustration ist nicht bloß, wie es diese Psychiatrie annimmt, eine sexuelle, bedeutet also nicht nur geschlechtliches Unbefriedigtsein; sondern wir selbst verstehen darunter in erster Linie **eine existentielle Frustration, die Unerfülltheit eines Menschen hinsichtlich des Sinnes seines Lebens.**

Eine der Möglichkeiten, ihr Dasein sinnvoll zu gestalten, ist für die Frau zweifellos gelegen im Gattinsein und Mutterwerden. Wehe aber, wenn in dieser einen die einzige Sinnmöglichkeit gesehen wird, mit andern Worten, wenn diese Wertmöglichkeit — und um eine solche handelt es sich ja zweifelsohne — nicht in ihrer Relativität belassen, sondern verabsolutiert — mit einem Wort: wenn sie vergötzt wird. Denn wie alle Vergötzung, so rächt sich auch diese dadurch, daß sie geradewegs in die Verzweiflung hineinführt[1]).

Der Verzweiflung entgeht die unverheiratet und kinderlos bleibende Frau nur, indem sie bewußt **Verzicht leistet.** Aber schon die Sprache sagt uns, daß es sich beim Verzicht eben um eine „Leistung" handelt. Schon GOETHE wußte, daß „zur Resignation Charakter gehört".

Der Verzicht nun, diese „Leistung", die solchen Frauen abverlangt ist — diese Leistung wird nur möglich, wenn wir die Vergötzung rückgängig machen, wenn wir die betreffenden Frauen davon zu überzeugen verstehen, daß Liebesglück und Mutterschaft wohl eine, aber eben keineswegs die einzige Möglichkeit darstellen, dem Leben einen Sinn zu geben. Ein altes chinesisches Sprichwort sagt zwar, jeder Mann solle in seinem Leben einen Baum gepflanzt, ein Buch geschrieben und einen Sohn gezeugt haben; aber hielte man sich daran — die meisten Männer müßten verzweifeln und sich das Leben nehmen, da sie ihm keinen Sinn geben konnten. Genauso steht es um jene Lebensauffassung, die nicht die Vaterschaft, sondern die Mutterschaft vergötzt: wie arm wäre doch das Leben, wenn es — neben der Elternschaft — keine anderen Möglichkeiten sinnvoller Gestaltung zuließe! Was wäre das aber auch schon für ein Leben, dessen Sinn damit stünde und fiele, daß man heiratet und Kinder kriegt, Bäume pflanzt und Bücher schreibt? In Wirklichkeit läuft eine solche Einschränkung der Sinnmöglichkeiten auf eine Entwertung des Lebens hinaus — und auf eine Entwürdigung der Frau.

---

[1]) Siehe VIKTOR E. FRANKL, Anthropologische Grundlagen der Psychotherapie, Hans Huber, Bern 1974.

Aber nicht nur die Mütterlichkeit wird vergötzt, sondern auch die Jugendlichkeit: jugendliches Aussehen um jeden Preis — so lautet die Devise, und zwar eine vom Zeitgeist diktierte Devise. Daß ein krampfhaftes Bemühen in dieser Richtung sich alsbald in krankhaftem Sinne auswirken muß, ist klar.

Nicht minder pathogen als diese beiden Vergötzungen wirken sich im Klimakterium zwei Mißverständnisse aus. Zunächst die Verwechslung von „reifen" und „altern". Man vergißt dann, daß der Mensch, wie die Forschungen der Psychologin CHARLOTTE BÜHLER erweisen konnten, biologisch längst schon im Abstieg begriffen ist, wenn er sich biographisch dem Gipfel- und Höhepunkt seines Lebens erst nähert.

Nun, daß reifen noch lange nicht altern bedeutet — dies nicht zu wissen, ist mit ein Grund aller Torschlußpanik. Der von ihr ergriffene Mensch in reifen Jahren sieht nur, wie sich das eine Tor schließt, aber er übersieht, daß sich zur gleichen Zeit neue Tore öffnen, neue Möglichkeiten eröffnen.

Was aber geschieht mit den „alten" Möglichkeiten, den bereits verwirklichten? Nun: was immer verwirklicht wurde — mag es auch vergänglich zu sein scheinen: sobald es in die Vergangenheit eingegangen ist, wird es gerade dadurch vor der Vergänglichkeit bewahrt, bleibt es aufbewahrt im Vergangensein, ist es in die Vergangenheit hineingerettet. **Nichts ist in der Vergangenheit unwiederbringlich verloren, sondern alles unverlierbar geborgen.** Niemand hat dies schöner gesagt als LAOTSE: „Eine Aufgabe erfüllt haben, heißt ewig sein." Aber es ist nicht so, als ob all dies nur von dem gälte, was wir geschaffen haben — und damit in die Welt hineingeschafft —, so daß es nimmermehr „aus der Welt zu schaffen ist"; sondern es gilt ebensosehr von alledem, was wir erlebt und geliebt und erlitten. Der Dichter sagt: „Was du erlebt, kann keine Macht der Welt dir rauben." Man bedenke nur, was es bedeutet, wenn man beispielsweise einer Witwe klarzumachen versteht, daß die Tage des Glücks, die sie mit ihrem Manne verleben durfte, niemals mehr ungeschehen gemacht werden können, daß sie ein für allemal ins Vergangensein gerettet und in der Vergangenheit geborgen sind.

Der klimakterische Mensch ist beherrscht vom RILKEschen Lebensgefühl ständigen Abschiednehmenmüssens. Aber nun wissen wir, daß seine Verzweiflung an der Vergänglichkeit menschlichen Daseins unberechtigt ist. Denn diese Verzweiflung beruht auf einer optischen Täuschung: man sieht nur das Stoppelfeld der Vergänglichkeit, aber man übersieht die vollen Scheunen des Vergangenseins. Und wer von der Torschlußpanik ergriffen ist, der hat vergessen, daß das Tor, das sich da zu schließen droht, eben das Tor einer vollen Scheune ist...

Und er überhört den Trost und die Weisheit, die uns entgegenklingen aus den Worten: „Du gehst im Alter zu Grabe, wie der Garbenhaufen eingefahren wird zur Zeit" (Job 5, 26).

Angstneurosen

Mit der Besprechung der Angst- und Zwangsneurosen sowie jener Phobien, die zwischen beiden eine Art Mittelstellung einnehmen, betreten wir das Gebiet der häufigsten Neuroseformen. Dies wundert uns nicht in dem Augenblick, wo wir an jene konstitutionellen Komponenten denken, die den meisten Neurosen zugrunde liegen. Sehen wir nämlich etwa von den schweren Zwangsneurosen oder von der schweren Hysterie ab — sie alle haben ja eine besondere Psychopathieform zur konstitutionellen Grundlage —, dann läßt sich füglich behaupten, daß den ausgeprägteren Angstneurosen eine gewisse neuropathische Konstitution zugrunde liegt. Im besonderen handelt es sich, wie schon seit den einschlägigen Forschungen von Wexberg bekannt ist, bei der neuropathisch-konstitutionellen Grundlage der Angstneurose um eine vom Vegetativum bedingte somatische Angstbereitschaft. Die Angst, dieses tiefsitzende — in der Tiefe der vegetativen „Tiefenperson" (Kraus) gründende Urgefühl, diese urtümliche biologische Alarmreaktion, ist bei allen „vegetativ Stigmatisierten" (v. Bergmann) naturgemäß in einer besonderen Bereitschaft, also von Haus aus besonders gebahnt. Daß diese Bereitschaft daneben auch eine nicht konstitutionelle, vielmehr gleichsam akzidentelle sein kann, dann nämlich, wenn sie intra vitam akquiriert ist, erhellt von selbst[1]); mit Fällen dieser Gattung hätten wir es etwa dort zu tun, wo durch eine wenn auch noch so geringfügige organische Herzerkrankung das spezifische „Organgefühl" des Herzens, als welches die Angst von Ludwig Braun mit soviel Recht hingestellt wurde, zu besonderer Alarmbereitschaft inkliniert. Aus diesem Grunde ist es verständlich, wenn Angstneurosen sekundär etwa auf Myokardschädigungen „aufgepfropft" sind, oder aber den klinisch-symptomatologischen Vordergrund abgeben für leichtestgradige bzw. beginnende kardiale Erkrankungen, wie beispielsweise eine inzipiente Stenokardie. Um so wichtiger aber muß es uns hiernach erscheinen, beim leisesten Verdacht in dieser diagnostischen Richtung eine gründliche Herzuntersuchung (einschließlich EKG) aller allfälligen psychotherapeutischen Behandlung vorangehen zu lassen; dies zwar nicht nur, um vor unserem ärztlichen Gewissen das Vorliegen bzw. Zugrundeliegen einer organischen Störung (hinter dem funktionellen Zustandsbild) auszuschließen, sondern auch mit der Absicht,

---

[1]) Den innigen Beziehungen zwischen Psyche und Vegetativum ist namentlich Kauders nachgegangen, und zwar im Zusammenhang mit der Häufung vegetativer Krankheitsbilder in den Kriegs- und Nachkriegsjahren.

auf dem allenfalls negativen Untersuchungsergebnis die Psychotherapie überhaupt erst aufzubauen; „denn was man schwarz auf weiß besitzt, kann man getrost nach Hause tragen" — heißt es im „Faust", und unsere Patienten, sofern sie in ihrer hypochondrisch gefärbten Angstneurose sich, wie so oft, speziell vor Herzfehlern und vor dem Herzschlag fürchten, werden den normalen Herzbefund gewiß „getrost" mit sich nach Hause nehmen: im Bewußtsein, gründlich untersucht und nicht mit einer leichtfertigen tröstlichen Beruhigung abgespeist worden zu sein.

Bei der innigen Verflechtung zwischen dem vegetativen und dem endokrinen System, wie es uns in Physiologie und Klinik allenthalben vor Augen tritt, ist es leicht verständlich, daß uns auch innersekretorische Störungen, Ausfälle bzw. Überfunktionen als somatischer Unterbau, also entweder als konstitutionelles oder als dispositionelles Moment, in der organischen Substruktion von Angstneurosen entgegentreten. Hier wäre vorzüglich die Überfunktion der Schilddrüse zu nennen; haben wir doch namentlich in Fällen jener so häufigen Form der Angstneurose, die man als Platzangst bezeichnet, immer wieder feststellen können, daß sich bei ihnen erhöhter Grundumsatz nebst anderweitigen, auch klinischen Manifestationen von Hyperthyreose vergesellschaftet vorfinden läßt. Bei der Verschränkung von erhöhtem Sympathikustonus mit Hyperthyreose und von ersterem wieder mit erlebnismäßiger Angstbereitschaft wird uns all dies nicht wundern. Daß aber in allen solchen Fällen, wo gleichzeitig das Angstgefühl und eine besonders gesteigerte Erregbarkeit innerhalb des Vegetativums (dieser bekannten Umschaltstelle zwischen Soma und Psyche!) sowie schließlich endokrine Stigmata gegeben sind, auch die Therapie eine mehrgeleisige sein muß, erübrigt sich jetzt zu betonen. Wir werden daher gut daran tun, mit der psychotherapeutischen Behandlung solcher Fälle synchron eine vegetativ-sedative Medikation einzuleiten. — Aber wenden wir uns nunmehr der Kasuistik zu:

(Fall 12.) Die 38jährige Patientin wendet sich wegen Platzangst an den Arzt. Sie leide an häufigem Herzklopfen, das sie vornehmlich auf der Straße und vorwiegend dann befalle, wenn sie allein gehen müsse und eben vor diesem Alleinsein Angst habe. Denn sie fürchte sich maßlos davor, daß sie eines Tages vom Herzschlag getroffen auf der Straße zusammensinken könnte. Zwar gibt sie auf Befragen an, daß bereits ein Elektrokardiagramm gemacht worden sei und einen normalen Befund ergeben habe; aber diese Tatsache sei nicht imstande gewesen, sie wesentlich zu beruhigen, denn — sie habe schon oft in Romanen gelesen, daß auch herzgesunde Menschen durch bloße Aufregung vom Herzschlag getroffen werden können — und aufgeregt sei sie in ihrer Angst doch gewiß. Hier setzt nun sofort ein schlichter Persuasionsversuch von unserer Seite ein; und zwar halten wir der Kranken vor Augen, daß die von ihr zitierten

Romanstellen wohl nur dann recht hätten, wenn es sich um bis dahin nur scheinbar herzgesunde Personen handelte — in Wirklichkeit könne nur ein wenn auch unbekannt gebliebenes Herzleiden durch Hinzutreten von Aufregung zum Tode führen. Ein solches Herzleiden jedoch ließe sich Jahre vorher bereits im Elektrokardiogramm feststellen. So könne in ihrem Falle, angesichts ihres völlig negativen Herzbefundes, von dieser Gefahr keine Rede sein.

Damit hätten wir die Kranke fürs erste einmal so weit gebracht, daß — auch für sie selbst — kein rationaler Grund mehr vorliegt, um sich vor — der Angst zu fürchten. Und damit haben wir eigentlich nicht wenig gewonnen. Denn die Hauptrolle in all diesen Fällen spielt weniger die Angst als solche, als vielmehr die berüchtigte Angst vor der Angst! Und diese Angst vor der Angst hatte bei unserer Patientin insofern Nahrung, als sie, in ihrer „Informiertheit" aus Romanquellen, ja annehmen mußte, gerade durch einen Paroxysmus der Angst eines Tages zu sterben. Und wiederum sehen wir, auch innerhalb dieses Abschnitts der Neurosenpathologie, wie ein Circulus vitiosus sein Spiel treibt: die Angst erzeugt das Herzklopfen — ihren naturgemäßen organischen Ausdruck —, und das Herzklopfen seinerseits macht wieder die Angst noch größer; denn sie läßt diesen Menschen sich vor dem Bestehen bzw. den Folgen einer Herzaffektion fürchten. Und abermals gilt es, auch hier, den Circulus vitiosus irgendwie, irgendwo, an irgendeiner Stelle zu durchbrechen. Von vornherein ließe sich das ja auf verschiedene Weise, an den verschiedensten Stellen des Zirkels, therapeutisch bewerkstelligen. Wir brauchten nur durch eine eingreifende Medikation das Spielen dieses Mechanismus auf der somatischen Seite, vom Organischen her, zu unterbrechen — sagen wir: durch Verordnung vegetativer Sedativa. Aber diese allein würden wohl nur allzu temporär wirken können. Daher werden wir, zumindest nebenher, auch vom Seelischen her den Zirkel der Erwartungsangst zu zerreißen versuchen; indem wir etwa, wie im vorliegenden Falle, die Angst vor der Angst als etwas ganz und gar Unbegründetes aufzeigen.

Nun gibt es eine ganz einfache Methode, die Neigung der angtneurotischen Patienten, ihren Angstaffekt so bitter ernst zu nehmen und damit erst den Zirkel zu schließen, aufzuheben[1]). Wir erziehen sie nämlich gerade

---

[1]) RUDOLF DREIKURS verdanke ich nun — zur Zeit der Vorbereitung der zweiten Auflage — den Hinweis auf einen analogen „Trick", der bereits 1932 von ihm („Das nervöse Symptom", Wien und Leipzig, Verlag Moritz Perles) und noch früher von ERWIN WEXBERG beschrieben wurde, welch letzterer ad hoc den Ausdruck „Antisuggestion" prägte. Und soeben wird mir zur Kenntnis gebracht, daß H. v. HATTINGBERG auf eine analoge Erfahrung hinweist: „Wem es zum Beispiel gelingt, das Auftreten eines nervösen Symtoms, gegen das er sich bisher ängstlich gewehrt hatte, bewußt zu wünschen, der kann durch diese willentliche Einstellung ▷

dazu, das zu intendieren, wovor sie sich fürchten. Denn sobald wir einmal diese Furcht als in sich unberechtigt sachlich aufgezeigt haben, können wir uns dieses paradoxe Vorgehen ja sehr wohl leisten. Wie mag dies aber in der Praxis aussehen? Nun, wir haben unserer agoraphobischen Patientin empfohlen, das nächst Mal, wenn sie einmal einen halbwegs „besseren Tag" hätte, beim Ausgehen sich beiläufig folgendes innerlich vorzusagen: „Wie — ich habe Angst, ich fürchte mich vor dem Herzschlag? Nun, heut geh' ich eben einmal mit der Absicht aus, mich vom Herzschlag treffen zu lassen; bisher hat er mich beim Ausgehen jedesmal ein- bis zweimal getroffen — heut' will ich mich nun dreimal vom Herzschlag treffen lassen! Zwar ist es auch mir bekannt, daß ich ein normales Elektrokardiogramm habe und daß man mit einem solchen diesbezüglich eigentlich nichts zu fürchten hat; aber ich habe nicht nur ein normales Elektrokardiogramm, sondern nebstbei auch den Ehrgeiz, eben der erste Fall in der Weltgeschichte zu sein, der trotzdem am Herzschlag zugrunde geht und vor lauter Aufregung stirbt." Während wir, ungeniert, der Kranken mit entsprechender ironisierender Betonung dies alles vorsprechen und ihr gleichsam vorspielen[1]), was sie sich in den betreffenden Situationen und wie sie es sich vorzusagen hat, lächelt unsere Patientin — und wir empfehlen ihr in diesem Augenblick, nur ebenso zu sich selber, und über sich selber — und über ihre Befürchtungen zu lächeln, in jenem Moment, wo sie das angewiesene Verhalten ihrer Neurose gegenüber versuchen würde; und wir können ihr mit gutem Gewissen versprechen, daß sie an dem Tage frei von ihrer Angst und all ihren Herzbeschwerden sein wird, an dem es ihr vollends gelingen würde, ganz so wie jetzt — zu lächeln.

Es gibt kaum etwas im menschlichen Dasein, das es dem Menschen so sehr und in einem solchen Ausmaß ermögliche, Distanz zu gewinnen, wie der Humor. Daher verabsäumen wir es niemals, in methodischer Bewußtheit darauf hinzuarbeiten und die Kranken dahin zu führen, daß sie ihren Symptomen, im besonderen ihren angstneurotisch hypochondrischen Befürchtungen, innerlich mit Formulierungen gegenübertreten, die eine solche humorisierende Distanz schaffen. Der Humor gestattet es dem Kranken, jene Distanz zu gewinnen, die ihn das Symptom, ja die ganze Neurose, erst so recht objektivieren läßt.

---

[1]) Vgl. die Fußnote auf Seite 82.

▷ die Angst und schließlich auch das Symptom zum Schwinden bringen. Es ist also möglich, den Teufel durch den Beelzebub auszutreiben. Eine solche Erfahrung ist freilich nur manchen praktisch erreichbar. Es gibt jedoch kaum eine Erfahrung, die für den seelisch Gehemmten lehrreicher wäre." (Über die Liebe [Eine ärztliche Wegweisung], S. 129, München-Berlin 1940.)

Und diese Objektivation ist in der Therapie der Angstneurose, wo nicht der Neurose überhaupt, von allergrößter Wichtigkeit; denn solange der Kranke etwa die Angst in sich nicht so weit objektiviert hat, daß er von „der Angst" oder „der Neurose" spricht, sondern noch immer, wie ehedem, von sich selbst als dem, der da irgend etwas fürchtet, solange er demnach sich selbst, nach wie vor, mit der neurotischen Angst identifiziert, ebensolange kann auch keine Persuasion einen therapeutischen Effekt erzielen. Mit unserer **Methode der humorvollen Formelbildung** — selbstverständlich nach vorangegangener sachlicher Aufklärung — läßt sich jedoch die so heilsame Distanz und Objektivierung des Symptoms in überraschend kurzer Zeit gewinnen, entsprechende Intelligenz auf seiten des Kranken selbstredend vorausgesetzt.

Die oben geschilderte Art und Weise, in der wir die Angst und den Circulus vitiosus des Erwartungsangstmechanismus just dadurch sprengen, daß wir das konkret Gefürchtete intendieren lassen, stützt sich nun, wie sofort noch klarer werden wird, auf folgende beide Momente: wir führen die Angst des Kranken ad absurdum, und wir nehmen ihr sozusagen den Wind aus den Segeln! Dies läßt sich am deutlichsten dort klarmachen, wo sich die Angst, die ursprünglich vage und undeterminierte Angst, (sekundär) einem konkreten Gegenstand zuwendet; wo sie sich gleichsam auf ihn konzentriert (nicht, ohne daß sich nachweisen ließe, daß ihr jeweiliges Objekt eine gewisse symbolisch-repräsentative Bedeutung hat), wo sich die Angst also gleichsam kondensiert, indem sie konkrete, eben phobische Formen annimmt. Mit einem solchen Falle nun hätten wir es im folgenden zu tun:

(Fall 13.) Der 33 Jahre alte Patient, von Beruf Schuldirektor, gibt an, seit Monaten anfallsweise an heftigen Schweißausbrüchen zu leiden. Nun sei er schon so weit, daß er sich bereits im voraus immer davor fürchte. Zuerst verspüre er jeweils nur ein Hitzegefühl im Gesicht. — An dieser Stelle, demnach eigentlich schon während der Aufnahme der Anamnese, hatte bereits die psychotherapeutische Aufklärung des Kranken einzusetzen: Wir machten ihn darauf aufmerksam, daß die Schweißausbrüche an sich der Umgebung gar nicht einmal so auffallen würden, daß sie vielmehr ursprünglich mehr eine bloß subjektive Gegebenheit, ein erlebnismäßiges Faktum seien; auf dieses Faktum stürzt sich gleichsam sofort auch schon die Erwartungsangst, und eben diese Furcht vor dem Schweißausbruch ist es, die ihm den Angstschweiß in die Poren treibt. Nun, die für seine Erkrankung so typische und von ihm so sehr gefürchtete Situation ist die: er betritt ein Klassenzimmer und tritt vor seine Schüler hin, und in diesem Augenblick beginnt er zu schwitzen oder glaubt es zumindest; auf jeden Fall aber fürchtet er es in diesem Moment, und er fürchtet sich davor schon vorher, noch bevor er den Raum betreten muß. Wir raten dem Patienten an, sich von nun an in der geschilderten Situation nicht mehr so zu verhalten wie bisher, also etwa sich zu sagen: „um Gottes willen — ich soll jetzt nur nicht wieder so zu schwitzen anfangen" (er bestätigt uns, daß er sich dergleichen jeweils denke); sondern er soll zu sich etwa folgendermaßen sprechen: „nun, jetzt geh' ich nicht vortragen, sondern — den Schülern etwas vorschwitzen! Denn was kann mir schon passieren? Höchstens wird man mich deswegen einsperren — oder vielleicht doch nicht?" Der Kranke lächelt verständnisvoll und hat es sichtlich sofort erfaßt, in welcher Weise er fortan mit einer möglichst humoristisch gefaßten Formel vom Symptom sich distanzieren und damit den Zirkel der Erwartungsangst durchbrechen soll. Nach der kurzen Unterredung scheint er davon überzeugt, daß er dieses sein Leiden tatsächlich auch in Kürze los sein werde. Wir haben es jedoch nicht verabsäumt, im vorliegenden Falle, abgesehen vom eigentlich pathogenen Erwartungsangstmechanismus, die Neigung zum Schwitzen auch vom Organischen her zu beeinflussen und haben in diesem Sinne dem Kranken ein Salvia-Präparat verschrieben; auf die „Gefahr" hin, daß dieser somatische Behandlungsversuch letztlich nur suggestiv sich auswirkt, somit zu einer zusätzlichen Komponente der Psychotherapie wird.

Wenige Monate nach dieser Unterredung erscheint der Kranke nun abermals und gibt an, mehrere Wochen hindurch praktisch beschwerdefrei gewesen zu sein. Danach habe er, als er einen kleinen Rückfall bemerkte, sich selber zu „psychoanalysieren" versucht, und hierbei sei ihm folgendes eingefallen: Im Vorjahr machte er bei einer jungen Dame einen Krankenbesuch; ganz echauffiert kam er dort in einen überhitzten Raum; daraufhin fragte ihn die Dame: „Mir scheint, Sie sind verkühlt? Sie schwitzen ja!" (Patient gibt auch zu, daß diese Dame damals eine gewisse erotische Rolle in seinem Leben gespielt habe.) Nun fragt uns der Kranke, wieso diese Erkenntnis des „Ursprungs" seiner Phobie keinerlei therapeutischen Effekt gezeigt habe; er sei darüber nicht wenig erstaunt gewesen, da er sich ja vorgestellt habe, die Aufdeckung dieses Ausgangspunktes seiner übertriebenen (und das Symptom erst recht noch mehr übertreibenden) Furcht vor dem Schwitzen hätte die Phobie doch beseitigen müssen. Demgegenüber wird nun der Patient darüber aufgeklärt, daß der Circulus vitiosus, als das eigentliche pathogene Moment, nach wie vor bestehenbleiben mußte. Denn: die eigentliche Therapie hätte erst dann, erst nach der bloßen Aufdeckung der in Frage stehenden Zusammenhänge einzusetzen, und sie hätte eben am dargestellten Circulus vitiosus der Erwartungsangst anzusetzen; ihn hat sie zu durchbrechen. Den Erwartungsangstmechanismus, als den eigentlich pathogenen, weil das Symptom überhaupt erst fixierenden Faktor zu durchbrechen, kann jedoch nur auf jenem Wege gelingen, den wir oben aufzuzeigen bemüht waren: auf dem Wege der paradoxen Intention!

Wenn sich sonach herausgestellt hat, daß es im allgemeinen nicht die ursprüngliche Situation bzw. ihr Erlebnis ist, was eigentlich pathogen wirkt, vielmehr die Fixierung der einmaligen neurotischen Reaktion durch den eigentlich pathogenen Erwartungsangstmechanismus, dann erhellt von selbst, daß die bloße Aufdeckung der primären Kausalität noch lange nicht die kausale Therapie darzustellen braucht. Im gleichen Augenblick müssen wir uns dann jedoch auch fragen, wieso die psychoanalytische Behandlungsmethode, deren Prinzip es doch ist, solche Zusammenhänge aufzudecken, von therapeutischem Effekt gekrönt sein kann. Aber wir meinen, daß auch eine regelrechte (und nicht nur, wie bei unserem Patienten, die von ihm selber vermeintlich angewandte) Psychoanalyse gar nicht als Analyse, also gar nicht durch Bewußtwerden und Klarmachen des genetischen Sachverhalts wirkt; vielmehr ist auch sie wahrscheinlich auf dem Umwege über eine (existentielle) Umstellung zu diesem Sachverhalt wirksam. Ihre Wirksamkeit ist also eigentlich gar keine erkenntnismäßige, bewußtseinsmäßige, sondern eine menschliche, oder, besser gesagt, eine mitmenschliche, nämlich erzieherische. Wirksam in der Psychoanalyse ist sonach wahrscheinlich der Mensch: der die Analyse handhabende Arzt als Mensch! Und auch er wirkt nur wieder auf den Kranken als Menschen. Freilich: sofern eine psychotherapeutische Methode ausschließlich oder auch nur hauptsächlich vermöge der Menschlichkeit, kraft der Persönlichkeit des Therapeuten wirkt, spricht das irgendwie gegen die Methode; aber es spricht immerhin für — den Psychotherapeuten!

Einer der bedeutendsten Psychologen, CARL R. ROGERS, schlägt in dieselbe Kerbe, wenn er erklärt: „Eine Wandlung der Persönlichkeit wird hauptsächlich durch die Einstellung des Therapeuten in die Wege geleitet, und nicht sosehr durch die jeweils angewandte Technik. Was das Wesen der therapeutischen Wandlung ausmacht, ist etwa eine neue Erlebensweise, und nicht sosehr das Durcharbeiten der Übertragungsbeziehung. Nur in dem Maße, in dem sich der Therapeut menschlich gibt, tritt er auch zum Menschlichen im Patienten, zu dessen Fähigkeit zum Menschsein, in Beziehung. Hierin, will mir scheinen, haben wir das Wesen psychotherapeutischer Heilung und Reifung zu sehen." (Process Equation of Psychotherapy, American Journal of Psychotherapy 15, 27—45, 1961.)

Was „das Durcharbeiten der Übertragungsbeziehung" anlangt, geht RUDOLF DREIKURS sogar noch weiter, indem er behauptet: „Die Annahme, daß die Übertragung das eigentliche Agens aller Psychotherapie ist, versetzt den Therapeuten in eine gehobene Position, in der er gemäß seiner Ausbildung und seinem therapeutischen Schema den Patienten manipuliert." (The Current Dilemma in Psychotherapy, Journal of Existential Psychiatry 1, 187—206, 1960.)

Was wir vorhin von der relativen Bedeutungslosigkeit der erlebnismäßigen Ausgangsposition des Kranken für das Werden seiner Neurose sagten, läßt sich nun auch anders beleuchten: Bekanntlich kann man die Neurose in einem gewissen Sinne und mit einem gewissen Recht auch als bedingten Reflexmechanismus auffassen. Allen vornehmlich analytisch orientierten seelenärztlichen Behandlungsmethoden geht es dann vorwiegend darum, die primären Bedingungen des „bedingten Reflexes", nämlich die äußere und innere Situation des erstmaligen Auftretens eines neurotischen Symptoms, bewußtseinsmäßig zu erhellen. Wir aber sind der Ansicht, daß die eigentliche Neurose — die manifeste, die bereits fixierte — nicht nur durch ihre primäre Bedingung verursacht ist, sondern durch ihre (sekundäre) Bahnung. Gebahnt jedoch wird der bedingte Reflex, als welchen wir das neurotische Symptom jetzt aufzufassen versuchen, durch den Circulus vitiosus der Erwartungsangst! Wollen wir demnach einen eingeschliffenen Reflex sozusagen entbahnen, dann gilt es allemal, die Erwartungsangst zu beseitigen, und zwar in jener angegebenen Art und Weise, als deren Prinzip wir die paradoxe Intention hingestellt haben.

Nun stellt uns unser Patient eine weitere Frage, der ebenso wie seiner Frage nach den letzten Ursachen des therapeutischen Mißerfolgs seiner vermeintlich „autoanalytischen" Bemühungen eine gewisse theoretische Relevanz zukommt; er fragt uns nämlich ganz naiv, ob es nicht möglich wäre, die Störung wenn schon nicht durch die bloße Aufdeckung der Ursache so doch dadurch zu beheben, daß er sie einfach nicht beobachte. Zu dieser Überzeugung verhilft ihm allerdings sein eigener Präzedenzfall. Stand er doch bereits vor vielen Jahren einmal in psychotherapeutischer Kurzbehandlung bei uns, und zwar wegen einer Zwangsneurose. Seinerzeit wurde er angewiesen, normalerweise automatisch regulierte Vorgänge nicht durch Beachtung und Aufmerksamkeitszuwendung in ihrem normalen Ablauf zu stören. Nun, diesen Ratschlag kennen wir bereits von unseren Ausführungen im Kapitel über Sexualstörungen her. Und wir haben in diesem Zusammenhang tatsächlich darauf hingewiesen, daß etwa der normale Sexualakt — der normalerweise irgendwie unreflektiert abläuft — und damit die sexuelle Potenz gerade dadurch gestört wird, daß die Intention sich auf sie richtet, und zwar aus innerer Unsicherheit heraus. Was in solchen Fällen not tat, war daher die Abstellung alles bewußten Intendierens, die Abwendung der Aufmerksamkeit und die Wiederherstellung des möglichst unreflektierten Aktvollzugs; was in solchen Fällen not tut, ist also: Dereflexion! Bei einer Phobie jedoch handelt es sich ja um etwas wesentlich anderes, ja um etwas in gewissem Sinne Gegensätzliches: in der Phobie haben wir es ja nicht mit einem normalen Vorgang zu tun; vielmehr richtet sich die Phobie jeweils auf einen abnormen Vorgang — nicht auf etwas, was der Kranke wünscht, sondern auf etwas, was er doch fürchtet! Was hier nötig ist, ist daher nicht Dereflexion; wir haben hier vielmehr gerade umgekehrt die Intention des abnormen, unerwünschten Vorgangs herbeizuführen. Im obigen Falle sollte also das Schwitzen nachgerade intendiert werden, sofern die übertriebene Furcht vor ihm ausgeschaltet werden sollte; mit der Ausschaltung dieser Furcht müßte dann freilich das Schwitzen selbst ebenfalls fortfallen.

So verstehen wir denn jetzt vollends, was die erste Absicht ist, die all unseren Empfehlungen zugrunde liegt, wie da sind: die Angst ad absurdum führen, ihr den Wind aus den Segeln nehmen, das jeweils Gefürchtete paradoxerweise geradezu intendieren usw.: wir haben es jeweils darauf abgesehen, den störenden Einfluß der Intention auf die Funktion im Falle neurotisch **abnormer** Funktionen therapeutisch ganz genauso **auszunützen**, wie wir diesen störenden Einfluß im Falle **normaler** Funktionen **auszuschalten** versuchen. Und jetzt wird der grundlegende Unterschied, und andrerseits doch wiederum das irgendwie Gemeinsame, zwischen den Sexualneurosen und den Phobien offenkundig: der **in einem Falle pathogenetische und im andern therapeutische Effekt des Intendierens auf den Aktvollzug**! Denn: „will" ich z. B. den Sexualakt — dann verunmögliche ich ihn gerade durch sein „Gewolltsein"; „will" ich hingegen — etwa im Falle einer Agoraphobie — „vom Schlage getroffen werden", oder aber — beispielsweise im Falle des zuletzt zitierten Patienten — bemühe ich mich scheinbar darum, „den Leuten etwas vorzuschwitzen", dann nehme ich meiner Platzangst bzw. meiner Schwitzfurcht den Wind aus den Segeln, und durch dieses **scheinbare Wünschen des Gefürchteten**, durch diese **paradoxe Intention** der (unerwünschten) Funktion „störe" ich sie dermaßen, daß sie auch schon — ausfällt.

Eines Tages führte mir mein Assistent einen Patienten vor, in dessen Anamnese er ein Detail bemerkenswert fand. Es handelte sich um einen schweren Fall von Stottern, und der Patient hatte wehmütig erklärt: „Ein einziges Mal in meinem ganzen Leben hab' ich nicht stottern müssen: da bin ich einmal, als Schuljunge, in der Straßenbahn gefahren, und zwar ‚schwarz' gefahren; auf einmal steigt ein Kontrollor zu und erwischt mich! Und in dem Moment denk' ich mir, jetzt gibt es nur einen Ausweg, nämlich sein Mitleid erregen. Also heißt es, ihm zu zeigen, mit was für einem armen Kerl er es zu tun hat: mit einem stotternden Buben! Und in dem Moment, in dem ich nun versucht hab' möglichst zu stottern, hab' ich auch schon nicht mehr stottern können..."

Kehren wir nun zu unserem Falle 13 zurück, so hätten wir zu seiner Besprechung noch zu bemerken, daß sich die bei ihm festgestellten Mechanismen vor allem bei jener phobischen Neurose finden, die dermaßen häufig ist, daß sie eigentlich nur selten zu ausgesprochener Behandlung gelangt, vielmehr in den meisten Fällen vom Befallenen irgendwie spontan überwunden wird: nämlich bei der sogenannten Erythrophobie. Die von ihr betroffenen Menschen fürchten sich in krankhafter Übertriebenheit vor dem Erröten — und diese ihre übertriebene Furcht läßt sie jeweils auch schon erröten. Gewöhnlich zeigt sich auch in diesen Fällen, daß die betreffenden Kranken irgendwann einmal wegen ihres bis dahin nicht einmal recht bewußt gewordenen Rotwerdens geneckt und erst dadurch darauf überhaupt aufmerksam gemacht wurden. Daß bei solchen Patienten eine vasovegetative Labilität als (konstitutionelles) „somatisches Entgegenkommen" (FREUD) für gewöhnlich mitspielt, ist selbstverständlich. Therapeutisch wird jedoch auch hier im oben beschriebenen Sinne vorgegangen werden müssen, wobei wir hier erst recht das Augenmerk des Kranken darauf hinzulenken hätten, daß er sein Rotwerden viel früher subjektiv wahrnimmt (Hitzegefühl im Gesicht o. dgl.), als es objektiv wahrnehmbar geworden wäre, und daß es objektiv eigentlich erst dort in Erscheinung tritt, wo bereits die Erwartungsangst längst ihre Hand im Spiel hat.

Im folgenden soll ein Fall wiedergegeben werden, der von meinem seinerzeitigen Assistenten an der Neurologischen Abteilung der Wiener städtischen Poliklinik, dem derzeitigen Leiter ihrer Neurologischen Ambulanz Dr. KURT KOCOUREK, behandelt wurde.

Oskar S. (Amb.-Prot. Nr. 943 ex 1960) leidet an schweren Angstanfällen und war in den letzten Monaten nicht fähig, allein, ohne von seiner Frau begleitet zu sein, auf die Straße zu gehen. Ebensowenig wagte er es, mit der Straßenbahn zu fahren, da ihn die ständige Angst quälte, er könnte kollabieren und sterben. Als Dr. KOCOUREK ihn erstmalig untersuchte, befand sich der Patient in einem Zustand höchster ängstlicher Erregung, die mit reichlichem Schweißausbruch einherging. Daraufhin wird zunächst ein Tranquilizer verschrieben, um den Patienten bis zum Zeitpunkt der vorgesehenen Aufnahme auf unserer Abteilung medikamentös über Wasser halten zu können. Die Wartezeit wird jedoch genützt, indem der Patient zu ein paar ambulant psychotherapeutischen Sitzungen von je etwa zehn Minuten Dauer eingeladen wird, in deren Rahmen Kollege KOCOUREK ihn in die Handhabung der paradoxen Intention einführt. Gelegentlich der dritten Sitzung berichtet der Patient, daß er bereits imstande war, die Straßenbahn zu benützen. Bemerkenswerterweise hatte die Tranquilizer-Medikation allein nicht gewirkt; vielmehr war der therapeutische Effekt erst der paradoxen Intention vorbehalten. Als der Patient nun zur vierten Kurzbehandlung erschien, wurde er von mir selbst über sein Befinden befragt und sagte: „Auf den Rat von Herrn Dr. Kocourek hin hab' ich angefangen, mir zu sagen, jetzt geh' ich auf die Straße, um zu kollabieren. Nach der zweiten Sitzung war ich dann soweit, daß es mir gelungen ist, das Fußballmatch unserer Nationalmannschaft gegen die ungarische fernzusehen. Es ist riesig aufregend gewesen, und ich bin in einem überfüllten Kaffeehaus gesessen — stellen Sie sich vor! In der ersten Halbzeit hab' ich wieder ein wenig Angst gespürt; aber ich hab' mir gesagt, jetzt möcht' ich kollabieren, und gar nichts war los, sondern in der zweiten Halbzeit hab' ich überhaupt keine Angst mehr gehabt. Nun bin ich übern Berg." Vierte Sitzung (12 Tage nach der ersten): Der Patient berichtet Kollegen Kocourek, daß er bereits „vergißt", die paradoxe Intention anzuwenden — so wenig Angst habe er noch! Zehn Tage später: Er sei wieder einmal bei einem Sprechtag in der Schule gewesen — „das Furchtbarste, das es für mich gegeben hat: die Aufregung, das lange Warten, die überhitzten Räume, die vielen Menschen..." Ihm sei schon schlecht geworden, wenn er nur daran dachte. Diesmal jedoch habe er sich völlig normal gefühlt. Am Morgen hätte er leichte Angst gehabt und sich gesagt: „Jetzt geh' ich in die Schule sterben — denen werd' ich ordentliche Scherereien machen — eine schöne Leich' soll das werden." Sobald er die Schule betreten hatte, habe er sich völlig normal gefühlt. Am selben Tage sei er noch in den Sparverein gegangen — „damit mich der Hitzschlag trifft, hab' ich ich mir gedacht, und damit ich eine Rauchvergiftung bekomm'"; denn dort sei die Luft immer sehr stickig. Die paradoxe Intention jedoch helfe ihm über die Reste von Angst hinweg — „das wirkt wirklich: das ist eine Hetz'", meint er, indem er herzhaft lacht.

Von einer Aufnahme auf unserer Abteilung konnte Abstand genommen werden, da der Patient im Laufe der Wartezeit bzw. der ambulanten Behandlung angstfrei geworden war!

Zwangsneurosen

Weniger dem pathogenetischen Geschehen nach, als vielmehr im Hinblick auf die notwendigen Grundsätze einer möglichen Psychotherapie, können wir an die Besprechung der Fälle von Angstneurose bzw. deren phobischer Ausgestaltung jetzt sogleich eine ausgewählte Kasuistik von Zwangsneurosen anschließen; wobei wir natürlich niemals vergessen dürfen, daß klinisch — oder, besser gesagt: nosologisch — fließende Übergänge zwischen Phobie und ausgesprochener Zwangsneurose vorkommen, insofern nämlich einerseits ausgeprägte Phobien vom Gebiet der Angstneurose her sich der Symptomatologie der Zwangsneurose nähern, während umgekehrt die „Spitzengruppe" sogenannter Zwangsbefürchtungen von der andern Seite der Zwangsneurose her sich unmittelbar an die Symptomatik der Phobie zwanglos angliedern lassen¹).

Daß andere Formen von Zwangsneurose sich vom Wesen der Angstneurose wesentlich wiederum entfernen, ergibt sich bereits aus der Tatsache, daß viele, und gerade die schwereren und schwersten Zwangsneurosen eigentlich gar keine echten Neurosen im engeren Wortsinn darstellen, sondern unter besondere Psychopathieformen subsumiert werden müssen, und zwar hauptsächlich unter die sogenannte anankastische Psychopathie; auch hierher gehörige Fälle aus unserem Krankengut werden ja noch zur Sprache kommen. Bei all dem sehen wir freilich davon ab, daß so manche Zwangsneurose weder eine echte Neurose noch eine eigentliche Psychopathie darstellt, sondern eine larvierte Form endogener Depressionszustände; als solche werden sie entlarvt durch ihren Verlauf, der — ganz analog den endogenen Depressionen — von Außenwelterlebnissen mehr minder unabhängige deutliche Phasen zeigt; nicht zuletzt aber auch durch die inhaltliche Bestimmtheit der betreffenden Zwangsgedanken, insofern diese vorwiegend skrupulöse Inhalte haben. Erwähnt sei schließlich noch, daß es, ebenfalls unter den schweren Formen, auch solche gibt, die sich überhaupt nicht so ohne weiteres nosologisch einordnen lassen, dabei jedoch einen ausgesprochen prozeßhaften Verlaufstypus zeigen; soweit es sich hierbei nicht um fehldiagnostizierte, weil ganz und gar verkappte, uncharakteristische Schizophrenien handelt, spricht man jeweils ganz unverbindlich und diagnostisch unpräjudizierlich einfachhin von „Zwangskrankheit". — Wenden wir uns nunmehr einem konkreten Falle zu:

(Fall 14.) Die 43jährige Kranke gibt an, daß ihre Mutter Pedantin gewesen sei — ebenso wie ihr älterer Bruder (anscheinend leidet er an ausgesprochenem Wiederholungszwang). Aus all dem läßt sich eine gewisse gleichsinnige hereditäre Belastung ersehen, die von vornherein gegen eine reine Zwangsneurose und dafür spricht, daß es sich bei unserer Patientin

---

¹) Nichts ist lächerlicher als das übermäßige Klassifizieren und die Aufstellung von Untergruppen innerhalb der Hauptformen der Neurose, sofern es nämlich in der Absicht und Meinung geschieht, selbständige nosologische Einheiten zu entdecken. In diesem Sinne sind Platzangst sowohl wie ihr Gegenstück (nicht: Gegenteil) Klaustrophobie, Akrophobie, Bazillenfurcht, Zählzwang usw. keine Krankheiten, sondern Symptome, und es muß uns einfältig anmuten, wenn man einstmals bemüht war und sich bemüßigt sah, um jeden Preis für jedes Symptom, ebenso wie für eine Krankheit, einen eigenen — noch dazu womöglich griechischen — Namen zu erfinden; was natürlich zu den seltsamsten und drolligsten Wortprägungen führen mußte — wir erinnern nur an das Wortungeheuer Siderodromophobie = Eisenbahnfurcht.

um den anankastisch-psychopathischen Konstitutionstypus handelt[1]). Die Kranke selbst nun hat schon in der Kindheit einzelne Zwangssymptome gehabt — was wiederum das konstitutionelle Moment bezeugt. Derzeit leidet sie an einem schweren Wiederholungszwang, wobei im Vordergrund des Bildes Waschzwang steht. Trotz wiederholter, auch psychotherapeutischer Behandlungsmaßnahmen habe sich ihr Zustand zunehmend verschlimmert, so daß sie schließlich Selbstmordabsichten hegte. Immer quäle sie das Gefühl, etwas noch nicht ganz erledigt zu haben: „ich muß es noch einmal machen — obzwar ich genau weiß, es ist gut gemacht"; gefühlsmäßig erlebt sie einen unerledigten Rest!

Unser erstes Bestreben gilt nun der Notwendigkeit, die Kranke zwischen den zwangsneurotischen Impulsen und allen gesunden Intentionen differenzieren zu lehren; auf diesem Wege soll sie fürs erste einmal dazu befähigt werden, sich vom Zwangsneurotischen in sich zu distanzieren. Daß die solcherart geschaffene Distanz zum Symptom dieses irgendwie objektiviert und damit ein Fertigwerden mit ihm dem Kranken erleichtert, hat sich uns ja bereits gelegentlich der Besprechung phobischer Angstneurosen gezeigt. Aber auch die Methode der paradoxen Intention galt es in diesem Falle anzuwenden: die Kranke mußte angewiesen werden, aus der gewonnenen Distanz zum Symptom heraus die zwangsneurotischen Einfälle ad absurdum zu führen und ihnen „den Wind aus den Segeln zu nehmen". In concreto hatte das so auszusehen, daß sie etwa ihrer Zwangsbefürchtung, unreine Hände zu haben, mit folgender gedanklicher Wendung entgegentrat: „Wie? Ich fürchte, die Hände seien (nach wiederholtem Waschen) noch immer nicht rein genug? Nun, ich nehme an, sie seien sogar sehr, sehr schmutzig — und ich will eben, daß sie noch viel schmutziger werden!" Auch wird die Kranke angewiesen, die zwangsneurotischen Impulse niemals zu bekämpfen; Druck erzeugt bekanntlich nur Gegendruck, und oftmals ist es gerade das Ankämpfen gegen die Zwangsvorstellungen, das sie so unerträglich macht. In diesem Sinne wird die Kranke dazu angehalten, mit möglichst humorvollen Formeln die jeweiligen zwangsneurotischen Befürchtungen bewußt zu übertreiben und dadurch — zu überwinden. Tatsächlich gelingt es ihr auch alsbald, „über die Sache hinauszuwachsen" — wie sich die Patientin ausdrückt; „ich betrachte die

---

[1]) Das Elektroenzephalogramm bei Zwangsneurosen erwies sich nach SILVERMANN in 48,4, nach LEONARDO in 53, nach HILL und WATERSON in 75 und bei anankastischen Psychopathien nach ROCKWELL und SIMONS (Arch. of Neur. 57, 71, 1947) in 100% der Fälle als abnorm. Abgesehen davon ist v. DYTFURTH den Beziehungen der Zwangsneurose zum Hirnstamm nachgegangen, nicht ohne daß sich diesbezügliche Vermutungen anderer Autoren bestätigt hätten. Darüber hinaus ist PETER HAYS ("Determination of the Obsessional Personality", American Journal of Psychiatry 129, 217, 1972) der Ansicht, daß auch ein hereditäres Moment mit im Spiel ist: "Genetic predisposition is almost a sine qua non."

Zwangsneurose nicht mehr als über mir, sondern unter mir stehend", meint die Kranke; „während die Neurose bisher sozusagen eine Respektsperson war, bin ich jetzt schon frech zu ihr".

Wie wir sehen, hat es Patientin bereits heraus, die geforderte „Distanz durch Humor" zu schaffen; auf unsere Frage — und wir wollen es an dieser Stelle offen einbekennen: daß wir durch ein freimütiges Befragen unserer Patienten, wie sie ihren Erfolg zuwege gebracht hätten, immer noch am meisten selber zugelernt haben — auf unsere Frage nun, was sie sich so gedacht hätte, wenn sie versuchte, sich vom Symptom zu distanzieren, erwiderte sie: „Hier bin ich, dort die Zwangsvorstellung; sie stellt Anträge — ich jedoch muß sie nicht akzeptieren. Die Zwangsvorstellung, so dachte ich mir jeweils, kann ja nicht von selber die Hände waschen — ich müßte es tun: ich aber — unterlasse es eben." So gelang es der Kranken im Verlaufe der Behandlung, den freien Spielraum richtig auszunützen, der selbst bei einer Zwangskrankheit auch wie der ihrigen zur Verfügung steht — also auch in einem Falle, der zweifelsohne hereditär und insofern schicksalhaft unterbaut ist; die manifeste Zwangsneurose im Einzelfall auf diesen schicksalhaften, also — zumindest vom Psychischen her — nicht weiter angehbaren Kern zu reduzieren, demnach auf ein unumgängliches Minimum einzuschränken, ist die eigentliche Aufgabe der Psychotherapie in solchen Fällen. Freilich ist zu bedenken, daß sich dieser schicksalhafte letzte Rest an Symptomatik für sich allein gar nicht nennenswert störend bemerkbar machen muß; gelingt es uns, den Kranken so weit zu bringen, daß er an nicht mehr als dieser Art Grundstörung leidet, dann haben wir ihn nämlich zumindest berufsfähig gemacht! Ja mehr als dies: jene latente angeborene Charakterdisposition, jener seelische Konstitutionstypus, aus dem die manifeste Zwangsneurose erst erwächst, bedeutet an sich noch keineswegs eine unbedingte Minusvariante — sofern wir vom sozialen Standpunkt aus werten; vielmehr stellt dieser Charaktertypus (die Psychoanalyse nennt ihn bekanntlich „Analcharakter") sozial gesehen so manchen positiven Charakterzug, wie da etwa sind Gewissenhaftigkeit, Ordnungsliebe, Reinlichkeitssinn usw. Und jeder einzelne Träger dieser Charakterkonstitution hat mindestens die Freiheit, sich im Rahmen seiner Erziehung, Selbsterziehung oder Nacherziehung vor allen Übertriebenheiten zu bewahren oder aber, wenn sich solche schon entwickelt haben sollten, sie sich auch wieder abzutrainieren. Wir unterstreichen den Kranken gegenüber auch immer die Tatsache dieses freien Spielraums, innerhalb dessen sie sich zur Zwangsneurose so oder so einzustellen bzw. umzustellen vermögen. So pflegen wir unseren Patienten jeweils klarzumachen: für die sich ihnen aufdrängenden zwangsneurotischen Einfälle sind sie nicht verantwortlich; um so mehr aber dafür, wie sie sich ihnen gegenüber verhalten, d. h. ob sie diese Einfälle ausspinnen und grüblerisch weiterverfolgen, oder — etwa im Sinne unserer therapeutischen Vorschläge — sie objektivieren und mit Humor sich von ihnen distanzieren.

Eines hätten wir gleich hier nun noch mit zu berücksichtigen: die eigenartige allgemeine Geisteshaltung, ja wir möchten sagen die „Weltanschauung" des typischen Zwangsneurotikers. Sie ist jeweils bestimmt durch ein ganz charakteristisches Streben nach Hundertprozentigkeit, nach Absolutheit. Was der Zwangsneurotiker sucht, ist die absolute Sicherheit — in allem: im Erkennen sowohl wie im Entscheiden. Es ist eine Art faustischer Drang, der ihn ergriffen hat und beseelt; jene Beiläufigkeit und Vorläufigkeit, die allem menschlichen Erkennen und Entscheiden anhaftet, versucht der Zwangsneurotiker krampfhaft auszuschalten. Er versucht sich über das Bedingte, über das Fragmentarische, das alles Menschsein mit sich schleppt, hinwegzusetzen — er versucht es zu überspringen; aber es erweist sich als wie der eigene Schatten! Der Mensch kann nicht absolut sicher erkennen und entscheiden. Aber statt dies zur Kenntnis und eben hinzunehmen, empört sich der Zwangsneurotiker dagegen; er revoltiert gegen die Unvollkommenheit, gegen die Ungewißheit aller menschlichen Gewissensentscheidung und gegen die letztliche Unsicherheit menschlicher Erkenntnis. Fragen wir uns aber, wieso gerade er gleichsam überempfindlich gegen diesen Tatbestand der existentiellen Unsicherheit reagiert, dann will uns scheinen, als ob wir auch für die Beantwortung dieser Frage Hinweise in der Charakterstruktur zwangsneurotischer Patienten vorgefunden hätten; jenem Hang zur Unbedingtheit, der ihre Akte des Erkennens und Entscheidens auszeichnet, jener Intoleranz gegenüber dem irrationalen Rest in all diesen Akten (den sie durch betonten Rationalismus zu kompensieren trachten), liegt nämlich anscheinend zugrunde eine spezifische Insuffizienz des Evidenzgefühls — auf seiten der Erkenntnisakte — bzw. eine spezifische Instinktunsicherheit — auf seiten der Entscheidungsakte. Die Grundlage — wahrscheinlich bis tief hinab ins Physiologische reichend — für die angedeutete „zwangsneurotische Weltanschauung der Hundertprozentigkeit" liegt somit in der „Thymopsyche" (STRANSKY), und zwar in einer Verschüttung jener wesentlich unbewußten Quellen, aus denen beim normalen Menschen die Akte des Erkennens und Entscheidens gespeist werden: einerseits das Evidenzgefühl — und andrerseits jene Instinktsicherheit, die im Bereich des Ethischen in Form des Gewissens funktioniert. Sie beide, Evidenz wie ethischer Instinkt, wirken aus einer wenn auch geistigen so doch unbewußten (nämlich unreflektierten) Schicht heraus, in die auch keine nachträgliche, rekonstruierende, „sekundäre" Rationalisierung ihnen zu folgen vermag. Das trotzdem zu versuchen, macht die Tragik des zwangsneurotischen Menschen aus: sein „faustischer

Drang" scheitert auf dem Wege zur gewaltsamen Rationalisierung des wesentlich Irrationalen.

Zu diesem tragischen Moment kommt aber nun noch die Tragikomik hinzu, und sie unterscheidet das echte Faustische vom bloßen Zwangsneurotischen. Denn was unternimmt der Zwangsneurotiker, sobald auch er merken muß, daß „dem Menschen nichts Vollkommnes wird"? Da die von ihm ersehnte Hundertprozentigkeit nicht verwirklichbar ist, schränkt er sie auf Teilgebiete seines Daseins ein; wenn schon nicht alles in seinem Leben absolut sicher sein kann, wenn ihm schon versagt ist, daß jede Erkenntnis und jede Entscheidung unbedingt richtig, unbedingt wahr und gut sei, so will er wenigstens in irgendeinem Sonderbereich Unbedingtheit und die Hundertprozentigkeit wahren oder retten. Es ist nun nichts weiter als naheliegend, wenn etwa unsere Patientin, als gute Hausfrau, den zwangsneurotischen Totalitätsanspruch auf ihr Hausfrauentum einschränkt und so wenigstens eines „ganz sein" will: hundertprozentig sauber in ihrer Wohnung, hundertprozentig reinlich an ihren Händen! Was hier not tut, ist eine daher letztlich existentielle Umstellung des Menschen als geistigen, und sie hätte zu gipfeln in einem Bekenntnis zum „Fragmentcharakter des Lebens" (SIMMEL) bzw. in jenem „Mut zur Unvollkommenheit", den einmal SOFIE LAZARSFELD als therapeutische Forderung dem „Gottähnlichkeitsstreben" (ALFRED ADLER) des Neurotikers entgegengestellt hat.

Wir sahen an diesem Falle gleichsam exemplarisch, wie wichtig es bei der Psychotherapie ist, nicht nur unbewußte Komplexe (im Sinne der Psychoanalyse) bewußt zu machen, sondern auch unbewußte Geisteshaltungen. Pathogen, nämlich Neurosen schaffend, ist keineswegs bloß jene unbewußte Triebhaftigkeit, die von FREUD als „Es" bezeichnet wurde, sondern auch unbewußte Geistigkeit, die ebenfalls zu neurotischen Fehlhaltungen führen kann, mögen sie nun primär (etwa bei Sexualstörungen als Störungen der Fähigkeit zu echter Liebe) oder erst sekundär die Geisteshaltung des Menschen affizieren (wie im Falle eines konstitutionellanankastischen Zwangsneurotikers). Insofern die Wesensgrundlage des geistigen Daseins des Menschen eigentlich immer in unreflektierten Aktvollzügen besteht — oder, besser gesagt: unbewußt „geschieht", insofern ist auch das Geistige im Menschen letztlich unbewußt. Da jedoch diese unreflektierte Geistigkeit, wie sie in allen ursprünglichen Erkenntnisakten und Gewissensentscheidungen zutage tritt, Existenz genannt wird, läßt sich somit sagen, daß eine auf sie gerichtete Analyse, also e i n e E x i s t e n z a n a l y s e[1]) von der Psychoanalyse sich dadurch unterscheidet, daß sie

---

[1]) VIKTOR E. FRANKL, Zur Grundlegung einer Existenzanalyse, Schweizerische medizinische Wochenschrift 10, 33, 1938.

nicht (wie letztere) unbewußt Triebhaftes bewußt macht, sondern unbewußt Geistiges[1]). Therapeutisch aber bemüht sie sich demzufolge auch weniger darum, innerhalb des Psychischen (etwa, wie die Psychoanalyse, innerhalb der Affektdynamik) zu wirken; vielmehr ist es ihr Anliegen, mit geistigen Mitteln — mit den Waffen des Logos — dem neurotischen Daseinsmodus sich entgegenzustellen: sie ist Logotherapie!

Kehren wir nun zum besprochenen konkreten Fall unserer Patientin zurück, dann hätten wir noch die folgende Episode ihrer psychotherapeutischen Behandlung zu erwähnen: Eines Tages erklärte sie spontan, sie hege sich selbst gegenüber den Verdacht, daß sie ihre Neurose mitunter auch als Ausrede benütze und, in gewissen Situationen, gleichsam als Waffe gegen ihren Mann wende. Tatsächlich ließ sich leicht nachweisen, daß eine solche Indienststellung der zwangsneurotischen Mechanismen mit der Zeit erfolgt war; aber dies — und das wäre zu unterstreichen — geschah wesentlich erst sekundär. Es war also im Sinne der bekannten psychoanalytischen Konzeption des „sekundären Krankheitsmotivs" bzw. des sogenannten Krankheitsgewinnes zu deuten. Solche zum eigentlichen, ursprünglichen Krankheitsgeschehen sekundär hinzutretende Motivationen sind niemals wirkliche Ursache von Zwangssymptomen, vielmehr jeweils bloß die Ursache der nachhaltigen Fixierung dieser Symptome. Sofern aber diesen sekundären, die Neurose fixierenden oder ausbauenden Motiven in einem konkreten Falle tatsächlich pathogenetische Relevanz zukommt, halten wir gerade vom spontanen Aufkeimen des entsprechenden Verdachts, also von der spontanen Bewußtwerdung der betreffenden Motivationszusammenhänge, unvergleichlich mehr als von einem gewaltsamen Oktroi der Deutung.

Man kann eine Neurose, bei der Vielfalt ihrer Strukturmomente, grundsätzlich an verschiedenen Stellen, in verschiedenen Schichten therapeutisch angehen: Man kann medikamentös vorgehen, man kann psychologisch vorgehen und, innerhalb dieser Möglichkeit, sowohl die inhaltlichen Bestimmungen des Einzelfalls nach FREUD oder aber die Motive der Fixierung (ungeachtet der konkreten Inhalte) nach ADLER deuten; und man kann schließlich, wie wir ebenfalls gesehen haben, statt vom Körperlichen oder — so oder so — vom Seelischen her, eine Neurose das eine oder andere Mal auch vom Geistigen her durchleuchten und behandeln. Genauso, wie wir die im konkreten Falle zu wählende Methode der Individualität des Kranken anzupassen haben, genauso haben wir sie entsprechen zu lassen unserer eigenen Persönlichkeit. Denn die Praxis zeigt immer wieder, daß

---

[1]) VIKTOR E. FRANKL, Der unbewußte Gott, Kösel-Verlag, München 1974.

nicht jede Arztpersönlichkeit mit der gleichen Methode gleich erfolgreich zu wirken imstande ist. Daraus folgt aber nicht weniger, als daß die Psychotherapie, ihre besondere Gestaltung, in jedem Falle gleichsam eine Funktion darstellt, die abhängig ist von zwei variablen und noch dazu irrationalen Momenten: der Besonderheit des Kranken ebenso wie der Besonderheit des Arztes. In dieser Abhängigkeit erweist sich Psychotherapie auch nur ganz bedingt als lehrbar bzw. lernbar[1]). Immer setzt sie voraus ein (wenn auch nicht explizites) Wissen um die besonderen eigenen Fähigkeiten des Arztes und um die besonderen inneren Möglichkeiten des Kranken! So ist Psychotherapie immer auf mehr angewiesen als auf bloß technisches Können: immer ist sie auch ein gut Stück Kunst. Und angesichts der Variabilität der beiden irrationalen Momente, die allemal in diese Kunst der Psychotherapie eingehen, werden wir auch nicht erstaunt sein, wenn wir sehen, wie sehr alle Psychotherapie angewiesen ist auf ein momentanes Erfassen der konkreten Person und der konkreten Situation des Patienten, wie sehr sie sonach angewiesen ist auf — Improvisieren. Nichts läßt sich da schematisieren, nie läßt sich da ein Schema starr befolgen; vielmehr bedarf jeder einzelne Fall seiner Methode — sie muß improvisiert werden, sie muß erfunden werden, in jedem Falle und für jeden Fall aufs neue!

Nun wollen wir noch an einigen weiteren Fällen einige Besonderheiten der Behandlung, wie sie sich bei Zwangsneurosen als notwendig erweisen, kurz besprechen. Nehmen wir wieder einen konkreten Fall zum Anlaß:

(Fall 15.) Der 48jährige Patient, Ingenieur von Beruf, wendet sich wegen eines schweren Grübelzwanges an uns: „Mir kommt alles so komisch vor in der Welt — die ganzen Menschen, überhaupt alles, z. B. auch, daß ich ein Mensch bin ... lauter blödsinnige Sachen: daß ein Mensch zwei Füße hat, daß es überhaupt Menschen gibt — so ein Gebilde wie der Mensch: was das besagen soll, und warum der Mensch gerade so aussieht und nicht anders, und wozu man ein Mensch ist, usw. usw. Ich fürchte, steinhofreif (reif fürs Irrenhaus) zu sein!"

Hier haben wir es nun mit einer Erscheinung zu tun, die uns bei Zwangsneurotikern sehr häufig begegnet: der Furcht vor der Psychose. Diese Furcht kann solche Ausmaße annehmen und dermaßen zum beherrschenden Symptom werden, daß all jene Symptome, die den ursprünglichen Anlaß zu ihr gegeben haben, schließlich ganz in den Hintergrund treten; wir haben es dann mit einem selbständigen zwangsneurotischen Symptom sui generis zu tun — wir nennen es Psychotophobie. Die forcierte

---

[1]) Das Ganze der Psychotherapie ist also gewiß nicht eigentlich lehrbar; aber ist denn nicht das — eben darum so nötige — Individualisieren selber lehrbar?

Selbstbeobachtung der Zwangsneurotiker läßt sie nun immer mehr hineinschlittern in diesen qualvoll-ängstlichen Zustand; denn wer vermöchte es nicht, an sich selbst Abnormes festzustellen, sobald er sich nur lange genug und intensiv genug selber beobachtet[1])? Ein „Haar in der Suppe" wird er alsbald finden, und irgendeine Abweichung von der Norm ist bei jedem Menschen selbstverständlich; denn die ideale Norm existiert nur errechnet auf dem Papier. Was aber einmal durch Selbstbeobachtung nicht nur festgestellt, sondern gleichsam festgenagelt ist, das muß verzerrt, übertrieben erscheinen, aufgebauscht werden. Harmlose Eigenarten auf charakterologischem Gebiet, die in Wirklichkeit höchstens als kleine psychologische „Schönheitsfehler" anzusehen wären, werden sogleich für Symptome oder Prodrome von Geisteskrankheit gehalten. Wiederum aber hakt hier der uns wohlbekannte Mechanismus der Erwartungsangst ein, und wieder etabliert sich alsbald ein Circulus vitiosus: was da der Zwangsneurotiker zuerst durch Beobachtung feststellt und sodann durch verstärkte Selbstbeobachtung übertreibt, das beginnt er nun aus seiner Psychotophobie heraus zu fürchten; und was er dann fürchtet, das beginnt er zu bekämpfen. Dieses Bekämpfen jedoch, dieses Sturmlaufen und Anrennen gegen vermeintliche psychotische oder auch nur wirkliche neurotische Symptome ist nur dazu angetan, sie zu steigern und immer häufiger in Erscheinung treten zu lassen. Seine Aufmerksamkeit wird, aus seiner Psychosenfurcht heraus, immer mehr um die in Frage stehenden, angeblich so krankhaften Erscheinungen zentriert, seine Gedanken kreisen zunehmend um sie als Inhalte, und der Kranke selbst wird zunehmend von ihnen okkupiert.

Aber eine einfache Aufklärungsarbeit genügt, um auch diesen Teufelskreis zu durchbrechen. Es genügt nämlich, nachdrücklichst die Kranken auf das in der Psychiatrie bekannte Faktum hinzuweisen, daß gerade die echten zwangsneurotischen Charaktertypen ganz besonders selten an eigentlichen Psychosen erkranken, daß also gerade der Zwangsneurotiker am allerwenigsten Grund zu seinen psychotophobischen Befürchtungen hat. Wir brauchen also nichts weiter zu unternehmen, als die Paradoxie ins rechte Licht zu rücken: daß der (zwangsneurotische) Psychotophobe sich just vor etwas fürchtet, wovor zu fürchten er

---

[1]) Ja, der Hang zur Selbstbeobachtung und Selbstbespiegelung selbst wird von den Patienten für etwas Pathologisches, ja für „Bewußtseinsspaltung" angesehen und damit auch schon für ein Zeichen von Schizophrenie. Nachdem dieses Wort mit „Spaltungsirresein" übersetzt wird, hat dieser Umstand, der übrigens auf die geschichtlich verständliche Belastung dieses Krankheitsbegriffs mit Elementen der alten Assoziationspsychologie zurückzuführen ist, das Seinige dazu beigetragen, daß so manchem nicht einmal Schizoiden ein heilloser Schrecken eingejagt wurde.

eben als (psychotophobischer) Zwangsneurotiker keinen Grund hat[1]).

Kehren wir nach diesem kurzen Exkurs zu unserem Falle zurück, dann läßt sich folgendes berichten: Auf die erste Frage, ob der Kranke gerade in letzter Zeit — in der er so sehr unter Grübelzwang litt — über besonders viel Zeit verfügte, bejaht er mit einem „leider"! Jetzt sei er nämlich ohne Arbeit; und seitdem er nichts zu tun habe, gehe es ihm auffallend schlechter. Natürlich meinen wir nicht, daß sein Grübelzwang sich lediglich aus einer Art Vakatwucherung des Denkens erklären läßt; aber daß etwas Ähnliches eine unterstützende Rolle spielt, dürfte keine Frage sein, wenn man nur an die vielen Fälle denkt, in denen auch schwere Zwangsneurosen plötzlich sozusagen über den Haufen gerannt werden von einem die ganze Persönlichkeit tief erschütternden Affekt, oder aber die ganze zwangsneurotische Symptomatik über Bord geworfen wird im Augenblick, in dem unvermittelt der äußere Zwang zu einer Tat oder eine große Aufgabe vor dem Patienten steht und ihn innerlich ausfüllt. Überhaupt scheint ja ein eigenartiges gegensätzliches Verhältnis zu bestehen zwischen dem fiktiven Reich zwangsneurotischer Vorstellungen und Befürchtungen einerseits und der Realität andrerseits: kaum daß letztere in ihr Recht tritt, tritt die Zwangsneurose auch schon zurück. So wissen wir von einem Falle, in dem ein Mann durch Jahrzehnte an einer schwersten Form von Thanatophobie litt — in seiner Gegenwart konnte das Wort Tod oder „sterben" oder auch nur Anspielungen auf diese Begriffe nicht erwähnt werden, ohne daß ein äußerst umständliches Zeremoniell mobilisiert worden wäre, um den Gedanken an den Tod aus dem Bewußtsein zu drängen. Eines Tages wurde nun durch Zufall eine oligosymptomatische Tabes bei ihm festgestellt und Patient mußte sich einer Malariakur unterziehen. Dies geschah natürlich nicht ohne übertriebene Ängstlichkeit seinerseits. Unglückseligerweise traten nach wenigen Fieberanfällen Komplikationen auf, und trotz sofortigen kunstgerechten Abbruchs der Malariabehandlung (gegen deren Beginn zuvor keinerlei internistische oder sonstige Kontraindikationen ge-

---

[1]) Natürlich darf seitens des Patienten all dies nicht insofern mißverstanden werden, als er denkt, mit Fortfall seiner Furcht vor Psychosen könnte auch der Schutz, die „Immunität" vor Psychosen, die sie ihm bisher gewährte, ebenfalls fortfallen — so etwa wie bei Ausbruch einer progressiven Paralyse das Aufhören einer Paralysephobie, die bis dahin allenfalls bestanden haben mag, somit das Aufhören der Neurose ein Symptom für das Auftreten der Psychose sein kann. Im Falle einer zwangsneurotischen Psychotophobie liegen die Verhältnisse jedoch wohl anders: hier handelt es sich ja um eine im Charakterologischen gründende Immunität, und darum ist hier auch dann nichts sachlich zu befürchten, wenn das neurotische Befürchten, eben die Psychotophobie, aufhört; denn der Betreffende ist dann eben nicht nur vor einer Psychose geschützt, sondern auch von seiner Neurose geheilt.

sprochen hatten) entwickelte sich ein schweres septisches Bild mit jähem Kräfteverfall, dem nicht mehr zu steuern war. Wie sehr waren wir Ärzte aber beeindruckt, als just im Augenblick realer Bedrohtheit des Lebens unseres Patienten die fast lebenslängliche Todesfurcht erstmalig zu schweigen begann und einer ausgeglichenen Stimmung, ja nahezu heiterer Ruhe wich, die sicher nicht allein aus der septischen Euphorie zu erklären war.

Kehren wir nun nochmals zum Falle von Grübelzwang zurück, dessen Besprechung wir begonnen. Betreffs der grüblerischen Einfälle erklärt unser Patient, er „wehre" sich gegen sie; und zwar deshalb, weil er fürchte, daß sie der Grund seien, ihn einmal im Irrenhaus landen zu lassen. Kaum haben wir ihn aber im Sinne des oben Gesagten über die relative Immunität der Zwangsneurotiker gegenüber Psychosen unterrichtet, meint er erleichtert und erfreut: „Wozu hab' ich mich nun so abgeplagt!" Auf diesem Wege ist es uns dann gelungen, das Ankämpfen gegen das Symptom — geeignet, das Symptom nur noch zu verstärken — abzustellen, indem das Motiv dieses Ankämpfens, nämlich die Psychotophobie, ausgeschaltet wurde.

Zur speziellen Technik der psychotherapeutischen Behandlung der Zwangsneurose wären nun noch einige Hinweise notwendig. Vor allem gilt es, die Behandlung so einzurichten, daß sie der spezifischen Charaktergrundstruktur des Zwangsneurotikers Rechnung trägt — jener Grundstruktur nämlich, die an sich noch nichts eigentlich Krankhaftes darzustellen braucht; wir haben von ihr oben bereits gesprochen und den rationalistischen Zug an ihr hervorgehoben. Der Zwangsneurotiker klammert sich nun gern an strikte Formeln, und es ist nicht einzusehen, warum wir uns diese Tendenz nicht auch therapeutisch zunutze machen sollten: wir werden uns bemühen, sie in den Behandlungsgang selbst einzubauen. Dies kann ganz einfach schon dadurch geschehen, daß wir 1. eine möglichst klar formulierte Wahrheit jeweils herausarbeiten, die — im Sinne der geforderten Logotherapie — ein geistiges Gegengewicht gegen die gekennzeichnete „Weltanschauung der Hundertprozentigkeit" darstellen soll; 2. müssen wir unser Augenmerk darauf richten, daß wir hierbei sauber genug argumentieren, also einerseits unsere Gegenargumente gegen die des Patienten einwandfrei entwickeln und andrerseits dabei „nichts unter den Tisch fallen lassen". Wir müssen den Patienten anhören, ihn ruhig aussprechen und all jene vielen Skrupel oder Zweifel oder Bedenken vorbringen lassen, die er — man denke nur an die treffende französische Beschreibung des Typus „homme à petit papier"! — uns in der Sprechstunde meist auf einer ganzen Liste präsentiert. Damit wären wir auch beim 3. Punkt angelangt: Bei seiner Sucht nach bewiesenen und klar formulierten Argumenten wirkt auf den Zwangsneurotiker besonders eindringlich alles, was er „schwarz auf weiß" mitbekommt und „getrost" nach Hause tragen kann, wie der

Schüler im „Faust" sagt. Wir stehen daher nicht an, mit Rücksicht auf diese charakterologische Eigenart solchen Patienten in kurzer, prägnanter Zusammenfassung das schriftlich mit auf den Weg zu geben, was sie unseres Erachtens sich immer wieder vor Augen halten müßten. Ein Beispiel möge dies erläutern:

(Fall 16.) Die 45 Jahre alte Patientin fühlt sich seit 13 Jahren ständig von der Angst verfolgt, andern zu schaden; und zwar meint sie, dies durch übersehene Nadeln, Splitter o. dgl. tun zu können. Wir hören des weiteren von ihr, daß sie schon im Alter von fünf oder sechs Jahren in krankhaftem Ausmaß an Skrupeln gelitten habe. Daraus ersehen wir die konstitutionelle Komponente der anankastischen Charakteranomalie. Auf die Frage nach Schuldgefühlen antwortet sie, an ihnen leide sie ständig. Die Furcht jedoch, durch Splitter usw. jemanden geschädigt zu haben, sei erstmalig nach einer großen körperlichen Überanstrengung aufgetreten. (Eine nicht seltene Tatsache: daß Zwangsneurosen im Zusammenhang mit körperlichen Schwäche- oder auch psychophysischen Erschöpfungszuständen, wie Überarbeitung u. dgl., exazerbieren; dazu paßt übrigens unsere Erfahrung, daß sich die Psychotherapie speziell der Zwangsneurosen durch eine unterstützende medikamentöse Behandlung unter Umständen bedeutend beschleunigen läßt — vgl. Verf., „Zur medikamentösen Unterstützung der Psychotherapie bei Neurosen", Schweizer Archiv für Neurologie usw., 1939. Auch bei dem dem anakastischen Formenkreis innerhalb der Psychopathien nahestehenden Depersonalisationssyndrom hat sich uns gezeigt, daß Maßnahmen medikamentöser Art ebenfalls von auffälligem Erfolg begleitet sein können; und zwar hat sich uns diesbezüglich eine blutdruckhebende, im besonderen aber eine Therapie mit Nebennierenrindenpräparaten bewährt[1]).) Entsprechend diesem psychophysiologischen Abhängigkeitsverhältnis erwähnt die Kranke übrigens auch, daß es ihr morgens, wenn sie ausgeruht sei, immer relativ gut gehe. Ansonsten sei aber der Zustand wahrhaft unerträglich. So sei es unlängst vorgekommen, daß sie einen ins Ausland abgesandten Brief mit Müh und Not erst beim Hauptpostamt zurückerhalten konnte — nachdem sie die qualvollen Zweifel nicht losgeworden war, ob er nicht vielleicht doch irgendwelche Glassplitter enthalte.

Dieser Patientin wurde nun, nachdem das Notwendige erstmalig bzw. einmalig in einer gründlichen Aussprache durchgegangen worden war, folgende konzise Zusammenfassung all dessen schriftlich mitgegeben, was sie sich von nun an immer wieder vor Augen halten sollte: „Meine Befürchtungen sind typisch zwangsneurotisch, also krankhaft und insofern

---

[1]) VIKTOR E. FRANKL, Theorie und Therapie der Neurosen, Ernst Reinhardt, München 1975 (Kapitel „Addisonoide Pseudoneurosen").

unbegründet!" Damit schaffen wir Distanz und lassen die Kranke die Neurose, als etwas Irrationales, objektivieren. „Ein Ausarten ins Psychotische brauche ich — gerade ich als typische Zwangsneurotikerin — nicht zu befürchten. Daher brauche ich die Befürchtungen auch nicht, wie bisher, zu bekämpfen; gerade durch das Ankämpfen werden sie ja nur noch stärker!" Diese Empfehlungen sind ja nach dem vorher Gesagten verständlich. „Ich muß mit den krankhaften Einfällen gleichsam Katz und Maus spielen: ich muß sie noch übertreiben — so sehr, daß ich endlich herzlich über sie lachen kann. In diesem Sinne muß ich mir geradezu vorsagen, daß ich — die Absicht habe, diesen oder jenen Menschen auf diesem oder jenem Wege zu schädigen! Dann werde ich nämlich wenigstens die Angst verlieren, ihn zu schädigen." Dieser Vorschlag an die Kranke entspricht dem, was wir wiederholt über die paradoxe Intention und ihren heilsamen Einfluß auf das angst- wie zwangsneurotische Geschehen gesagt haben. Nun galt es aber noch, in diesem Merkzettel Rücksicht zu nehmen auf die Möglichkeit, daß die Kranke in ihrem krankhaften Skrupulantentum in den ihr mitgegebenen „Kernsätzen" für ihre neurotischen Skrupel erst recht Nahrung finde; dem galt es vorzubauen: „Daß ich nun die von mir geforderte Absicht, jemanden zu schädigen — die natürlich nur zum Spaß gemeint ist — verwirklichen, daß ich also solche Vorsätze zur Ausführung bringen und jemanden einmal wirklich schädigen könnte, ist ja keineswegs zu befürchten." Wer aber Zwangsneurotiker kennt, wird sehr wohl wissen, daß solche Kranke sich mit dieser „Erklärung" noch lange nicht begnügen können; daher wird es dem Kenner begreiflich erscheinen, wenn wir zum Schluß noch folgenden Passus anbrachten: „Um nun nicht einmal bezüglich dieser rein theoretischen Gefahr (mit der paradoxen Intention eines Tages jemanden tatsächlich zu schädigen) wiederum mit Verantwortung mich belastet zu fühlen, erkläre ich mich damit einverstanden, daß mein behandelnder Arzt in aller Form die volle Verantwortung für den Fall übernimmt, daß ich durch mein Spielen mit den Zwangsbefürchtungen jemanden einmal ernstlich geschädigt haben sollte." Aber nicht genug an dem: bei dem krankhaften Übermaß an Verantwortungsgefühl, wie es den typischen Zwangsneurotikern eignet, mußte dieser „Schriftsatz ad usum einer Skrupulantin" noch ein Letztes unternehmen, um ihr vollends zu beweisen, daß sie zu diesem — in ihren Augen naturgemäß „leichtsinnigen" — Spiel mit der „Gefahr" letzten Endes verpflichtet sei; in diesem Sinne schloß das kleine Schriftstück, das ihr mitgegeben wurde, mit der Formel: „Diese Verantwortung (für das ihr so gefährlich erscheinende Spielen mit den Zwangsbefürchtungen) muß ich dem Arzt schon deshalb überlassen, weil ich nur auf diesem Wege von den krankhaften Vorstellungen frei werden kann, zugleich aber diese Gesundung meinen Angehörigen schulde."

So gewagt es auf den ersten Blick erscheinen mag, in dieser Art sich gleichsam auf die Diskussionsebene der Neurose selbst zu begeben, so wirksam erweist sich solches Vorgehen in der Praxis. Letztlich bedeutet es ja nichts anderes, als daß wir die Neurose mit ihren eigenen Waffen schlagen. Bei der Überbetontheit jenes Rationalismus, der uns namentlich bei intelligenteren Zwangsneurotikern entgegentritt, ist unsererseits der Kampf mit den ihm angepaßten Mitteln, also mit rationalen Argumenten, unumgänglich notwendig! Er stellt jeweils nichts weiter dar als eine für die Zwangsneurose spezifische Adaption der Logotherapie[1]).

Eines besonderen Hinweises bedürfen die blasphemischen Zwangsvorstellungen. Ihnen begegnen wir therapeutisch wohl am besten, indem wir versuchen, den Patienten bei seiner Zwangsneurose zu packen, so zwar, daß wir ihn darauf aufmerksam machen, daß er durch die fortgesetzte Befürchtung, Blasphemien zu begehen, eine Blasphemie beginge; denn Gott für einen so schlechten Diagnostiker zu halten, daß man ihm die Fähigkeit abspricht, zwischen Blasphemie und Zwangsvorstellung diagnostisch zu differenzieren, bedeute eine Gotteslästerung. In Wirklichkeit, so müssen wir dem Patienten versichern, rechne Gott eine blasphemische Zwangsvorstellung gewiß nicht der Person des Patienten zu. Die anankastische Psychopathie — das Substrat einer Zwangsneurose — ist ja tatsächlich nicht seiner (geistigen) Person zurechenbar, haftet vielmehr seinem (seelischen) Charakter an. In dieser Hinsicht ist der Patient weder frei noch verantwortlich — nur um so mehr ist er es jedoch hinsichtlich seiner Einstellung gegenüber der Zwangsvorstellung, und den Spielraum solcher Freiheit zu erweitern — indem Distanz geschaffen wird zwischen dem Menschlichen im Kranken und dem Krankhaften am Menschen — ist der eigentliche Zweck der paradoxen Intention.

Aber sie läßt sich auch auf andere Neuroseformen, ja selbst auf einzelne Psychosen — sofern sie einer Psychotherapie überhaupt zugänglich sind — entsprechend anwenden. So ist uns der Fall eines außergewöhnlich bedeutenden Juristen in Erinnerung, der an einer larvierten endogenen Depression litt, die unter dem Bilde scheinbar zwangsneurotischer Skrupel verlief. Diese Skrupel nun bezogen sich bei diesem Patienten auf die rein theoretische Möglichkeit, er könnte einer gewissen Partei beigetreten und diesen Tatbestand inzwischen bloß vergessen, mit dem Verschweigen des

---

[1]) Selbst der bekannte Psychoanalytiker EMIL A. GUTHEIL, Herausgeber des American Journal of Psychotherapy, erklärt in seiner zuletzt erschienenen Arbeit "Problems of Therapy in Obsessive-Compulsive Neurosis": "New therapeutic means must be introduced. Appeal to reason, fruitless though it may be in other cases, holds promise in cases of obsessive-compulsive neurosis, in which rationalization and intellectualization play so great a part." (Am. J. Psychotherapy, 13, 793, 1959.)

Beitritts jedoch sich vor dem Gesetz schuldig gemacht haben. Der Zustand artete bis zu Suizidversuchen aus, und der Kranke fand schließlich weder Ruhe noch Schlaf. Nicht nur dadurch aber war seine Arbeitsfähigkeit, ja seine Karriere bedroht, sondern auch durch wiederholte Versuche, sich des Tatbestandes vor der Behörde zu bezichtigen; wobei nur erwähnt werden soll, daß er immer und überall und mit vollem Recht als Gegner jener Partei bekannt war, ja sich exponiert hatte. Trotz der endogenen und als solcher fortdauernden Grundlage seines Leidens konnte nun schlagartig eine entscheidende Erleichterung, vor allem aber eine Beseitigung jedweder Selbstgefährdung — sei es seines Lebens (durch Suizid), sei es seiner Karriere — erreicht werden, als der Kranke vom Arzt eine entsprechende Erklärung schwarz auf weiß mit nach Hause nehmen konnte, die (angesichts dieses juristischen Fachmannes) in aller Form in der Feststellung gipfelte, daß der Arzt als Psychiater sich dafür verbürge, daß eine allfällige einschlägige Selbstbezichtigung des Kranken jeder realen Grundlage entbehre. Von diesem Augenblick an war aber der Depressionszustand auf das seinem endogenen Charakter entsprechende unumgängliche Mindestausmaß reduziert.

Von solcher Herabsetzung des psychopathologischen Geschehens auf das schicksalhafte Minimum war schon vorher einmal die Rede. Im folgenden wollen wir nun nochmals an Hand eines Falles von schwerer Zwangsneurose die therapeutische Fruchtbarkeit erweisen, die jenem Ansatz in der Psychotherapie zukommt, der den Kranken anweist, den schicksalhaften Kern seiner Zwangsneurose eben als schicksalhafte Gegebenheit einfach hinzunehmen — statt durch ein verfehltes Ankämpfen ihn nur noch immer mehr mit unnötiger Symptomatik anzureichern:

(Fall 17.) Der 41jährige Kranke, Großindustrieller von Beruf, ist seit einigen Monaten in der Stadt, in die er sich aus dem Ausland begeben hatte, um sich einer psychoanalytischen Behandlung zu unterziehen. Im Vordergrund seiner zwangsneurotischen Beschwerden steht ein schwerer „blasphemischer Zwang", der ihm als tiefreligiösem Menschen seit 15 Jahren das Leben zur Qual macht. Die Analyse hatte ihm anfangs zwar eine geringfügige Erleichterung verschafft, aber letztlich nicht geholfen (was ja angesichts der Kürze der verfügbaren Zeit — Patient hatte sich eigens Urlaub nehmen müssen — anders kaum möglich war). Vor wenigen Tagen jedoch kam es zu einem schweren Rückfall, und überhaupt befiel den Kranken eine solche Verzweiflung, daß er nun ernst zu nehmende Selbstmordabsichten hegt; den Abschiedsbrief an seine Frau trägt er in der Brieftasche! Freunde, die seine tiefe Depression gemerkt hatten, nahmen ihm jedoch das Ehrenwort ab, daß er noch einen letzten Versuch unternehme. So kommt er zu uns — ohne die Möglichkeit, länger als wenige Tage hier bleiben zu können.

Bemerkenswert ist nun vor allem der unmittelbare Anlaß seiner augenblicklichen Verzweiflung: Vor kurzem kam er, wie täglich, wieder einmal zur psychoanalytischen Sitzung und berichtete erfreut, „Gott sei Dank" fühle er sich heute ein wenig besser. Darauf hätte sein behandelnder Arzt ihm eingeschärft, die Besserung sei nicht Gott zu danken, sondern lediglich dieser oder jener Umstellung oder Umschichtung innerhalb des Unbewußten. In seiner religiösen Lebensauffassung war unser Patient dadurch irgendwie erschüttert. Nun, niemand, und am allerwenigsten der Arzt als solcher, hat jemals das Recht, im Religiösen der Ansicht eines Kranken über die letzten Gründe von Krankheit oder Gesundung entgegenzutreten; der Arzt hat solche Ansichten vielmehr restlos zu respektieren. Uns als Ärzten steht es nicht zu, die Einordnung von so etwas wie Erkrankung und Genesung in einen höheren Aspekt zu kritisieren. Mögen wir für die eigene Person so oder so über diese Dinge denken: solange wir als Ärzte agieren, ebensolange steht uns weder das Recht zu, unsere Meinung über Religion, sei sie nun positiv oder negativ, dem Kranken zu oktroyieren, noch haben wir das Recht, was er von Religion positiv oder negativ denken mag, abfällig zu kritisieren.

Aber mehr als dies; wir stehen auch nicht an, die nun einmal vorhandene religiöse Haltung des Kranken nicht nur zu estimieren, sondern auch als ein Positivum — das sie ist — in unseren Heilplan einzubauen. Gerade im soeben besprochenen Falle beispielsweise war dies nicht nur möglich, sondern letztlich der Angelpunkt für alle Therapie, wie sich alsbald erweisen sollte. War doch eine eigentliche Psychotherapie etwa im Sinne einer eingehenden Analyse der Zwangsvorstellungen aus äußeren Gründen nicht durchführbar; nur um so mehr galt es, an Stelle einer Symptomenbehandlung (die sich ausführlich mit den einzelnen Symptomen und deren inhaltlicher Genese befaßt hätte) sich in erster Linie um die Einstellung des Patienten zur Krankheit zu kümmern. Diese Einstellung war nun bisher eine durchaus verkrampfte, und so war denn auch der Kampf des Kranken gegen die Zwangskrankheit verkrampft: ständig kämpfte er gegen seine blasphemischen Einfälle an und steigerte dadurch nur deren „Macht" und die eigene Qual. Was da not tat, war Entkrampfung, Entlastung, Entspannung; der Kranke mußte lernen, sozusagen die Zügel schießen zu lassen. Analog zu den bereits erwähnten Fällen, in denen das Sturmlaufen und Anrennen gegen die Zwangsgedanken aus einer Psychotophobie heraus erfolgte bzw. genährt wurde und bei denen die Liquidierung ebendieser Phobie schon einen bedeutenden Entlastungseffekt mit sich brachte, analog hierzu mußte im vorliegenden Falle vom Religiösen her die so heilsame Gelassenheit in der Einstellung zur Krankheit erreicht werden. Es ging sonach darum, den Kranken zu einer Art Aussöhnung mit der Tatsache seiner Zwangsneurose zu bewegen — einer Aussöhnung, die dann natürlich keinesfalls einem therapeutischen Nihilismus oder Fatalismus gleichkommen sollte! Im Gegenteil: gerade durch eine Aussöhnung mit dem Schicksal dieser Krankheit sollte endlich der frustrane Kampf mit den Zwangsvorstellungen abgestellt werden — jener Kampf, der sie ja so recht erst zu einem Handikap im Leben des Kranken machte. „Hier ist meine Zwangsneurose", so lernte unser Patient die Dinge nunmehr sehen, „und sie steht da vor mir, in mein Leben hineingestellt, ganz ebenso wie etwa mein Familienglück oder meine berufliche Karriere, mein geschäftlicher Erfolg: all dies hat Gott mir geschickt! Als solches habe ich es hinzunehmen. Gott weiß gewiß mindestens sosehr wie ich es nun weiß, daß die mir sich aufdrängenden lästernden Zwangsgedanken fernab von meinem wahren religiösen Empfinden vor sich gehen; er wird sie gewiß nicht weiter ernst nehmen. Ich aber soll und will es von nun an ebensowenig. Ich will vielmehr an ihnen vorbeidenken — an meiner Neurose vorbeileben. In diesem Sinne werde ich sie ignorieren — etwa so, wie einen Köter, der mich verbellt, der aber nur noch mehr bellt, wenn man nach ihm tritt — während er zu bellen aufhören wird, wenn man ihn eben ignoriert! Wenn ich aber gar von vornherein auf das Bellen gar nicht höre, dann werde ich es wohl überhaupt überhören (etwa wie das Ticken einer Zimmeruhr, auf das man ja im allgemeinen gar nicht achtet)". Und schon am nächsten Tag berichtet uns Patient, daß er zum erstenmal seit nicht weniger als zehn Jahren die erste volle Stunde völligen Freiseins von seinen Zwangsvorstellungen erlebt habe.

Dann reiste er in seine Heimat ab. Mehrere Wochen danach jedoch teilt er brieflich mit, wie verhältnismäßig gut es ihm gehe — sogar trotz inzwischen eingetretener ungünstiger äußerer Umstände. „Freilich meldet sich hin und wieder ein zwangsneurotischer Einfall; aber ich begegne ihm in Gelassenheit und mit Humor — wie ich es gelernt habe. Wenn etwa des Morgens, beim Erwachen, ein solcher Gedanke sich regt, dann denke ich mir für mich: Guten Morgen, die Zwangsneurose — schon da? und lächle innerlich darüber und über die ganze Neurose, und schon gehe ich zur Tagesordnung, zu meinem Tagewerk über, das ich Gott und meiner Familie zuliebe vollführe." Womit gerade mit der letzten Andeutung seitens des Kranken jene letzte Wendung berührt wird, die wir aller Psychotherapie zu geben haben: sie hat nicht nur eine negative Seite oder Phase — die einer Ablenkung des Kranken von der Krankheit (Dereflexion, paradoxe Intention usw.) —, jede Psychotherapie muß vielmehr auch eine positive Phase oder Seite haben: die einer Hinlenkung des Kranken auf all das, was jenseits aller Krankheit steht — auf das in vollem Verantwortungsbewußtsein ergriffene und konkrete persönliche Dasein!

Während schon früher, auch bei der Besprechung der Psychotherapie von Zwangsneurosen, vom logotherapeutischen Ansatz die Rede war, wird nunmehr ersichtlich, wann und wo die Existenzanalyse anzusetzen hat — als Analyse menschlichen Daseins auf dessen zentrales Verantwortlichsein hin, ja so recht eigentlich als Bewußtwerden des Verantwortunghabens. Wiederum zeigt sich hier, inwiefern Existenzanalyse auf eine Bewußtwerdung von Geistigem (und nicht, wie in der Psychoanalyse, von Triebhaftem) abzielt: Der letzte geistige Grund menschlichen Daseins ist nämlich das Verantwortlichsein!

Zugleich aber zeigt sich am soeben dargelegten Falle, wann und wo die Psychotherapie gleichsam umschlägt in das, was wir ärztliche Seelsorge genannt haben: Dort nämlich, wo eigentliche Psychotherapie unmöglich geworden ist — insofern die Behandlung des neurotischen Symptoms selber nicht mehr durchführbar erscheint, vielmehr nur noch eine Korrektur der Einstellung des Kranken zum Schicksal der Krankheit möglich ist — dort ist ärztliche Seelsorge indiziert; dort — und nicht früher! Denn bevor sich die Krankheit, oder ein kernhaftes Stück in ihr, nicht als echtes Schicksal erwiesen hat, solange also eine Behebung des neurotischen Symptoms selber noch offensteht, ebensolang hat sie durch Psychotherapie auch zu geschehen. Erst dann und dort, wo ein unabänderlicher, nicht weiter gestaltbarer, unangreifbarer, eben schicksalhafter Tatbestand vorliegt, erst dort hat die Aussöhnung mit ihm zu erfolgen, und erst dort fängt die Möglichkeit an, in der Einstellung zum Schicksal, im gelassen duldenden Hinnehmen, im rechten (nämlich aufrechten) Leiden, noch Werte zu verwirklichen. Wir haben sie Einstellungswerte genannt; sie aber gehören zu den höchsten werthaften Möglichkeiten, die dem Menschen überhaupt gegeben sind.

Zum Schluß soll von zwei Fällen die Rede sein, die mein seinerzeitiger Assistent an der Neurologischen Abteilung der Wiener städtischen Poliklinik, der derzeitige Leiter ihrer Neurologischen Ambulanz Dr. KOCOUREK behandelt und deren Krankengeschichten er verfaßt hat.

(Fall 18.) Anton R. (Aufnahmezahl 4600/60) ist 21 Jahre alt. Vor fünf Jahren hatten plötzlich Angstzustände eingesetzt, so zwar, daß er, vor lauter Angst, er könnte sich oder andere verletzen, alle spitzen Gegenstände zu meiden begann. Bemerkenswerterweise betraf seine Befürchtung, jemand könnte von ihm verletzt werden, nicht etwa bloß Menschen, sondern — die Pferde im Stall seines väterlichen Bauernhofs, denen er mit der Heugabel das Futter zu reichen hatte. Wir haben es in diesem Falle also nicht mit einem der typischen sui- bzw. homizidalen Zwangsgedanken zu tun, sondern mit einem sit venia verbo „zoozidalen" Zwangsgedanken. Zu ihm traten alsbald diverse andere Zwänge, etwa ein Wiederholungszwang, der Zwang, was immer er getan hatte, zu kontrollieren, usf. Im Vordergrund jedoch stand die Furcht, er könnte sich, wenn er über Stiegen oder Brücken gehe, hinunterstürzen. Schließlich konnte er während des Essens nicht mehr ein Messer benützen, und die Zwangsbefürchtungen nahmen so überhand, daß seine Arbeitsleistung erheblich nachließ. So gab die Mutter des Patienten dem Amtsarzt gegenüber (der dann eine vorübergehende Internierung veranlaßte) an, daß der Patient manchmal auf einem Fleck plötzlich stehenbleibe und sich eine ganze Stunde nicht wegrühre. In der betreffenden Klinik wird er dann mit Elektroschocks behandelt. Laut Eintragung in der dortigen Krankengeschichte erreicht er im Wechsler-Bellevue-Test einen IQ von 80, so daß dort „leichte Debilität" und „eine hebephrene Geistesstörung" konstatiert werden. Später, bei der Aufnahme in die Neurologische Abteilung der Wiener Poliklinik, ist der Patient hochgradig ängstlich, depressiv, spricht kaum einen zusammenhängenden Satz, sitzt zitternd da, ist in Schweiß gebadet, starrt vor sich hin und gibt auf Befragen ständig die Antwort, er habe Angst, er getraue sich kaum, das Zimmer zu verlassen, weil er etwas anstellen könnte. Jeder Zuspruch prallt an ihm ab. Versuche mit paradoxer Intention versagen. Phenothiazine bleiben erfolglos; Tofranil führt zu hochgradiger Unruhe. Plazebo-Präparate sine effectu. R 1647, H 610 und Librium detto. Erst unter der Wirkung von Marplan wird der Patient kontaktfähiger und nun gelingt ihm auch die Anwendung der paradoxen Intention. Soll er die Stiege von der Abteilung hinauf in die Ambulanz gehen, so lautet die von Assistenten Kocourek ihm mit auf den Weg gegebene Formel: „Jetzt gehe ich neben dem Geländer, obzwar ich gestern 60mal hinuntergesprungen bin — heute werde ich 160mal hinunterspringen." Erstmalig lächelt der Patient vor sich hin, da ihm die Anwendung der paradoxen Intention glückt. Ein andermal wird er von Kollegen Kocourek aufgefordert, möglichst viel mit diversem Eßbesteck in Berührung zu kommen — und sich jeweils zu sagen: „Gestern hab' ich mir zehnmal die Gabel hineingerannt — heute werd' ich es womöglich öfter tun." Der Kranke fühlt sich wie ausgewechselt, ist humorvoll, optimistisch und fühlt sich jetzt ausgesprochen wohl. Nun findet er auch Anschluß an seine Mitpatienten, hilft ihnen, ja, durch seine Hilfsbereitschaft ist er jetzt der Liebling des Zimmers; er macht Witze und, was uns am meisten interessieren mag, wendet die paradoxe Intention nun schon aus eigener Initiative an. Zusätzlich, um jede zu weit gehende Energizer-Wirkung von Marplan zu kompensieren, Melleril. Über Weihnachten wird der Patient beurlaubt. Nach neuerlicher Aufnahme berichtet der Vater des Patienten: „Es ist direkt ein Wunder! Mein Sohn hat sich völlig normal verhalten. Er hat mit Gabel und Messer gegessen, wie Jahre vorher. Mit den Handwerkzeugen ist er umgegangen, wie zur Zeit, als er noch völlig gesund war: es ist ihm überhaupt nichts anzumerken gewesen! Die ganze Familie war verblüfft und hat es nicht glauben können — vor Freude haben alle geweint! Nun kann ich ruhig in die Zukunft sehen, da ja der Sohn den Hof übernehmen kann..." Der Patient selbst jedoch berichtet, als er nach Hause kam, habe er seine Zwangsgedanken noch gehabt, doch immer wieder sage er sich die „Sprücherln", und manchmal habe er gar keine Zwangsgedanken mehr. Wenn er Angst hatte, durch Rauchen einer Zigarette den Hof anzuzünden, dann habe er sich einfach gedacht: „Hab' ich den Hof gestern 100mal angezündet, soll er heute zum 101. Male angezündet werden — und abbrennen." So sei er mit Hilfe der paradoxen Intention in der Lage, mit seinen Zwangsgedanken fertig zu werden. Lediglich der Anblick der „ganz großen" Mistgabel habe ihm noch etwas Unbehagen bereitet... Wenige Wochen später wird er bei gutem Befinden entlassen. Es folgen regelmäßige ambulante Kontrollen. Die Angehörigen berichten jeweils, daß der Patient völlig unauffällig seiner Arbeit nachgehe. Seit Jahren habe er das erstemal wieder an einem Festumzug teilgenommen. Der Patient selbst berichtet, obwohl ihm fallweise seine Zwangsgedanken kommen, falle es ihm immer leicht, die paradoxe Intention anzuwenden. Lediglich ganz große Hacken oder Messer bereiten ihm noch Schwierigkeiten — dann sage er sich: „Herbei mit noch größeren Werkzeugen, damit ich die ganze Umgebung beschädigen kann — die ich in der Hand hab', sind mir dazu zu klein; dieser Millionenschaden wird ein Heidenspaß werden!" Jetzt gehe er auch wieder in die Kirche — früher habe er davonrennen müssen, da ihm immer wieder Gotteslästerungen einfielen; die Zwangsgedanken bleiben zwar nicht aus, beunruhigen ihn aber nicht, weil er mit ihnen fertig werden könne. „Diese Gedanken kommen jetzt auch viel seltener!"

(Fall 19.) Elfriede G., 35 Jahre alt, war bis vor drei Jahren immer gesund gewesen. Auf entsprechende Fragen kommt jedoch heraus, daß sie immer schon, bereits als Kind, pedantisch war. Vor drei Jahren, während der dritten Schwangerschaft, traten dann erstmalig Zwangssymptome auf. Wiederholt mußte sie jeweils den Fußboden waschen, so daß sich ihre Kinder nicht infizieren könnten. Die Symptomatik ihrer Zwangsneurose nahm im Laufe der Jahre dermaßen zu, daß die Patientin schließlich auch nicht mehr das Haus verließ bzw. keinerlei Besuche empfing, und zwar vor lauter Angst, es könnte eine Krankheit eingeschleppt werden. Sie nahm keine Bedienerin auf — keine war ihr reinlich genug. Zuletzt mußte sich die Patientin ein paar hundert Male täglich die Hände waschen. In ihrer Wohnung zog sie sich in ein Kabinett zurück, in das niemand eingelassen wurde; denn es war der einzige Raum, der ihr als rein galt. Ihr Gatte durfte weder sie selbst noch die Kinder berühren — er könnte sie infizieren. Vorübergehend befand sich die Patientin — sie hatte sich vor einen Zug zu stürzen und, am nächsten Tage, die Pulsadern zu öffnen versucht — in einer Anstalt; in der letzteren wurde sie einer Insulinkur unterzogen, die aber ohne einen nennenswerten Erfolg blieb.

Am ersten Tage ihres Aufenthalts in der Neurologischen Abteilung der Wiener Poliklinik wird die Patientin nun in der Vorlesung vorgestellt — heißt es weiter in der Krankengeschichte von Dr. Kocourek — und von Professor F. angeregt, sich „zur Abwechslung einmal" vor den Bakterien nicht zu fürchten, sondern, im Gegenteil, sich zu wünschen, infiziert zu werden: „nicht genug Bakterien kann ich heute abbekommen", solle sie sich denken, „so dreckig wie möglich will ich mich machen; ich finde, es gibt nichts Netteres als Bakterien". In dieser scherzenden Tonart geht es weiter, bis Professor F. zum Schluß die Patientin an der Hand nimmt, vor die Sitzreihen des Hörsaals führt und einlädt, dasselbe wie er zu tun, das heißt, mit bloßen Händen auf dem Fußboden herumzuwischen und sich den Schmutz ins Gesicht zu schmieren[1]). Woraufhin die Patientin zum Erstaunen der Studenten — und ihrer selbst — mittut!

Nach der Vorlesung in den Krankensaal gekommen, **wäscht sie sich an demselben Tage ein einziges Mal, vor dem Abendessen, die Hände** — die sie im Hörsaal schmutzig gemacht hatte — und improvisiert im Sinne paradoxer Intention die Frage an ihre Mitpatientinnen, ob ihr „nicht jemand Bakterien liefern könnte."

Am nächsten Tage ist sie wie ausgewechselt. Aus Gründen der chronischen Bettennot unserer Abteilung liegt sie auf einem Gastbett in einem Krankensaal der Hals-Nasen-Ohren-Abteilung, und zwar unter frisch operierten Patienten mit Luftröhrenkanülen u. dgl., und ungeachtet ihrer früheren Bakteriophobie widmet sie sich freiwillig der Pflege dieser Kranken, wäscht sie und speist sie aus; mit den Bakterien, meint sie, habe sie sich „ausgesöhnt".

Fünf Tage nach ihrer Aufnahme sagt sie, es gehe ihr um 90% besser; aufopfernd pflegt sie die frisch operierten Fälle, ohne sich öfter als dreimal täglich die Hände zu waschen. Bezüglich der Bakterien meint sie bloß: „Mit denen will ich nur recht viel in Berührung kommen und Bekanntschaft machen — die wasch' ich nimmer weg: die armen Viecherln laß ich leben!" Und vor lauter Lachen über diese ihre ulkige Bemerkung schlägt sie sich auf die Schenkel.

Am sechsten Tage verläßt die Patientin auf ein paar Stunden das Krankenhaus. Zuerst geht sie Wolle einkaufen, um „im infizierten Milieu" des Krankenhauses für ihr jüngstes Kind einen Pullover zu stricken — „in jeder Masche sollen Bakterien sitzen". Am zwölften Tage gelingt es ihr, entsprechend einer Empfehlung seitens Dr. Kocoureks ihre sie besuchen-

---

[1]) Siehe die Fußnote auf Seite 82.

den Kinder zu begrüßen, ohne sich die Hände gewaschen zu haben; paradox intendierend sagt sie zu sich selbst vielmehr: „Jetzt werd' ich die ganze Bakterienkultur — frisch, wie sie ist, — auf meine Kleinen übertragen — sollen sie nur recht infiziert werden, damit der Besuch im Krankenhaus dafürgestanden ist; am End' werden sie vor lauter Infektionen noch immun!" Tatsächlich umarmt die Patientin ihre Kinder, sobald sie kommen, streichelt ihre Gesichter und geht mit Mann und Kindern in ein Großkaufhaus einkaufen — nota bene am Silbernen Sonntag, zur Zeit des maximalen Andrangs. Während der ganzen Zeit trägt sie ihr Lieblingskind auf dem Arm — „durchs verseuchte Milieu hindurch", wie sie paradox intendierend formuliert. Wieder im Krankenhaus, stellt sich heraus, daß es sich um den seit Jahren ersten normal verlebten Tag handelt — frei von Angstattacken oder Zwangsimpulsen; „alles war so selbstverständlich", meint sie, und „ich bin der glücklichste Mensch". In den folgenden Tagen verhält sich die Patientin überhaupt unauffällig. Nunmehr gesteht sie, daß sie schon daran gedacht habe, sich scheiden zu lassen, damit Mann und Kinder endlich glücklich werden und nicht mehr an ihrer, der Patientin, Zwangsneurose zu leiden haben; so schwer war das Handikap gewesen, das die Zwangsneurose der Patientin über deren ganze Familie gebracht hatte. In der zweiten Woche wird die Patientin nun erstmalig nach Hause gelassen, wo „eine furchtbare Unordnung" herrscht, mit der die Patientin jedoch, im Gegensatz zu früher, „fertig werden kann", und zwar ohne sich öfter als ein paar Male die Hände waschen zu müssen. Alles sei vielmehr wie zur Zeit vor ihrer Erkrankung gewesen. Die paradoxe Intention anzuwenden, habe sich erübrigt. Nach weiteren Ausgängen wird die Patientin, wenige Wochen später, entlassen. Im Laufe der nächsten Monate sucht sie uns wiederholt auf, um regelmäßig zu berichten, wie es ihr gehe, nämlich ausgezeichnet. Aus den Berichten ihrer Angehörigen geht hervor, daß sich die Patientin in jeder Beziehung unauffällig verhalte; die ganze Familie beginne wieder aufzuleben. Über den Waschzwang befragt, erklärt sie: „Darüber muß ich lachen. Ja, es kommt mir ganz unwahrscheinlich vor, daß ich das überhaupt gehabt hab'." Um 10 Uhr vormittags sei sie mit dem In-Ordnung-Bringen der Wohnung fertig und gehe dann mit ihren Kindern spazieren; dabei stehe sie erst um 6 Uhr morgens auf — „früher bin ich um 3 Uhr früh aufgestanden und hab' auf d'Nacht noch nichts aufgeräumt gehabt, vor lauter Händewaschen".

Einmal nimmt die Patientin ihr kleines Kind mit in die Ambulanz, wo es auf dem Fußboden herumkriecht, bis es ganz schmutzig ist. Die Patientin aber sieht es, lächelt nur und muß erst von Dr. KOCOUREK aufgefordert werden, das Kind ein wenig zu waschen: ihr selbst wäre es nicht eingefallen! Danach war die Patientin frei von irgendwelchen Symptomen und blieb es auch für die seither verflossenen fünf Jahre.

Schlaf und Schlafstörungen

Eine jener Störungen, die, recht besehen, eigentlich Domäne der Psychotherapie sein sollten, die aber in der täglichen Praxis des Allgemeinarztes ganz besonders häufig vorkommen, ist die sogenannte Schlaflosigkeit. Wir nennen sie lieber Schlafstörung. Wissen wir doch, daß wirkliche, also totale Schlaflosigkeit nicht länger als wenige Tage bzw. Nächte vom Organismus vertragen würde. Andererseits wissen wir auch darum, wie sehr, wie notwendig und warum der Mensch, jeder Mensch, in der Selbstwahrnehmung von Dingen wie Schlaflosigkeit oder -gestörtheit schwersten Selbsttäuschungen unterliegt; so daß die so häufigen Klagen über vollständigen Schlafmangel subjektiv oft gar nicht übertrieben zu sein brauchen, geschweige denn einer Aggravation aus hysterischer Motivation entspringen müssen. Vielmehr sind solche Klagen in gutem Glauben vorgebracht. Eine Analogie dazu stellt in gewissem Sinne die ebenso häufige Erscheinung dar, daß Patienten vorgeben, niemals zu träumen (was ja angesichts der gelegentlichen Notwendigkeit von Traumanalysen im Rahmen der Psychotherapie höchst unerwünscht sein müßte). Wohl gibt es einen absolut traumlosen Schlaf; aber im allgemeinen liegt den subjektiven Angaben betreffs Nichtträumens ein sofortiges Vergessen der Träume nach dem Erwachen zugrunde. Das allerdings läßt sich, nötigenfalls durch ein gewisses Training, leicht ändern. Die betreffenden Patienten müssen beispielsweise nur angewiesen werden, unmittelbar nach dem Erwachen den eben stattgehabten Träumen bzw. Traumresten — womöglich noch mit geschlossen bleibenden Augen — ihre interessierte Aufmerksamkeit zuzuwenden und sodann, nach einer Art inneren Rekapitulierens der noch festgehaltenen Trauminhalte, diese schriftlich niederzulegen.

Schlafstörungen können in erster Linie auch durch eine sozusagen ganz banale Störung des Schlafs, die durch Schmerzzustände verursacht ist, hervorgerufen werden. Davon sehen wir selbstredend ab. Weiters wäre an die spezifischen Schlafstörungen diverser Art zu erinnern, die durch enzephalitische Prozesse bzw. postenzephalitische Residuen bedingt sind. Auch darauf soll hier nicht eingegangen werden. Organisch fundierte Schlafstörungen sind schließlich bei Arteriosclerosis cerebri bekannt. Sie erwähnen wir hier gesondert nur darum, weil nicht genügend bekannt ist, daß bei ihnen Acidum acetylosalicylicum ausgezeichnet wirkt — während Barbitursäurederivate bei ihnen nicht selten sogar zu paradoxen Erregungszuständen führen. (Übrigens glauben wir beobachtet zu haben, daß auch unter normalen Bedingungen Acidum acetylosalicylicum zumindest auf die Trauminhalte einen ausgesprochen euphorisierenden Einfluß hat.)

Wenden wir uns nun aus didaktischen Gründen einem konkreten Einzelfalle zu, der eine schwere Schlafstörung zeigt und an dem sich paradigmatisch die notwendigen psychotherapeutischen Maßnahmen leicht aufzeigen lassen:

(Fall 20.) Die hochintelligente Patientin in mittleren Jahren ist intensivst mit geistiger Arbeit beschäftigt (von Beruf philosophische Schriftstellerin und Privatgelehrte). Ihre glaubhaften Angaben beinhalten, daß sie jede Nacht wirklich nur wenige Stunden schläft. Das bedeutet für sie als geistig Arbeitende natürlich ein schweres Handikap. So ist sie darauf angewiesen, sich untertags mit wiederholten Pervitin-Gaben zu behelfen. Nachts benötigt sie — um nur jene wenigen Stunden Schlaf zu finden — mindestens zwei Phanodorm-Tabletten.

Die erste Aufgabe für den Arzt in solchen Fällen besteht nun darin, gerade angesichts der Angewiesenheit des Kranken auf Schlafmittel, ja seiner Abhängigkeit von ihnen, deren Gebrauch womöglich brüsk abzustellen. Nicht daß wir grundsätzlich gegen die Anwendung der Schlafmittel innerhalb tragbarer Grenzen Einwendungen zu erheben hätten; im Gegenteil: bei leichten Schlafstörungen, also sozusagen bei der Schlaflosigkeit in statu nascendi, empfehlen wir sogar die kurz dauernde Anwendung milder Hypnotika — nämlich um das Aufkommen von Erwartungsangst im Keim zu unterdrücken! Wirkt doch solche medikamentöse Therapie zumindest suggestiv, stellt letztlich also doch eine — nämlich larvierte — Form psycho-therapeutischer Kurzbehandlung dar. Nach wenigen Tagen des Schlafmittelgebrauchs pflegen wir unseren Patienten dann zu empfehlen, das Medikament auf dem Nachtkästchen, also in Reichweite, nur vorbereitet zu halten; daraus gewinnt der Kranke ein gewisses Sicherheitsgefühl: er kann das Mittel ja noch immer einnehmen, im Falle es sich unbedingt als notwendig erweisen sollte. Die beruhigende Wirkung dieser Maßnahme ist allbekannt; und diese Allbekanntheit machen wir uns nun zunutze: wir suggerieren also, daß jener Trick des bloßen Vorbereitens eines Schlafmittels — suggestiv wirken werde!

Im Falle, dessen Besprechung wir begonnen, mußten wir aber, angesichts seines chronischen Charakters, den Schlafmittelgebrauch gänzlich einstellen. Gleichzeitig jedoch verlangten wir von der Kranken, täglich morgens ziemlich zeitlich aufzustehen, vor allem aber ganz regelmäßig, zu einer bestimmten Zeit, das Bett zu verlassen. Wir waren uns dessen bewußt, daß ihr die ersten Tage solchen Regimes wohl recht schwerfallen würden; aber es galt, es durchzuhalten, bis sich der normale, der automatische Schlafrhythmus wieder einstellen würde. Dieser Schlafrhythmus, diese normale Automatie, ist nämlich nur gleichsam verschüttet — eben durch eine fehlerhafte Übung und Bahnung, sowie durch einen erwartungsangstneurotischen Überbau. Den Kranken zur verschütteten Automatie des Schlafens zurückzuführen, erfordert jedoch bereits ein gut Stück psychotherapeutischer Vorarbeit: zur „schlummernden" Schlafautomatie des

Organismus muß der Kranke gleichsam wieder Vertrauen gewinnen! Wir müssen ihm so viel Vertrauen zum eigenen Organismus beibringen, daß er davon überzeugt ist, daß der Organismus den Schlaf, den er unbedingt braucht, sich auch unbedingt verschafft.

Dieses unbedingt nötige Mindestmaß an Schlaf ist natürlich eine individuell variable Größe. Dies ist bekannt; ebenso bekannt ist ja auch, daß wir nicht mehr die Dauer des allnächtlichen Schlafs für das Wichtige halten, sondern die sogenannte Schlafmenge. Diese Schlafmenge ist das Produkt von Schlafdauer und Schlaftiefe. Die Tiefe des Schlafs jedoch erreicht bekanntlich bei verschiedenen Menschen zu verschiedenen Zeiten ihr Maximum. Diesbezüglich kennt man nun zwei Haupttypen des Verlaufs der „Schlafkurve": den normalen Typus, bei dem die größte Schlaftiefe vor Mitternacht erreicht wird, und den andern Typus, der ein Maximum gegen Morgen zeigt. Ihm angehörende Menschen schlafen ihren eigentlichen Schlaf erst zeitlich morgens. Das macht sich dann besonders unangenehm bemerkbar, wenn sie zeitlich in der Früh geweckt werden: für sie bedeutet ein Defizit von ein zwei bis Stunden Morgenschlaf sogleich vollkommene Unausgeschlafenheit — während es für den erstgenannten Schlaftypus einen nur geringfügigen Verlust an Schlafmenge darstellt; bei diesem Typus ist der Morgenschlaf ja bereits „seicht" — bei ihm beginnt der Schlaf morgens bereits zu verebben, nachdem er die Hauptschlafmenge schon vor Mitternacht eingeholt hat.

Das gleichsam nur theoretische Vertrauen zu der von uns behaupteten Tatsache, der Organismus werde sich die unbedingt nötige Schlafmenge auf jeden Fall zu sichern imstande sein, genügt nun keineswegs, um unsere schlafgestörten Patienten so weit zu beruhigen, daß keine Komplikationen der Schlafstörung durch jene Erwartungsangst eintreten, die ja die eigentlich neurotische Schlafstörung erst konstituiert. Wir haben diese Kranken vielmehr anzuweisen, sich auch während der Zeit des Nichtschlafenkönnens richtig zu verhalten: sie sollen sich dann einfach möglichst entspannen; denn auch die bloße Entspannung wirkt sich wie ein (wenn auch kurzer oder oberflächlicher) Schlaf aus. Mit diesem Hinweis beseitigen wir die ängstliche Erwartung, daß die durch das plötzliche totale Absetzen der Schlafmittel bedingte Schlaflosigkeit dem Kranken gefährlich werden könnte.

Wie nun schon wiederholt angedeutet, spielt Erwartungsangst bei der Entstehung der Schlafstörungen eine dominierende Rolle. Sie kann sich in einzelnen Fällen bis zu typischer „Bettangst" steigern. Den ganzen Tag über ist der Schlafgestörte müde: kaum aber, daß es Zeit ist, sich zu Bett zu begeben, packt ihn — angesichts eben des Bettes — die Angst vor der nächsten schlaflosen Nacht, er wird unruhig und erregt, und diese Erregung läßt ihn auch schon nicht mehr einschlafen. Diese Bettangst gilt es in erster

Reihe psychotherapeutisch anzugehen. Denn sie veranlaßt den Kranken, den Schlaf bewußt zu intendieren, und dieses bewußte Intendieren seinerseits muß schon von sich aus das Einschlafen jeweils verscheuchen. Denn nun begeht der Schlafgestörte den denkbar größten Fehler: er lauert auf das Einschlafen! Mit angespannter Aufmerksamkeit verfolgt er verkrampft, was in ihm vorgeht; aber je mehr er seine Aufmerksamkeit anspannt, um so weniger ist er fähig, sich so weit zu entspannen, daß er überhaupt einschlafen könnte. Denn Schlaf heißt doch nichts anderes als völlige Entspanntheit. Und bewußt strebt er den Schlaf an. Aber das Einschlafen beruht ja auf einem Versinken in eine Baisse der Bewußtheit. Unbewußtheit läßt sich aber nicht bewußt intendieren. Die bewußte und absichtliche Intention hat vielmehr immer einen gegenteiligen, den unerwünschten Effekt. Sie führt zu einer inneren Angespanntheit und Verkrampftheit, die allein schon geeignet ist, jeden natürlichen Schlaf gar nicht erst aufkommen zu lassen. Und alles Denken an Schlaf und alles Schlafenwollen ist nur dazu angetan, einen nicht einschlafen zu lassen.

Uns ist ein Fall bekannt, in dem jemand so verkrampft das Einschlafen herbeiwünschte, daß er plötzlich aus dem Zustand des bereits Eingeschlafenseins erwachte, und zwar aus dem Gefühl heraus, „etwas gewünscht" zu haben: alsbald erinnerte er sich daran, was er herbeigesehnt und so sehr „zu tun oder zu erledigen" gewünscht hatte — nämlich: einzuschlafen!

Sinnig hat man den Schlaf mit einer Taube verglichen, die, sobald man nach ihr faßt, davonfliegt, während sie sich auf unserer Hand niederläßt, sofern wir nur nicht nach ihr greifen. Auch der Schlaf läßt sich nicht „ergreifen", nicht bewußt und absichtlich intendieren. Auf seinen Eintritt ungeduldig warten, oder gar sich selbst daraufhin ängstlich beobachten zu wollen, ob er sich nun endlich einmal einstelle, heißt immer auch schon ihn vertreiben. So gilt, daß wir allem andern voran unsere Patienten dazu anhalten müssen, über alles übrige eher nachzudenken, wenn sie nicht schlafen können — nur an Schlaf dürfen sie nicht denken, nur nicht an das Problem ihrer Schlaflosigkeit! Auch diese Maßnahme stellt eine Form jener Dereflexion dar, von deren psychotherapeutischer Bedeutung zu reden wir nun schon wiederholt Gelegenheit hatten. Die Weisheit des Volkes weiß um diese Dinge schon längst: Bekannt ist jene Fabel vom Tausendfüßler, den ein übelwollendes anderes Tier eines Tages danach fragte, in welcher Reihenfolge denn er seine „tausend" Füße bewege — woraufhin der in Verlegenheit geratene Tausendfüßler beim Versuch, in bewußter Reflexion das Gehen selbst zu beobachten, keinen Schritt mehr zu machen vermochte und elendiglich zugrunde ging.

Aber wir haben vorhin ausdrücklich gefordert, daß der Kranke „an alles eher denke" denn ans Schlafen: damit sollte gesagt sein, daß wir nicht die negative Abwendung seiner Aufmerksamkeit von der Angelegenheit „Schlaf" von ihm verlangen, sondern eine positive Zuwendung zu andern Themen seines Sinnens. Dies ist deshalb wichtig, weil der bloß negative Vorsatz, ja nur nicht ans Schlafen zu denken, ihn auch schon positiv daran denken ließe. Es erginge ihm dann also nicht unähnlich einer Witzfigur, nämlich jenem Manne, dem man versprochen hatte, er würde Gold machen können unter gewissen Voraussetzungen — darunter der einen wichtigsten, daß er durch zehn Minuten keinesfalls an ein Chamäleon denke; woraufhin er nun just an nichts anderes zu denken vermochte als an dieses Tier, an das er zeitlebens nie gedacht hatte.

Der störende Einfluß des bewußten Machenwollens, des Hinsehens und Beabsichtigens, auf mehr minder automatisch regulierbare Abläufe ist uns nun schon des öfteren begegnet; haben wir doch insbesondere bei der Aufdeckung der Psychogenese bzw. beim Aufzeigen der Psychotherapie von Potenzstörungen wiederholt auf diese Zusammenhänge hingewiesen. Aber selbst der Koitus kann noch viel eher reflektiert vollzogen und bewußt intendiert werden als das Einschlafen. Es gilt auf dem gesamten Gebiet der Neurosenentstehung, was JASPERS einmal sagt: „Was zum Gegenstand gemacht wird, geht gerade dadurch verloren; was zum absichtlichen Zweck gemacht wird, wird gerade dadurch nicht erreicht."

So geht es denn auch hier, bei der Psychotherapie der Schlafstörungen, notwendig darum, den Circulus vitiosus der Erwartungsangst und der aus ihr entspringenden bewußten Intention zu sprengen. Und wiederum werden wir das wohl am ehesten und einfachsten dadurch bewerkstelligen können, daß wir mit Hilfe einer paradoxen Intention der spezifischen Erwartungsangst der Schlafgestörten, also ihrer Bettangst, gleichsam den Wind aus den Segeln nehmen. Hierzu ist es nur nötig, daß der Kranke — statt den Schlaf zu intendieren — sich direkt vornimmt, statt zu schlafen etwa bloß eine Entspannungsübung zu machen oder sich mit sich selbst über schöne Dinge aus der Vergangenheit zu unterhalten. Wenn er nur nicht schlafen will, nämlich nicht so verkrampft will, dann also, wenn er scheinbar die Schlaflosigkeit will, zumindest aber sie nun nicht mehr fürchtet, dann ist er auch schon auf dem besten Wege — einzuschlafen.

Nun hätten wir noch einige Anweisungen bzw. Verhaltensmaßregeln anzugeben, wie wir sie unseren schlafgestörten Patienten zur Berücksichtigung zu empfehlen pflegen. Vor allem ist vor jenem Ratschlag zu warnen, der gang und gäbe erteilt wird und besagt, man solle sich abends, wenn man sich zum Schlafen niederlegt, mit allen jenen Dingen, die einen untertags aufgeregt haben sollten, nicht weiter befassen. Dem können wir nicht beistimmen; vielmehr ist es viel richtiger, wenn man all jene lästigen und belastenden „Tagesreste" gedanklich zu verarbeiten sucht. Jede Verdrängung rächt sich da — die Träume (wenn es zu solchen nur überhaupt kommt) werden ängstlich und der Schlaf unruhig und nicht erquickend; wir empfehlen daher, gerade die quälenden und bedrückenden Ereignisse des abgelaufenen Tages Revue passieren zu lassen und sich aufs Schlafen erst dann innerlich einzustellen, wenn jene Ereignisse mit irgendeiner beruhigenden Formel abgetan werden konnten.

Soviel zum Einschlafen; nun eine Empfehlung betreffs des Wiedereinschlafens nach nächtlichem Erwachen: Entschieden zu widerraten ist da das häufig anzutreffende, typische Verhalten schlafgestörter Kranker: daß sie Licht machen — nach der Uhr sehen — zu lesen beginnen — irgendwelche Probleme zu überlegen anfangen usf. Hier gibt es vielmehr nur eine Empfehlung: sofort nach einem Zipfel des zuletzt geträumten Traumes haschen — und mit den Gedanken dortselbst wieder anknüpfen! So gelingt es, aus der Traumstimmung gar nicht erst herauszufallen; die Zuwendung zu den jeweiligen Inhalten des Träumens bringt anscheinend die Funktion des Träumens automatisch wieder mit sich!

Eine letzte Bemerkung nun zur Frage des richtigen Verhaltens dann, wenn die Kranken durch irgendwelche Reize geweckt werden, und zwar auf unliebsame Weise, durch lärmende Nachbarn o. dgl.: gewöhnlich pflegen sie sich dann ihrem Ärger über dieses Gewecktwerden so recht hinzugeben — was schon an sich geeignet ist, ein Wiedereinschlafen zu verunmöglichen; wir aber empfehlen unseren Patienten, sich nur nicht dem Ärger über diese gewaltsame Störung hinzugeben; denn für gewöhnlich ist es ja erst dieser Ärger über das Gewecktwerden, der einen nicht mehr einschlafen läßt. Aber man darf nun auch aus diesem Ärger kein Chamäleon machen, indem man sich etwa vornimmt, sich nicht zu ärgern, und ebendadurch erst recht sich ärgert, nämlich über den Ärger ärgert. Tatsächlich kann man einen verärgerten Menschen durch nichts so sehr nur noch mehr ärgern als dadurch, daß man ihm vorhält: Mensch, ärgere dich nicht! Und so hilft denn demjenigen, dessen Schlaf nun einmal gestört wurde, wenn er sich nicht dem Ärger hingibt, sondern sich bloß vorstellt, er müßte jetzt, so früh am Morgen, aufstehen und irgendeine unangenehme Arbeit beginnen... gibt er sich dieser Vorstellung hin, dann überkommt ihn für gewöhnlich eine unsägliche Faulheit, und die dann besonders tief empfundene Müdigkeit läßt ihn alsbald neuerlich einschlafen.

Paradoxe Medikation

Wir haben, wie eingangs bemerkt, von der Kranken unerbittlich verlangt, mit dem Schlafmittelgebrauch unvermittelt Schluß zu machen. Nahm sie schon bisher verhältnismäßig viel Pervitin und reichlich Koffein, um sich mit ihrer geistigen Arbeitsfähigkeit untertags wenigstens halbwegs „über Wasser halten" zu können, so durften wir ihr diese Stimulantien nun, angesichts der für den Anfang zu erwartenden weiteren Abnahme der

Schlafmenge, nicht untersagen. Aber auch noch aus einem andern Grund haben wir ihr dieses Doping geradezu empfohlen: Es erleichtert in solchen Fällen nicht nur, über die ersten schweren Tage hinwegzukommen, in denen der Kranke, wenn er nur das angeratene strikte Regime wirklich beherzigt, naturgemäß recht unausgeschlafen ist; sondern dieses Doping erzeugt eine gewisse künstlich aufgepeitschte Wachheit untertags — und dieser Wachheit korrespondiert des nachts eine Zunahme des natürlichen Schlafbedürfnisses! Es wird auf diese Weise gleichsam die Schlaf-Wach-Amplitude vergrößert — und zwar nicht, wie beim üblichen Schlafmittelgebrauch, durch eine Vertiefung ihres negativen Abschnitts, also des Schlafs, vielmehr durch eine Erhöhung ihres positiven Abschnitts. Tatsächlich gelingt es durch diese paradoxe Medikation von erregenden Mitteln, den Nachtschlaf zu vertiefen. (Selbstverständlich dürfen die Kranken abends dann nur erst recht keine Schlafmittel einnehmen; denn sonst würde ja der Organismus abwechselnd sozusagen gar in zwei Richtungen gepeitscht werden.)

Das Prinzip der paradoxen Medikation konnte seitens der Praxis eine zunehmende Bestätigung erfahren[1]). Um uns die Neuartigkeit des Behandlungsprinzips zu veranschaulichen, brauchen wir uns nur zu vergegenwärtigen, worin die bisherige medikamentöse Therapie von Schlafstörungen bestand. Zu diesem Zwecke halten wir uns vor Augen, in welchem Sinne die Schlaf-Wach-Kurve des Normalen (Abb. 13) und, ihr gegenüber, die des Schlafgestörten (Abb. 14) voneinander abweichen.

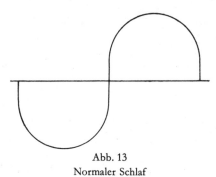

Abb. 13
Normaler Schlaf

Aus Abb. 14 ist zu ersehen, daß der Schlafgestörte, um es grob schematisch zu charakterisieren, nicht nur bei Nacht seichter schläft, sondern auch untertags — eben infolgedessen — weniger frisch und munter ist. Im Rahmen der Routinetherapie von Schlafstörungen wird nun, zumindest

---

[1]) Vgl. J. STENGER, Med. Klin. 55, 1693/1694 (1960).

was die medikamentöse Seite anlangt, zu Schlafmitteln gegriffen. Abgesehen davon jedoch, daß es sich dabei bereits um ein irgendwie unphysiologisches Vorgehen handelt, wird der solcherart erzwungene Schlaf von mehr oder weniger ausgeprägten Nach- und Nebenwirkungen begleitet; im besonderen wird bei Tag die Benommenheit und die Schläfrigkeit noch störender (Abb. 15).

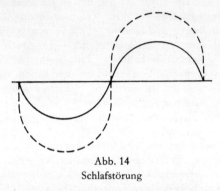

Abb. 14
Schlafstörung

Die „Paradoxie" des neuen therapeutischen Prinzips liegt nun darin, daß an Stelle der Schlafmittel das Gegenteil tritt, so zwar, daß ausgesprochene Weckmittel, Stimulantien, Analeptica oder „Energizer" angewandt werden. Anstatt uns darauf zu beschränken, den nächtlichen Teil der Schlaf-Wach-Kurve zu senken, verlegen wir uns nunmehr darauf, den Tagesanteil zu heben, also nicht in der unphysiologischen Art des Schlafmittelgebrauchs den Nachtschlaf zu vertiefen, sondern statt dessen umgekehrt die Wachheit des Patienten untertags zu erhöhen und so den nächtlichen Schlaf in einer physiologischeren Weise, nämlich unter Verzicht auf alle chemischen

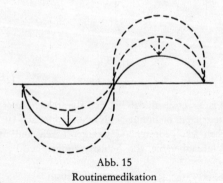

Abb. 15
Routinemedikation

Krücken, zu vertiefen; denn es versteht sich von selbst, daß das Schlafbedürfnis, das einer relativ schlaflosen Nacht folgt, durch eine Erhöhung der Wachheit bei Tag nur noch zunehmen wird, so daß auf diesem indirekten Wege die Schlafkurve automatisch vertieft — oder, besser gesagt: die Schlaf-Wach-Amplitude zugleich erhöht und vertieft wird (Abb. 16).

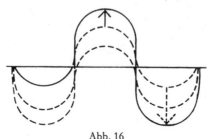

Abb. 16
Paradoxe Medikation

Den Vorteil dieses Vorgehens hätten wir aber 1. darin zu sehen, daß sich nunmehr der spontane Rhythmus wieder einspielen kann, ohne daß zu Schlafmitteln gegriffen werden müßte; 2. lassen sich Unannehmlichkeiten im Gefolge einer schlafgestörten Nacht dank der medikamentösen Unterstützung durch das untertags genommene anregende Mittel ohne weiteres überwinden; 3. kommt es nicht nur zu keiner Gewöhnung an das Medikament; vielmehr kann dessen Dosis bald erniedrigt werden, da der wiederhergestellte Spontanrhythmus eine medikamentöse Kompensation der Unausgeschlafenheit gegenstandslos macht; 4. steht die vielgeschmähte und vielgelästerte „drug therapy" insofern in keinem Widerspruch mehr zu einer gleichzeitigen Psychotherapie — die selbstverständlich nach wie vor absolut indiziert ist! —, als ja dem Patienten bewiesen wird, wovon ihn die Psychotherapie zu überzeugen versucht, nämlich davon, daß er auch ohne Schlafmittel schlafen kann — und, darüber hinaus, seine Furcht vor gesundheitlichen Folgen einer schlaflos verbrachten Nacht grundlos ist: bedeutet doch, sobald sich der Patient mit niedrig dosierten Anregungsmitteln bei Tag „über Wasser halten" kann, eine schlaflose Nacht nicht mehr eine gar so arge Störung.

Auf diese Art und Weise klinkt unser paradox medikamentöses Vorgehen in die Grundsätze jeder Psychotherapie von Schlafstörungen ein, die darauf hinauslaufen, daß der Kranke die Überzeugung gewinnt, die Schlafmenge, die sein Organismus wirklich brauche, bringe sich dieser Organismus, so oder so, auch herein. Nun sei noch bemerkt, daß sich im Sinne unterstützender Maßnahmen empfiehlt, den

Patienten zu veranlassen, regelmäßig, und zwar eher früh, aufzustehen und auf einen Mittagsschlaf zu verzichten, was insofern ohne weiteres möglich ist, als der Patient mittels des anregenden Medikaments über die ersten schweren Tage, die ihm die paradoxe Medikation zumutet, verhältnismäßig leicht hinwegkommt. So ist es auch zu verstehen, wenn wir Schlafmittel, die er bis zur paradoxen Medikation genommen hatte, jeweils brüsk absetzen konnten.

Die Behandlungsergebnisse paradoxer Medikation[1]) in Fällen chronischer Schlafstörung zeigen wieder einmal, daß die Effekte sogenannter Kurztherapie „kurz und gut" sein können. Dazu kommt noch, daß das Verfahren Zirkelmechanismen nicht erzeugt, sondern durchbricht und das Kräftespiel der normalen Selbststeuerung nicht vergewaltigt oder verkümmern läßt, sondern in Rechnung stellt und ins Rollen bringt.

Träume und Traumdeutung

Im Anschluß an die Psychotherapie der Schlafstörungen soll nun auch die diagnostische Bedeutung der Träume kurz abgehandelt werden. Seit FREUD ist diese Frage so viel besprochen worden, daß wir es uns hier gestatten können, sie nur der Vollständigkeit halber kurz zu streifen. Der Grund, warum im besonderen die Psychoanalyse die Notwendigkeit für gegeben hält, daß die Strebungen im allgemeinen nur in symbolischer Verkleidung zum Bewußtsein kommen, liegt nach dieser Lehre bekanntlich darin, daß der Traum von vornherein ein „Kompromiß" darstellt zwischen den triebhaften Ansprüchen des Unbewußten einerseits wie andrerseits dem Bewußtsein, das die infantil-sexuellen Inhalte jener Strebungen „zensuriert" und so erst zum „manifesten Trauminhalt" verarbeitet. Damit hat FREUD dem Traum die grundsätzliche biologische Bedeutung eines „Wächters des Schlafs" konzediert. Analoges gilt ja auch von der Neurose, sobald sie im psychoanalytischen Aspekt gesehen bzw. gedeutet wird; auch sie stellt dann ein Kompromiß dar zwischen „Ich" und „Es". Gegenüber dieser Auffassung muß die Existenzanalyse jedoch ihre Bedenken haben: unseres Erachtens ist das Gegensatzpaar „Ich und Es" eine Konstruktion. Wir sind der Ansicht, daß diese Art Zweiparteiensystem, als von welchem beherrscht die FREUDsche Lehre das seelische Geschehen ansieht, insofern von vornherein fehlerhaft gesehen ist, als das angebliche „Es", also alle Triebhaftigkeit, vom Ich her je schon geformt und gestaltet ist.

---

[1]) Leider wurde mir erst 1960 (nach der Drucklegung meines Beitrags über paradoxe Medikation, Med. Klin. 55, 19/20 u. 25/26 [1960]) zur Kenntnis gebracht, daß W. ERNST bereits im Jahre 1941 (Wien. klin. Wschr. 54, 615) ein durchaus analoges Verfahren empfohlen hatte.

In einem analogen Sinne macht MEDARD Boss („Das Ich?, die Motivation?", Schweizerische Zeitschrift für Psychologie und ihre Anwendungen 19, 299—305, 1960) darauf aufmerksam, daß „sich die Psychologie beim Denken einer Ich- oder Es-Instanz, einer Instanz des Unbewußten und eines Über-Ichs im Grunde der alten Technik der Kindermärchen" bedient. „Denn auch diese pflegen die vom Kind erwünschten und gewollten Verhaltensweisen der Mutter z. B. von deren anderen Möglichkeiten zu isolieren und sie zur Vorstellung einer eigenständigen Instanz, zu einer guten Fee zu verdichten; die unangenehmen dagegen, jene, von denen das Kind nichts wissen will, die es fürchtet, zur Idee einer Hexe zu personifizieren." Und Boss schließt mit der Bemerkung: „So wenig sich indessen der Glaube an diese Märchengestalten aufrechterhalten läßt, werden vermutlich auch die psychologischen Instanz-Vorstellungen nicht in alle Zukunft hinein zu halten sein", vielmehr würden „wir die psychologischen Ich- und Es-Vorstellungen" „fallenlassen müssen". Ja, Boss geht weiter und gibt zu bedenken, daß „noch kein Mensch je irgendwelche Triebe unmittelbar als vorhanden wahrzunehmen" vermochte. Im Grunde genommen leiste auch die Annahme eines „Unbewußten" nichts für ein wirkliches Begreifen der menschlichen Verhaltensmöglichkeiten (MEDARD Boss, Daseinsanalytische Bemerkungen zu FREUDS Vorstellung des „Unbewußten", Zeitschrift für Psycho-somatische Medizin 7, 130—141, 1961). Vielmehr gehe FREUD von den „philosophischen" Voraussetzungen wie von fraglosen Selbstverständlichkeiten aus, und sie bestimmen alle Fragen und Antworten seiner Wissenschaft schon von vornherein (l. c.).

Daß es Konflikte zwischen einzelnen Strebungen im Menschen geben kann, hat die Psychoanalyse richtig gesehen. Wie sehr innerhalb der von FREUD so genannten „Psychopathologie des Alltags" Strebungskonflikte in Erscheinung treten können, hat die von der Psychoanalyse inaugurierte Lehre von der Deutbarkeit sogenannter Fehlleistungen gezeigt. Nehmen wir zur Illustrierung der hier gegebenen Verhältnisse ein Beispiel: Ein junger Arzt spricht zu seiner Braut von einer Krankenschwester jenes Spitals, an dem er tätig ist; er erwähnt hierbei, daß er aus irgendwelchen — angeblich lauteren — Motiven den Wunsch hege, sich von dieser Schwester einmal zu einer privaten Zusammenkunft einladen zu lassen; er wünsche irgendein angeblich sachlich gemeintes Gespräch mit ihr; und er beteuert, daß er keineswegs die Absicht habe, mit jener Schwester sich etwa „einzulassen". Da passiert ihm die Fehlleistung, daß er beim Abschluß dieses Gesprächs mit seiner Braut folgendes sagt: „Ich werde mich von Schwester soundso einlassen — ach nein, ich meine natürlich: einladen lassen!" Hier ist die Konfliktsituation zwischen dem vorgegebenen Inhalt der Absichten des Arztes und ihrem wahren Inhalt offenkundig — und sie führt zur Fehlleistung.

Auch die Träume, ganz ebenso wie die Fehlleistungen, werden nun von der Psychoanalyse als Kompromißbildungen hingestellt. Auch ohne hinter den symbolischen Verkleidungen immer wieder nur infantilsexuelle Strebungen oder Komplexe zu wittern, kann man gelten lassen, daß im Traum eine „Regression" stattfindet zu einer primitiven symbolischen Bildersprache des Denkens. Obzwar nun die psychologischen Gesetze, unter denen das Einschlafdenken steht, mit denen des eigentlichen Traumdenkens keineswegs identisch sind, zeigt sich trotzdem im Einschlafen am schönsten, auf welche bildhaften Ausdrucksmittel das herabsinkende Bewußtseinsniveau zurückgreift, und zwar läßt sich dies am besten an Hand jener Träume aufweisen, die von SILBERER als funktionelle bezeichnet wurden. Der Inhalt solcher Träume ist nämlich identisch mit der Funktion, mit dem Prozeß des Träumens selber bzw. dem Prozeß des Einschlafens[1]).

Unseres Erachtens lassen sich die funktionellen Träume folgendermaßen erklären: Im Einschlafen erfolgt eine Regression auf ein niedrigeres Bewußtseinsniveau. Mit einher geht ein Sinken der Tendenz zur Reflexion; im Traum wird dann der reflexive „Ast" des Denkakts sozusagen zurückgezogen (siehe „Ärztliche Seelsorge", S. 222) — das Denken denkt gleichsam nicht mehr sich selbst. Diese Rücknahme hat den Effekt, daß die anschaulichen Elemente der „freisteigenden Vorstellungen" nunmehr ungestört von jeder reflexiven Korrektur ihr halluzinatorisches Spiel treiben können (a. a. O.). Wie ist das nun bei den funktionellen Träumen? Hier wird der Rest reflexiver Denktätigkeit, der im Augenblick des Einschlafens noch vorhanden sein und dabei das Einschlafen selbst noch beobachten mag, selber bereits in die Bildersprache des Traums übersetzt: das Träumen wird zwar noch reflektiert, aber dieses Reflektieren selbst wird schon — geträumt. Das Denken denkt also nicht mehr sich selbst — während das Träumen bereits sich selbst — träumt!

---

[1]) Hier möchten wir dafür ein eigenes Beispiel bringen: Der Proband ist morgens aufgewacht und gleich darauf wieder eingeschlafen; dabei träumt er: er fährt in einem Auto — er muß bremsen — kann aber gleich darauf wieder weiterfahren, und zwar indem er knapp noch den zweiten Gang einschalten kann. Die entsprechende Handbewegung führt er auch in Wirklichkeit aus und erwacht mit einem „Ruck". Die Analyse dieses funktionellen Traums ergibt nun folgendes: Proband legt ausgesprochenen Wert auf Morgenschlaf — womöglich auf einen „Nachschlaf", nämlich ein zweites Einschlafen für kurze Zeit. Dieser zweite Schlaf wird vom Traum dargestellt durch den zweiten Gang, den der Träumer im Traum knapp noch „hineinbringt" — nachdem der Schlaf (im Traum: das Fahren, die Bewegung) schon unterbrochen (gestoppt) werden mußte; der Träumer (der Fahrer) „fährt fort" ... nämlich zu schlafen! Dabei dürfen wir nur nicht vergessen, daß jede Traumdeutung irgendwie unabschließbar und unvollendbar bleibt; immer mögen sich irgendwelche Details finden, deren Deutung zwar theoretisch möglich sein müßte, praktisch aber unnötig sein wird.

Ein gewöhnlicher, aber nicht funktioneller Traum, der die Bildersprache des Träumenden in klassischer Schlichtheit uns vor Augen führt, wäre etwa folgender: Nach dem Gottesdienst am Vorabend des höchsten jüdischen Feiertags, des Versöhnungstags — an dem um Tilgung der Sünden „schuldbefleckter" Seelen gebetet wird —, träumt jemand: er sei im Begriffe, an irgendeinem Gewandstück putzend — Flecken daraus zu entfernen...
Bei der Traumdeutung brauchen wir also eigentlich nichts zu tun, als die konkrete Sprache des Traums in eine möglichst abstrakte zurückzuübersetzen — um auf den Sinngehalt zu stoßen; worauf sich der solcherart gewonnene abstrakte Trauminhalt bezieht: auf welche (wiederum, aber andersartig) konkreten Details aus der persönlichen Daseinssituation des Träumers, läßt sich dann unschwer erraten.

Nun noch die Deutung eines Traums, der jene ebenfalls schon von FREUD gewürdigte Verdichtungsarbeit herausstellen soll, die den manifesten Trauminhalt jeweils überdeterminiert macht: Der Proband träumt von einem Filmapparat und weiß nach dem Erwachen nicht mehr, als daß dieser Filmapparat für ihn „sein Kind" bedeutet habe. Eine kurze Analyse ergibt nun, daß 1. seine Frau schwanger ist, 2. er selbst sich einen Filmapparat wünscht, um speziell das kommende Kind filmen zu können, und 3. er am Vortag vor dem Traum mit seiner Frau eine Filmausstellung besucht hatte, in der sie der Vorführung eines filmgeschichtlichen Films beiwohnten, der den Titel trug — „Die Geburt des Kinos"...

Oder: Einer unserer Patienten berichtet uns, folgendes geträumt zu haben: Er geht auf eine Klettertour, hat aber nichts außer Kletterschuhen und -seil im Rucksack. Auf der Tour wird er von einem berühmten Führer geführt, und seine Schwester hält mit, während seine Mutter zurückbleibt. — Assoziationen und Tagesreste: Eine Woche vorher unternahm Patient tatsächlich eine Klettertour, und zwar unter Führung des bekannten Alpinisten und Himalaja-Expeditionsteilnehmers PETER ASCHENBRENNER. Und auf diese Tour wurden tatsächlich nur die Kletterschuhe mitgenommen, das Kletterseil jedoch zu Hause gelassen; andrerseits wurde das Kletterseil vor Jahren, als Patient aus dem Konzentrationslager heimkehrte, unter der geringen restlichen Habe vorgefunden — während alle Angehörigen bis auf die Schwester nicht zurückgekommen waren. Die Kletterschuhe repräsentieren also „das, was er mit hat", und das Kletterseil „das, was ihm noch verblieben". Was bedeutet nun die Tour selbst? Sie bedeutet das Leben: die (seinerzeit nicht zurückgekehrte) Mutter lebt nicht weiter, zählt sonach — im Gegensatz zur Schwester — nicht unter die Überlebenden (im Traum klettert die Schwester weiter, während die Mutter zurückbleibt).

Und was bedeutet Führung? Als im Konzentrationslager nur mehr noch die Mutter und unser Patient selber überlebend waren, äußerte einmal ein Rabbiner (um sie zu trösten): „Vergessen Sie nicht — letztlich werden wir doch immer geführt" (gemeint war: von der Vorsehung); der Führer ist demnach Gott. Diese Deutung, auf Grund dieser Assoziation, erscheint nun insofern überdeterminiert, als ja ASCHENBRENNER seinerzeit mit einer Expedition zum Himalaja = Thron Gottes aufstieg, und überdies Gott derjenige ist, der den Menschen wieder zu Asche werden läßt, und schließlich die Mutter unseres Patienten im Krematorium Auschwitz — also als Asche — endete. Außerdem las unser Patient am Vorabend vor dem vorstehenden Traum, unmittelbar vor dem Einschlafen, in den Psalmen just den 120., in dem es heißt: „Ich erhebe meine Augen zu den Bergen; von wo wird mir Hilfe kommen? Hilfe kommt mir vom Herrn..." Im Traum erhob unser Patient sein geistiges Auge tatsächlich zu den Bergen, und er gedachte hierbei der Hilfe, die ihm und seiner Schwester vom Herrn gekommen.

Ohne die Analyse von Träumen in ihrer Bedeutung für die Psychotherapie überschätzen zu wollen, läßt sich füglich sagen, daß sie sich gut in jede psychotherapeutische Behandlung einbauen läßt, vor allem, um als zeitweiliger Test für die Fortschritte einer tiefenpsychologischen Therapie bzw. als Index für die von ihr noch zu bewältigenden Neurosenreste zu dienen. Nur müssen wir uns bei solchen Intentionen frei machen vom überlieferten Vorurteil, aus Träumen dürfe man nur jeweils die verhüllte Stimme des Unbewußten im Sinne unbewußter Triebhaftigkeit heraushören. Wir stehen vielmehr auf dem Standpunkt, daß uns die Träume Aufschluß zu geben vermögen ebensowohl im Sinne unbewußter Geistigkeit! Und unter unbewußter Geistigkeit verstehen wir keineswegs bloß etwa intellektuelle Leistungen — auch ihrer ist ja das Unbewußte oft mehr fähig als das Bewußtsein[1]); solchen Leistungen verdanken ja die Träume den Ruf „prophetisch" sein zu können. Diese Leistungen danken die Träume der Fähigkeit des Unbewußten, unter der Schwelle des Bewußtseins verbliebene Wahrnehmungen bzw. entsprechende Vorsätze aufzubewahren und aus gegebenem Anlaß traumhaft verarbeitet zu reproduzieren. Ein beispielhafter Fall: Jemand träumt davon, ein Paar Halbschuhe seien ihm gestohlen worden. Morgens fühlt er sich auf diesen Traum hin aber mit Widerwillen bemüßigt, im Kasten nachzusehen: die betreffenden Halbschuhe fehlen zwar nicht, aber bei dieser Gelegenheit bemerkt er, daß ein anderes Paar schon so lange nicht von der Reparatur zurück ist, daß eine Reklamation bereits höchst dringlich erscheint; dies zwar um so mehr, als die Hausgehilfin, die jenes Schuhpaar zu einem nur ihr bekannten Schuster zur Reparatur gegeben hatte, gerade an diesem Tage hätte ent-

---

[1]) So ist uns ein zeitgenössischer Philosoph bekannt, dem die endgültige, endlich auch ihn selbst zufriedenstellende Formulierung seines „kategorischen Imperativs" im Traum eingefallen ist.

lassen werden sollen und, bis zur Intervention auf den Traum hin, die ganze Angelegenheit anscheinend in Vergessenheit geraten lassen wollte, um — ihre Adresse wäre ebenfalls unbekannt geblieben — sich in den Besitz der Schuhe zu setzen. Der Traum war also ein echter Warntraum. Vorhin war nun von unbewußter Geistigkeit — im Gegensatz zu unbewußter Triebhaftigkeit — die Rede. Wir stehen nicht an zu behaupten, daß es ebenso wie unbewußte Sexualität auch so etwas wie unbewußte Religiosität geben mag. Inwiefern ihre Elemente in Träume einzugehen vermögen, hat vielleicht schon der obige Traum von der Klettertour gezeigt. Jedenfalls haben wir damit zu rechnen, daß das Unbewußte auch in diesem Sinne bei der Deutung von Träumen mit zu berücksichtigen ist. Wir denken hierbei wieder einmal an jene unbewußte Geistigkeit, welche die existentielle „Tiefenperson" meint, also jene Tiefenschicht der geistigen Person, jenen Daseinsgrund, der — wie bereits wiederholt betont — sogar wesentlich in unbewußten, nämlich unreflektierten Aktvollzügen besteht. Die großen, die wesentlichen Entscheidungen und Erfahrungen, die dem Menschen je werden mögen, sind ja letztlich allemal in dieser Grundschicht menschlicher Existenz verwurzelt. Sofern wir im Sinne unserer Existenzanalyse Menschsein zutiefst als Verantwortlichsein auffassen gelernt haben, wird die unreflektierte, nicht weiter rationalisierbare Wurzel solchen Verantwortlichseins nun von jener Instanz repräsentiert, die man Gewissen nennt; wobei wir freilich die Frage offenlassen — als Ärzte bzw. Seelenärzte offenlassen müssen —, ob dieses wurzelhafte Gewissen auch wirklich den letzten Grund darstellt, oder aber vielleicht nur den vorletzten. Der wahrhaft letzte Grund würde dann von etwas anderem repräsentiert werden — von etwas, das bereits außerhalb des Menschen selbst läge, und dessen bloße Stimme das Gewissen darstellte[1]).

Wie anderweitige unbewußt gewesene Inhalte, so können auch solche im Sinne unbewußter Religiosität gerade in der Psychose und durch sie ins Bewußtsein emporgehoben werden. So ist uns ein Fall bekannt, in dem ein junges Mädchen im Verlaufe eines schweren rezidivierenden manischen Erregungs- und Verwirrtheitszustands insofern eine tiefgehende Wandlung ihrer Persönlichkeit zeigte, als sie — im Gegensatz zu ihrer bis dahin an den Tag gelegten äußersten Oberflächlichkeit in eroticis — plötzlich von rührender Anhänglichkeit und ergreifender Zärtlichkeit beseelt erschien; vor allem jedoch insofern, als sie eines Tages kniend, in andächtigem Gebet vorgefunden wurde — freilich wenige Stunden vor einem Kräfteverfall, der unweigerlich zum Tode führen sollte. So kann denn auch Echtes und Ursprüngliches in der Psychose manifest werden, während es in der Normalität latent blieb, verdeckt und verborgen von Durch-

---

[1]) Viktor E. Frankl, Der unbewußte Gott, Kösel-Verlag, München 1974.

schnittlichkeit und Alltäglichkeit. Nicht umsonst sagt der Volksmund: „Kinder und Narren reden die Wahrheit." Der Grund, auf dem „die Wahrheit" liegt, kann das eine oder andere Mal eben auch durch ein psychotisches Geschehen ekphoriert werden. Aus all dem mag schließlich auch verständlich erscheinen, daß primitive Völker den Geistesgestörten von vornherein nur mit heiliger Scheu gegenübertreten — anders als der moderne Mensch, der — sofern er Laie ist — in dieser Hinsicht von einem seltsamen Gemisch von Angst und Neugier beherrscht wird: die Angst läßt ihn im Geisteskranken ein lauernd-gefährliches wildes Tier wittern, und die Neugier veranlaßt ihn dazu, psychotische Menschen wie Tiere in Käfigen anzustaunen oder, noch im vorigen Jahrhundert, auch wirklich in Käfigen zur Schau zu stellen.

Organneurosen

Daß es so etwas wie Organneurosen überhaupt gibt, geben kann, ist keineswegs eine Selbstverständlichkeit, sondern schon an sich ein Problem. Die pathogenetische Problematik der Organneurosen führt uns doch unmittelbar in die nahezu uferlos erscheinende psychophysische Problematik hinein.

An dieser Stelle soll dieser Fragenkomplex nun kaum berührt werden. Aber ein Problem — das für den Ansatz der Therapie nicht unwichtig sein mag — stellt sich uns als zwingendes: das Problem der Symptomwahl. Diese Frage nun kann in zweierlei Sinn verstanden werden: erstens betrifft sie das Problem, wann, in welchen Fällen und aus welchem Grunde der eine Kranke an einer Psychoneurose und der andere an einer Organneurose erkrankt; und zweitens hätten wir uns nach dem Grund zu fragen, aus dem nun innerhalb der Organneurosen die eine dieses und die andere jenes Organ befällt oder bevorzugt.

Die „Wahl" einer Psychoneurose dürfte nun — wie sich ja bereits in den einschlägigen Abschnitten dieses Buches ergeben hat — vornehmlich auf konstitutionelle Ursachen zurückzuführen sein. Haben wir doch etwa bei den Zwangsneurosen die Bedeutung der hereditären abnormen Charaktertypen, im besonderen der anankastischen Psychopathie besprochen; und bei den Angstneurosen konnten wir wiederum die Rolle jener Sonderform von Neuropathie kennenlernen, die als vegetative Stigmatisierung bezeichnet wird. Es ist sonach klar, daß beispielsweise ein neurovegetativ Labiler von Haus aus, buchstäblich ab origine, eher die Disposition zu einer Angstneurose mitbringen wird, und umgekehrt ein Anankast eher dazu neigen wird, aus ansonsten identischen äußeren wie inneren Konflikten heraus an einer Zwangsneurose zu erkranken.

Wenden wir uns nun der zweitformulierten Frage zu — der Frage nach der spezifischen Organwahl, also der Symptomwahl innerhalb des Feldes der Organneurosen; hier sehen wir nun folgende theoretische Möglichkeiten: Fürs erste einmal gibt es einen Geltungsbereich für das, was ALFRED ADLER als Organminderwertigkeiten beschrieben und in seiner Bedeutung für die Etablierung von Organneurosen gewürdigt hat (freilich nachdem bereits FREUD die Rolle des von ihm so benannten „somatischen Entgegenkommens" für die Neurosenätiologie sehen gelehrt hatte).

Zweitens wäre hier daran zu erinnern, was wir ebenfalls seit ADLER vom sogenannten „Organdialekt" wissen: gewissen Organen kommt, über jedes organisch bedingte „somatische Entgegenkommen" hinaus, außerdem noch eine bestimmte, eine spezifische Bedeutungsqualität zu; diese Qualität ist nun bereits eine psychologische Valenz, und wir möchten diese Art von „somatischem Entgegenkommen" daher als symbolisches Entgegenkommen kennzeichnen. So ist etwa bekannt, welche besondere symbolhafte Repräsentanz der Verdauungstrakt für ganz bestimmte seelische Grundhaltungen besitzt: wir erinnern nur an die von der Psychoanalyse, aber späterhin auch von jüngeren psychotherapeutischen Richtungen herausgestellten Zusammenhänge zwischen Obstipation einerseits und andrerseits Geiz bzw. der inneren Haltung des Nichts-her(aus)geben-Wollens (als anthropologischer Qualifikation, also sozusagen eines bestimmten Modus des gesamten In-der-Welt-Seins).

An dritter Stelle wären hier unsere Kenntnisse über das spezifische Organgefühl einzuordnen, wie sie uns namentlich seit den Forschungen von LUDWIG BRAUN vermittelt wurden. Bekanntlich hat dieser Autor die Angst als solches Organgefühl des Organs „Herz" aufgefaßt; aber ebensogut können wir aus naheliegenden Gründen den Ärger für ein Organgefühl des Magens ansehen. Nicht umsonst spricht die Sprache des Volkes auf der einen Seite davon, daß man „etwas auf dem Herzen habe" — ebenso wie davon, daß einem „etwas im Magen liege". Wie innig solche Beziehungen zwischen einem bestimmten Organ wie dem Herzen und einem ebenso bestimmten Affekt wie dem der Angst sind, erhellt schon aus den beiden Tatsachen, daß der Angstmelancholiker an seiner typischen Präkordialangst analog leidet wie der Stenokardiker an seinem typischen Vernichtungsgefühl.

Und nun noch die vierte Möglichkeit bestimmter Organwahl bei Organneurosen: Es ist klar, daß in all jenen Fällen, in denen das neurotische Symptom auf Grund einer bestimmten Finalität gewählt wird, von einer Organneurose jenes Organ befallen sein wird, dessen Erkrankung die größte Chance bietet, den neurotischen Zweck zu erfüllen. Was die Neurose, in einer ganz bestimmten Konstellation der Lebensumstände, etwa mit einer Blasenstörung und nur mit ihr erreichen kann, wird daher auch dann zu einer organneurotischen Erkrankung der Blase führen, wenn nicht gerade auf urologischem Gebiet eine Organminderwertigkeit „somatisch entgegenkommt".

Der Kreis unserer Betrachtungen würde sich jedoch nur vollends schließen, wenn wir, an diesem Punkt angelangt, uns dazu entschließen könnten, das autonome Nervensystem, das Vegetativum, quasi als Organ für sich zu betrachten. Jene konstitutionelle Eigentümlichkeit mancher Individuen, die als vegetativ Stigmatisierte oder Labile gelten, stellte dann eine Organminderwertigkeit sui generis dar — oder, mit andern Worten: eine besondere Form somatischen Entgegenkommens. Welchen Affekten das organminderwertige, labile Vegetativum „entgegenkommt", ergibt sich nun von selbst: es werden dies jene Uraffekte sein, die im Sinne einer biologischen Tiefenstruktur alles emotionale Leben beherrschen — allen voran der Angstaffekt, und zwar er einschließlich der bekannten diversen „Notfallsreaktionen" auf den verschiedensten Funktionsgebieten, die mit ihm vital gekoppelt sind. Eine besondere Bedeutung dieses „Organs" — des Vegetativums nämlich — für das gesamte Gebiet der Organneurosen ergibt sich nun aus dem einfachen Umstand, daß das autonome Nervensystem (die vegetativen Zwischenhirnzentren mit inbegriffen) schlechterdings die Brücke darstellt, die das Ufer des Seelischen mit dem des Organischen verbindet. Da, darüber hinaus, im besonderen das Organ „Herz" sowie der Gefäßapparat dem sympathisch-parasympathischen Geschehen am nächsten stehen, erscheint dann auch begreiflich, daß die Herzneurose zu den häufigsten Organneurosen gehört.

Was aus all dem für die Möglichkeiten einer Therapie folgt, ist die grundsätzliche Berechtigung, die Behandlung von Organneurosen gleichermaßen — oder auch gleichzeitig — medikamentös wie psychologisch anzugehen. Im einen Falle werden wir, was die erstgenannte Behandlungsrichtung anlangt, einer das Vegetativum beruhigenden Medikation den Vorzug geben, in einem andern wiederum einer das Endokrinium mit einbeziehenden Therapie. (Diesbezüglich erinnern wir nur an die innigen Beziehungen zwischen Sympathikotonie und Hyperthyreose einerseits sowie andrerseits an die ebenso innigen Beziehungen zwischen Angstneurose und Sympathikotonie; schließlich daran, daß speziell bei Fällen von Platzangst nach unseren Erfahrungen ungemein häufig eine Erhöhung des Grundumsatzes feststellbar ist.)[1]

Haben wir Gründe, um uns im konkreten Einzelfall für ein Vorgehen von der Seite des Psychischen her zu entscheiden, dann stehen uns erst

---

[1] Viktor E. Frankl, Theorie und Therapie der Neurosen, Ernst Reinhardt, München 1975 (Kapitel „Basedowoide Pseudoneurosen").

recht mannigfache Wege zum identischen Ziel offen — von der Psychotherapie irgendwelcher Observanz bis zur Logotherapie oder Existenzanalyse, ja in einzelnen Fällen auch noch bis zu ärztlicher Seelsorge. Letztere tritt nämlich, wie bereits angedeutet, dort in ihr Recht, wo der Kranke — und mit ihm sein Arzt — vor den unabänderlichen, schicksalhaften Tatbestand eines unheilbaren, chronischen Leidens oder des Siechtums gestellt ist. Dort und erst dort — dort aber auch bis in ultimis! — wird der Arzt dem Kranken, dem er Krankheit und Tod nun nicht mehr ersparen kann, wenigstens die äußerste Verzweiflung ersparen. Die äußerste Verzweiflung aber erreicht der Mensch nicht dann, wenn er hilflos leidet, sondern wenn er sinnlos leidet. Wann immer wir hingegen vermögen, eben im Sinne ärztlicher Seelsorge, auch noch im Leiden, nämlich in einem rechten, in aufrechtem Leiden Wertmöglichkeiten sehen zu lassen, ist das Schicksal unserer unheilbaren Kranken für sie auch schon sinnvoll geworden: menschlich sinnvoll! Und mag es tausendfach für uns, für uns als Ärzte, insofern sinnlos sein, als wir dann nicht mehr als Therapeuten wirken können — eine letzte Aufgabe ist da auch für den Arzt noch gegeben: ärztliche Seelsorge. Freilich: im banalen Sinne sind solche Fälle — als „Fälle" — das, was man undankbar nennt: an therapeutischem Effekt ist hier nichts mehr zu holen; aber nur um so dankbarer werden in solchen Fällen die Menschen sein, die hinter jedem dieser Fälle stehen; dankbar dafür, daß der Arzt wenigstens insofern helfen konnte, als er eines leistete: wo er Gesundheit und Leben nicht retten kann, immerhin den Sinn des Lebens und des Leidens zu wahren.

Wir wenden uns nun wieder einem konkreten Einzelfall zu. Er betrifft (Fall 21) eine 29jährige Patientin, die mit Herzbeschwerden auf einer internistischen Abteilung liegt. Vor einer Woche hatte sie einen „Herzanfall", der sich seither zweimal wiederholte. Die organischen Befunde einschließlich EKG sind negativ. Im Anschluß an jeden Anfall trat Harnflut ein. Schon dieser Umstand läßt uns an eine vegetative Genese denken. Außerdem schildert die Kranke, daß sie während der Anfälle ein „heißes Laufen über den Rücken" verspüre; ansonsten gehen sie mit Vernichtungsgefühl, Beklemmung und Angst einher. Wir hören weiter, daß das Kind der Patientin plötzlich vor einem halben Jahr verstorben ist. Nachher sei sie gefühlsmäßig „ganz kalt" gewesen. Wir haben Grund zur Annahme, die adäquate Affektreaktion sei gleichsam ins Vegetative abgeschoben worden. Sechs Wochen nach dem Todesfall jedoch, berichtet die Kranke, habe sie sich einer Panaritiumoperation unterziehen müssen, bei welcher Gelegenheit an ihr eine Äthernarkose vorgenommen wurde. Im Ätherrausch nun habe sie das Leichenbegängnis „noch einmal erlebt". (Es wäre ja nicht ausgeschlossen, daß diese Rekapitulation des traumatisierenden Erlebnisses zu jener Art von Abreagieren geführt hätte, wie ihr in Form der sogenannten Narkosynthese[1]) eine heilsame Wirkung nachgesagt wird.)

Nachdem mit vegetativen Sedativa im vorliegenden Falle schon genügend viele Versuche vergeblich geblieben waren, gingen wir nun daran, die Patientin mit Entspannungsübungen nach Art der von J. H. SCHULTZ angegebenen zu behandeln.

Entspannungstherapie

Methode wie Zielsetzung der modernen Entspannungsbehandlung sind von J. H. SCHULTZ zur Genüge herausgearbeitet worden. Nach ihm geht es letztlich darum, die Einflußsphäre des Ich dem eigenen Organismus gegenüber dermaßen zu erweitern, daß auch unbewußt und vor allem unwillkürlich ablaufende Regulationen dem bewußten Willen unterstellt werden können. Dies bedeutet nicht weniger als eine weitgehende Unterordnung des vegetativen, vom autonomen Nervensystem beherrschten Geschehens unter den Willen — also eine Einschränkung der Autonomie des „autonomen" Nervensystems.

Das Bedeutsame an dieser Methode scheint aber zu sein, daß die willentliche Machtsphäre, die Sphäre des Ich qua Bewußtsein und Verantwortlichsein, in einer Weise erweitert wird, die nicht ihrerseits mit einer Einschränkung der Eigenverantwortung vor sich geht. Dadurch unterscheidet sich die Methodik der Entspannungsübungen wesentlich von jeder suggestiven Methode. Wird doch bei der Suggestion oder gar erst in der Hypnose die Eigenverantwortung, die Aktivität des Patienten erheblich und methodisch herabgesetzt; die Hypnose im besonderen stellt ja eine wenn auch temporäre „Verurteilung" des Kranken zu einem Passivsein katexochen dar. Bei den Entspannungsübungen jedoch wird, wie wir sehen werden, die Aktivität und Eigenverantwortung des Kranken notwendig gewahrt; und ist schon die Hypnose in einem gewissen Sinne letzten Endes eine Eigenleistung des Hypnotisierten, so wird dem mit Entspannungsübungen behandelten Patienten bereits von vornherein klargemacht werden können, daß aller therapeutische Effekt jeweils seine ureigenste Leistung darstellt.

SCHULTZ bezeichnet seine Übungsmethode als Entspannungs- und Konzentrationsübungen oder konzentrative Selbstentspannung bzw. autogenes Training. Ähnliche Methoden sind bekanntlich auch in den angelsächsischen Ländern aufgekommen. Die überragende Bedeutung der SCHULTZschen Therapie liegt nun in der sauberen und experimentell wohlfundierten Grenzziehung zwischen ihr und allen suggestiven Methoden — einschließlich der Autosuggestion. Dieses Moment haben wir, im Sinne

---

[1]) VIKTOR E. FRANKL und HANS STROTZKA, „Narkodiagnose", Wiener klinische Wochenschrift 61, 569, 1949.

des schon vorhin Gesagten, jeweils auch dem Kranken gegenüber zu betonen; daraus nämlich, daß er — im Gegensatz zur Suggestivtherapie — beim Training nach Schultz seine Selbständigkeit gewahrt weiß und in der Heilwirkung dieses Trainings seine Leistung sehen lernt, erwächst nämlich bereits eine den therapeutischen Effekt stützende und konsolidierende Ermutigung.

Schultz geht bekanntlich so vor, daß er zu Beginn der Behandlung seine Kranken anweist, die von ihm so benannte Droschkenkutscherhaltung einzunehmen. Wir pflegen den Patienten zu empfehlen, sich möglichst bequem hinzusetzen (oder hinzulegen) und sich nach Augenschluß in ihrer Phantasie etwa vorzustellen, sie säßen in sommerlicher Hitze faul auf einer Parkbank. Die Arme liegen hierbei locker und lose auf den leicht auseinandergespreizten Oberschenkeln, ohne daß die Hände einander berührten. Womöglich soll auch die Nackenmuskulatur entspannt werden und der Kopf demgemäß wie von selbst, der eigenen Schwere folgend, auf die Brust sinken (sollte dies anfangs noch nicht gelingen, dann lassen wir nur die Augen schließen). Wichtig ist eine vollständige Entspannung zumindest der Armmuskulatur. Wir halten es dabei für unbedingt erforderlich, dem Kranken gegenübersitzend, ihm die richtige entspannte Haltung vorzuzeigen. Hierbei heben wir zuerst ein wenig die Hände und lassen sie dann völlig kraftlos auf die Schenkel fallen. Nun lassen wir den Kranken einen unserer Arme am Ärmelende aufheben und plötzlich loslassen, um ihm zu demonstrieren, wie — richtige Entspannung vorausgesetzt — Hand und Unterarm der eigenen Schwere folgend auf den Schenkel zurückfallen — so locker, daß die Hand dann noch ein wenig baumelt. Nun erst lassen wir den Patienten einen eigenen Versuch machen und kontrollieren die Entspanntheit nicht nur durch Palpation — wodurch wir gleichzeitig die Spannung auch lösen —, sondern auch durch Überprüfung mit Hilfe des geschilderten Aufhebens und Fallenlassens seiner Arme.

Es folgt sodann ein Vorversuch. Bei ihm lassen wir den Kranken durch etwa zwei Minuten sich auf einen Arm (genauer gesagt: einen Unterarm und eine Hand) konzentrieren, und zwar bei einem Rechtshänder auf den rechten und umgekehrt. Wir verlangen vom Patienten nichts weiter, als daß er während dieser Zeitspanne seine volle Aufmerksamkeit auf die betreffende Körperregion richte, sich weder durch äußere Reize noch durch irgendwelche Gedanken ablenken lasse und einfach darauf achte, was er spüre; das solle er innerlich registrieren, sich merken und nicht vor Ablauf der zwei Minuten uns melden.

Am lehrreichsten haben sich uns diesbezüglich kollektive Experimente erwiesen: Die Mehrzahl der Versuchspersonen berichtet, ein Schweregefühl in der betreffenden Extremität beobachtet zu haben, eine kleinere Gruppe hat auch Wärmeempfindungen wahrgenommen, und vereinzelt erzählen die Versuchspersonen, sie hätten Zuckungen oder Schmerzen bemerkt. (Während solcher Entspannungsprozeduren können, wie wir gesehen haben, beispielsweise bei leichtgradigen chronischen Arthritiden ansonsten unterschwellig verbleibende schmerzhafte Sensationen auftauchen; Zuckungen bzw. das Gefühl von Krämpfen wiederum sahen wir bei Überanstrengung entsprechender Muskelgruppen auftreten, also gewissermaßen im Sinne latenter professioneller Neurosen.)

Beachtenswert ist, daß diese übereinstimmenden Angaben unbeeinflußt gemacht werden. Um so wichtiger ist ihre nachträgliche theoretische Erklärung, die den Kranken davon überzeugen soll, daß er sich nicht das Geringste eingebildet hat oder einreden ließ. Wir legen größten Wert darauf, unseren Patienten jeweils auseinanderzusetzen, wie fern von aller Fremd- oder Autosuggestion derartiges geschieht. Dementsprechend erklären wir ihnen, daß durch die Entspannung der willkürlichen, der Skelettmuskulatur, also durch den Fortfall der Gegenwirkung, die Wirkung der Erdschwerkraft sich ungehindert auswirken kann, so daß das Eigengewicht, die Eigenschwere des entspannten Gliedes im Bewußtsein voll zur Geltung zu kommen vermag (eben in Form des Schweregefühls). Die als solche nicht weiter beabsichtigte, aber spontan eintretende Entspannung der glatten (unwillkürlichen) Muskulatur der Gefäßwände führt nun gleichzeitig zu einer Erschlaffung der Gefäße, zu einer Erweiterung ihres Lumens, demgemäß zu einer Zunahme der lokalen Durchblutung und zum Wärmegefühl.

Es ist nun interessant zu beobachten, daß gerade bei jenen Patienten, die beim Auftrag zur Entspannung mit anfänglichen Schwierigkeiten zu kämpfen haben, für gewöhnlich eine allgemeine Verkrampftheit vorliegt; so daß sich füglich sagen läßt: je schwieriger die Entspannung ist, um so nötiger ist sie. (Umgekehrt zeigt sich immer wieder, wie leicht speziell Gymnastik betreibende Personen oder gar tänzerisch Begabte zu voller Entspannung zu bringen sind.)

Ist der Kranke so weit, daß ihm die Produktion der Schwere- und Wärmeempfindung an einem Arm gelungen ist, dann veranlassen wir ihn, in der täglich mehrmals durch je mehrere Minuten selbsttätig vorzunehmenden Übung die muskuläre Entspannung zu generalisieren, also auf den ganzen Körper auszudehnen, den Körper als ganzen zu entspannen. Er muß so weit kommen, daß er schließlich völlige Gelöstheit in den Gliedern bzw. Gelenken und ein wohlig warmes Strömen durch den ganzen Körper empfindet. Das Training muß womöglich so lange fortgesetzt werden, bis ein gewisser Grad von Entspanntheit erstens in möglichst kurzer Zeit und zweitens auch dann erreicht wird, wenn der Patient nicht sitzt oder liegt, also auch im Stehen, ja im Gehen. (SCHULTZ weist seine Kranken an, jeweils vor allem die Schultern entspannt „fallen zu lassen".) Der Kranke muß dann imstande sein, mehr minder augenblicklich alle Spannung — wenn er nicht liegt: wenigstens alle übermäßige Spannung, schlagartig auszuschalten, sich also gleichsam auf völlige Entspanntheit jäh umzuschalten — und zwar so plötzlich „wie mit einem Hebelruck".

Noch bevor wir aber die Kranken so weit gebracht haben, müssen wir schon längst dazu übergehen, ihnen sozusagen das psychologische Äquivalent der muskulären Entspannung zunutze zu machen: gleichzeitig mit der voll hergestellten körperlichen Entspannung soll die seelische erlebt werden. In diesem Sinne empfehlen wir unseren Patienten beizeiten, sich dem Gefühl der inneren Ruhe und Ausgeglichenheit, eben der seelischen Entspanntheit, ganz hinzugeben; die psychische Auflockerung sich ganz zu vergegenwärtigen; die Gelöstheit und Gelassenheit auch ganz „auszukosten".

Hierbei ist es ratsam, zur Vertiefung solcher Erlebnisse Phantasievorstellungen zu Hilfe zu rufen. Als brauchbare Hilfsvorstellung dieser Art hat sich uns erwiesen: die Vorstellung, ein sturmbewegtes Meer zu sehen, dessen aufgepeitschter Wellengang sich allmählich verringert, bis schließlich — am Höhepunkt der psychophysischen Entspannung — die innere Schau eines geglätteten Meeresspiegels als grenzenloser horizontaler Fläche zu höchster sedativer Wirksamkeit gelangt. Aber es empfiehlt sich, den Kranken in der Wahl ihrer Lieblingsvorstellungen freien Spielraum zu lassen, ja sie zu freier Erfindung solcher Vorstellungen zu animieren. Die selbstgewählte Vorstellung ist immer die wirksamste; und je phantastischer sie ist, um so wirksamer pflegt sie zu sein. Besonders bewährt hat sich uns aber eine solche Erfindung einer Patientin — die Vorstellung nämlich, sie liege auf einer blumigen Sommerwiese und blicke zum tiefblauen Himmel hinauf, auf dem die Wolken stetig ihres Weges ziehen.

Alsbald müssen wir nun dazu übergehen, die Entspannungsübungen auf die jeweilige Notwendigkeit abzustellen, wie sie sich aus unserer therapeutischen Absicht ergeben mag. Haben wir es etwa mit einer Herzneurose zu tun, dann lassen wir die ruhige, weil automatisch erfolgende rhythmische Herzaktion erlebnismäßig vergegenwärtigen; die Formel hätte dann etwa zu lauten: „Das Herz schlägt ganz ruhig und regelmäßig — es schlägt von selbst — ich muß, ich darf gar nicht mich darum kümmern." Im Falle einer Neurose des Digestionstrakts wiederum werden wir etwa Krampferscheinungen in visueller Phantasie vergegenwärtigen lassen, um dann die Lösung des Krampfes zur optischen Phantasievorstellung machen zu lassen. Wir erinnern uns eines Falles, in welchem die Patientin an schwersten ticartigen Zuckungen des Platysmas litt; wir dressierten sie nachgerade, in den Entspannungsübungen die Region „Hals" gleichsam aus ihrem Körperschema zu streichen, also zu eskamotieren — was ihr alsbald gelang und den Erfolg hatte, daß ihre Beschwerden gänzlich sistierten. Einen Schriftsteller, der an einer psychogen überlagerten und fixierten schweren Kontraktur nach Ischias laborierte, trainierten wir darauf, intensivst zu imaginieren, der Ischiadikusstamm des erkrankten Beines sei „nicht existent", er sei im Zuge der einzelnen Entspannungs- und Konzentrationsübungen durch die empfundene „Wärme" sozusagen „eingeschmolzen"; der Effekt war völlige Schmerzfreiheit und Wiederherstellung der Funktionstüchtigkeit. (Dem Kranken hatten wir zu Beginn der Behandlung die entsprechenden Bilder aus einem anatomischen Atlas gezeigt; so war er instandgesetzt, auf diesem Gebiet die lebhaftesten Phantasievorstellungen zu produzieren.)

Wir sehen hier, daß sich die von SCHULTZ angegebene Übungsmethode ohne weiteres in eine Richtung verfolgen läßt, in der so etwas wie „Operationen am Körperschema" vom Kranken selbst vorgenommen werden können. Die partielle Ausschaltung bestimmter Körperregionen aus dem Körperschema — mag sie nun zum Zwecke der Therapie neurotischer Störungen oder aber organisch bedingter Schmerzzustände erfolgen — erinnert gewissermaßen an die von PÖTZL beschriebenen Verhältnisse bei der Anosognosie, bei deren — freilich unabsichtlichem und unbewußtem — Entstehungsmechanismus der genannte Autor bekanntlich die Analogie der Autotomie als biologisches Modell zum Erklärungsversuch herangezogen hat.

Daß sich Entspannungsübungen auch bei Gesunden, also auch in prophylaktischem Sinne anwenden lassen, ist bekannt. Im besonderen mögen sie der vollen Ausnutzung kurzdauernder Erholungspausen dienen. Gerade dies jedoch können sie nur, wenn getreu den Ratschlägen von SCHULTZ zweierlei gehörig berücksichtigt wird: erstens die Nutzbarmachung der Entspannungsübungen durch formelhafte Vorsatzbildung. Solche Vorsätze sind etwa: „ich bin ganz ruhig" — „ich werde trotz allem auch weiterhin ruhig bleiben" — „ich lasse mich durch nichts aus der Ruhe, aus der Fassung bringen oder aufregen" o. dgl. m. Hier haben wir natürlich ein weites Feld fürs Individualisieren. Sollte es aber einmal darum gehen, üble Angewohnheiten oder Drangzustände im Sinne von Süchtigkeit abzustellen, dann empfehlen wir, im Anschluß an die seinerzeit von EMIL FRÖSCHELS angeregte Methode, auch bei der Formelbildung auf den neurotischen Fatalismus entsprechend Rücksicht zu nehmen. FRÖSCHELS hat bekanntlich gemeint, die wirksamste Formel etwa für einen Nikotinsüchtigen laute: „Ich bin der Nichtrauchende." FRÖSCHELS bevorzugt also das Participium praesentis gleichsam als grammatikalisches Gegengewicht gegen die fatalistische Einstellung. Wir haben hingegen empfohlen, die Formel ganz unpersönlich zu bilden — wir würden zum FRÖSCHELSschen Beispiel die Formel wählen: „**Es wird nicht geraucht**"; freilich nicht ohne sie zu ergänzen mit dem Nachsatz: „**— und es wird darüber nicht diskutiert!**" Auf diesem Wege gelingt es nämlich nach unseren Erfahrungen optimal, alle ansonsten alsbald auftauchenden scheinbaren Gegenargumente beim Kranken zu unterdrücken — wie da sein mögen die Einwände: „ich will nicht rauchen — aber ich muß doch, ich kann nicht anders, mein Wille fruchtet eben nichts; und überdies ist das Rauchen ja doch ein Genuß, und auf die paar Jahre längeren Lebens darf es mir nicht ankommen" usw.

An dieser Stelle soll mit nur ganz wenigen Stichworten auch erwähnt werden, wie sich die Psychotherapie des Nikotinabusus über das Gesagte hinaus zu gestalten hat: Worauf es allem andern voran ankommt, ist die Feststellung, ob es dem Kranken auch ernstlich darum zu tun ist, sich das Rauchen abzugewöhnen, ob also sein Wille ein ehrlicher ist, oder aber, ob er sich selbst wie andern mit dem Versuch einer Behandlung nur beweisen will, daß er ja doch nicht gegen seine Gewohnheit aufkommen kann. Im einen Falle handelt es sich nämlich um echten Willen, im andern um bloßes Möchten; in diesem Falle aber ist eine Psychotherapie aussichtslos. Im übrigen erweist sich das Vorliegen echten Willens oder bloßen Möchtens je nachdem am Erfolg bzw. Mißerfolg nicht nur eines psychotherapeutischen, sondern auch eines selbsterzieherischen Versuchs. Sofern wir den Abbau übermäßigen Rauchens nun psychotherapeutisch angehen, müssen wir ausgehen von der Tatsache, daß der Nikotinismus keine Sucht im strengen Sinne des Wortes darstellt: Abstinenzerscheinungen, wie sie sich etwa bei brüskem Entzug des Alkaloids an Morphinisten feststellen lassen, treten bei Nikotinisten kaum auf; was sich bei ihnen findet, sind jedenfalls keine Erscheinungen, die sich ihrerseits gesundheitlich schädigend auswirken könnten. Sie lassen sich übrigens beispielsweise durch Tranquilizer-Gaben, für die Dauer der Entziehungskur vorgesehen, leicht beherrschen (daran soll immer schon deshalb gedacht werden, weil starke Raucher ja ohnehin oft weniger zum Vergnügen als „zur Beruhigung ihrer Nerven" soviel rauchen — womit sie bekanntlich nur einen Circulus vitiosus herstellen). Was nun das Vorgehen beim Entzug selbst anlangt, pflegen wir unsere Patienten die Formel „Es wird nicht mehr geraucht — und es wird darüber nicht dikutiert" sich auf einen Zettel aufschreiben und — in ihre Tabatiere einlegen zu lassen. So haben sie wenigstens die Möglichkeit, sich an die Formel im Augenblick, wo es notwendig ist, zu erinnern, und weder vor sich selbst noch vor uns die Ausrede bereit, an sie just im entscheidenden Moment vergessen zu haben. Für gewöhnlich weisen wir die Kranken an, von Tag zu Tag eine Zigarette weniger in die Tabatiere einzulegen, bis sie bei jener Menge anlangen, die wir einvernehmlich im voraus festgelegt haben (z. B. eine Zigarette nach jeder Mahlzeit o. dgl.). Wichtig ist es, daß sich die Kranken stets vor Augen halten, wie sehr sie mit ihrem allfälligen Rückfälligwerden all jene Opfer der Selbstbeherrschung, die sie bis dahin schon gebracht haben, mit einem Schlag sinnlos machen würden. Schließlich möchten wir in diesem Zusammenhang noch darauf hinweisen, daß das Ansinnen, Dinge wie übermäßiges Rauchen mit den Mitteln der großen Hypnose anzugehen, unseres Erachtens im allgemeinen von vornherein und grundsätzlich abzulehnen ist: wir wünschen es gar nicht, daß der Kranke sich so um das Erlebnis des Triumphes seines eigenen Willens betrüge — ist es doch gerade der Triumph des Willens, den er sich erkaufen soll mit seinen ganzen Opfern an Genuß.

Der zweite Punkt — neben der oben besprochenen formelhaften Vorsatzbildung —, dessen Wichtigkeit bei der Entspannungstherapie nicht übersehen werden darf, betrifft das von Schultz so genannte „Zurücknehmen" der Spannung. Es ist nicht unbedenklich, die Kranken nach den Entspannungsübungen einfachhin entspannt zu belassen. Vielmehr sind sie anzuweisen — nach stattgehabter Formelbildung etwa im Sinne „wiedereinschießender Energien" oder „während der Ruhepause, in der Entspannungsübung, disponibel und mobilisierbar gewordener, nun sich sammelnder frischer Kräfte" — in folgendem Turnus die Entspannung wieder aufzuheben: 1. Fäuste ballen — 2. Arme im Ellbogengelenk durchstrecken — 3. „Kreuz hohl" und das Rückgrat durchdrücken — 4. erst fest ausatmen(!) und dann tief einatmen (so daß zuerst die Residuärluft entfernt und sodann möglichst sauerstoffreiche Luft eingeatmet wird) — und erst 5. Augen öffnen. Dann, aber auch nur dann, können wir halbwegs sicher sein, daß die Kranken von nachträglichen Beschwerden (wie Schwindel, Augenflimmern, Mattigkeit) verschont bleiben.

Wenden wir uns nach diesem Exkurs über die Technik der Entspannungsbehandlung nun wieder unserer Kasuistik zu: Die Patientin, deren Fall zu besprechen wir begonnen hatten, wurde bloß einmal im Training nach Schultz unterwiesen und übte seither regelmäßig selbsttätig weiter. Bald berichtet sie, sich nach den Übungen jeweils sehr wohl und angenehm ausgeruht zu fühlen; auch das Herzklopfen sei wesentlich geringer. Sie fühlt sich alsbald auch im allgemeinen frischer und angeregter. Seitdem sie übt, wurde sie nur mehr von einem einzigen und leichten „Herzanfall" heimgesucht — freilich nach einer noch am späten Abend eingenommenen reichlichen Mahlzeit (wahrscheinlich war hier Zwerchfellhochstand als auslösender Faktor mit im Spiel).

Im folgenden möchten wir zur Illustrierung des über den Wert und die Variationsmöglichkeiten der Entspannungsübungen Gesagten einen Beitrag liefern an Hand eines kasuistischen Falles, der ein nicht unwichtiges Sondergebiet letztlich als neurotisch aufzufassender Störungen betrifft, nämlich die Sprachstörungen im Sinne vor allem des Stotterns:

(Fall 22.) Der Kranke stottert bereits seit Kindheit. Übrigens sind zwei seiner Verwandten ebenfalls Stotterer. Unsere Behandlung setzt nun damit ein, daß wir den Patienten belehren, **Sprechen** sei eigentlich nichts anderes als ein lautes Denken. Er selbst brauche jeweils nur auf das Denken eingestellt zu sein — das Sprechen vollziehe dann „der Mund" gleichsam automatisch. Patient dürfe dabei gar nicht auf das Wie, vielmehr sollte er immer nur auf das Was des Sprechens aufmerken (eben auf die Denkinhalte). Andernfalls müßte ja die Hinlenkung der Aufmerksamkeit auf die Sprechform — statt auf den Inhalt der Gedanken — einerseits Befangenheit beim Sprechen und andrerseits überdies noch im Denken selber Unkonzentriertheit erzeugen. Die bis zu einem gewissen Grade fraglos gegebene Disposition zur Sprachstörung könne und müsse er freilich erst kompensieren, und zwar durch ein entsprechendes Training — in dem der Kranke nunmehr unterwiesen wird: Fürs erste einmal lassen wir ihn Entspannungsübungen im Sinne von SCHULTZ vornehmen; in einer zweiten Phase der Behandlung lassen wir ihn — in der Entspannung! — einfache Atemübungen durchführen, und zwar zwecks Auflockerung namentlich beim Exspirium; in einer weiteren Phase wird er angewiesen, nach Art der von FRÖSCHELS empfohlenen Übungen hörbar zu exspirieren; um in der vorletzten Phase, im Sinne desselben Autors, das von diesem so benannte „Atemessen" zu versuchen (Produktion vollkommen sinnlos aneinandergereihter, ganz willkürlich gewählter Wortsilben während der Ausatmung unter strikter Ausschaltung jeder Aufmerksamkeitszuwendung auf dieses möglichst lockere und gelöste „Sprechen"). Und erst in der letzten Behandlungsphase lassen wir den Kranken während der einzelnen Entspannungsübungen eigentliche Sprechübungen machen. In dieser Staffelung nimmt Patient nun auch zu Hause fleißig Übungen vor. Bald berichtet er über die Erfolge: die richtige Einstellung zum Sprechakt sei ihm bereits geglückt: „Ohne daß ich habe wollen, hat — es gesprochen", so berichtet er uns: er lasse bloß die Gedanken „laut werden" — und den Mund lasse er „wie von selber" reden. Nunmehr muß sich die psychotherapeutische Behandlung gegen jene allgemeine Schüchternheit des Patienten wenden, die schon deshalb natürlich noch fortbesteht, weil sie ihre Entstehung der nur allzu lange bestehenden Sprachgestörtheit im Sinne eines Folgezustands verdankt. Der Kranke wird nun angewiesen, trotz seiner Angst vor dem Sprechen und demzufolge vor aller Geselligkeit Gesellschaften aufzusuchen und sich dortselbst an den Gesprächen möglichst zu beteiligen. Diese Teilkomponente der Psychotherapie schlägt also jenen Weg ein, den wir bereits bei der Abhandlung der Angstneurosen kennengelernt haben: „Wo gibt es ein Verbot, mit Angst zu sprechen?" — so lernte unser Kranker sich selbst befragen, wann immer die Angst vor Mißerfolgen ihn daran zu hindern versuchte, durch Training schließlich doch einen Erfolg buchen zu können. Würde er keinen Mißerfolg zu riskieren bereit sein, dann könnte er auch niemals Erfolg haben; die ersten kleinen Erfolge jedoch würden, umgekehrt, alsbald die Angst zum Schwinden bringen —

vorerst aber müsse sie eben überwunden werden. Solche Überwindung sei freilich nicht möglich ohne das Risiko anfänglicher Mißerfolge; auch bei der Roulette muß ja der Einsatz „aufs Spiel gesetzt" werden, wenn er vervielfacht werden soll.

Die folgenden Male klagt der Kranke bei den psychotherapeutischen Sitzungen nun über Angstgefühle, die ihn bemerkenswerterweise jeweils erst nach — übrigens erfolgreichem — „Auftreten" in Gesellschaft überkommen. Sichtlich fürchtet unser Patient nunmehr die Folgen seines Kontakts mit dem Leben, den er jetzt bereits gewinnt; er fürchtet den Verlust seiner „splendid isolation", den Verlust des schützenden Gehäuses, in dem ihn die Neurose vor dem „so gefahrvollen" Leben bisher geborgen hatte. Wir haben es hier also mit einem sekundären Krankheitsgewinn im Sinne der Psychoanalyse zu tun. Diesem sekundären Motiv, das — entgegen der diesbezüglichen Auffassungsweise der Individualpsychologie — nicht am Entstehen der Neurose, wohl aber am Fortbestehen einzelner Symptome schuld ist, diesem Motiv zur nachträglichen Fixierung der neurotischen Sprachstörung, mußte die Psychotherapie nun Rechnung tragen. Daher galt es, die jetzt, nach Fortträumung des Stotterns, aufgedeckte Daseinsangst zu überwinden.

Hysterie

Auf dem Gebiete der Psychopathologie gibt es zwei Ausdrücke, die allen andern voran für gewöhnlich, vor allem aber in Laienkreisen, in ebenso mißverständlicher wie höchst vieldeutiger Weise gebraucht werden: die Worte „Nervenzusammenbruch" und „Hysterie". Mit ersterem haben wir uns nicht weiter zu befassen: es reicht nur allzusehr ins Gebiet der organischen Neurologie hinein — werden doch auch Dinge wie progressive Paralyse, Schlaganfälle, epileptische Anfälle u. dgl. ebensowohl als Nervenzusammenbruch bezeichnet wie andrerseits bloße funktionelle Erschöpfungszustände. Anders mit der Hysterie: mit dieser Krankheitsbezeichnung wird oft insofern Unfug getrieben, als sie vom Arzt nicht selten unbedacht, wo nicht bedenkenlos angewandt wird und dann für den Kranken eine nicht unerhebliche Stigmatisierung bedeutet.

Fürs erste hätten wir nun zu unterscheiden zwischen hysterischen Mechanismen oder Reaktionen einerseits und andrerseits dem hysterischen Charakter. Was nun die Mechanismen anlangt, empfiehlt es sich, den Ausdruck „hysterisch" möglichst überhaupt zu vermeiden. Was er meint, läßt sich ebensogut, aber eindeutiger und weniger mißverständlich, anderswie umschreiben oder kennzeichnen. Gemeint ist jeweils nämlich nichts anderes als Psychogenese — freilich nicht ohne eine gewisse Betonung der finalen Tendenz, die einem bestimmten Symptom zugrunde liegen mag. Als hysterische Mechanismen könnten wir sonach durchweg jene Mechanismen ansprechen, die etwa im Sinne der Individualpsychologie (weniger unmittelbar ausdruckhaften Charakter als vielmehr vorwiegend) Arrangementcharakter tragen, also Mittel im Dienste einer neurotischen Zielsetzung darstellen. Aber es fragt sich dann, warum wir diese Mechanismen gerade als hysterische bezeichnen sollen — wo dieser Terminus doch von der echten Hysterie her, demnach in charakterologischem Sinne, so sehr belastet ist und überdies noch unter Laien einen ausgesprochenen moralisch verurteilenden Beigeschmack hat (fast mehr noch als die relativ „ehrliche" Simulation). In nur noch erhöhtem Maße treffen diese Bedenken aber für den Begriff der „hysterischen Reaktion" zu — zumindest sofern er nicht auf gewisse Übergangsformen der Unfallneurose zur sogenannten Rentenhysterie eingeschränkt wird.

Zumal seitdem es die „klassische" große Hysterie, mit ihren von CHARCOT durchforschten Anfällen, Lähmungen usw., kaum mehr gibt, ist der Hysteriebegriff hauptsächlich zu einer Sonderform von Psychopathie zusammengeschrumpft bzw. dient er nur mehr noch der Kennzeichnung eines besonderen charakterologischen Zuges innerhalb der verschiedenen, ineinander übergehenden Psychopathieformen. Über das psychologische Wesen dieser charaktermäßigen Abwegigkeit ist nun so viel Wesentliches und Bedeutsames publiziert worden, daß es sich hier, wo wir diesen Fragenkomplex nur streifen können, erübrigt, mit mehr als wenigen Stichworten darauf einzugehen. Die typischsten Merkmale des hysterischen Charakters sind nun wohl die folgenden: Unechtheit — Egoismus — Berechnung. Die Unechtheit mag der Kompensation bzw. Überkompensation jener inneren Leere entsprechen, auf die namentlich KRETSCHMER hingewiesen hat; sie soll, durch eine Fülle verschiedenartigster „Produktionen", diese innere Leere übertönen. Daß dies zu Übertreibungen, ja zu Übertriebenheit schlechthin, zur Überspanntheit im ganzen Wesen der Kranken führen muß, ist klar. So erklärt sich aber auch jene bereits von der alten Hysterielehre herausgestellte besondere Suggestibilität hysterischer Patienten, die, ihrem Wesen entsprechend, immer dazu geneigt sein werden, fremdes Erleben sich anzueignen — was in zusätzlicher Steigerung schließlich die bekannte „Konversion" des Erlebten ins Somatische mit sich bringen kann.

Hat sich nun die Neurose im allgemeinen im doppelten Aspekt ihrer Deutbarkeit sowohl als Mittel wie als Ausdruck gezeigt, so könnten wir nunmehr unter Einbeziehung der besonderen Verhältnisse bei der Hysterie sagen, das Symptom könne auch noch die Funktion der Darstellung haben. Damit würden wir auch schon zu einer gewissen Analogie mit jenem Schema der BÜHLERschen Sprachpsychologie gelangen, demzufolge der Sprache die dreifache Aufgabe von Ausdruck — Appell — Darstellung zukommt. Tatsächlich appelliert der Hysteriker mit seiner Symptomatik an die allgemeine Aufmerksamkeit seiner Umgebung; vor allem jedoch läßt sich das eine oder andere seiner Symptome — namentlich dann nämlich, wenn es sich um eine „Konversion" handelt — als die somatische Darstellung psychischen Erlebens deuten.

So erweist sich denn die Neurose in gewissem Sinne recht eigentlich als „Sprache". Freilich ist sie Sprache in einem andern Sinne als die eigentliche menschliche Sprache: die Neurose ist Sprache in einer andern Daseinsschicht. So wird es aber auch verständlich, daß die verschiedenen „Sprachen" in je verschiedenen „Schichten" mitunter einander — widersprechen. Kennen wir schon vom normalen Menschen her den Widerspruch zwischen Reden und Tun, so hat sich gezeigt, daß im besonderen der Neurotiker, insbesondere aber der — „unechte" — Hysteriker, eine Art Dehiszenz zwischen Reden und Tun einerseits und andrerseits seiner wahren innersten Haltung aufweist.

Die Möglichkeit all dieser inneren Widersprüche im Menschen, dieser Widersprüche zwischen den „Sprachen" der mehr oberflächlichen und tieferen „Schichten" — diese Möglichkeit ist nun die Grundlage für die Notwendigkeit, das Eigentliche jeweils erst zu erraten. Hier liegt der Grund für die prinzipielle Möglichkeit dessen, was wir in der Psychotherapie unter Deuten verstehen! Denn um deuten zu können, um die „Bedeutung" eines Symptoms erraten zu können, muß das Symptom etwas verraten können — und zwar wesentlich etwas, das der Neurotiker selbst verschwiegen hat.

Hier ein kleines Beispiel: Ein Junge entweicht von zu Hause und wird vermißt. Die polizeiliche Abgängigkeitsanzeige ist erstattet. Niemand weiß, wohin er sich gewendet haben mag. Da wird die Mutter von uns angewiesen, die Schulhefte des Jungen vorzulegen. Beim Durchblättern betrachten wir nun die Kritzeleien dieses während des Unterrichts anscheinend recht unaufmerksam gewesenen Schülers. Vermuten wir doch, aus ihnen den Inhalt allfälliger Tagträumereien und seine „Sehnsuchtslinie" erraten zu können. Und tatsächlich verraten uns diese Kritzeleien — die doch gewiß kaum Darstellung und nicht Appell, sondern bloß Ausdruck waren — das Ziel jener Sehnsucht, die den Ausreißer zum Durchbrennen bewog und in die weite Welt hinaustrieb: er zeichnet da lauter kleine Schiffe! Wir veranlassen daraufhin, daß speziell die an der Südgrenze des Landes, der Adria zu gelegenen Grenzposten alarmiert und avisiert werden — und wirklich wird der Junge wenige Tage später unweit dieser Grenze festgenommen.

Das zweite und dritte unter den angegebenen Hauptmerkmalen des hysterischen Charakters stellen nun nichts anderes dar, als das identische Moment der Unechtheit im doppelten Aspekt der beiden Kategorien

„Mittel und Zweck": Sofern wir das Unechte am Hysteriker als Mittel zum Zweck betrachten, muß er uns notwendig als „berechnend" erscheinen — alles Unechte wird uns theatralisch anmuten, wie „gespielt", „gewollt", „gemacht" — gemacht eben aus Berechnung und zum Zwecke der immer einkalkulierten Wirkung auf den Zuschauer (und sei es auch nur das eigene „sensationslüsterne", erlebnishungrige Ich als Zuschauer!). Der Kranke selber bleibt jedoch zutiefst unbeteiligt; bei der Erforschung des inneren Lebens solcher Menschen werden wir daher nicht nur der Leere und Öde, sondern auch der inneren Kälte gewahr. Diese Feststellung wiederum läßt den Kreis der hysterischen Charakteristika sich vollends schließen: denn diese Gemütskälte leitet unmittelbar hinüber in jene typische Rücksichtslosigkeit, mit der der hysterische Egoismus sich durchzusetzen bereit ist. Dieser Egoismus jedoch repräsentiert das Wesen des hysterischen Charakters, sobald wir es unter dem Gesichtspunkt seiner letzten Zielsetzungen zu erfassen versuchen: sie sind stigmatisiert durch ihre (wieder auf die Erlebnisarmut zurückverweisende) absolute Egozentrizität.

Sofern im Sinne des Gesagten die Hysterie eine echte Psychopathie darstellt, wird sie von vornherein nur bedingt, nur relativ und palliativ einer Psychotherapie zugänglich sein. Sofern sie aber letztlich keiner klinischen[1]), vielmehr so etwas wie einer existentiellen Kategorie zu unterstellen ist, wird sich die Frage ergeben, ob nicht gerade an dieser Grundschicht der existentiellen „Tiefenperson" das existenzanalytische Vorgehen sich zu bewähren hätte. Auf jeden Fall hat sich die Psychotherapie, fernab von allem therapeutischen Fatalismus und Nihilismus, nur um so mehr den einzelnen Symptomen, vor allem jedoch den sogenannten hysterischen Mechanismen zuzuwenden. Deren Behandlung besteht nun einfach darin, den Kranken um den Nutzen seiner Symptome zu bringen, also den Effekt, nach dem er hascht, unwirksam zu machen und damit die Symptome selbst gegenstandslos werden zu lassen. Spielt der Hysteriker nun einmal schon Theater, haben wir seine „Regie" nun einmal schon durchschaut — dann kommt auch alles darauf an, ihn die „Regien bezahlen" zu lassen. Dies hätte etwa nach jenem Muster zu erfolgen, das wohl einmalig in seiner Art von einem Nichtarzt gehandhabt wurde: Eines Tages wandte sich eine aufgeregte Frau, die mit einer Menge von Leuten vor einem Amt hätte Schlange stehen sollen, an den für Ordnung sorgenden Posten, und zwar

---

[1]) Wie sehr sich der hysterische Charakter einer ausschließlich klinischen Qualifikation entzieht, geht vielleicht am eindrucksvollsten aus der Betrachtung eines Falles hervor, den KOGERER einmal mitgeteilt hat: hier wurde eine Hysterika, die durch ein psychiatrisches Gutachten als solche hingestellt worden und daraufhin von der Ehescheidung bedroht war, schlagartig völlig symptomenfrei, also im klinischen Sinne „gesund", — aber eben aus hysterischer Berechnung heraus; die völlige Symptomenfreiheit war im gegebenen Augenblick ihr einziges Symptom!

mit folgender Drohung: „Ich muß früher abgefertigt werden — Sie müssen mich früher eintreten lassen: ich bin herzleidend, und wenn Sie mich nicht einlassen, dann bekomme ich einen Herzanfall, und was haben Sie davon: nur Scherereien... Werden Sie sehen, ich falle Ihnen noch zusammen." Woraufhin der menschenkennende Posten in aller Ruhe fragte: „Mir werden Sie zusammenfallen? Sich werden Sie zusammenfallen!"

Nichtsdestoweniger darf zweierlei nicht vergessen werden: Erstens gibt es auch eine „tödliche" Hysterie. Es ist schon vorgekommen, daß in typisch hysterischer Unechtheit, also unernst gemeint gewesene Akte — man denke nur an die wenn auch theatralisch inszenierten, so doch im Effekt niemals restlos berechenbaren Selbstmordversuche Hysterischer! — „Erfolg" hatten. Zweitens hätten wir an dieser Stelle Stellung zu nehmen gegen die Art mancher Ärzte, selbst bei begründetem Verdacht ein hysterisch imponierendes Symptom als solches vor dem Kranken selbst oder dessen Umgebung zu brandmarken. Damit wird nur erreicht, daß der Patient erst recht in eine Protesteinstellung hineingehetzt wird und bestrebt ist, „jetzt erst recht" die behauptete Echtheit seiner Krankheit unter Beweis zu stellen. Uns will scheinen, als ob der Verdacht hysterischer — ja auch schon bloß psychogener — Verursachung den Arzt mitunter dermaßen beeindruckt, daß er irgendwie unwillig wird und aus seiner ärztlichen Rolle fällt. Er tut dann so, als ob er moralischer Richter wäre und die Charakterqualitäten eines Kranken einer ethischen Beurteilung zu unterziehen hätte. Hat man doch manchmal den Eindruck, der Arzt wolle aus lauter Wut darüber, daß er den Kranken nun so lange und so gründlich untersuchen mußte, nur um zum Ergebnis der Psychogenese zu kommen — daß er aus lauter Wut darüber einen Teil dieser Wut am Kranken auslassen wolle; man hat dann den Eindruck, der Arzt wolle sich am Kranken fast rächen für die viele Mühe, die er diagnostisch mit ihm hatte. Und voll Ressentiment straft er nun den Kranken, indem er dessen Leiden als hysterisch „abtut" bzw. den Kranken selbst als Hysteriker abstempelt.

Demgegenüber kann man sich füglich auf den Standpunkt stellen, daß vielleicht gerade angesichts des Vorliegens hysterischer oder schlechthin psychogener Störungen der Arzt erst recht behutsam vorgehen muß, wenn er den Fall coram publico oder gar coram aegroto qualifiziert. Nur dann wird er es vermeiden können, durch sein Verhalten dem Kranken neuerlich und zusätzlich Angriffsflächen für die Protesteinstellung zu bieten. Ist ein Symptom psychogen, ohne eigentlich hysterisch im engeren Wortsinn zu sein, dann werden wir uns im besonderen davor hüten, es als „nur nervös" zu bagatellisieren. Ganz abgesehen davon, daß eine psychogene Störung ja krankhaft ist, müssen wir in solchen Fällen beim Patienten den Eindruck vermeiden, wir stellten uns auf den Standpunkt, er „bilde sich alles nur ein". Daher pflegen wir solchen Kranken nachgerade einzuschärfen: „Sie bilden sich gewiß gar nichts ein — was Sie spüren, das spüren Sie eben; aber zum Glück liegt Ihren Beschwerden nichts Organisches zugrunde (wie eine eingehende Untersuchung glücklicherweise erwiesen hat). Nur um so wichtiger ist es jetzt, daß Sie Ihre Aufmerksamkeit — nunmehr mit allem Recht — von den Krankheitserscheinungen abwenden; denn es genügt ja bereits die bloße Hinlenkung der Aufmerksamkeit auf irgendein Organ oder eine Körperpartie, um irgendwelche abnormen Empfindungen dortselbst zu beobachten." Und intelligenteren Patienten gegenüber schließen wir nötigenfalls ein kurzes Experiment an diese Belehrung an, das nach Art der ersten SCHULTZschen Übungsstufe unsere Behauptungen auch demonstrieren kann.

Wir wenden uns nun einem konkreten Einzelfall (Fall 23) zu, der in mehrfacher Hinsicht lehrreich erscheint. Es handelt sich um ein 21jähriges Mädchen, das wegen einer von ärztlicher Seite als hysterisch diagnostizierten Harnretenz ausdrücklich mit der Bitte um Durchführung einer Hypnosebehandlung an uns gewiesen wurde. Die Anamnese schien, bei oberflächlicher Betrachtung, der Vermutung der zuweisenden Ärzte, es handle sich um eine rein psychogene Störung, recht zu geben: Patientin wurde vor sechs Wochen defloriert. Die Defloration selbst war sowohl psychisch als auch physisch traumatisierend. Kurze Zeit hernach trat nun ein völliges Unvermögen zum spontanen Urinieren auf, so daß die Kranke seither täglich mehrmals katheterisiert werden mußte. Wiederholte urologische Untersuchungen verliefen ebenso negativ wie diverse Versuche einer Therapie auf medikamentöser Grundlage (Injektionen usw.) sowie mit Hilfe hydriatischer Prozeduren.

Der erste Grund nun, aus dem wir diesen Fall anführen, betrifft die Tatsache, daß der Kranken vom negativen Ergebnis der organischen Untersuchung keine Mitteilung gemacht wurde; man sagte ihr nicht einmal, daß ihr Leiden „nur nervös" sei. Obzwar sie sich nach der Ursache der Störung erkundigt hatte, sei man mit der Sprache nicht recht herausgerückt. Solches Vorgehen beweist nur, wie wichtig es ist, dem Patienten auch ein negatives Untersuchungsresultat als solches ausdrücklich zur Kenntnis zu bringen. Andernfalls gibt der Umstand, daß die Ärzte mit Stillschweigen darüber hinweggehen oder gar geheimnisvoll tun, hypochondrischen Befürchtungen zusätzlich Nahrung, so daß schließlich zumindest ein neurotischer Überbau, eine psychogene Überlagerung resultiert, die ausgesprochen iatrogen ist.

Das zweite Motiv, aus dem wir diesen Fall für didaktisch wertvoll halten, ist die Tatsache, daß die wunschgemäß durchgeführte Hypnose bei der Kranken einen vollen Erfolg zeitigte (vom gleichen Tage an konnte sie spontan urinieren und mußte kein einziges Mal mehr katheterisiert werden); trotzdem hatten wir aber irgendwie den Eindruck, es handle sich keineswegs um eine rein psychogene Störung. Und tatsächlich stellte sich nach weiteren mehrfachen urologischen Untersuchungen, die wir urgiert hatten, heraus, daß eine organische Affektion der scheinbar funktionellen Störung zugrunde lag. Wir ersehen daraus nur wieder einmal die doppelte Wahrheit: daß erstens ein negativer Organbefund nicht das Recht gibt, daraus auch schon auf Psychogenese zu schließen; und daß zweitens ebensowenig ein positiver psychotherapeutischer Behandlungseffekt das Recht gibt, den Rückschluß auf neurotische Ätiologie zu ziehen. Mit anderen Worten: die Diagnose „Neurose" läßt sich weder per exclusionem noch ex juvantibus stellen! Nun aber wollen wir uns mit dem Thema der Suggestion und der Hypnose als psychotherapeutischer Methoden in aller Kürze befassen.

Suggestion und Hypnose

Suggestiver Behandlungsmaßnahmen wird die Psychotherapie wohl niemals zur Gänze entraten können. Zumindest unbewußt und unbeabsichtigt ist Suggestion mit im Spiel. Ihre Wirksamkeit so sehr zu verachten, daß man sie bewußt und absichtlich nun auszuschalten bemüht ist, hieße in unseren Augen die pragmatische Zielsetzung allen ärztlichen Handelns aus dem Blick verlieren. Abgesehen von Situationen, in denen der Forscher, etwa bei Reihenuntersuchungen mit einem neuartigen Verfahren, das Moment der Suggestion eliminieren muß, wird er es überall willkommen heißen — auch dort, wo es von vornherein fraglich erscheint, ob und inwieweit die vorliegende Erkrankung primär oder sekundär überhaupt psychogen ist. So ist es z. B. durchaus noch fraglich, welche organischen und funktionellen Mechanismen der Enuresis nocturna zugrunde liegen. Trotzdem hat sich die Suggestivtherapie in den meisten einschlägigen Fällen dieser Störung bewährt. Dabei bevorzugen wir die Methode der larvierten Suggestion, und zwar in Form der Verabfolgung von Injektionen physiologischer Kochsalzlösung, die wir (nicht nur den kindlichen Patienten gegenüber, sondern vorsichtshalber — um den Effekt durch Ausplaudern oder unwillkürliche Andeutungen nicht in Frage zu stellen — auch gegenüber den Eltern) als „schwer erhältliches, ausländisches, höchst wirksames Serum" ausgeben, von dem wir gerade nur noch diese eine Ampulle zur Verfügung hätten — die einmalige Injektion jedoch genüge durchaus, wie alle unsere bisherigen Erfahrungen bewiesen hätten...

Daß man sich Suggestivwirkungen auch bei organischen Erkrankungen therapeutisch zunutze machen kann, ist ja bekannt. Mitunter gelingt es sogar, bei kleinen operativen Eingriffen — bei denen aus irgendeinem Grunde sowohl Narkose als auch Lokalanästhesie kontraindiziert sind — an deren Stelle eine Hypnose durchzuführen. Wir selbst pflegen Lumbalpunktionen bei ängstlichen Kranken so vorzunehmen, daß wir sie glauben lassen, nach dem Durchstechen der Haut würde ein Lokalanästhetikum injiziert: selbst das Durchstechen der Dura wird dann oft kaum wahrgenommen — teils dank der Wirkung der Suggestion, teils dank der oft ablenkenden Wirkung gerade der ängstlichen Hochspannung.

Auf die Technik der Hypnose soll hier nicht eingegangen werden. In gewissem Sinne ergibt sie sich ja von selbst, sobald man sich nur das Wesen der Hypnose vor Augen hält: Hypnose ist ein durch Suggestion erzeugter seelischer Ausnahmezustand, der dadurch ausgezeichnet ist, daß er nun seinerseits den denkbar günstigsten Boden für weitere, gewagtere Suggestionen abgibt. Ich kann wohl keinem suggerieren, er rieche Rosenduft, wenn ich ihm ein Fläschchen mit Benzin unter die Nase halte; aber leicht kann ich jemandem suggerieren, er fühle sich müde, und die Müdigkeit nehme zu, und seine Glieder würden immer schwerer und schwerer — bis er schließlich in einen schlafähnlichen Zustand verfällt. Habe ich ihn aber einmal in diesen Zustand versetzt, dann kann ich ihm sehr wohl suggerieren, jenes Benzinfläschchen sei eine Rose.

Eine existenzanalytische Betrachtung der Suggestion hat auszugehen von einer Phänomenalanalyse — von der Analyse dessen, was da eigentlich vor sich geht, wenn es zu so etwas wie Suggestion kommt. Nun, wenn mir jemand suggeriert, meine Glieder würden müde und meine Lider würden schwer, so heißt das soviel wie daß ich Abstand nehme von der normalerweise mir sich aufdrängenden Frage: Es kann sein, daß meine Glieder schwer werden — es soll sein, daß sie schwer werden — ich will, daß sie schwer sind: aber sind sie auch wirklich schwer — ist es so? Wir sehen, daß auf all dies verzichtet wird: darauf, daß das suggerierte Schwersein irgendwie — so, wie normalerweise — zunächst einmal die Frage gestellt wird — diese ἐποχή scheint mir das zu sein, was den Suggestionsvorgang ausmacht, worauf er hinausläuft. Wenn mir etwas suggeriert wird, dann heißt das, daß ich darauf verzichte, das mir Suggerierte in Frage zu stellen und zweitens dazu Stellung zu nehmen und, darüber hinaus, daß ich mich darauf beschränke, es schlicht und einfach zur Kenntnis zu nehmen. Und wenn die Großtat von SIGMUND FREUD, um uns an seine eigenen Worte zu halten, darin bestand, daß dort, wo Es war, Ich werden sollte — also in der Trockenlegung der psychischen Zuydersee —, so besteht der Suggestionsvorgang in gewissem Sinne — gewiß nicht im psychoanalytischen Sinne! — darin, daß dort, wo Ich war, wiederum Es werden soll. Das Ich abdiziert. Es verzichtet auf seine eigene Personalität und Existentialität zugunsten purer Faktizität. Es verzichtet auf den existentiellen Akt. Denn zum Wesen dieses existentiellen Aktes gehört es ja, alles in Frage zu stellen, um dazu Stellung zu nehmen und eben nicht, es schlicht und einfach zur Kenntnis zu nehmen.

Nun wissen wir seit HEIDEGGER, daß menschliches Sein, daß Dasein ein Sein in den Möglichkeiten ist, oder, wie wir selbst es formulieren: menschliches Sein ist wesentlich fakultatives und nicht faktisches Sein. Demgegenüber ist nun das Sein des Menschen in der Suggestionssituation so durchaus ein Sein in der Wirklichkeit — in der puren Wirklichkeit —, ein Verfallensein an die pure Wirklichkeit. Zugleich aber erinnern wir uns daran, daß, wieder nach HEIDEGGER, Dasein immer auch schon Mitsein ist und darum niemals in der reinen Möglichkeit verbleibt, sondern in die Wirklichkeit solchen Mitseins immer schon „geworfen" ist — in die Wirklichkeit und gegenseitige Wirk-samkeit des Mitseins.

Sofern als transzendental zu bezeichnen ist das Zurücktreten bis zur Frage nach der Bedingung der Möglichkeit von etwas, hätten wir die transzendentale Frage nach der Bedingung der Möglichkeit von so etwas wie Suggestion damit zu beantworten, daß Suggestion ein ausgegliedertes Moment am menschlichen Mitsein ist, das jedoch immer schon impliziert ist; und eine transzendentale Strukturanalyse der Suggestion artikuliert und akzentuiert die Suggestion als eine ausgezeichnete Mitseinsweise.

Wenn nun vorhin von der Suggestion als gegenseitiger Wirksamkeit die Rede war, so wäre zu ergänzen, daß es sich hierbei auch um eine exquisit therapeutische Wirksamkeit handeln mag. Zugleich aber muß uns auffallen, daß die Suggestivtherapie eigentlich etwas aktualisiert bzw. reaktiviert, das ja das Wesen der Neurose ausmacht: die Abdiktion des Ich zugunsten eines Es — der Verzicht der Personalität und Existentialität zugunsten von Faktizität — die ἐποχή des existentiellen Aktes! Oder haben wir nicht den Neurotiker nachgerade definiert als denjenigen, der sein Dasein — als ein Immer-auch-anders-werden-Können, das es ist — uminterpretiert in ein Nun-einmal-so-und-nicht-anderssein-Müssen? So ergibt sich denn das Erstaunliche, daß die therapeutische Stuggestion eigentlich die Neurose imitiert. Der Unterschied zwischen einer schlechten und der rechten Suggestivtherapie aber bestünde darin, daß die schlechte Suggestivtherapie die Neurose bloß imitiert, statt sie zu bekämpfen, — während die rechte Suggestivtherapie die Neurose imitiert, bloß um sie zu bekämpfen.

Aber gerade das ist eigentlich nicht weiter erstaunlich; denn erst jüngst hat EDITH WEISSKOPF-JOELSON von der University of Georgia darauf aufmerksam gemacht, daß — ihres Erachtens, zufolge ihrer eigenen psychodynamisch ausgerichteten Auffassung — die Wirksamkeit der paradoxen Intentionsmethode darauf beruht, daß ein bei zwangsneurotischen Menschen präformierter Mechanismus von dieser Methode imitiert wird, um die Zwangsneurose aus dem Sattel zu heben.

Namentlich den Laien beschäftigt die alte Frage: Wer kann hypnotisieren und wer kann hypnotisiert werden? Grundsätzlich jeder, der nur die nötige Technik beherrscht und darüber hinaus über ein wenig Lebenserfahrung, Menschenkenntnis und psychologisches Fingerspitzengefühl verfügt (so daß er angesichts unvorhergesehener Situationen nicht gleich die Ruhe und Fassung verliert und in Verlegenheit gerät, sondern zu improvisieren vermag). Und hypnotisiert werden kann grundsätzlich ebenfalls jeder Mensch — Kinder und Geistesgestörte ausgenommen; aber auch hierzu ist im allgemeinen ein gewisses Interesse am Hypnotisiertwerden erforderlich — eine Voraussetzung, die ja zumindest bei der therapeutischen Hypnose zutreffen wird. Völlig falsch ist die sosehr verbreitete Ansicht, man müsse, um hypnotisiert werden zu können, „einen schwachen Willen haben": im Gegenteil, der Wille — zumindest der zur Gesundung durch Hypnose — ist sogar Bedingung. Andrerseits macht sich freilich ein Zuviel an Wollen speziell bei Zwangsneurotikern störend geltend, die beim Intendieren der suggerierten Erlebnisinhalte oft von „Kontrastvorstellungen" belästigt werden — sofern nicht schon ihre besondere Tendenz zu übermäßiger Reflexion sie handikapt. Übrigens ist auch übertriebene Neugier auf das, was in der Hypnose geschehen wird, eine häufige Störungsquelle; denn auch sie mindert die passive innere Hingabe und steigert die reflektierende Beobachtung.

Natürlich ist das Ausmaß der Hypnotisierbarkeit, ja der Suggestibilität überhaupt, individuell variabel. So kann es vorkommen, daß — wie es sich vor unseren Augen einmal ereignet hat — beim Versuch, in einem zweibettigen Krankenzimmer den einen der beiden (dauernd bettlägerigen) Patienten aus gegebenem Anlaß zu hypnotisieren, dieser Versuch zwar mißlang, dafür aber der andere Patient prompt in Schlaf verfiel. Oder daß bei einem geglückten Versuch, statt einer Narkose eine Hypnose vorzunehmen, die — Instrumentarin nur mit äußerster Mühe sich des Schlafs erwehren und auf ihre Mitarbeit bei der Operation konzentrieren konnte. Wie weit jedoch die Suggestibilität im Einzelfall gehen kann, möge folgende Episode bezeugen: In einem Kurs für Ärzte mußten wir auch die Technik der Hypnose besprechen. Mangels geeigneten Krankengutes baten wir nun die Stationsschwester, an sich quasi eine Modellhypnose vornehmen zu lassen — sie sollte „nur so tun, als ob" sie eine zu hypnotisierende Patientin wäre. Erst an der kompletten Amnesie merkten wir dann, daß sie indes in echte Hypnose verfallen war; wobei die Echtheit an einer Wiederholung des Experiments erwiesen werden konnte, bei der nach Herstellung einer Anästhesie und Durchstechung einer Hautfalte im anästhetischen Bezirk mit einer dicken Nadel, ohne daß ein entsprechender Auftrag gegeben worden wäre, der Stichkanal erst im Augenblick zu bluten begann, in dem die Versuchsperson geweckt wurde.

Aber auch die Suggestibilität hat ihre Grenzen. Bekannt ist der Versuch eines Laienhypnotiseurs, die Möglichkeit von Verbrechen unter hypnotischem Einfluß dadurch unter Beweis zu stellen, daß er sein „Medium" dem Gegner dieser Ansicht in die Ordination schickte, nachdem er den posthypnotischen Auftrag erteilt hatte, diesen Gegner niederzuknallen. Der Effekt war, daß die betreffende Dame im letzten Augenblick die Pistole sinken ließ, obwohl es sich um eine — Kinderpistole handelte. Diese Dame hat sich also des posthypnotischen Auftrags zwar halb und halb entledigt, die Theorie des Auftraggebers aber desavouiert. Heute steht man auf dem Standpunkt, mit Hypnose können zwar Hemmungen bis zu einem gewissen Grade beseitigt werden — ähnlich wie im Alkoholrausch —, aber auch in Hypnose tut der Mensch schließlich nur das, was ihm liegt und seinem Wesen entspricht.

Gibt es Kontraindikationen gegen die Hypnosebehandlung? Gewiß — und an erster Stelle ist eines kontraindiziert: das Hypnotisieren Schizophrener oder auch nur Schizoider; denn es könnte nur allzu leicht ein bis zu ausgesprochenem „Hypnosewahn" gesteigertes Beeinflussungsgefühl provozieren. Kontraindiziert ist ferner das Hypnotisieren hysterischer Patientinnen ohne Beiziehung eines Zeugen: es könnte nur allzu leicht dazu führen, daß wunschhafte Phantasievorstellungen die Kranken veranlassen, den Arzt nachträglich einer sexuellen Aggression zu bezichtigen. Bezüglich der Indikationen zur Hypnose jedoch gilt folgendes: **Es gibt wohl kaum eine Störung, die sich nicht anders als durch Hypnose behandeln ließe; sehr wohl gibt es aber Störungen, die sich auf anderen Wegen noch viel leichter und dauernder beheben lassen.** Trotzdem wird auch der geschulte und erfahrene Psychotherapeut in seinem Rüstzeug die Hypnose nicht gänzlich missen wollen; namentlich dort, wo es darum geht, in kürzester Frist einen wenigstens symptomatischen Effekt noch dazu bei einer ohnehin monosymptomatischen Neurose zu erzielen, mag das eine oder andere Mal die Hypnose zur Methode der Wahl werden.

Zur Dialektik von Schicksal und Freiheit

Wiederholt mußten wir bereits darauf hinweisen — nicht zuletzt im Kapitel über die Hypnose —, daß es der Psychotherapie darum gehen muß und im besonderen der Logotherapie auch tatsächlich darum geht, die eigene Verantwortung des Kranken wiederherzustellen und zu diesem Zwecke sein Verantwortungsbewußtsein zu stärken. Die grundlegende menschliche Freiheit gegenüber allem Schicksalhaften, die **unverlierbare Möglichkeit, sich zum gegebenen Schicksal als zu einer nun irgendwie zu bewältigenden Aufgabe einzustellen**, die allemal unabdingbare Freiheit, sich dabei „so oder so" einzustellen, dies alles hat der Psychotherapeut ins rechte Licht zu rücken; denn so und nur so wird es ihm ermöglicht, dem Kranken das Äußerste an äußeren wie inneren Möglichkeiten verwirklichen zu helfen.

Freiheit und Verantwortung sind aber nicht gewährleistet, wenn nicht auch die Selbständigkeit des Kranken — seine Selbständigkeit auch dem Arzt gegenüber! — gewahrt bleibt. Daher ist es nötig, entweder ihn von vornherein nicht in ein Abhängigkeitsverhältnis zum behandelnden Psychotherapeuten zu bringen, oder aber dort, wo das unausweichlich erscheint — man denke nur an die Herstellung des sogenannten Rapports bei suggestiven Verfahren —, solcher Behandlung eine Rückerziehung zur Selbständigkeit folgen zu lassen.

Wie sehr der Verlust der Selbständigkeit als eine Gefahr schlechterdings alle Psychotherapie begleitet, möge aus folgendem Falle (24) hervorgehen: Die 40jährige Patientin kommt zum Arzt, weil sie „seelisch zusammengebrochen" sei: sie sei ganz verzagt — namentlich seit einer Beschlagnahme ihres gesamten Besitztums und, darüber hinaus, im Hinblick auf die „drohende Gefahr eines dritten Weltkriegs", von der man ihr gegenüber so oft spreche. Sie sei deprimiert und könne sich deshalb nicht aufraffen, weil sie „so willensschwach" sei: „ich bin halt leider so..." Nun wird der Kranken vor allem klargemacht, daß es eine Willensschwäche in dem Sinne, der ihr vorschwebt, gar nicht gibt; daß vielmehr — ebenso wie „dort, wo ein Wille ist, auch ein Weg ist" — sich auch sagen ließe: Wo ein Ziel ist, ist auch ein Wille. Allen weiteren Einwendungen jedoch, wie sie von Neurotikern dann vorgebracht zu werden pflegen, begegnen wir mit folgendem Ratschlag: Falls sie nach wie vor den „Willen" zu irgend etwas nicht aufzubringen vermöchten, dann sollen sie doch einfach einmal versuchen, es eben ohne Willen zu tun! Damit entziehen wir nämlich den Kranken den Boden, auf den sich ihre Tendenz stützen könnte, die angebliche Willensschwäche zu hypostasieren und sich so immer aufs neue auf sie auszureden.

Nun berichtet Patientin davon, daß sie bereits bei zwei Ärzten in psychotherapeutischer Behandlung stand bzw. noch stehe. Diese Behandlung lasse sie jedoch insofern unbefriedigt, als der sie gegenwärtig behandelnde Kollege sie „immer wieder Aufsätze schreiben und bringen" heiße — „z. B. Aufsätze über den Sinn des Lebens, oder über die Frage, ob es einen Beweis für die Existenz Gottes gibt, u. dgl."; „aber der Herr Doktor sagt nicht ja und nicht nein..." Auf unsere Frage, was sie denn als Sinn ihres Lebens angesehen bzw. angegeben habe, meint nun die Kranke: — daß sie jeden Tag jemandem etwas Gutes erweisen solle. Demgegenüber habe aber der Kollege behauptet, es gelte nur eines: sich Gott vor Augen zu halten. Und damit habe sie nichts Rechtes anzufangen gewußt.

Hier zeigt sich nicht weniger als die ganze Zwiespältigkeit der Situation, in die der Arzt geraten kann. Wenn ihm ein religiöser, und im besonderen vielleicht auch noch ein Mensch gegenübersitzt, der sich im Sinne der gleichen Konfession wie der Arzt gebunden weiß, dann liegt wohl kein eigentliches Problem vor. Anders im Falle, daß nun entweder der Arzt religiös eingestellt ist und der Kranke nicht oder umgekehrt. Hier ergibt sich eine grundsätzliche Frage. Es ist von vornherein klar, daß der Arzt als solcher keineswegs so weit zu gehen berechtigt ist wie der Priester. Diesem **Weniger an Rechten** steht nun ein **Mehr an Pflichten** gegenüber — und darin sehen wir eine spezifisch tragische Situation aller ärztlichen Seelsorge. Denn vom ärztlichen „Seelsorger" — im Gegensatz zum priesterlichen — ist ja insofern mehr gefordert, als **der Arzt ja für alle „da sein" muß, während der Priester doch nur für die Gläubigen seines Glaubens da zu sein braucht.**

Unsere Patientin betont nun immer wieder, trotz der unbefriedigenden Erfahrungen ständig einen „Seelenarzt" zu brauchen. Habe sie doch schon in ihrer Kindheit immer jemanden benötigt, der ihr sagt: „du mußt…" Jetzt stehe sie allein, und nur um so nötiger sei nun ein seelenärztlicher Beistand. Gegen dieses Abhängigkeitsverhältnis und diese Unselbständigkeit hatte sich unsere Psychotherapie nun in erster Linie zu kehren.

Ständig muß der Psychotherapeut bereit sein, den fatalistischen Hypostasierungen, die der **neurotische Fatalismus** zu produzieren geneigt ist, entgegenzutreten. Eine solche Hypostasierung haben wir soeben kennengelernt: „Willensschwäche" … als ob der Wille, seine Stärke, etwas darstellte, das auch nur irgend meßbar wäre! Als ob der menschliche Wille, in seiner wesentlichen Freiheit, nicht bloß davon abhinge, ob einer nur ehrlich genug will, und darüber hinaus vielleicht auch noch von der Klarheit der Zielsetzung und der Geduld zu einem gewissen Training. Aber ebenso wie der Neurotiker oftmals in eine Abhängigkeit vom Psychotherapeuten gerät, so verfällt er auch leicht in eine Art Abhängigkeitsverhältnis von sich selbst, vom eigenen Innern, und wir sehen dann, wie er dieses Innere hypostasiert; wie er die „Gegebenheiten" psychischen „Soseins" einfach hinnimmt, eben als Gegebenheiten, wie ein Schicksalhaftes, statt in solchen Gegebenheiten Aufgaben zu sehen, „Aufgaben" seines „Daseins". „Ich bin halt leider so" — so drückte sich die eben zitierte Kranke aus; und immer werden wir finden, daß dieser fraglosen Hinnahme des Soseins eine Auffassung entspricht, die sich wohl am besten durch die These kennzeichnen ließe: „so ist es — und dabei bleibt es". Sie ist die These des neurotischen Fatalismus, der die psychologischen Gesetzmäßigkeiten einfachhin gelten läßt, der die psychischen Tatsachen in ihrer Tatsächlichkeit eben hinnimmt, der blind an die Faktizität menschlichen Seins glaubt. Aber Mensch-sein heißt niemals: faktisch sein, sondern immer:

fakultativ sein! Und das heißt wiederum: in den eigenen Möglichkeiten sein — „sich vorweg" sein (HEIDEGGER). Diese Seinsweise, die dem Menschen eignet und nur ihm zukommt, wird Existenz genannt. Existenz ist — um mit JASPERS zu sprechen — nicht einfach da, sondern sie ist „entscheidendes Sein", Dasein ist ein Sein, das immer noch entscheidet, was es ist. Auf diese Sonderart und Eigenart menschlichen Seins muß eine Analyse wie die Existenzanalyse notwendig bedacht sein, wenn sie das Wesen des Menschen unzerstört und unverbildet in den Blick bekommen will. Dies zwar im Gegensatz zu den Strömungen des 19. Jahrhunderts: dem Biologismus, dem Soziologismus, dem Psychologismus. Letzterer haftet der Psychotherapie namentlich seit dem Aufkommen der Psychoanalyse an. Eine mißverständliche Interpretation und eine dilettantische Vulgarisierung der FREUDschen Lehre arbeitet der Tendenz zur Hypostasierung, die den Neurotiker so sehr auszeichnet, insofern in die Hände, als sie den Menschen um das Bewußtsein der freien Verfügungsgewalt über sein Sosein betrügt[1]). „Ich habe nun einmal diese oder jene Komplexe; ich bin nun einmal so und nicht anders geartet — ich kann eben nicht anders...", so hören wir die solcherart beeindruckten und beeinflußten Kranken daherreden. Müssen sie damit nicht an jenen Prediger aus einem Witz erinnern, bei dem jemand eine Grabrede bestellte und auf die Frage nach dem Kostenpunkt erfuhr, es gebe da drei verschiedene Sorten, deren Preis je nach Güte und Wirkung der Rede gestaffelt sei; wobei nun er, der Prediger, die Rede dritter Klasse, also die billigste, „selber nicht mehr recht empfehlen könne, da sie bereits einen leicht humoristischen Beiklang habe"... Dieser Mann tut also so, als ob er über die diversen Schemata seiner Grabreden nicht selber frei verfügen könnte; als ob es nicht seine Reden wären, die er jeweils hält, als ob nicht er selbst es wäre, der dann redet! Aber tut der Neurotiker nicht ebenfalls so, als ob er an etwas, was in ihm bloß eine Bereitschaft ist, gebunden wäre, als ob er letztlich unfrei wäre und nicht er selbst, sondern einem dämonischen Es unterstellt, von ihm abhängig und ihm ausgeliefert? Tut nicht auch der Neurotiker so, als ob ein Schema, das Schema seiner charaktermäßigen Konstitution oder komplexhaften Dispositionen, ihn in seinem Sein end-

---

[1]) Eigentlich ist es aber nicht der Determinismus, der solche Freiheit verleugnet. Vielmehr ist es erst ein Pan-Determinismus, der sich die Verleugnung der menschlichen Freiheit zuschulden kommen läßt. Um aber wieder auf FREUD zu sprechen zu kommen, huldigte er dem Pan-Determinismus nur in der Theorie. In der Praxis war er nichts weniger als blind für die Freiheit des Menschen, sich zu wandeln. Definierte er doch das Ziel, das er der Psychoanalyse gesetzt hatte, indem er stipulierte, die Psychoanalyse wolle „dem Ich des Kranken die Freiheit schaffen, sich so oder anders zu entscheiden" (Hervorhebung im Original) (Psychoanalyse und Libidotheorie, Gesammelte Werke, Band XIII, 1923, Seite 280).

gültig und schicksalhaft festgelegt hätte, so daß er eindeutig und ein für allemal „so sein" muß, wie er nun einmal ist, und nicht „anders" sein „kann", also nicht auch so sein kann, wie er sein will und soll?[1])

Wiederum zeigt sich hier der Ort, der den von uns so genannten Einstellungswerten zukommt. Je nachdem, wie einer sich mit dem Schicksal — und zum Schicksal gehört auch die Vergangenheit — auseinandersetzt, je nach der Art und Weise, in der er das Schicksalhafte entweder gestaltet oder sonstwie bewältigt oder gar sich mit ihm aussöhnt — je nachdem hat er die Möglichkeit zur Verwirklichung von Einstellungswerten verwirklicht oder aber verwirkt. Im folgenden wollen wir nun den Fall (25) eines Patienten anführen, der an einer Laesio auris interna leidet. Neben der Octavusaffektion findet sich eine rechtsseitige Schwäche des Mundfacialis, doch zeitigt unsere Fahndung in Richtung auf die Möglichkeit eines Kleinhirnbrückenwinkelprozesses ein negatives Ergebnis. Patient gibt nun an, er führe seine Schwerhörigkeit auf seelische Ursachen zurück und erwarte von uns, daß wir ihn auf seelischem Wege von dieser seiner Überzeugung nach seelisch bedingten Gehörstörung nunmehr befreien. Wir klären ihn nun über seine irrtümliche Auffassung auf; seine Enttäuschung jedoch versuchen wir damit zu parieren, daß wir ihn darauf hinweisen, daß er den Defekt längst überkompensiert habe: durch seine richtige Einstellung sei die Schwerhörigkeit insofern von ihm zu etwas Fruchtbarem gemacht, das Schicksal also richtig gestaltet worden, als er nie soviel gelesen und sich so sehr gebildet hätte, wenn er sich nicht gerade durch die Schwerhörigkeit zu reichlicher Bücherlektüre veranlaßt gesehen hätte — wie er uns vorher selber berichtet hat. Trotzdem gibt unser Patient in rührender Weise seiner Trauer darüber Ausdruck, daß er nicht mehr, wie früher, Dienst als Lokomotivführer machen kann. Demgegenüber müssen wir ihn aber darauf verweisen, daß bezüglich innerer Befriedigung und Erfüllung durch Arbeit das Wo herzlich wenig, nur um so mehr aber das Wie wichtig ist. Nun wendet der Kranke aber ein, es liege ihm dennoch alles daran, „das eine" wieder zu erreichen: Lokomotivführer zu sein. Daraufhin halten wir ihm vor Augen, daß er es ja immerhin einmal erreicht habe — und das könne ihm nichts mehr auf der Welt rauben: daß ihm immerhin einmal diese berufliche Erfüllung zuteil geworden ist; jetzt gelte es, eben etwas anderes zu erreichen. Und in der elastischen Anpassungsfähigkeit seiner idealen

---

[1]) Eine Leserin aus Alabama schrieb mir einmal: „Ich habe mehr unter dem Gedanken gelitten, daß ich Komplexe haben sollte, als an wirklichen Komplexen zu leiden. All das Schreckliche, das ich in meiner Kindheit erlebt und erfahren habe, würde ich um nichts in der Welt hergeben. Denn ich bin überzeugt, viel Positives ist aus ihm hervorgegangen."

Zielsetzung an die realen Gegebenheiten müsse sich seine geistige Spannkraft nun bewähren.

Hier zeigt sich so recht, was wir einmal bereits erwähnt haben: daß **ärztliche Seelsorge erst dort nötig wird, wo Psychotherapie im engeren Wortsinn unmöglich geworden ist**. Solche Psychotherapie wäre im Falle einer Hörstörung ja höchstens dann angezeigt, wo diese Störung exquisit psychogen ist. Dies ist sie nun im obigen Falle — trotz des diesbezüglichen Mißverständnisses unseres Patienten — keineswegs, sie ist bei ihm ein organisch bedingtes Leiden. Hat sich uns aber denn nicht gezeigt, wie gerade das unnötige Ankämpfen, die unversöhnliche Haltung gegenüber einem gegebenen Schicksal nun ihrerseits eine gewisse Psychotherapie erfordert? Psychotherapie eben in einem bestimmten, einem erweiterten Sinne — eben ärztliche Seelsorge! Was da nottut, ist ja: den Kranken innerlich zu ermächtigen, daß er das Notwendige, das weder somatisch noch psychisch einer Behandlung Zugängliche, hinnehmen lerne als echtes Schicksal, hinnehmen somit als etwas, demgegenüber alles nur mehr darauf ankommen kann, wie man es auf sich nimmt, wie man es trägt, wie man sein Leiden leidet.

Wissen wir doch nicht zuletzt vom schicksalhaften Kern der schweren Zwangsneurosen her, wie sehr gerade das unnötige Ankämpfen gegen ein notwendiges Übel die eigentliche seelische Belastung solcher Kranker ausmacht. Dieses Ankämpfen nun, dieses die Symptome überhaupt erst ins Unerträgliche steigernde Sturmlaufen gegen sie, gilt es demgemäß abzustellen. Es muß keineswegs nun ein ausgesprochen krankhaftes Geschehen oder eine krankhafte Gegebenheit sein, gegen die sich das neurotisch übertriebene Ankämpfen wendet (so daß wir uns therapeutisch dann gegen dieses Ankämpfen wenden müssen); es kann sich dabei vielmehr auch um nicht mehr als um einen einzelnen abnormen Charakterzug handeln, ja auch bloß um einen vielleicht noch im Bereich des Normalen gelegenen Charaktertypus, um die bloße persönliche Artung. Aus irgendeinem Grunde irgendwann einmal gleichsam überempfindlich gegen sie geworden, kämpft der Mensch dann verkrampft gegen sie an; man könnte mit KIERKEGAARD auch sagen: der Betreffende „will verzweifelt nicht er selbst sein"! Je weniger einer aber gegen das Unabänderliche in sich selbst ankämpft, nur um so besser und leichter wird er dafür das bekämpfen können, was er an sich bekämpfen kann und soll.

Ein Beispiel soll dies erläutern (Fall 26). Der 26jährige Patient wendet sich wegen seiner hochgradigen Vereinsamung an uns; er finde keinen Anschluß ans andere Geschlecht. Er klagt darüber, daß er „so ein Verstandesmensch" sei — „ganz ohne Gefühl; eben ein Einzelgänger". Und er betont, daß auch sein Vater so gewesen sei wie er selbst und daher erst im Alter von 45 Jahren geheiratet habe.

Die Psychotherapie (im engeren Wortsinn) muß sich in diesem Falle vorerst mit dem Tatbestand der Masturbation befassen, die der Kranke, nicht ohne entsprechende hypochondrische Überschätzung, in den Vordergrund rückt: Wir erklären ihm, daß ein masturbatorischer Akt rein körperlich nicht anders zu werten ist als ein Koitus, daher körperlich auch niemanden schädigen kann, vielmehr bloß in seelischer Hinsicht eben unbefriedigt läßt; die Konzentrationsunfähigkeit und dergleichen weitere Beschwerden des Kranken, so wird ihm klargemacht, sind keineswegs etwa direkte seelische Auswirkungen der Masturbation, sondern sind einfach auf die Okkupation mit den reichlichen hypochondrischen Ideen zurückzuführen.

Die eigentliche Aufgabe der Psychotherapie besteht im vorliegenden Falle jedoch darin, daß wir den Kranken dazu bewegen, von seinem verkrampften Ankämpfen gegen sein charakterologisches Schicksal abzulassen. Wir empfehlen ihm also, sich endlich damit abzufinden, daß er nun einmal so etwas wie ein „Einzelgänger" oder „Verstandesmensch" sei. In Wirklichkeit habe natürlich auch er Gefühl, zumindest Reste; freilich: je mehr er sie beobachte — um nämlich nach solchen Ansätzen gewaltsam zu haschen —, um so mehr entziehen sie sich ihm. Ist doch alles Beobachten und Beabsichtigen immer nur dazu angetan, das Keimhafte in seiner Entfaltung und Entwicklung nur zu hemmen und zu stören. In diesem Sinne sagen wir dem Kranken: wenn er mit dem Schicksal der Einsamkeit sich auszusöhnen bereit sei, würde er wahrscheinlich schon in relativ kurzer Frist eine Partnerin finden. Wiederum sehen wir also, wie vielfältig der Anwendungsbereich dessen ist, was wir paradoxe Intention genannt haben, und wiederum zeigt sich, wie sehr es bald darauf ankommt, dem Schicksalsglauben des Neurotikers, nämlich seiner Tendenz zur Hypostasierung entgegenzutreten, und bald wieder darauf, sein blindwütiges Ankämpfen gegen etwas Schicksalhaftes aus jener Verkrampftheit zu lösen, aus der die Neurose überhaupt erst erwächst.

Freilich gehört auf der Seite des Psychotherapeuten selber ein gut Stück Mut dazu, vor so mancher Belehrung auch dann nicht zurückzuschrecken, wenn sie in den eigenen Ohren auch banal klingen mag; denn dem schlichten Menschen vermögen wir nur dann positive Hinweise zu geben, wenn wir nicht hochmütig und dünkelhaft an seiner menschlichen Problematik diskret vorbeibehandeln, um eine vornehme „klinische Distanz" um jeden Preis zu halten. Der Psychotherapeut ist nicht nur dazu da, eine soziale Oberschicht zu behandeln; sondern er ist mindestens ebensosehr auch für die einfachen Menschen da, deren Problemen gegenüber er in schlichter Sprache Rede und Antwort stehen muß, mögen sie nun mehr oder weniger aus einer neurotischen Grundhaltung heraus entstanden sein oder aber umgekehrt zu einer neurotischen Einstellung überhaupt erst geführt haben[1]). Denn auch dies ist möglich; und sofern in solchen, sozusagen „logogenen" Krisen der Mensch nicht den Weg zum Priester gefunden hat, haben wir als Ärzte ihm auf seiner Suche nach einem Lebenssinn beizustehen.

Es war schon einmal davon die Rede, daß der Intellektuelle, falls er neurotisch erkrankt ist, dazu neigt, auch sein psychologisches Wissen in den Dienst neurotischer Tendenzen zu stellen. Der folgende Fall (27) soll nun zeigen, mit welcher Hartnäckigkeit solches geschieht. Es handelt sich um einen Arzt, der uns wegen „Hemmungen auf allen Lebensgebieten" aufsucht. Alsbald erweist sich, wie sehr er von der Tendenz beherrscht ist, solche Hemmungen allenthalben festzustellen. Gleich morgens fragt er sich als erstes: Habe ich heute Hemmungen oder nicht? Statt dessen, so raten wir ihm, solle er lieber fragen: Was wollte ich heute unternehmen? Und wenn er dann über Hemmungen stolpert, dann — nun dann solle er das, was er vorhatte, einmal eben mit Hemmungen zu tun versuchen. Hat er eines Tages beispielsweise die Absicht, den Lesesaal der Gesellschaft der Ärzte aufzusuchen, um sich dort irgendwelchen Studien zu widmen, dann möge er sich ganz einfach fragen: Wo steht denn geschrieben (etwa in der Büchereiordnung der Ärztegesellschaft?), daß das Betreten des Lesesaals mit Hemmungen verboten sei? Nun fragt uns der Kollege zum Schlusse, ob er die Hemmungen bekämpfen soll. Aber was er soll, ist ja gar nicht: die Hemmungen bekämpfen; was er soll, ist vielmehr: sie ignorieren! Im „Tagebuch eines Landpfarrers" von BERNANOS findet sich der schöne Satz: Es ist leichter, als man glaubt, sich zu hassen; die Gnade besteht darin, sich zu vergessen. Nun, wir dürfen diese Aussage variieren, und wir können dann sagen, was sich so mancher neurotische Mensch nicht oft genug vor Augen halten kann, nämlich: viel wichtiger als sich viel zu verachten oder sich viel zu beachten — viel wichtiger als dies wäre, sich endlich vollends zu vergessen, das heißt, überhaupt nicht mehr an sich selbst zu denken und an all die inneren Gegebenheiten, sondern innerlich hingegeben zu sein an eine konkrete Aufgabe, deren Erfüllung einem persönlich abverlangt und vorbehalten ist. Nicht durch Selbstbetrachtung oder gar durch Selbstbespiegelung, nicht durch ein Kreisenlassen des Denkens um unsere eigene Person werden wir frei von unseren persönlichen Nöten, sondern durch Selbstpreisgabe, durch das Sichausliefern und Sichhingeben an eine solcher Hingabe würdige Sache.

Psychotherapie bei endogenen Psychosen

Wenn von der Psychotherapie bei endogenen Psychosen die Rede ist und nicht von einer Psychotherapie der endogenen Psychosen, geschieht

---

[1]) Vgl. V. E. FRANKL, Psychotherapie und Weltanschauung. Internationale Zeitschrift für Individualpsychologie, 1925.

es selbstverständlich nicht grundlos; denn eine Psychotherapie der endogenen Psychosen halten wir einfach schon deshalb nicht für denkbar, weil die endogenen Psychosen als solche, als endogene, nicht psychogen, sondern somatogen sind. Wir stehen nicht an, eine prinzipielle Somatogenese der endogenen Psychosen zu vertreten.

H. J. WEITBRECHT erklärt: „Daß das Wesen der somatischen Noxen bei den endogenen Psychosen noch ungeklärt ist, kann uns durchaus nicht irritieren. Gerade die phasenhaften endogenen Psychosen sind es, die unseres Erachtens den organischen Krankheitscharakter so unzweideutig dartun, daß ein Aufgehenlassen der endogenen Psychosen in den Neurosen nur als eine von Grund auf verfehlte, der Zeitmode verhaftete Verirrung angesehen werden kann, deren wissenschaftsgeschichtliche Wurzeln leicht aufweisbar sind. Man sollte doch den Mut haben, sich der unerbittlichen Fremdheit des Organischen zu stellen, das wir auch sind, das uns trägt und vernichtet, und das wir nicht durch einen im Ansatz unmögliches Verstehen- und Sinndeutenwollen analysierbar und manipulierbar machen können." (Endogene phasische Psychosen, Fschr. Neur. 29, 129—144, 1961.)

Nur ist zu bedenken, daß wir, wann immer wir in solchen Zusammenhängen von der prinzipiellen Somatogenese endogener Psychosen sprechen, unter dieser Somatogenese eine primäre Somatogenese verstehen, und es ist klar, daß solche bloß primäre Somatogenese immer noch genügend Spielraum frei und offen läßt für jene psychische Pathoplastik, welche die somatische Pathogenese umrankt und so erst das klinische Bild des konkreten Falles komplettiert. In eben diesem Spielraum, der gegenüber der Somatogenese ausgespart bleibt, hat die Psychotherapie zu inserieren.

PSYCHOTHERAPIE BEI ENDOGENEN DEPRESSIONEN

Bevor wir auf die Psychotherapie bei endogenen Depressionen eingehen, möchten wir daran erinnern, daß zu den wichtigsten Kriterien in der diagnostischen Beurteilung von Depressionszuständen die Frage gehört, ob der Kranke eine gleichsinnige Heredität zeigt, ob er ausgesprochene Phasen bereits durchgemacht hat, ob er an vagen, inhaltslosen Angstgefühlen leidet, ob sich die typischen Tagesschwankungen der Stimmungslage (mit der charakteristischen frühmorgendlichen Exazerbation) bemerkbar machen, ob Zeichen psychomotorischer Hemmung vorhanden sind, vor allem jedoch (in unklaren Zweifelsfällen): ob Selbstvorwürfe produziert werden. Was die Selbstvorwürfe anlangt, müssen wir freilich zwischen ihnen und bloßen neurotischen Minderwertigkeitsgefühlen unterscheiden.

Wie wir andernorts[1]) nachzuweisen versuchten, wird bei der endogenen Depression die dem Menschen so eigentümliche Spannung zwischen Sein und Sollen in überhöhtem Maße erlebt und erfahren. Was der Patient in seinem Sein seinem Sollen schuldig bleibt, nimmt er unter die vergrößernde, verzerrende Lupe seiner endogenen Depression. Der Abstand des Seins vom Sollen wird erlebt und erfahren, als ob er ein Abgrund wäre. Aber an sich ist die Spannung zwischen Sein und Sollen — die Daseinsspannung, wie wir sie auch nennen —, an sich ist der Abstand des Seins vom Sollen unaufhebbar und unabdingbar: solange der Mensch bei Bewußtsein ist, bleibt sein Sein seinem Sollen etwas schuldig. Es ist keineswegs so, als ob diese überhöhte Daseinsspannung, dieser zu einem Abgrund vertiefte Sollensabstand die endogene Depression entstehen ließe (im Sinne von Pathogenese); vielmehr läßt die endogene Depression den Abgrund erscheinen (im Sinne von Pathognomie). Nicht die Daseinsspannung macht den Menschen krank; sondern die Krankheit endogene Depression läßt den Kranken dieser Spannung verzerrt und vergrößert gewahr werden.

Die endogene Depression läßt sich vielleicht am treffendsten charakterisieren als „organismische Baisse"[2]). Es mag aber auch statthaft sein, von einer Ebbe des „Biotonus" (EWALD) zu sprechen. Wie ist es nun, wenn bei Ebbe ein Riff sichtbar wird? Trotzdem wird wohl niemand die Behauptung wagen, das Riff sei die Ursache der Ebbe; umgekehrt: durch die Ebbe wird es erst bloßgelegt. Aber ist es denn anders mit dem Abgrund zwischen Sein und Sollen? Wird nicht auch er nur sichtbar, nur bloßgelegt durch die endogene Depression — durch diese vitale Ebbe? So gilt denn: So wenig die Ebbe durch ein Riff, das da auftaucht, verursacht wird, so wenig wird eine Psychose durch die in pathogener Hinsicht inkriminierten und vielzitierten psychischen Traumata, Komplexe und Konflikte verursacht.

Nun, eine vitale Baisse für sich würde nicht mehr und nicht weniger erzeugen als ein Gefühl der vagen Insuffizienz; aber daß sich der betreffende, von dieser Krankheit betroffene Mensch nicht bloß verkriecht wie ein waidwundes Wild, sondern daß er seine Insuffizienz als Schuld erlebt, gegenüber seinem Gewissen oder gegenüber seinem Gott — all dies liegt schon längst nicht mehr am Morbus endogene Depression, ist vielmehr der Beitrag des Menschen zur Krankheit, entspricht und entspringt einer Auseinandersetzung zwischen dem Menschlichen im Kranken und dem Krankhaften am Menschen. Es geht weit hinaus über die bloße vitale Baisse, über eine Psychosomatose; womit wir es zu tun haben, ist vielmehr eine Zutat der Person, etwas Personales und als solches etwas Transmorbides.

---

[1]) V. E. FRANKL, Ärztliche Seelsorge, 1. Aufl., Wien 1946.
[2]) V. E. FRANKL, l. c.

Aus der prinzipiellen, wenn auch nur primären Somatogenese endogendepressiver Zustände ergibt sich, daß deren Psychotherapie keine kausale sein kann. Nun, so wenig die Psychotherapie bei den endogenen Depressionen Anspruch und Aussicht hat, kausale Therapie zu sein — so sehr haben wir allen Grund, wenn schon nicht kausale, so doch nur um so aktiver Therapie zu betreiben. Im Sinne solcher Aktivität jedoch ist eine somatopsychische Simultantherapie zu empfehlen.

In Anbetracht der primären Somatogenese der endogenen Depressionen versteht sich von selbst, daß sich für eine Psychotherapie nur Fälle eignen, die leichten Grades sind. Damit ist nicht gesagt, daß sich die Psychotherapie auf eine ambulante Behandlung zu beschränken hat. Mit einem Wort, es soll nicht getan werden, als schlössen einerseits die Indikation zur Psychotherapie und andrerseits die Indikation zur Hospitalisierung einander aus. Nun kennen wir als solche Indikationen die folgenden: a) Indikation zur Hospitalisierung zum Zwecke der Behandlung und b) Indikation zur Hospitalisierung aus Gründen der Erkrankung selbst.

a) Sowohl die klassische Schockbehandlung als auch die medikamentösen Methoden — die letzteren dann, wenn sie in hochdosierter Form angewandt werden — bedürfen, sollen sie lege artis gehandhabt werden, im allgemeinen wohl stationärer Unterbringung. Daß auch in all diesen Fällen eine parallelgeschaltete Psychotherapie nicht unversucht bleiben sollte, ist bekannt.

b) Hinsichtlich der Erkrankung selbst sind es zwei Gründe, die uns dazu bewegen, eine Internierung zu veranlassen: 1. weil gerade endogene Depressionszustände mit einer für sie so typischen Tendenz zu Selbstvorwürfen einhergehen und 2. weil sie eine nicht weniger charakteristische Selbstmordtendenz heraufbeschwören.

Ad 1. Der Sinn der Hospitalisierung in solchen Fällen ist darin gelegen, daß auf diesem Wege eine Entfernung des Patienten aus einem Milieu zustande kommt, das eine Kette von Verpflichtungen mit sich bringt, seien sie familiärer, seien sie professioneller Natur. Es handelt sich hierbei um Verpflichtungen, die eine unaufhörliche Konfrontation des Patienten zustande bringen mit — wie wir sie nennen möchten: einer Trias des Versagens; sind es doch drei Insuffizienzen, unter denen der Patient so sehr zu leiden hat: seine Arbeitsunfähigkeit — seine Genußunfähigkeit — und in Fällen der sogenannten Melancholia anaesthetica: seine Leidensunfähigkeit. Seine Arbeitsunfähigkeit wird Inhalt und Gegenstand von Vorwürfen, die er sich selbst macht, die er aber auch seitens seiner Umgebung zu hören bekommt, was nur Wasser auf die Mühle seiner Selbstvorwürfe ist. Analog arbeiten Vorhalte wie der, der Patient solle sich doch nur ein wenig zusammennehmen, seinen Selbstvorwürfen in die Hände; sie können einen unerwünschten paradoxen Effekt zeitigen, indem der Mißerfolg nach einem entsprechenden Versuch seitens des Kranken als persönliche Insuffizienz gebucht wird und so sein subjektives Schuldkonto nur noch mehr belastet. Gleiches gilt jedoch auch von der biederen Empfehlung, sich zu zerstreuen, womit nicht an der Arbeitsunfähigkeit, sondern an der Genußunfähigkeit vorbeigeredet wird.

Ad 2. Im Hinblick auf die seitens der Selbstmordtendenz heraufbeschworene Gefährdung des Patienten ist nicht nur eine Hospitalisierung, vielmehr im besonderen die Internierung indiziert. Bei schweren endogenen Depressionen, speziell im Angstraptus, ist die Selbstmordgefahr gerade deshalb so besonders groß, weil die intellektuellen Fähigkeiten bei der endogenen Depression unbeeinträchtigt bleiben; im Gegenteil, sie wirken sich als besonderes Raffinement aus, das es den Kranken mitunter selbst bei sachgemäßer Überwachung erlaubt, Selbstmordversuche zu unternehmen.

Bekannt ist, daß gerade beim Abflauen einer endogenen Depression, dann nämlich, wenn das Moment der psychomotorischen Hemmung sich zurückbildet, die Selbstmordgefahr sich erhöht. Dies spricht im allgemeinen gegen die Frühentlassung. Dazu kommt noch, daß die endogen-depressiven Patienten bekanntlich eine ausgeprägte Tendenz zur Dissimulation haben. Insofern nun, als es gilt, zu beurteilen, inwieweit die bedrohliche Selbstmordgefahr von einem Grade ist, der entweder die Entlassung des Patienten aus der geschlossenen Anstalt ratsam und angebracht sein läßt oder aber, umgekehrt, seine Abgabe in geschlossene Anstaltspflege, habe ich selbst eine Standardmethode angegeben, die sich immer wieder bewährt; sie setzt uns in die Lage, die Diagnose (fort-)bestehender Selbstmordgefahr zu erstellen bzw. die Dissimulation der Selbstmordtendenz als solche zu diagnostizieren. Zunächst stellen wir dem betreffenden Kranken die Frage, ob er (noch) Selbstmordabsichten hege: in jedem Falle — sowohl im Falle, daß er die Wahrheit spricht, als auch im Falle bloßer Dissimulation tatsächlicher Selbstmordabsichten — wird er diese unsere erste Frage verneinen; woraufhin wir ihm eine zweite Frage vorlegen, wenn sie auch geradezu brutal klingt: warum er sich nicht (mehr) das Leben nehmen wolle. Und nun erweist es sich regelmäßig, daß derjenige, der wirklich keine Selbstmordabsichten hat, sogleich mit einer Reihe von Gründen und Gegenargumenten bei der Hand ist, die alle dagegen sprechen, daß er das Leben von sich werfe: daß er seine Krankheit doch für heilbar halte, daß er doch auf seine Familie Rücksicht nehmen oder an seine beruflichen Verpflichtungen denken müsse, daß er doch viel zu sehr religiös gebunden sei usf. — während sich derjenige, der seine Selbstmordabsichten nur dissimuliert hat, auf unsere zweite Frage hin dadurch entlarvt, daß er uns eine Antwort auf unsere Frage schuldig bleibt, an Stelle dessen mit einer charakteristischen Verlegenheit reagiert, und zwar einfach schon deswegen, weil er ja tatsächlich um Argumente verlegen ist, die gegen den Selbstmord sprächen, aus welchem Grunde der Patient außerstande ist, irgendein Motiv dafür anzugeben, daß er (angeblich) von einem Selbstmordversuch künftighin Abstand nehmen wolle. Im Falle es sich um einen bereits internierten Patienten handelt, beginnt er dann typischerweise, auf Entlassung zu drängen bzw. zu beteuern, daß keinerlei Selbstmordabsichten solcher Entlassung im Wege stünden. An dieser Stelle muß angemerkt werden, daß es bei unserer Exploration um den Nachweis von (je nachdem dissimulierten oder manifesten) Selbstmordabsichten geht, nicht aber um den bloßer Selbstmordgedanken; denn im Gegensatz zu den Selbstmordgedanken implizieren die Selbstmordabsichten auch schon die jeweilige Stellungnahme des Patienten zu den Selbstmordgedanken — die Gedanken selbst, diesseits aller Stellungnahme zu ihnen, sind ja eigentlich unerheblich: worauf es uns ankommen muß, ist vielmehr eine Antwort auf die Frage, welche Konsequenzen der Patient aus den Selbstmordgedanken zieht, die sich in ihm regen, ob er sich mit ihnen identifiziert oder aber, umgekehrt, sich von ihnen distanziert.

Daß solche Distanzierung — als Weise und Möglichkeit personaler Stellungnahme zu organismischem Krankheitsgeschehen — zumindest im Sinne eines Fakultativums möglich ist und, darüber hinaus, zu einem Faktum werden kann, indem sie sich therapeutisch aktualisieren läßt, ist eine klinische Empirie, die leider nur allzusehr in Vergessenheit zu geraten droht. Wir selbst versuchen, der Umsetzung von Selbstmordgedanken in Selbstmordabsichten dadurch einen Riegel vorzuschieben, daß wir die eine der beiden Tendenzen, von denen im Zusammenhang mit den endogenen Depressionen die Rede war, gegen die andere ausspielen: die Tendenz zu Selbstvorwürfen spielen wir aus gegen die Selbstmordtendenz. In entsprechend gelagerten Fällen lassen wir nämlich in unser Gespräch mit den Kranken einfließen, welches Risiko wir auf uns nehmen, wenn wir sie bloß ambulatorisch behandeln, und wir pflegen unseren Patienten auszumalen, was sie alles auf ihr Gewissen nehmen würden, wenn sie sich trotzdem zu einem Selbstmordversuch hinreißen ließen: wir malen ihnen aus, der behandelnde Arzt bzw. die diensthabenden Schwestern würden dann etwa „ins Kriminal gebracht" usw., — womit wir auch schon ins Gebiet der eigentlichen Psychotherapie bei endogenen Depressionen vorgestoßen wären.

Unser eigenes Vorgehen prätendiert wie gesagt keineswegs, kausale Therapie zu sein; damit ist allerdings noch nicht gesagt, daß es sich bei diesem unserem Verfahren nicht um spezifische und zielende Therapie handelt. Und spezifisch und zielend mag sie insofern sein, als sie sich an die geistige Person des Patienten adressiert. Tatsächlich hat sich die Psychotherapie bei endogenen Depressionen um die personale Stellungnahme des Kranken zum organismischen Krankheitsgeschehen in ihm fokal zu zentrieren; denn es ist ja nicht die Krankheit an sich und als solche, die psychotherapeutisch zu beeinflussen es gälte; sondern was wir uns angelegen sein lassen müssen, ist die Einstellung des Kranken zu eben seinem Kranksein bzw. ein Wandel solcher Einstellung — mit einem Wort: eine Umstellung des Kranken.

Eigentlich aber dient diese Umstellung weiter nichts anderem als einer Prophylaxe, und zwar der Prophylaxe einer sekundären, nachträglichen, zusätzlichen Depression, die sich der primären, anfänglichen, ursprünglichen Depression erst aufpfropft. Sehen wir doch vielfach, daß die Kranken an sich nicht einmal so verzweifelt wären, also aus endogenen Gründen gar nicht so sehr zu leiden hätten — wenn sie nicht über die (endogene) Depression (psychogen) deprimiert wären.

Ja wir kennen Fälle, in denen die Kranken darob weinen, weil sie so — weinerlich sind; dies aber nicht etwa im Sinne eines Kausalnexus, also im Sinne von Ursache und Wirkung, sondern wesentlich im Sinne von Grund und Folge. Solche Menschen — wie übrigens auch vereinzelte Fälle von Zwangsweinen oder von emotionaler Inkontinenz bei Arteriosclerosis cerebri — nehmen ihre Weinerlichkeit wahr, aber nicht ohne darüber so entsetzt zu sein, daß sie auf dieses Faktum, statt es zur Kenntnis und schlicht hinzunehmen, nun erst recht mit einem (nunmehr psychogenen) Weinen reagieren. Während jedoch die primäre Weinerlichkeit einem notwendigen, organischen Geschehen entsprach, entspringt das sekundäre Weinen einer unnötigen Traurigkeit.

Nunmehr zur eigentlich psychotherapeutischen Frage: In erster Linie ist es angezeigt, darauf zu achten, daß nicht — wie in solchen Fällen so leicht — die versuchte Psychotherapie selbst zur iatrogenen Noxe wird. Als ein Paradigma und Exempel läßt sich wohl das Gerede ansprechen von der Melancholie, also — wohlgemerkt! — der endogenen, nicht psycho-, sondern somatogenen Depression, als einer Krankheit, der die Existenzschuld buchstäblich zu „Grunde" liege. Nun, es ist etwas anderes, den Kranken ernst zu nehmen, und etwas anderes, die Krankheit wörtlich zu nehmen: Daß der endogen-depressive Patient existentiell oder wie immer schuldig zu sein vermeint, ist pathognomonisch, aber nicht pathogen; es ist etwas, das zur Symptomatologie der endogenen Depression gehört, aber nicht zu deren Ätiologie — ja, mehr als dies: geht der Arzt weiter, geht er über die Stipulierung einer Pathogenese der Existenzschuld hinaus und steht er nicht an, den endogen depressiven Kranken existentiell schuldig zu sprechen, indem er ihm nämlich die vermeintliche Krankheitsursache vor Augen hält, so bedeutet dies Wasser auf die Mühle der krankhaften Tendenz zu absurdesten Selbstvorwürfen, wie sie in Fällen endogen-depressiver Erkrankung so typisch ist. Halten wir uns doch an folgende Analoga: Wenn mir ein Mydriatikum instilliert wird und im Gefolge davon mich das Tageslicht blendet, dann ist die Mydriasis nicht durch das Tageslicht entstanden; wenn sich im Gefolge einer Facialisparese eine Hyperakusis geltend macht und dann mich der Straßenlärm stört, so ist die Hyperakusis nicht durch den Straßenlärm entstanden. Nicht anders aber liegen die Verhältnisse im Falle der im Gefolge endogen-depressiver Erkrankung nur krasser zutage tretenden, an sich jedoch allem Dasein als solchem bereits innewohnenden Existenzschuld: sie ist nicht die Ursache endogen-depressiver Erkrankung; sondern die Kraßheit ihres Zutagetretens — die Absurdität der Selbstvorwürfe — die Lautstärke der Gewissensstimme: bei alledem haben wir es immer schon mit Wirkungen zu tun, und zwar mit den Wirkungen einer „Hyperakusis des Gewissens".

Auch ist jeder Versuch eines Appells an den Patienten, sich doch zusammenzunehmen, durchaus verkehrt. Argumente, Appelle an Vernunft und Verstand wirken nicht in schweren Fällen von endogener Depression. Mit Gegengründen kann man da nicht kommen — die heitern das Gemüt unserer Kranken keineswegs auf, und zwar schon aus einem einfachen Grunde nicht: weil nämlich die ganze Gemütskrankheit auch ihrerseits gar nicht irgendwelche Gründe hat, nämlich nicht im Sinne von Motiven; denn dort fängt ja die endogene Depression erst an, wo alle Gründe aufhören, wo kein äußerer oder innerer Anlaß mehr da ist, der die Traurigkeit des endogen-depressiven Patienten begreiflich machen würde. Selbstverständlich vermag Seelisches die einzelne endogen-depressive Phase auszulösen, aber ein auslösender Anlaß ist noch keine wirkliche Ursache.

Ein Therapieversuch nach individualpsychologischem Muster ist insofern kontraindiziert, als die etwaige Insinuation — gemäß der Deutung der Melancholie: der Patient wolle mit seiner Depression die Angehörigen tyrannisieren — leicht einen Selbstmordversuch provozieren kann — nicht unähnlich einem analogen psychotherapeutischen Kunstfehler beim andern Formenkreis psychotischer Erkrankungen, bei der Schizophrenie, bei der, wenn sie als Neurose fehldiagnostiziert und mit Hypnose behandelt wird, floride Beeinflussungs- und Hypnosewahnideen provoziert werden können. Die Richtung, in der sich eine zielende Psychotherapie endogener Depressionen zu bewegen hat, ist vielmehr die:

Wir haben den Patienten dazu zu bringen, daß er nicht „sich zusammenzunehmen" versucht, sondern im Gegenteil: die Depression über sich ergehen läßt — daß er sie als eben endogene hinnimmt, mit einem Wort, daß er sie objektiviert und solcherart sich selbst von ihr distanziert — soweit dies möglich ist, und in leichten bis mittelschweren Fällen ist es möglich. Ob ceteris paribus der eine Mensch sich von seiner endogenen Depression distanziert, während sich der andere in diese Depression fallen läßt, liegt nicht an der endogenen Depression, sondern an der geistigen Person; denn immer schon war die Person am Werk; immer schon war sie mit im Spiel; immer schon hat sie mitgestaltet das Krankheitsgeschehen; denn es widerfährt und geschieht einem Menschen: ein Tier müßte sich fallen lassen in die krankhafte Affektivität — ein Tier müßte sich treiben lassen von der krankhaften Impulsivität; der Mensch allein kann — und soll — sich auseinandersetzen mit alledem.

Unter anderem haben wir den Kranken eindringlich und nachdrücklich darauf zu verweisen, daß er eben richtiggehend krank sei. Damit arbeiten wir auch schon seiner Tendenz zu Selbstvorwürfen entgegen, insofern nämlich, als er ja von Haus aus dazu neigt, seinen Zustand eben nicht als Krankheitszustand zu verstehen, vielmehr als „bloß hysterisch" hinzustellen oder, sich selbst moralisch verurteilend, gar zu behaupten, er „lasse sich nur gehen". Und nun verlangen wir vom Kranken allem voran, daß er (und natürlich auch seine Umgebung) — von sich nichts verlange: als echter Kranker müsse er aller Verpflichtungen enthoben werden; und es empfiehlt sich, um dieser Auffassung Nachdruck zu verleihen, den Kranken unter Umständen schon aus dieser Indikation heraus in ein (wenn auch offenes) Krankenhausmilieu zu verbringen, denn damit werden wir wohl am besten demonstrieren, daß wir ihn für einen wahrhaft Kranken halten. Freilich, so setzen wir fort, sei er nicht geisteskrank im engeren Wortsinn, sondern gemütskrank — womit wir auch schon allfälligen psychotophobischen Befürchtungen den Wind aus den Segeln nehmen. Seine Gemütskrankheit nun, so schließen wir an, nehme eine Ausnahmestellung ein, so zwar, daß sie eine exzeptionell günstige Prognose zuläßt; denn — so erklären wir ihm — während wir nicht einmal von einer so banalen Erkrankung wie einer einfachen Angina mit hundertprozentiger Sicherheit vorhersagen können, daß sie auch wirklich ganz sicher ohne die geringsten Komplikationen oder Rest- und Folgezustände ausheilen werde (schließlich wäre ja möglich, daß dem Betreffenden etwa eine Polyarthritis oder eine Endokarditis zurückbleibt) — von seiner Krankheit, als der einzigen, so sagen wir ihm, kann mit absoluter Gewißheit noch dazu spontane Heilung vorausgesehen werden! Und auch er werde diese Gesetzmäßigkeit nicht umstürzen und etwa den ersten diesbezüglichen Fall in der Medizingeschichte repräsentieren. Dies sei die Wahrheit, und wir könnten nichts dafür, daß sie für ihn „zufällig" tröstlich ist. Wörtlich pflegen wir dem Patienten zu sagen: Wir können Ihnen versichern, daß Sie aus Ihrer Krankheit, zumindest aus der jeweiligen Phase, ganz als der Mensch hervorgehen werden, der Sie in gesunden Tagen waren. Bis zum Tage solcher Genesung habe die Behandlung nichts anderes zu tun als den Zustand zu mitigieren, einzelne besonders quälende Beschwerden zu lindern und zu mildern. Ansonsten werde die betreffende Phase abklingen und ausheilen und — wir betonen dies ausdrücklich — grundsätzlich auch ohne Behandlung, also von selbst; denn nicht wir seien es, die ihn gesund machen, sondern er werde auch ganz von selber gesund werden — so gesund zumindest, wie er auch schon früher war: nicht besser und nicht schlechter. (Mit der Bemerkung, der Kranke werde aus der Krankheit als der gleiche hervorgehen, der er war, daß heißt als kein „besserer", als er gewesen, — damit versuchen wir nämlich, ihm die Seriosität unserer Prognose zu beweisen.) Und nun heißt es, den Kranken darauf hinzuweisen, daß wir ihm doch schon so manches andere Symptom nachgerade „auf den Kopf zugesagt" haben (es empfiehlt sich daher, schon bei der Examination, nach Sicherung der Diagnose auf Grund der ersten Symptome, die weiteren dem Kranken eben auf den Kopf zuzusagen).

Zum Schlusse werden wir es nicht verabsäumen, ihm einzuschärfen, daß er auch trotz seiner — so symptomatischen — Skepsis gesunden werde, auf jeden Fall, auch wenn er es nicht glaube und nichts dazutäte. Denn von vornherein wird der melancholische Patient selber uns unsere so günstige Prognose nicht glauben — nicht glauben können: denn zu den **Symptomen der endogenen Depression gehört diese Skepsis und sein Pessimismus dazu**: mag er auch noch so sehr entweder sich selbst gar nicht für wirklich krank, sondern entsprechend seinen krankhaften Selbstvorwürfen bloß für verworfen halten oder aber wohl für krank, aber eben für unheilbar krank — schließlich wird er sich dennoch an die Worte seines Arztes klammern und an die Hoffnung, die aus ihnen spricht. Wir aber müssen uns bemühen, psychotherapeutisch über das eine endogene Depression konkomitierende lebhafte Krankheitsgefühl hinaus auch noch einen möglichsten Grad von Krankheitseinsicht zu erstellen. Wissen wir doch: weder an sich selbst noch an den andern, an der Welt, ist der endogen Depressive fähig, Werte oder einen Sinn wahrzuhaben. Nur um so mehr müssen wir ihn immer wieder darauf hinweisen, daß **auch seine Wertblindheit, sein Unvermögen, an sich einen Wert und im Leben einen Sinn zu finden, zur Gemütskrankheit gehört** — ja, mehr als dies: daß er zweifelt, beweist nur, daß er an einer endogenen Depression leidet und daß die günstige Prognose gerechtfertigt ist.

Der Patient muß dazu angehalten werden, es aufzugeben, weiterhin aus seiner Traurigkeit, seiner Angst und seinem Lebensekel heraus Urteile über Wert oder Unwert, Sinn oder Sinnlosigkeit seines Daseins zu fällen; denn solche Urteile sind allemal vom krankhaften Gefühlsleben her diktiert, und die von da herrührenden (katathymen) Gedanken können ja gar nicht richtige sein. Daher soll der Kranke gar nicht erst zu grübeln anfangen, geschweige denn sich seinen Grübeleien hingeben; vielmehr soll er das

Grübeln möglichst zu suspendieren versuchen. Wohl wird er in allen werthaften Urteilen vom Strom seiner Gemütsverstimmung mitgerissen; aber er soll dann wenigstens den „Kopf" außerhalb des Stromes halten — das heißt: mag sein Gemütsleben auch noch so sehr von der Krankheit affiziert sein — er muß sich nur um so mehr daran klammern, was wir Ärzte ihm diagnostisch und prognostisch zu sagen haben. Und was wir dem Kranken zu sagen haben, ist in erster Reihe: daß er in seinem gegenwärtigen Zustand gar nicht erwarten darf, die Welt anders als grau in grau, wie durch eine dunkle Brille, zu sehen; immer wieder haben wir ihm vorzuhalten, daß all seine Skepsis, seine Zweifel an der Richtigkeit unserer Diagnose und günstigen Prognose ein Symptom sind. Gerade sein — krankhaftes — Mißtrauen, sein Skeptizismus auch sich selbst gegenüber, sein mangelhaftes Selbstvertrauen und mangelhaftes Vertrauen in seine Zukunft bestätigen nur unsere Diagnose und Prognose.

Daneben haben wir den Patienten immer aufs neue darauf zu verweisen, daß und in welchem Sinne er nun einmal krank sei; dies hat nun, über alle Versuche hinaus, das pathognomonische Krankheitsgefühl in die Richtung auf eine echte Krankheitseinsicht hin psychotherapeutisch zu erweitern, den eigentlichen Sinn, das Bewußtsein wachzurufen und wachzuhalten, wie sehr er von allen Verpflichtungen frei und entbunden ist. Aus diesem Grunde plädieren wir für gewöhnlich auch bei leichtgradigen endogen-depressiven Fällen dafür, daß die berufliche Arbeit auf ein halbtägiges Pensum eingeschränkt — aber nicht unterbrochen werde: diese Maßnahme ist deshalb gerechtfertigt, weil, wie sich immer wieder zeigt, die berufliche Arbeit oft die einzige Möglichkeit darstellt, den Patienten von seinen Grübeleien abzulenken. Dabei schlagen wir aus begreiflichen Gründen eher eine nachmittägige Arbeit vor und weisen den Patienten an, vormittags nicht nur keiner geregelten Arbeit nachzugehen, vielmehr womöglich im Bett zu verbleiben: angesichts der für endogene Depressionsfälle so kennzeichnenden abendlichen Spontanremission bzw. vormittägigen Exazerbation ängstlicher Erregung würde der Patient auf jede Arbeit vor Mittag mit vertieften Insuffizienzgefühlen reagieren, während er nachmittags noch am ehesten das in ihr zu sehen geneigt ist, was sie sein soll: eine ablenkende „Fleißaufgabe" — die, zumindest im Erfolgsfall, geeignet ist, seine professionellen Insuffizienzgefühle eher zu mitigieren.

Zweierlei müssen wir vom Patienten verlangen, und zwar **Vertrauen zum Arzt und Geduld mit sich selbst**. Vertrauen — das heißt: Vertrauen gegenüber der hundertprozentig günstigen Prognose, die ihm ja sein Arzt stellen darf: er braucht, wie wir ihm erklären müssen, sich nur vor Augen zu halten, daß er vermutlich der einzige Fall sei, den er kennt, während wir Ärzte Tausende und aber Tausende derartiger Fälle kennen und in ihrem Verlauf verfolgen konnten, — wem soll er nun eher glauben:

sich selbst — so fragen wir ihn — oder dem Fachmann? Und sofern er — so fahren wir fort —, gestützt auf unsere Diagnose und Prognose, Hoffnung faßt — wir Fachleute können es uns leisten, nicht nur zu hoffen, sondern überzeugt zu sein von unserer für ihn so günstigen Prognose. Geduld — das heißt: Geduld eben im Hinblick auf die günstige Prognose seiner Krankheit, im Warten auf die spontane Heilung und im Warten darauf, daß die seinen Werthorizont verdunkelnde Wolke vorüberziehe, um ihm dann die Sicht wieder freizugeben auf das Wertvolle und die Sinnfülle des Seins. Und so wird er schließlich instand gesetzt werden, seine endogene Depression vorüberziehen zu lassen wie eine Wolke, die zwar die Sonne verdunkeln kann, aber nicht vergessen läßt, daß es trotzdem die Sonne gibt: genauso wird auch der endogen-depressive Patient sich daran klammern müssen, daß seine Gemütskrankheit wohl imstande ist, den Sinn und die Werte des Daseins zu verdunkeln, so daß er weder an der Welt noch an sich selbst etwas findet, was sein Leben noch lebenswert zu machen vermöchte, aber daß auch diese seine Wertblindheit vorübergeht und er auch an sich einen Abglanz davon erfährt, was RICHARD DEHMEL einmal in die schönen Worte gekleidet hat: „Siehe: mit dem Schmerz der Zeit — spielt die ewige Seligkeit." Wir sind uns dessen bewußt, welche Banalität — um es unverblümt auszusprechen — den meisten Ratschlägen und all den Hinweisen anhaftet, die wir unseren endogen-depressiven Patienten mit auf den Weg zu geben imstande sind — und trotz allem: in einem damit sind wir uns eines weiteren bewußt — dessen nämlich: wer nicht den Mut aufbringt zu solcher Banalität, der bringt vielfach sich — und seine Kranken — um den Erfolg.

Soll all dies bedeuten, daß wir auf diesem psychotherapeutischen Wege auch nur einen einzigen Fall von endogener Depression heilen? Keinesfalls. Bereits in unserer Zielsetzung sind wir bescheidener: wir begnügen uns damit, dem Kranken sein Los zu erleichtern, und auch dies nicht auf die Dauer, sondern — je nach dem Schweregrad der Erkrankung — auf ein paar Stunden oder auf Tage; denn es gilt letztlich und eigentlich, für die Dauer seiner Krankheit den Kranken im Sinne einer „supportiven" Psychotherapie durch die Phase der endogenen Depression hindurchzulotsen.

Alles in allem handelt es sich bei solcher Psychotherapie um eine der dankbarsten seelischen Behandlungen, die einem Psychiater in der Praxis erwachsen — und bei diesen Kranken um die dankbarsten Kranken, denen wir in solcher Praxis begegnen.

Am folgenden Falle (28) werden wir die Bedeutsamkeit auch der von uns so benannten „Dereflexion" würdigen können. Die 43jährige Kranke war bereits vor vielen Jahren wegen „nervösen Magens" in neurologischer Anstaltsbehandlung. (Wie sich noch zeigen wird, haben wir allen Grund, diese Magenneurose als das zu deuten, was sie nicht selten ist: eine larvierte, unter dem Bilde einer Organneurose einhergehende, endogen-depressive Phase.) Die Mutter habe an Depressionszuständen gelitten. Sie selbst neige dazu von jeher — namentlich jedoch prämenstruell. (An dieser Stelle möchten wir darauf aufmerksam machen, daß die bloß prämenstruell auftretenden Dysthymien auf eine Azidose zurückgeführt wurden und dementsprechend auf Gaben von Antacidicis auch nach unseren Erfahrungen oft überraschend günstig ansprechen; ein eigens für diese Zwecke zusammengestelltes Präparat stellt bekanntlich das „Antacid" HELFENBERG dar.) Während der gegenwärtigen depressiven Phase ist, der Endogenität entsprechend, die Menstruation übrigens vorübergehend ausgeblieben. Woran sie in erster Linie leide, sei nun Angst vor der Arbeit: ständig fürchte sie sich davor, dabei Fehler zu machen. Mögen wir nun die Depression im ganzen auch für endogen halten — hier gilt es, die psychogene Reaktion auf sie dadurch auszuschalten, daß wir psychotherapeutisch wie bei einer Neurose vorgehen. In diesem Sinne fragen wir die Kranke, was denn geschehen würde, wenn sie bei der Arbeit Fehler machte. Und sie erwidert: „Dann arbeite ich immer schlechter und schlechter." Statt sich also darauf zu verlassen, daß mit automatisch zunehmender Übung die Fehler immer seltener und seltener werden, begeht die Kranke den sekundären, unnötigen Fehler, ihr Fehlermachen zu hypostasieren und dagegen so sehr anzukämpfen, daß ihre Konzentrationsfähigkeit darunter schließlich wirklich leiden muß. Dieses Ankämpfen ist also nicht nur frustran, sondern überdies auch von einem paradoxen Effekt gefolgt: es fixiert das, wogegen so forciert angekämpft wird. Demzufolge haben wir auch hier zum Mittel der „paradoxen Intention" zu greifen: wir haben der Kranken klarzumachen, daß es noch immer besser ist, sie mache gelegentlich Fehler, als — sie habe Angst; denn das Fehlermachen hört früher oder später von selber auf, während die Angst es nur vergrößert. In einer Analogie dazu steht übrigens der Tatbestand, den die Kranke nun spontan in Parallele stellt: daß es ihr nämlich „beim Heulen ähnlich ergeht: ich kann nicht aufhören — ja je mehr ich aufhören will, um so ärger wird es!" Jetzt versucht die Kranke jedoch, die zusätzliche, neurotische Komponente ihrer Depression — eben nach Art von Neurotikern — zu hypostasieren: „Vielleicht bin ich eben nun einmal so? Vielleicht ist meine Kindheit daran schuld, daß ich zeitlebens in Angst bin? Liegt nicht etwa gekränkter Stolz dem Ganzen zugrunde? Sollte nicht eine Psychoanalyse Wunder wirken können? Oder ist in meinem Alter überhaupt keine Aussicht mehr auf Besserung vorhanden?" Mag der einen oder andern dieser Fragen auch die Selbstunsicherheit der endogen Depressiven zugrunde liegen — im großen ganzen handelt es sich hier trotzdem nur um ein neurotisches Verhalten zu einer endogen-depressiven Phase; und demgemäß hat die Psychotherapie in dieser Situation die vornehmliche Aufgabe, dem neurotischen Fatalismus entgegenzuarbeiten. Wieder aber ersehen wir daraus, wie wichtig nicht nur die Sonderung endogener und psychogener Momente ist, sondern auch die plötzliche Umstellung der Psychotherapie, die bald mehr auf das schicksalhafte Krankheitsgeschehen Rücksicht nehmen muß, bald mehr auf die Freiheit des Kranken zur richtigen Einstellung zu ebendiesem Geschehen.

Welche Fehler dem Arzt während der psychiatrischen Behandlung endogener Depressionen unterlaufen können, wenn er die besprochenen logotherapeutischen Empfehlungen in den Wind schlägt, möge aus folgendem Bericht hervorgehen, den wir einem unserer kalifornischen Studenten verdanken: „Vor drei Jahren begann ich an einer schweren und grundlosen Depression zu leiden. Ich mußte sogar interniert werden und wurde dann pharmakologisch behandelt. Nach meiner Entlassung kam ich zu einem Adlerianer und wurde drei Monate lang individualpsychologisch behandelt. Meine Depression wurde dabei auf ein Minderwertigkeitsgefühl zurückgeführt und mit dem Wunsch in Verbindung gebracht, über ein Alibi zu verfügen, das mich exkulpieren sollte, nachdem ich zu wenig meinem Vater nachgeeifert hatte. Diese Deutung war recht interessant, aber geholfen wurde mir nicht. Ich hatte ein Leeregefühl, das Leben erschien mir sinnlos, und morgens konnte ich mich kaum dazu aufraffen, das Bett zu verlassen. Dann war auf einmal wieder alles in Ordnung. Ich wurde als Eheberater diplomiert und begab mich zu einem Gestalttherapeuten in Behandlung. Ich wollte herausbekommen, warum ich überhaupt krank geworden war. Der PERLS-Anhänger wies mich an, meinen Gefühlen — Ärger, Schuld und Scham — freien Lauf zu lassen, und — wie es sich bei einem Gestalttherapeuten geziemt — ich weinte auch so viel wie nur möglich. Aber es kam dabei nichts heraus. Im Gegenteil. Mit der Zeit wurde ich wieder erregt. Wieder mußte ich interniert werden, und ich geriet in die Hände eines Anhängers der Bioenergetics-Therapie. Der sagte mir, ich hätte meine Gefühle noch immer nicht genügend zum Ausdruck gebracht, und noch immer seien sie in mir aufgestaut. Daraufhin begann ich, wunschgemäß auf Pölster loszuschlagen und so viel wie nur möglich zu schreien. Die Behandlung dauerte vier Monate lang. Aber die Erregung wurde immer ärger. Ich begann, an entsetzlicher Angst zu leiden, und eine Art Depersonalisation bemächtigte sich meiner. Der behandelnde Psychiater meinte nun, ich hätte meine Gefühle zur Genüge zum Ausdruck gebracht. Die Zeit sei gekommen, eine Arbeit zu suchen und eine Verpflichtung zu übernehmen. Zu der Zeit war ich aber bereits ein Wrack. Ich konnte weder schlafen noch essen. Ich litt unbeschreibliche Qualen. Verwandte verlangten von mir, ich sollte mich doch zusammennehmen. Sosehr ich es auch versuchte: ich konnte einfach nicht. Dafür wurde mein Schuldgefühl ärger. Ich war dem Selbstmord nahe. In meiner Verzweiflung wandte ich mich an einen anderen Psychiater. Und der hielt es für unangebracht, mich mit einer Forderung zu konfrontieren, denn mein Befinden hänge nicht von der Willensstärke ab, die ich aufbringe oder nicht aufbringe. Auch verschrieb er mir bestimmte Medikamente, und nach wenigen Tagen ging es mir besser. Die Besserung hält an, und nunmehr bin ich so weit, daß ich teils an der Universität, teils in meinem Beruf arbeite, und zwar bis zu 20 Stunden in der Woche.

Als ich Ihre Vorlesung inskribierte, wußte ich noch nicht, was mir bevorstand. Als Sie aber mit den Krankengeschichten kamen, die von endogenen Depressionen handeln, wurde mir klar, was an mir gesündigt worden war. In Ihrem Buch sagen Sie, der Patient müsse sich des Urteils über seinen Wert oder Unwert und über den Sinn oder die Sinnlosigkeit seines Lebens enthalten, solange er deprimiert ist. Mich hat man zu solchen Urteilen gedrängt. Sie sagen in Ihrem Buch, der an einer endogenen Depression leidende Patient müsse darüber aufgeklärt werden, daß solche Depressionen immer (wieder) vorübergehen. Mir hat niemand dergleichen gesagt. Im Gegenteil. Mir wurde immer wieder eingeschärft, es könne mir nicht besser gehen, wenn ich nicht meine Gefühle zum Ausdruck bringe bzw. mich dazu zwinge, einer geregelten Arbeit nachzugehen. Sie sagen, der Patient dürfe nicht gegen seine Depression ankämpfen. Wieder wurde von mir das Gegenteil verlangt, und was geschah? Wie Sie sagen: ich warf mir nur noch mehr meine Schwäche vor. Sie sagen, bei endogenen Depressionen dürfe der Arzt nicht an die Willensstärke oder an das Verantwortungsgefühl des Patienten appellieren. Mir wurde unentwegt meine Willensschwäche und mein Mangel an Verantwortungsgefühl vorgehalten. Sie warnen vor der Hyperreflexion. Mir wurde gesagt, ich müsse mich ununterbrochen beobachten und all mein Sinnen und Trachten belauern. (I experienced a consciousness that was pure hell.)

Ich bin überzeugt, meine Ärzte und Ratgeber haben nur mein Interesse im Auge gehabt. Ich kann verstehen, daß meine Verwandten und Freunde nicht wissen, wie man endogene Depressionen behandeln muß. Schwerer zu verstehen ist, daß es die Psychologen und sogar die Psychiater, die mich behandelten, nicht wußten. Nur der Psychiater, der mich zuletzt behandelte, ging so vor, wie auch Sie vorgegangen wären, und dabei war er gar nicht ein Logotherapeut.

Ich wünsche niemandem, endogene Depressionen über sich ergehen lassen zu müssen. Aber für mich war es sinnvoll. Denn ich hoffe, daß ich früher oder später Gelegenheit haben werde, einem anderen, der dasselbe durchmachen muß, zu der Einsicht zu verhelfen, daß er auch noch dieses sein Leiden auf menschlicher Ebene in eine Höchstleistung verwandeln kann (that the endurance of his predicament is the ultimate achievement)."

Zum Schlusse dieses Abschnitts müssen wir wohl auch noch auf die Gefahrenmomente beim Gegenstück zu den endogenen Depressionen, nämlich bei den manischen Phasen, zu sprechen kommen. Hierzu nun wäre nur zu bemerken, daß in solchen Fällen namentlich jüngere Kranke in erster Linie durch zweierlei bedroht sind: durch Akquisition einer Lues und — Mädchen — durch Schwängerung. Angesichts dieser doppelten Gefahrenquelle werden wir bei jeder ausgeprägten Manie vor einer Internierung viel weniger zurückschrecken als in Fällen von endogener Depression; und dies um so weniger, als wir ja dem Manischen mit der Internierung einen viel geringeren Schock versetzen als dem endogen-depressiven Patienten.

PSYCHOTHERAPIE BEI PSYCHOSEN AUS DEM SCHIZOPHRENEN FORMENKREIS (Vgl. Anmerkung S. 252)

Die Diagnose bzw. Differentialdiagnose dem schizophrenen Formenkreis angehörender psychotischer Zustandsbilder ist im allgemeinen schwieriger als die Erkennung bzw. Abgrenzung manisch-depressiver Erkrankungsfälle. Aus diesem Grunde haben wir uns vorerst ein wenig mit der Technik der psychiatrischen Diagnostik, und da zuerst mit der Technik des psychiatrischen Examens zu befassen. Freilich: so, wie der Arzt, noch während des Medizinstudiums, die Examination und Exploration psychotisch Erkrankter erlernt hat, läßt sie sich in der Praxis nicht recht anwenden. Bekanntlich gilt z. B., laut Schema, die erste Frage der sogenannten Orientiertheit des Patienten. „Wissen Sie, wo Sie hier sind? — Was für einen Tag haben wir heute?" — so beiläufig beginnt das übliche Examen. Nur wird hierbei vergessen, daß bei den meisten Psychosen solche Fragen sich wohl erübrigen — sie sind im allgemeinen kaum anderswo als bei Zuständen von Demenz am Platze und vielleicht im besonderen in senilen Fällen, also bei der Presbyophrenie angebracht. Stellen wir jedoch etwa einem Patienten mit inzipienter Schizophrenie eine solche Frage, dann werden wir uns damit auch schon sein Vertrauen verscherzt und die Chance verspielt haben, mit Hilfe weiterer Fragen bzw. der Antworten zu diagnostischen Schlüssen zu gelangen; denn der Kranke wird sofort sich denken oder gar uns sagen: „Mir scheint, Sie halten mich für einen Narren?"

Ebenso verfehlt wäre es, einen Patienten direkt zu fragen, ob er sich verfolgt fühle — die Reaktion wäre: „also auch Sie halten mich für einen Fall von Verfolgungswahn?" —, oder aber einfach zu fragen, ob der Kranke Stimmen höre; vielmehr empfiehlt es sich, etwa zu fragen: Was sagen die Stimmen? (Wofern wir nicht schon dadurch, daß wir bloß auf die lauschende Gebärde des Patienten achten, diesbezüglich unsere Schlüsse ziehen können.) Fragen dieser Art, die also den Widerstand des Patienten und seinen Willen zur Dissimulation gleichsam entwaffnen, sind übrigens auch in andern Zusammenhängen empfehlenswert; so etwa, wenn wir bei Debilen gleich drauflosfragen: Wie oft sind Sie in der Schule „sitzengeblieben"?

Antwortet der Kranke auf unsere Fragen, dann müssen wir ihm erst recht Zeit lassen, weiterzureden, also über die Fragestellung hinaus auch spontan Auskunft zu geben. Dazu ermuntern wir psychotisch Kranke, wenn sie pausieren und im Vorbringen spontaner Äußerungen stocken, ganz einfach dadurch, daß wir still abwartend nur von Zeit zu Zeit ein „und?" hören lassen.

Besonders blamabel kann es enden, wenn man sich, wie so häufig, unnützerweise bemüßigt fühlt, Intelligenztests anzustellen. Nur der Laie glaubt heute noch daran, daß es zum wesentlichen Rüstzeug psychiatrischer Untersuchungstechnik gehöre, jene altmodischen Intelligenzprüfungen vorzunehmen, die sich freilich auch noch heute, natürlich satirisch gemeint, in der humoristisch-belletristischen Literatur finden. Ja ich stehe nicht an, die Behauptung zu wagen, daß die Art und Weise, in der eine Intelligenzprüfung vorgenommen wird, weniger einen Rückschluß zuläßt auf die Intelligenz des Untersuchten, als auf die Intelligenz des jeweiligen Untersuchers. Namentlich unter den üblichen Verstandes- oder Unterschiedsfragen dürfen wir nur ausgewählte verwenden; die übrigen, erst recht aber die üblichen Fragen, welche den Wissensumfang oder die Schulbildung feststellen sollen, sind abzulehnen. Freilich: bekommen wir auf die Frage nach dem Unterschied zwischen einem Kind und einem Zwerg, wie es uns einmal passiert ist, zu hören: „Ein Kind ist eben ein Kind, und ein Zwergerl — mein Gott: ein Zwergerl arbeitet halt in einem Bergwerk" — dann werden wir betreffs der Demenz einer solchen Antwort wohl kaum noch irgendwelche Zweifel hegen.

Viele Patienten entlarven ihre Verblödung oder ihren Schwachsinn bereits, bevor wir eine ausgesprochene Intelligenzprüfung anstellen. Insbesondere das Verhalten mancher Paralytiker — das so sehr an die Witzfigur des Grafen Bobby erinnert — wäre an dieser Stelle anzuführen. Wir erwähnen als Beispiel nur eine Episode: Eines Tages kam ein Paralytiker, von der Pflegeschwester gerufen, zum Anstaltsarzt, um von ihm examiniert zu werden; und zwar ging er bloßfüßig daher, aber in der Hand trug er — seine Hausschuhe. Da fragte ihn der Arzt, warum er die Hausschuhe denn nicht angezogen habe, sondern in der Hand trage; und der Kranke erwiderte bieder: „...sie sind ja nicht schwer!" Oder eine andere typische Reaktion — ebenso charakteristisch für paralytische Demenz, und eben so charakteristisch, daß sie jede Intelligenzprüfung erspart: Ein Paralytiker hat, laut amtsärztlichen Pareres, einen Großteil seines Geldbesitzes in einen Abfallkorb geworfen; auf unsere Frage nun, warum er das getan hat, antwortet er (man beachte die Reihenfolge, also sozusagen seine Wertskala!): „Ich brauch ja kein Geld — ich hab ja ohnehin alles: einen Tisch, einen Sessel, einen Hund und eine Frau." Es ist auch unnötig, umständliche Prüfungen der Merkfähigkeit zu veranstalten. Haben wir den Patienten ohnedies schon beispielsweise kopfrechnen lassen, dann brauchen wir ihn ja nur nach der ersten Rechenaufgabe zu fragen, und wir werden sogleich sehen, wie es auch um seine Merkfähigkeit bestellt ist. Sehen wir uns aber einmal veranlaßt, etwa ein Testdatum zum Merken aufzugeben, dann empfehlen wir von vornherein, das eigene Geburtsdatum des Untersuchers zu nennen; hat es sich doch schon ereignet, daß der mit Arbeit überhäufte Arzt ein willkürlich gewähltes Datum — im Gegensatz zum Kranken — selber vergessen hat...

Auch in Fällen von intellektueller Abschwächung, die nicht einer Demenz, vielmehr einer Debilität entsprechen, mag uns das eine oder andere Mal bereits die ganze Art, in der anamnestische Inhalte vorgebracht werden, einen Anhaltspunkt geben. Äußerungen etwa, wie sie uns auf die Frage unterlaufen sind, ob Patientin jemals Geschlechtsverkehr gehabt habe: „Niemals — höchstens als Kind" ... oder — auf die gleiche Frage an eine andere Kranke —: „Geschlechtsverkehr hab ich niemals — das heißt: außer wenn ich gerade vergewaltigt werde (ich geh ja selten aus)" — solche Äußerungen sprechen schon an sich gegen intellektuelle Vollwertigkeit.

Davon, daß man mit Hilfe irgendwelcher Tests an eine Wesenserfassung des Persönlichkeitskerns herankommt, kann keine Rede sein. Niemand Geringerer als VILLINGER war es, der nachdrücklich hingewiesen hat auf die Unsicherheit, die allen Testmethoden anhaftet, und auf die Gefahr willkürlicher Deutungen. Am geringsten, sagt er, sei diese Gefahr und die Unsicherheit der Testergebnisse bei den Intelligenztests und bei den Leistungstests. Die Willkürlichkeit der Deutungen nehme jedoch zu bei den Eignungstests, wie sie ja in der Berufsberatung unumgänglich sind, und werde unübersehbar bei den Persönlichkeitstests. Wer die Persönlichkeit mit Hilfe von Tests zu erfassen sucht, dem drohe, daß er einer Pseudoexaktheit, einer Scheinwissenschaftlichkeit — das sind die Worte von VILLINGER — verfällt. Ausdrücklich warnt VILLINGER davor, zuviel Vertrauen zu setzen auf eine Laboratoriumsexaktheit, die in Wirklichkeit keine Exaktheit ist. Soweit VILLINGER.

Auch KRAEMER hat einbekannt, daß eine geschickte Exploration, also ein sachkundig geführtes Gespräch mit dem Patienten, das gleiche leistet wie das oft recht komplizierte Arbeiten mit den Testmethoden.

Aber nicht etwa nur eine länger dauernde psychiatrische Beobachtung führt zu den gleichen Ergebnissen; sondern es ist bemerkenswert, daß LANGEN statistisch nachweisen konnte, daß die psychiatrische Abschlußdiagnose nach länger dauernder stationärer Beobachtung von Geisteskrankheiten in nicht weniger als 80% der Fälle durchaus übereinstimmte mit dem bloßen ersten Eindruck, den der Arzt bereits im ersten Gespräch mit dem Patienten von diesem gewonnen hatte. Bei Psychosen in 80%; bei Neurosen stimmte die Abschlußdiagnose sogar in allen Fällen mit jener Diagnose überein, die man vom Patienten auf Grund des bloßen ersten Eindrucks bekommen hatte.

Vom Patienten, sagte ich soeben; genauer müßte ich sagen: von der einmaligen und einzigartigen, unverwechselbaren Persönlichkeit, die schließlich jedem einzelnen Menschen und folglich auch jedem einzelnen Kranken eignet. Will man an dieses Persönliche, an das absolut Individuelle jedes einzelnen Menschen mit Hilfe von Tests heranrücken, will man also mehr als einen bloßen Typus, will man die Person erfassen, dann könnte man nie genug individualisieren. Ja mehr als das: eigentlich müßte man für jede Person und, füge ich sogleich hinzu, für jede Situation, in der sie sich befindet, einen eigenen Test erst erfinden. Man kann nämlich auch nicht genug improvisieren. Ein Beispiel soll das erläutern:

Eines Tages war ich beauftragt worden, bei einem Jugendlichen, der sich in Haft befand, ein psychiatrisches Fakultätsgutachten zu erstellen. Er hatte sich darauf ausgeredet, ein Freund habe ihn zur kriminellen Tat verleitet, und zwar habe er ihm versprochen, er werde ihm nach vollbrachter Tat dafür 1000 Schilling geben. Das Gericht wollte nun vom Psychiater wissen, ob dieser junge Mensch wirklich so leicht beeinflußbar und so leichtgläubig war; sein Freund hatte nämlich bestritten, das geringste mit der Tat zu tun zu haben. Wenn der zu Untersuchende nun wirklich so leichtgläubig gewesen wäre, dann hätte sich ein leichter Grad von Schwachsinn nachweisen lassen müssen; aber die Tests wiesen keineswegs in diese Richtung. Nun wäre es aber auch denkbar gewesen, daß der Junge nichts weniger als schwachsinnig war — im Gegenteil, daß er eben schlau genug war, um sich auf seinen Freund nur auszureden. Und der Richter wollte wissen, war der Junge nun so dumm, daß er glauben mußte, sein Freund werde ihm wirklich 1000 Schilling geben, oder war er sogar so schlau, daß er uns glauben machen wollte, er wäre so dumm. Die Intelligenztests hatten, wie gesagt, versagt. Im letzten Augenblick improvisierte ich nun und fragte ihn, ob er mir 10 Schilling geben könne; denn ich könnte gegen Erlag dieser 10 Schilling beim Präsidenten des Gerichts erwirken, daß sein Verfahren sofort niedergeschlagen und er selbst augenblicklich enthaftet wird. Prompt ging er auf diesen Vorschlag ein und war nachher nur mit Mühe davon zu überzeugen, daß ich ihn nicht ernst gemeint hatte. So leichtgläubig war er also gewesen; aber die Leichtgläubigkeit konnte erst durch den improvisierten, eigens dafür erfundenen Test objektiviert werden.

Es ist selbstverständlich, daß es der heutigen Zeit irgendwie „liegt", auch die Seele des Menschen nur so weit zu beurteilen, ja in ihrer Existenz anzuerkennen, als sich an ihr eben Meßbares und Wägbares befindet. Aber wie SCHILLER einmal gesagt hat: Spricht die Seele, so spricht, ach, schon die Seele nicht mehr — so ließe sich variierend sagen: Testet man den Menschen, so ist es schon längst nicht mehr der Mensch, ist es jedenfalls nicht sein Wesen, was da erfaßt wird. Vielmehr hat eine Psychologie, die in einer Testmethode gipfelt, den Menschen aus der ihm eigenen Dimension nur hineinprojiziert in die Dimension des Meßbaren und des Wägbaren. Das Wesentliche, das Eigentliche im Menschen, dessen Persönlichkeitskern, hat sie damit aus dem Blick verloren.

Aber dieses Eigentliche ist vielleicht überhaupt nicht mehr auf rein wissenschaftlichem Wege oder gar erst auf rein naturwissenschaftlichem Wege erfaßbar, sondern bedarf einer anderen Weise der Annäherung. Vielleicht gilt analog auch vom Menschen, was der große Arzt PARACELSUS einmal gesagt hat: Wer Gott nicht erkennt, liebt ihn zuwenig. Vielleicht bedarf es jener inneren Aufgeschlossenheit, die erst gegeben ist in einer liebenden Hingabe an das unverwechselbare Du des andern, wenn wir es in seinem Wesen erfassen wollen. Heißt doch lieben letztlich gar nichts anderes als du sagen können zum andern, ihn in seiner Einmaligkeit und Einzigartigkeit erfassen und, freilich, darüber hinaus auch noch eines: ihn in seinem Wert bejahen. Also nicht nur du sagen können, sondern auch ja sagen können zu ihm. Und so zeigt sich denn wieder einmal, daß es gar nicht richtig ist, wenn man von der Liebe behauptet, sie mache blind — im Gegenteil, Liebe macht durchaus sehend; ja, sie macht geradezu seherisch; denn der Wert, den sie am andern sehen und aufleuchten läßt ist ja noch keine Wirklichkeit, sondern eine bloße Möglichkeit; etwas, was noch gar nicht ist, sondern erst wird, werden kann und werden soll. Der Liebe eignet eine kognitive, das heißt eine Erkenntnisfunktion. Aber auch die Psychotherapie muß Werte sehen; sie kann nie völlig wertfrei sein, sondern höchstens wertblind.

So wären wir denn ausgegangen von der Intelligenzprüfung und von den Tests, und unsere Überlegungen münden in das Einbekenntnis, daß wir dem Wesen eines Menschen, also alledem, was noch hinter seinen einzelnen Funktionen und allfälligen Funktionsstörungen steht, nicht näherkommen, solange wir uns in unserem Bemühen, den andern zu verstehen, bloß aufs Rationale und Rationalisierbare beschränken und verlassen. Wollen wir eine Brücke schlagen von Mensch zu Mensch — und dies gilt auch von einer Brücke des Erkennens und Verstehens —, so müssen die Brückenköpfe eben nicht die Köpfe, sondern die Herzen sein.

Wir haben vorhin vom exakten und statistischen Nachweis gehört, daß der erste Eindruck, und das will wohl besagen: ein durchaus gefühlsmäßiger Eindruck, auch durch die weiteren psychiatrischen Beobachtungsergebnisse nur bestätigt wurde. So gilt denn auch bis in die psychiatrisch-diagnostische Methodik hinein meine Überzeugung, daß das Gefühl viel feinfühliger sein kann als der Verstand scharfsinnig.

Was nun den schizophrenen Formenkreis anlangt, dürfen wir niemals übersehen, daß der einstmals gebräuchliche Ausdruck „Dementia praecox" nicht nur insofern unstimmig ist, als diese Demenz gar nicht „frühzeitig" auftreten muß, sondern vor allem insofern, als es sich überhaupt nicht um eine Demenz, nämlich um eine eigentliche intellektuelle Abschwächung handelt. Wie verhältnismäßig gering die Bedeutung der intellektuellen Funktionen für schizophrene Erkrankungen ist, läßt sich speziell dem Laien nicht leicht klarmachen. Und doch wäre gerade dies nur allzuoft notwendig — dann nämlich, wenn Angehörige nicht wahrhaben wollen, wie krank internierte Patienten sind, also wie gerechtfertigt, trotz allem, deren Internierung war. Solche Angehörige kommen dann etwa mit Einwendungen wie: die Kranken erkennen sie wieder, oder sie erinnern sich an alles usw.

Wichtig ist die Beurteilung eines Falles hinsichtlich der Möglichkeit eines jähen Umschlagens eines Hemmungszustands in einen Erregungszustand immer dann, wenn es um die Frage geht, ob wir den Kranken internieren lassen sollen oder nicht. Während diese Frage bei den endogenen Depressionen hauptsächlich der Selbstmordgefahr, also der Selbstgefährdung gilt, betrifft sie bei den (paranoiden) Schizophrenien eher die Gemeingefährlichkeit. In diesem Zusammenhang soll nun vor allem der eminenten Gefahr gedacht werden, die beim Vorliegen imperativer Halluzinationen vorhanden ist. Stellen schon die Halluzinationen an sich einen für den Patienten äußerst qualvollen Zustand dar, so bedeuten die halluzinatorisch wahrgenommenen „Stimmen, die Befehle erteilen," insofern eine Gefahr für die Umgebung, als sich der Kranke ihrer „Gewalt" nur schwer zu entziehen vermag und dann auch trotz intensiven Widerstands nur allzuoft Folge leistet. Diese Kranken können sich unter Umständen zu Taten hinreißen lassen, die zu ihrer (prämorbiden) Persönlichkeit in eklatantem Widerspruch stehen. So ist uns ein Fall in Erinnerung, in dem eine Patientin von einem Anstaltsarzt, der (als Urlaubsvertreter) sie nicht näher gekannt hatte, aus der Anstalt versuchsweise entlassen wurde und daheim, nachweislich auf eine imperative Halluzination hin, plötzlich und unvermutet ihre Schwiegertochter überfiel und schnurstracks beim Fenster der in einem höheren Stockwerk gelegenen Wohnung hinauswarf.

Hat es der Arzt mit einem Kranken zu tun, der sich gerade in einem Erregungszustand befindet und noch nicht interniert ist, dann kommt alles auf Geistesgegenwart und rasches Erfassen der Situation — auch der psychologischen — an. Ein Beispiel möge dies erläutern: Eines Tages traf ein Patient, noch dazu ein körperlich sehr kräftiger, Anstalten, den Arzt — dem zufällig keinerlei fremde Hilfe zur Verfügung stand — beim offenstehenden Fenster seiner Ordination hinabzustürzen. Nur durch einen psychologischen Trick war es da dem Arzt möglich, das Ärgste zu verhüten: er appellierte an das bisherige Vertrauen des Kranken zu ihm und stellte sich einfach böse — darob, daß der Kranke die ärztlichen Bemühungen so übel lohne. Der Effekt war, daß der Patient nun ebenso plötzlich in eine gutmütige Stimmung umschlug, wie er vordem eine drohende Haltung angenommen hatte. Nun galt es aber noch, ihn zu internieren. Aber auch dies gelang, und zwar wiederum mit Hilfe eines Tricks: Dem Arzt war bekannt, daß der Kranke sehr geizig war; und so machte er seinem Patienten — dem er vorgespiegelt hatte, ihn wunschgemäß in ein (offenes) Sanatorium zu bringen — den Vorschlag, ihn in einem Taxi nur bis zum nächstgelegenen Polizeikommissariat zu bringen, dem Beamten dort einzureden, Patient leide an einer akuten organischen Erkrankung und könne nicht anders als in einem Sanitätswagen ins Sanatorium gebracht werden: so müßte der Staat für die Transportkosten aufkommen. Der Kranke ging auf diesen Vorschlag ein und konnte, am Kommissariat angelangt, von dort aus ohne Schwierigkeiten der psychiatrischen Klinik überstellt werden.

Daß man damit rechnen muß, als Arzt mit solchen Tricks es sich ein für allemal mit dem Kranken verscherzt zu haben, daß man dann also auch nicht mehr auf jenes Vertrauen rechnen kann, das späterhin für allfällige psychotherapeutische Bemühungen eine unerläßliche Voraussetzung wäre, erhellt von selbst. Dennoch werden wir dies mitunter bewußt in Kauf nehmen — dann nämlich, wenn Gefahr für die Umgebung oder für den Kranken selbst im Verzuge ist. Dann werden wir unter Umständen aber auch nicht vor einer auf Tricks verzichtenden Internierung zurückschrecken; wobei wir nicht vergessen dürfen, daß sich der Kranke im Augenblick, wo er der Aussichtslosigkeit eines Widerstands bzw. des Widerstrebens gegenüber Polizisten oder Pflegern gewahr wird, allen Widerstand für gewöhnlich auch schon aufgibt.

Das Haupterfordernis, um sich in solchen Situationen richtig zu verhalten, ist natürlich: persönliche Erfahrung und intuitives Erfassen. Beides kann nicht gelehrt werden und gelernt nur in der Praxis und durch die Praxis. Aus diesem Grunde haben wir es hier, wo es ja nicht um eine systematische, lehrbuchmäßige Darstellung geht, auch vorgezogen, uns für den Umgang mit Psychotischen auf Hinweise zu beschränken, die sich wohl am besten nur in anekdotischer Form geben lassen; was wir sonach zu geben versuchten, ist eine ad usum practici zugeschnittene kleine

Psychiatrie in more anecdotico. Im folgenden jedoch möchten wir an Hand eines Falles von sensitivem Beziehungswahn darzutun versuchen, in welchen Bahnen sich die eigentliche Psychotherapie bei schizophrenen Erkrankungen zu bewegen hat.

(Fall 29.) Der 22jährige Kranke wird von seiner Mutter gebracht. Sofort fallen uns jene tic-artigen Zuckungen im Corrugatorbereich auf, die wir häufig im Initialstadium der Schizophrenie beobachten konnten (im Gegensatz zum nicht unähnlichen „Wetterleuchten" bei Paralytikern spielt sich dieses von uns so benannte „Corrugatorphänomen"[1]) nicht im Innervationsgebiet des 2. und 3., sondern des 1. Facialisastes ab). Patient selbst klagt über Erregungszustände, die ihn vorwiegend in Zusammenhang mit dem Lebensgefährten der Mutter überkommen. „Herr B. will immer den Doktor spielen. Er verstellt sich. Jede Handbewegung jedoch deutet darauf hin. So geht es schon seit zwei Jahren. Immer muß man an fünf oder zehn Sachen denken..." Einmal fragen wir ihn, warum er etwas so beziehungsvoll sage; woraufhin der Kranke uns ins Wort fällt: „Beziehungsvoll — jawohl, das ist es: beziehungsvoll ist alles, was Herr B. tut und sagt!"

Was wir unserem Patienten empfehlen, ist nun folgendes: All das, was er erlebe und soeben geschildert habe, müsse er ignorieren lernen. Ausschließlich mit uns dürfe er sich über alle seine Beschwerden aussprechen und zu diesem Zwecke möge er uns regelmäßig aufsuchen. Spräche er darüber mit anderen Leuten, so würden sie ihn wahrscheinlich alsbald für verrückt erklären.

Auf diesem Wege gelangen wir an das vornehmliche Ziel aller Psychotherapie bei Fällen paranoiden Gepräges — ein Ziel, das sich folgendermaßen umreißen läßt: 1. Erzielung des gediegenen Vertrauensverhältnisses zum Arzt und 2. bewußte Erziehung zur Dissimulation der paranoiden Ideen gegenüber allen übrigen Personen. Gelangen wir an dieses Ziel, gelingt uns also all dies — dann lassen sich solche Kranken ohne weiteres auch außerhalb von Anstalten halten. Voraussetzung ist freilich, daß sie aus ihren Wahnideen keinerlei Konsequenzen ziehen; daß wir sie demnach dazu zu erziehen trachten, daß sie sich niemals aus dem Gefühl heraus, dies oder jenes habe diese oder jene Bedeutung und Beziehung, zu Tätlichkeiten hinreißen lassen. (Um allenfalls eine Kontraindikation dagegen, eine solche Psychagogik auch nur zu versuchen, bzw. um eine allfällige Indikation zur sofortigen Internierung festzustellen, pflegen wir den Kranken, nach Anhören seiner paranoiden Angaben, zu fragen: „— und was planen Sie nun,

---

[1]) Viktor E. Frankl, Ein häufiges Phänomen bei Schizophrenie, Zeitschrift für Neurologie und Psychiatrie 152, 161—162, 1935.

auf all das hin? ...") Wir müssen die ganze Psychotherapie darauf abstimmen, aus dem „Persécuteur persécuté" (wie ihn die klassische französische psychiatrische Literatur so treffend gekennzeichnet hat) einen Menschen zu machen, der sich verfolgt fühlt, ohne aber daraus irgendwelche praktischen Konsequenzen zu ziehen, bzw. womöglich einen Menschen, der sich zwar verfolgt fühlt, dieses Gefühl jedoch zu ignorieren trainiert.

Anmerkung zu S. 244: Zur Systematik der Psychotherapie bei „Endogenen Psychosen" und im besonderen „Zur Psychologie der Schizophrenie" vgl. VIKTOR E. FRANKL, Theorie und Therapie der Neurosen, 5. Auflage, München 1983, S. 50–64, beziehungsweise Ärztliche Seelsorge, 10. Auflage, Wien 1982, S. 209–216.

ANHANG ZUR 1. AUFLAGE

PSYCHOTHERAPIE, KUNST UND RELIGION

Sofern es die Aufgabe einer Existenzanalyse ist, daß sie des geistigen Ringens eines Menschen ansichtig wird, gilt es zu fragen, um was dieses Ringen des Menschen eigentlich geht. In Frage steht somit das Worum des geistigen Kampfes, in dem der neurotische Mensch unserer Unterstützung so sehr bedarf. Im folgenden soll nun gezeigt werden, wie ein solches Worum sich dem seelenärztlichen Tun konkret stellt. Im vorliegenden Falle handelt es sich dabei um ein Doppeltes: der Patient, dessen Krankheits- und Behandlungsgeschichte im nachstehenden wiedergegeben werden soll, ringt um zweierlei: um das Werk und um Gott. Bemerkenswert hierbei erscheint uns jedoch vor allem die Tatsache, daß zu Beginn der psychotherapeutischen Behandlung irgendeine religiöse Problematik gar nicht aufgeschienen war, daß sie vielmehr im Zuge der Psychotherapie spontan durchbrach; was in unseren Augen nicht nur einen Beweis mehr darstellt dafür, daß nicht nur unsere andernorts gemachte Feststellung zu Recht besteht: es sei weder Pflicht noch überhaupt Recht des Arztes, meritorisch in Weltanschauungsfragen des Kranken einzugreifen (weil jedes derartige Eingreifen einem Oktroi gleichkäme) — sondern auch, darüber hinausgehend, einen Beweis dafür, daß bei einem wenn auch nur latent religiösen Menschen eine richtig gehandhabte Psychotherapie seine Religiosität freimacht, auch ohne daß dieser Effekt auch nur im geringsten ärztlicherseits intendiert worden wäre.

Im konkreten Falle handelt es sich um eine Dame in mittleren Jahren, berufsmäßig Malerin. Die ursprünglichen Beschwerden, derentwegen die Kranke den Arzt aufsuchte, galten einem „Kontaktmangel mit dem Leben", der seit Jahren bestanden habe; „es ist alles irgendwie ein Schwindel", meinte die Patientin. „Ich brauche sehr dringend einen Menschen, der mir hilft, aus einem Circulus vitiosus herauszukommen", schreibt sie in einer Selbstschilderung; „am Schweigen ersticke ich. Die Schlamperei in meiner Seele wird immer größer. Es kommt immer der Moment, wo man merkt, daß man keinen Lebensinhalt mehr hat, daß einem alles sinnlos geworden ist, man keinen Ausweg aus den Trümmern findet. Ich will aber mir einen neuen Lebensinhalt erfinden." Dabei erweist sich unsere Patientin, rein äußerlich gesehen, als dem Leben durchaus gewachsen; nicht aber ohne selber zu spüren, wie nur allzu äußerlich all ihr gesellschaftlicher oder künstlerischer oder erotischer Erfolg im Leben ist. So erklärt sie denn: „Momentan kann ich mich nur in rasender Bewegung aufrecht halten. Gesellschaften, Konzerte, Männer, Bücher, alles mögliche... Wenn sich die Eindrucksfolge verlangsamt oder gar aussetzt, falle ich sofort in einen Abgrund von Leere und Verzweiflung. Das Theater ist auch nur eine Flucht ins wilde Tempo für mich. Die Malerei (das einzige, was mich interessiert) macht mir schreckliche Angst — wie jedes tiefere Erlebnis! Sobald ich etwas sehr wünsche, mißlingt es. Was ich liebe, zerstöre ich — immer wieder. Jetzt wage ich nicht mehr, etwas zu lieben. Bei der nächsten Zerstörung hänge ich mich nämlich wirklich auf."

Fürs erste wird die hauptsächliche Aufmerksamkeit der Neurosenbehandlung dem typisch neurotischen Fatalismus geschenkt: in einer allgemein orientierten Unterredung wird der Kranken klargemacht, daß und inwieweit sie frei ist gegenüber der Vergangenheit und deren Einflüssen — doch nicht nur im Sinne einer „Freiheit von" den alten Hemmungen, als vielmehr im Sinne einer „Freiheit zu" dem Finden ihres konkreten, persönlichen Lebensinhalts, in all seiner Einmaligkeit und Einzigartigkeit, ebenso wie ihres konkreten, „persönlichen Stils" in all ihren künstlerischen Schöpfungen.

Damit wurde jedoch diese psychotherapeutische Neurosenbehandlung irgendwie auch schon mit der Problematik heutiger Kunstauffassung konfrontiert. Und daraus ergibt sich die Notwendigkeit, vorerst einmal zur Problematik gegenwärtiger Kunstrichtungen Stellung zu nehmen, soweit hierbei nicht nur allgemein psychologische, sondern auch speziell pathopsychologische Gesichtspunkte in Frage kommen. Wird doch die zeitgenössische Kunst immer wieder mit schlechthin psychopathologischen, wo nicht kulturpathologischen Erscheinungen in Zusammenhang gebracht.

Nun, in diesem Zusammenhang wäre vor allem an etwas zu erinnern, was meines Wissens bisher immer übersehen wurde: daß nämlich all die künstlerischen oder künstlerisch sein sollenden Produktionen geisteskranker Menschen, wie sie etwa in Anstalten gesammelt oder vor Jahren beim ersten Weltkongreß der Psychiater in Paris ausgestellt waren, eben nicht nur ausgestellt, sondern jeweils auch ausgewählt waren. Und die Auswahl wurde gewiß nach dem Gesichtspunkt der Auffälligkeit, der Absonderlichkeit getroffen. Aber die Mehrzahl derartiger Produktionen, die ich selbst im Laufe einer jahrelangen Tätigkeit in psychiatrischen Kliniken gesehen habe, war — ich muß schon sagen — höchst banal. Gewiß: im Inhaltlichen, z. B. in der Themenwahl, wird sich immer wieder der Einfluß der Geistesstörung verraten. Aber was das Formale, was den Stil anbelangt, kennen wir Psychiater höchstens bezüglich gewisser Formen der Epilepsie eine charakteristische Manier, nämlich die Neigung zu stereotyp wiederholten Ornamenten.

Man darf bei alledem natürlich eines nicht vergessen: die Graduierung als akademischer Maler bedeutet leider keine Immunisierung gegen Geisteskrankheit. Es kann sonach auch einmal ein wirklicher Maler, ein wahrer Künstler, psychotisch erkranken. Im besten Fall, also wenn er im Unglück Glück hat, bleibt seine künstlerische Begabung dann ungeschmälert, und seine künstlerische Produktion hält an. Geschieht dies aber, so geschieht es trotz der Psychose, aber niemals aus der Psychose heraus. Niemals ist eine seelische Krankheit an sich produktiv, niemals ist das Krankhafte selber, von sich aus, schöpferisch. Schöpferisch sein kann nur der Geist des Menschen, aber niemals eine Krankheit des „Geistes", die sogenannte Geisteskrankheit. Der menschliche Geist jedoch kann einmal auch gerade in der Auseinandersetzung mit diesem furchtbaren Schicksal, Geisteskrankheit genannt, das Letzte an schöpferischer Kraft hergeben.

Wann immer das geschieht, darf man auch nicht den entgegengesetzten Fehler begehen; nämlich ebensowenig, wie man der Krankheit als solcher irgendwelche schöpferischen Kräfte zutrauen darf, ebensowenig dürfte man die Tatsache einer Geisteskrankheit gegen den künstlerischen Wert einer Schöpfung ausspielen. Über Wert und Unwert, über wahr und unwahr hat auf keinen Fall der Psychiater zu befinden. Ob die Weltanschauung eines NIETZSCHE wahr ist oder falsch, hat mit seiner Paralyse nichts zu tun; ob die Gedichte eines HÖLDERLIN schön sind oder nicht, hat mit seiner Schizophrenie nichts gemein. Ich habe das einmal sehr einfach formuliert, indem ich sagte: $2 \times 2 = 4$, auch wenn ein Paralytiker es behauptet.[1]

Es fragt sich nun, ob die moderne Kunst mit den Produktionen (ich sage absichtlich nicht mit den „Schöpfungen") wirklich geisteskranker Menschen etwas gemeinsam hat, und was diesen gemeinsamen Nenner darstellen mag. Darauf wäre zu antworten, daß sich so mancher Geisteskranke in gewissem Sinn in einer ähnlichen Situation befinden mag wie der moderne Künstler: der Kranke fühlt sich überwältigt vom Erlebnis „nie gelebter Welten", wie STORCH es einmal so schön genannt hat; und diesem Merkwürdigen und Fürchterlichen gegenüber, das ihm da widerfährt, ringt er um den sprachlichen Ausdruck, und in diesem Kampf kommt er nicht aus mit den Worten der alltäglichen Sprache, und so bildet er denn neue Worte,

---

[1] Siehe V. E. FRANKL, Psychotherapie und Weltanschauung — Internationale Zeitschrift für Individualpsychologie, September 1925: „Denn von vornherein ist es natürlich nicht gegeben, daß das, was nicht ‚normal' ist, auch falsch ist. Es läßt sich ebenso behaupten, daß SCHOPENHAUER die Welt durch eine graue Brille hindurch betrachtet hat, wie daß er sie wohl richtig sah, aber die übrigen, normalen Menschen — rosa Augengläser hatten, oder, mit anderen Worten, nicht SCHOPENHAUERS Melancholie täuschte, sondern der Lebenswille der gesunden Menschen hält sie befangen im Wahne eines absoluten Lebenswertes."

und diese Wortneubildungen, diese sogenannten Neologismen, sind ein uns Psychiatern geläufiges Symptom bei bestimmten Psychosen. Nun, ähnlich der moderne Künstler, der einer Fülle an Problematik — nicht mehr und nicht weniger als der Problematik unserer Zeit! — gegenübersteht, der sich die überlieferten Formen nicht gewachsen zeigen; was Wunder, wenn er nach neuen Formen greift? Der gemeinsame Nenner, den wir gesucht haben, liegt also in der Ausdrucksnot, der Ausdruckskrise, in der sich beide, sowohl der Geisteskranke als auch der zeitgenössische Künstler, gleichermaßen befinden.

Die Gemeinsamkeit dürfte man freilich den Künstlern nicht übel anrechnen — sie ist wirklich keine Schande; denn erstens gab es eine solche Ausdruckskrise noch zu jeder Zeit — jede Zeit hatte ihre „Moderne"! Und zweitens gibt es diese Ausdruckskrise an jedem Ort, geistig gesehen, nämlich auf jedem Gebiet des Geisteslebens. Oder ist sie etwa in der modernen Philosophie, ja in der modernen Psychiatrie weniger aufweisbar? Bekannt ist der schwierige Stil und die vielen neuen Wortprägungen, die z. B. MARTIN HEIDEGGER angelastet werden. Ich habe mir einmal vor Jahr und Tag das Experiment erlaubt, gelegentlich einer Vorlesung je drei Sätze vorzulesen mit der Bemerkung, die einen Sätze stammen aus einem Werk von HEIDEGGER, während ich die andern am gleichen Tag in einem Gespräch mit einer schizophrenen Patientin mitstenographiert hatte. Ich bat nun das Auditorium, darüber abzustimmen, welche Sätze dem Buch des bekannten Philosophen entnommen waren bzw. welche Sätze von der geistesgestörten Patientin herrührten. Und ich darf verraten, daß die überwiegende Majorität meiner Hörer die Worte des großen Philosophen für schizophren hielt und umgekehrt — immerhin die Worte eines Philosophen, von dem LUDWIG BINSWANGER einmal gesagt hat, mit einem einzigen Satz habe HEIDEGGER ganze Bibliotheken, die zum selben Thema geschrieben worden waren, in das Reich der Geschichte verwiesen. Nehmen wir an, daß dem wirklich so ist: mußte nicht HEIDEGGER neue Worte prägen, um eine solche historische Leistung vollbringen zu können? Wenn er mit den alten Begriffen, diesen abgegriffenen Münzen, nicht sein Auslangen fand, dann kann dies höchstens gegen die Tauglichkeit unserer Sprache ins Treffen geführt werden, aber keinesfalls spräche es gegen den Philosophen und gegen seinen eigenwilligen Sprachstil.

Nach diesem Exkurs über die Ausdrucksnot des Künstlers nun zum Schluß zur Frage, inwieweit man die moderne Kunst ernst nehmen darf — wobei ich betone, daß diese Frage an dieser Stelle einzig und allein so weit beantwortet werden soll, als der Psychiater hierzu einen Beitrag leisten kann. Nun, was heißt in diesem Fall: ernst nehmen? Es heißt soviel wie als echt anerkennen. Und in bezug auf die Frage der Echtheit mag tatsächlich der Psychiater einiges zu sagen, ein Wort mitzureden haben. Was wir dazu zu sagen haben, wäre nun folgendes: Es ist ohne weiteres möglich, daß das eine oder andere charakteristische Stilmoment der zeitgenössischen Kunst ursprünglich von einer seelisch abwegigen Künstlerpersönlichkeit kreiert wurde. Es ist weiters möglich, daß gerade solchen abwegigen Persönlichkeiten und ihren Schöpfungen eine gewisse suggestive Kraft eignete, die sich alsbald so auswirken mußte, daß sie eine Mode zu schaffen begann; wo es aber eine Mode gibt, wo etwas zur Mode wird, dort stellen sich über kurz oder lang auch die Konjunkturritter ein, und unter ihnen mag es auch den einen oder anderen geben, der weder die Kunst noch das Publikum noch sich selber ganz ernst nimmt, sondern denkt, die snobistische Welt will getäuscht werden — soll sie es haben.

All dies zugegeben — dies alles ist möglich; aber wirklich ist und feststeht gerade für mich als Psychiater eines: daß es unter den modernen Künstlern, und zwar auch unter denen mit den gewagtesten Schöpfungen, immer wieder welche gibt, die es unbedingt verdienen, ernst weil echt genommen zu werden. Wer jemals Zeuge war des unablässigen und ehrlichen Ringens künstlerisch produktiver Patienten, ihres inneren Kampfes um den echten Ausdruck ihrer künstlerischen Intention, der wird mir beipflichten müssen; wer Zeuge war, wie solch ein Künstler erst den hundertsten Entwurf eines Werkes gelten ließ oder wie erst die zehnte Ausführung vor seinem künstlerischen Gewissen bestehen konnte, der wird in seinem Urteil vorsichtiger werden und zurückhaltender sein mit einem voreiligen Aburteilen. Denn er wird mitangesehen haben, wie selbst das, was auf den ersten Blick wie flaranteste Willkür imponieren mag, einer höheren, inneren Notwendigkeit entsprang.

Wenn es auch nur einen einzigen solchen gerechten, nämlich einen einzigen echten unter den modernen Künstlern gäbe, dann stünde es dafür, sich auch die Mühe zu geben, zwischen echt und unecht unterscheiden zu lernen, und es sich nicht leicht zu machen, indem man die moderne Kunst in Bausch und Bogen abtut und zu diesem Zweck auch noch die Psychiatrie bemüht.

Es sei nun an dieser Stelle vermerkt, was unsere Kranke diesbezüglich auf eine unpräjudizierliche Anfrage zu sagen hatte. Befragt war sie über die Prinzipien oder das Programm ihres Schaffens worden. Und wie lautete ihre Antwort? „Prinzipien habe ich keine — das heißt, besser gesagt, vielleicht das eine: äußerste Aufrichtigkeit!" Und dann: „Ich male, weil es mich dazu drängt, weil ich malen muß, weil ich zeitweilig besessen bin"; oder, ein andermal: „Ich weiß auch nicht, warum und wozu ich male — ich weiß nur, daß ich malen muß — deshalb tu ich's." Nun, sind wir, angesichts eines derartigen inneren Tatbestands, nicht verführt, entgegen der alten These „Kunst kommt von Können" richtiger zu behaupten: Kunst kommt von Müssen? — Dabei steckt hinter den angeführten

Erklärungen der Patientin nichts weniger als eine Koketterie mit dem inneren „Zwang", dem Dranghaften, aus dem heraus sie zu arbeiten sich gezwungen fühlt; sagt sie doch selber: „Ich fürchte mich vor der Besessenheit." Aber es bleibt dabei: „Es gibt da kein Warum und Wozu. Nur: Durst und — Hemmungen." Sie spürt bis zu einem gewissen Grade die „Aktivität" des Unbewußten, das Schaffen aus dem Unbewußten heraus; und darüber sagt sie folgendes aus: „Ich weiß nichts, nichts als Drauflosarbeiten, Versuchen, Wegwerfen und Wiederversuchen. Ich weiß nichts über die Wahl der Farben, beispielsweise; außer: daß sie nicht von der momentanen Stimmung des Malers bedingt ist. Die Wahl macht sich viel tiefer!" Und nun kommen die Klagen, die späterhin auf den richtigen Weg zum therapeutischen Ziel führen sollten: „Ich träume oft fertige Bilder, die mich — träumend — sehr befriedigen, die ich aber wach niemals reproduzieren kann." War es nicht naheliegend, hier den Hebel anzusetzten? Die Patientin meint einmal leidenschaftlich: „Ich will das Bild finden, zu dem ich mit Leib und Seele ja sagen kann. Aller Routine muß ich gerade entgehen. Daß ich mich selbst fortwährend kopiere, eben dies muß ich abstellen. Aber meine innersten Formerlebnisse muß ich bewußtmachen". So spricht sie denn eines Tages spontan die Frage aus: „Ich möchte wissen, ob man in der Hypnose formal schöpferisch sein kann, ob ich dann z. B. mein eigenstes Formerleben freimachen kann." Es liege ihr überhaupt daran, frühere Eindrücke hervorzuholen. Ihr künstlerisches Gewissen, ihre Selbstkontrolle, ja ihr Mißtrauen gegen sie selbst als Künstlerin ist derart geschärft, daß sie direkt weiterfragt: „Ich möchte wissen, wie weit die Surrealisten — schwindeln. Ihre angeblich automatischen Zeichnungen unterscheiden sich gar nicht von den bewußten! Welche kopieren die andern?"

Die Kranke gab an, Kompositionen von Farbflecken zu träumen, die im Wachen zu rekonstruieren sie nicht imstande sei. Das solcherart erforderlich gewordene In-Beziehung-Setzen mit dem Traumhaft-Unbewußten wurde nun so angegangen, daß eine mehr minder modifizierte Form der von J. H. Schultz angegebenen Methode systematischer Entspannungsübungen („autogenes Training") durchgeführt wurde. Nun schildert die Kranke, was sie unmittelbar nachher erlebte: „Eine seltsame Klarheit. Man spürt sich weniger — aber alle Gegenstände sind viel präziser. Eine Frische und Schärfe, als ob ein Schleier von meinen Augen genommen wäre. Das ist ganz neu. Jetzt liege ich auf der Couch. Fauteuil, Papierkorb, der Schatten des Schreibtisches — alles scharf. — Ich zeichne..." Soweit die Aufzeichnungen, wie sie die Patientin nachträglich niedergelegt hat.

In der darauffolgenden Nacht hatte Patientin, wie sie angibt, Farb-Form-Träume. „Nach Bleistift zuckende rechte Hand", schreibt sie; „du mußt es zeichnen, heißt es in mir. Paarmal dadurch erwacht. Schließlich probier ich, zur Beruhigung. Sehr ruhig geschlafen dann, bis 9 Uhr.

Entsprechend der formelhaften Vorsatzbildung im Sinne von Schultz bzw. nach Art posthypnotischer Befehlsvollzüge, beginnt nun die Kranke am nächsten Nachmittag zu malen. Darüber berichtet sie nun: „Skizze für eine Landschaft... Nach einer halben Stunde Malerei wird mir plötzlich bewußt, daß ich automatisch gearbeitet habe. Ein deutliches Gefühl von Zwang... Ich merke, daß ich etwas ganz anderes male, als ich zu wollen dachte. Gefühl der Ohnmacht... Ich wehre mich gegen den Zwang — ich mag mich nicht hingeben. Die letzte Phase: abwechselnd automatische Malerei, mit einem Rest von Kritik, und bewußtes Malen — übergehend wieder in automatische Malerei."

Dann heißt es: „Die Augen geschlossen — der Bleistift in der Hand — ich warte auf Bilder. Ein rosa Viereck — weiße Halbmondform — dunkelviolettes Oval — und plötzlich das Nachbild eines Frauenprofils: ein heftiges Hell-Dunkel. Und — ich male — halb-bewußt. Ich sehe deutlich begrenzte Farbflecke — die meine Hand dann malt. Ich glaube, ich sehe sie auf der Leinwand; aber ich bin nicht ganz sicher. Ich kann auch nicht sagen, in welchem Moment ich früher, beim bewußten Malen, die Vorstellungen auf die Leinwand projiziert habe. Es ist aber doch ein deutlicher Unterschied gegenüber der bewußten Malerei. Viel schärfere Visionen — und zeitweise Arbeit unter Zwang. Heute aber bekämpfe ich den Zwang nicht. Ich bin sehr willig, führe alles aus; manchmal sehe ich das Bild mit kritischen Augen an — und freue mich daran! Nachdem ich das Bild in einen kleineren Rahmen gestellt, das heißt oben und unten beschnitten habe — bin ich plötzlich ganz frei, leicht und klar."

Am nächsten Tag: „Das Bild gefällt mir! Da sind zwei Ansätze zu etwas ganz Neuem in der Malerei. Erstens die Komposition, und zweitens die Behandlung des Nachbilds. Und siehe: die Farbkomposition ist dieselbe wie diejenige, die ich für das erste ‚automatische' Bild gewünscht hatte — und nicht ausführen konnte. Das heutige Bild ist sehr harmonisch." Dann: „Ein Kunsthistoriker — Spezialist für moderne Malerei — sah heute das Bild; er sagte: Dieses Bild ist ausgeglichen; in der Farbkomposition ist es vollkommen; es ist harmonisch — es ist anders, als Ihre Bilder sonst sind!"

Dann kommt ein Rückfall. In den Aufzeichnungen der Patientin finden sich folgende Stellen: „Ich kann nichts — ich male ebenso schlecht wie alle andern; ich weiß mir keinen Rat: wie soll ich mir die persönlichen Bilder aus der Seele reißen? — Entspannungsübung bei Dr. F. Sofort entspannt — ich schwebe sehr bald. Ich sehe Bildfetzen. Mich ganz den aufsteigenden Farben hingeben, malen... Ich werde malen! — Ich male schon — schon rieche ich die Farben — ich möchte schon nach Hause gehen, arbeiten, ich möchte schon aufstehen und malen — ich möchte schon malen! — Ich laufe nach Hause; weitere Bildfetzen; ich beginne zu skizzieren — es geht nicht: es fällt mir nichts ein — die Farben sind raffiniert, aber sie stehen nicht richtig im Raum. Es wird Nacht. Ich muß aufhören; ich habe in der Küche zu tun. Kaum bin ich aber in der Küche — werde ich sehend! Der Nudelwalker neben der Schüssel: eine aufregende Beziehung zwischen Kurven und Geraden — eine Verschlingung der Linien, die ich seit Tagen suche! Warum geht's denn nur nicht? Weil ich will, wahrscheinlich." Am nächsten Tag: „Habe nun regelmäßig selbständig geübt. Aber das Malen bleibt unmöglich. Ich bin gehemmt, leer, kalt." Dann aber: „Heute wieder, wie Dr. F. empfahl, eine selbständige Übung: Ich bin zwei Körper; ich bin von meiner Schwere geteilt; ich spüre sie unten liegen und schwebe knapp unter dem Plafond... Morgen werde ich malerisch sehen — morgen werde ich neue Beziehungen zwischen Farben und Formen erleben — das Hindernis wird fort sein." Dann: „Gut geschlafen. — Morgens geübt. Derselbe Vorsatz wie gestern. Plötzlich: Bilder! ... Nachher frisch und optimistisch. Vormittags eine schlechte Nachricht aus Amerika. Und plötzlich stürzt alles ein. Ich habe keinen Halt mehr. Ich bin allein. Alles ist sinnlos. Wo mich anklammern? Die Freunde sinken weg. Und — ich kann nicht beten. Hinlegen und sterben ... Gott wird es verstehen; aber — ich darf nicht. Merkwürdig: daß ich gerade heute malerisch sehe. Ich arbeite ein bißchen. Ich zeichne. Aber immer wieder der innerliche Einsturz. Es wird unerträglich... Irgendwie will ich mein Mensch-Sein anständig weitermachen. Mich einfach in Gott versenken, ganz und tief... Aber es gelingt nicht. Das ist auch aus. Alles wieder verloren! Eine Übung? Aber das Umschalten gelingt nicht. Trotzdem: ich werde ruhiger..." So geht die Krise weiter. Am nächsten Tag: „Übung. Endlich, nach einer halben Stunde, leichte Trance. Mein Vorsatz lautet: Es ist alles unwichtig; wichtig ist nur die Malerei und — Gott. Ich werde beten können — ich werde malen können; ich bin allein — mit Gott und der Malerei ... Mittags und abends dieselben Übungen." Und einen Tag später: „Übung. Sehr schnell in Trance. Laue, blaue Luft strömt durch mich — mein rechter Unterarm drückt seine Schwere aufs Lager... Vorsatz: Meine erlebten Nachbilder werden wieder frei; die längst vergessenen Nachbilder von seltsamer Schönheit. Ich sehe sie wieder — meine eigensten Eindrücke. Und diesmal so klar, daß ich sie realisieren kann. — Den ganzen Nachmittag gezeichnet; malerisch sehend. Viele Einfälle; aber in so rascher Reihenfolge, daß ich sie nicht notieren konnte. Sehr lebensbejahend; freudig erregt. Kaum geschlafen." Und nun am folgenden Tage: „Fortwährend aufsteigende Nachbilder. Aber ich muß Besuche empfangen, zum Telephon laufen — großer Rummel. Zwischendurch aber zwei Landschaften gemalt — es sind meine besten! Und zwar rasend schnell, ‚von selbst'. Wilde Lebensfreude; sobald ich die Augen schließe, jagt ein Nachbild das andere; Erinnerungen und entstehende, von eben gesehenen Dingen. Auch Bildkompositionen —

sehr raffinierte Farbakkorde. Es geht alles so schnell, daß ich fast nichts behalten kann. Daher vor dem Einschlafen eine Übung zur Beruhigung. — Auch am nächsten Tag fortwährend die Nachbilder. Ich bin sehr glücklich! Gnade Gottes... Das Leben ist herrlich. Der Bilderfilm geht weiter. Schlafen tu ich trotzdem großartig. Morgens bin ich immer erfrischt, gesund, beschwingt. — Heute geübt. Schwebezustand sofort. Eine Art Verklärtsein: ich bin Licht... Schön, nichts als Licht zu sein! Es ist so schön, daß ich mir in der heutigen Übung gar nichts vornehme. Weiß nicht, wie lange es gedauert hat. Nachher jedenfalls besser gearbeitet. Bild nicht fertig geworden — aber ich habe ja Zeit! Ich bin sehr ruhig — sehr glücklich..."

Nach Monaten — in denen Patientin künstlerisch ausgesprochen produktiv ist und in denen sie nur mehr selten Aussprachen mit dem Arzt benötigt — berichtet sie: „N. N. (ein bedeutender Kunstkritiker) hat sich die zehn Bilder angesehen und bezeichnete eines von ihnen als mein bestes Bild überhaupt. Er sprach von einer ganz persönlichen Vision und sagte: Diese Bilder sind wirkliche Malerei; viel stärker und viel persönlicher als Ihre Vorkriegsbilder; sie haben Raum — was letztere nicht hatten; alles ganz selbständig, ganz echt und ehrlich; nur mehr noch hie und da ein naturalistischer Rest. — Während es in den ersten Monaten der Behandlung vielfach sozusagen Explosionen gab — gleichsam automatische Viertelstunden — und ein regelmäßiges Arbeiten nicht zustande kam, kann ich jetzt regelmäßig arbeiten; ich habe jetzt wieder so klare, starke Arbeitstage wie vor dem Krieg, und zwar jetzt auch schon ohne Trance. Das Arbeiten ist jedenfalls erworben — und ich kann beruhigt und mit gutem Gewissen die Behandlung als abgeschlossen und gelungen betrachten. Gerade jetzt, wo ich so große äußere Schwierigkeiten habe, sehe ich, wie groß der Erfolg der Therapie ist: ich bin weder verzweifelt noch empört noch ängstlich noch schrei ich um Zärtlichkeit: obzwar ich allein bin und weiß, daß mir kein Mensch helfen wird... Aber ich nehm es wirklich als Prüfung und will das Beste daraus machen. Gott sieht mir zu — obzwar so etwas zu sagen wahrscheinlich mehr als überheblich ist. — Ich fühle mich reichlich beschenkt: sobald einmal das Wort gezündet hatte, hat die Behandlung ein Hindernis nach dem andern fortgeräumt, und die Dinge werden frei. Die Behandlung hat mir das Beste gegeben, was man einem Menschen geben kann."

Trotz einer in ihrem Grade fast pathologischen Selbstkritik ist die Kranke mit ihren letzten Arbeiten nun auch schon selbst zufrieden. Sie fühlt sich wieder durchaus arbeitsfähig. Gelegentlich unternimmt sie noch selbsttätige „Entspannungsübungen"; nach den hierbei gebrauchten formelhaften Vorsätzen (im Sinne von J. H. SCHULTZ) befragt, gibt sie folgende jeweils angewandte Formel an: ...daß alles frei wird — meine eigensten Farb- und Formerlebnisse bewußt werden — und daß ich sie realisieren kann.

Nunmehr, nachdem die Arbeitsfähigkeit vollauf erobert ist, bricht die zweite, bisher latent gebliebene Problematik dieser konkreten menschlichen Existenz auf. Und im weiteren mußte es nun darum gehen, unsere existenzanalytisch-psychotherapeutische Arbeit über das hinauszuführen, was sie bisnun geleistet hatte; denn während die Psychotherapie dieses Falles bisher gleichsam als künstlerische Geburtshilfe gedient hatte, wurde sie von nun an schlechthin geistige Geburtshilfe. Galt es doch, die inzwischen — völlig spontan! — zunehmend sich entwickelnde religiöse Problematik bzw. die ringende Auseinandersetzung unserer Patientin mit ihrem religiösen Problem in existenzanalytischem Sinne zu klären. Wenn man so will, läßt sich die Situation dieser Psychotherapie in diesem Moment auch so formulieren: von dem bekannten Imperativ „Ora et labora" war der zweite Teil verwirklicht worden, und nun drehte es sich um die Verwirklichung des ersten.

In den Aufzeichnungen der Kranken aus jener Zeit findet sich nun folgender Passus: „Heute im Morgengrauen nach tiefem Schlaf plötzlich ganz wach. Der erste Gedanke: Gott schleudert mich auf die Knie. Ich habe den Verlust meines Mannes noch einmal erlebt und ganz erkannt, wie fürchterlich ich damals versagt habe. Gewußt hatte ich das — irgendwie, sehr dumpf; aber bereuen kann ich erst heute. Heute hat mich Gott geweckt. — Vormittags ging ich in die Minoritenkirche... Diese Stunde will ich nicht erzählen. Nur daß mir plötzlich einfiel: vor vier Jahren (nach der Todesnachricht über meinen — eingerückt gewesenen — Mann) war ich auch in der Minoritenkirche. Damals habe ich irgend etwas inbrünstig um den Tod angefleht. Heute möchte ich leben! Ich habe so viel wieder gutzumachen."

Viele Wochen später — dies sei hier eingeflochten — trug Patientin folgendes in ihre tagebuchmäßigen Notizen ein: „Ich mühe mich vergeblich ab, meine verborgene Schuld zu erkennen, die ich seit Jahren dumpf spüre und nicht auffinden kann. Denn ebensolange Zeit hindurch habe ich mir das Glauben verboten (glauben, im besonderen an Gott glauben, ist ja keine Tugend, sondern ein Glück, eine Gnade). Was habe ich bloß getan? Wofür habe ich mich denn so bestraft? Ich muß es wissen." Patientin nahm sonach an, daß sie sich den Weg zum Glauben selber verrammelt hatte. Über ärztlichen Rat nimmt sie nun Übungen vor, in denen der Vorsatz wie folgt formuliert wird: Heute nacht werde ich träumen, was meine Schuld ist. In ihrem Bericht gibt sie aber an, daß sie damit keinen Erfolg hatte. Bemerkenswert ist jedoch, daß sie gleichzeitig mit dieser Angabe, auf dem gleichen Bogen Papier, den Arzt darum ersucht, einen alten Traum — noch aus der Kriegszeit — zu deuten, der sie „noch immer sehr aufregt". Wir erinnern uns nun an die bekannte und wichtige Empfehlung von Freud, eine Kindheitserinnerung unabhängig davon psycho-

gisch zu werten, ob sie eine reale Erinnerung, also die Erinnerung an eine erlebte Realität darstellt, oder nur die Projektion einer aus dem Unbewußten herrührenden Erlebniseinstellung in die Vergangenheit, also eine Art wahnhafte (bzw. katathyme) Erinnerungsfälschung oder -halluzination. Auch in unserem Falle macht es in bezug auf die existenzanalytische Dignität gar nichts aus, daß der Traum nicht als die gewünschte Antwort auf die Frage der Kranken an deren Unbewußtes prompt und wunschgemäß eintraf; vielmehr liegt seine analytische Bedeutung darin, daß er, auch als schon längst geträumter Traum, erst jetzt, erstmalig in zeitlichem Zusammenhang mit der angeführten Frage, dem Arzt vorgelegt wird. Der Traum hat nun folgenden Inhalt: Patientin beobachtet von einem Gangfenster aus ihre Wohnungstür und sieht alsbald eine junge Frau dorselbst eintreten. Sie weiß sofort, daß es sich um sie selbst handelt: „Ich 1 sieht Ich 2 zu", schildert sie; „Ich 2 sperrt die Wohnungstür auf, geht ins große Zimmer, dann nach links — jetzt werden die Wände durchsichtig — ins kleine Zimmer (derzeit Atelier) zur Ofenecke. Dort liegt ein deutscher Soldat auf Stroh. Ich 2 beugt sich über ihn — und ermordet ihn. — Erwachen."
Wir gehen nicht fehl, wenn wir in diesem früheren Traum die vorweggenommene Antwort auf die später gestellte Frage sehen, und demgemäß dafürhalten, daß Patientin — nämlich durch das Zitieren des Traumes just zu jenem Zeitpunkt — ihre Frage dem Arzt und damit sich selber schließlich doch beantwortet hat.

Das ständige Ringen um die künstlerische Gestaltung geht inzwischen weiter. Dabei läßt auch die Selbstkontrolle und Selbstkritik nicht nach; aber immer wieder bricht die frei gewordene Gestaltungskraft durch, so daß die Kranke, zumindest primär, unabhängig von aller Selbstkritik arbeiten „muß". So schildert sie: „Ein Stilleben ist fertig. Entweder ganz schlecht oder ganz gut — ich habe keine Ahnung; ich begann zu malen ohne nachzudenken. Schließlich mußte ich aber doch merken, die Idee ist von mir. — Ich übe nach Schultz brav weiter. Es geht schon zuverlässig bis zur Wärmeempfindung. Aber vor allem eines: ich kann wieder beten! Seit Wochen schon. Jeden Augenblick bricht das Beten hervor — ich möchte fast sagen: gegen meinen Willen. Oft kann ich mich sogar kaum mehr auf die Malerei umstellen."

Ihre diesbezüglichen Aufzeichnungen zeugen unseres Erachtens von einem echten Ringen um die Lauterkeit der religiösen Intention: „Gott ist immer wieder unerreichbar, unfaßbar... Nur im Gebet verdichtet sich Gott. Ich muß Gott immer wieder — schaffen. Dies gehört anscheinend eben zum Mensch-Sein, aber auch das hat Gott wahrscheinlich so gemacht. — Oft möchte ich viel lieber beten als malen; die Malerei ist um so vieles schwieriger. Dann: „Ich finde Gott nur im Glück. Dann aber gibt es Ekstasen. — Ich bin noch immer nicht leidensbereit.

Aber ein bißchen lerne ich jeden Tag: meinen Isaak opfern... Gott will etwas von mir, ich weiß nicht was; aber ich muß selbst draufkommen. Manchmal möchte ich vor Glück schreien — das Leben ist schön, schön, schön!"

Genauso wie gegenüber ihrer eigenen Malerei erweist sich die Kranke nun auch gegenüber ihrer Religiosität als durchaus skeptisch: „Einiges ist mir recht verdächtig. Beispielsweise daß ich mit diesen Problemen zu Ihnen komme. Frauen schmücken sich so gern mit Gott. Zum Priester rennen wäre dasselbe." Oder: „Es macht mich stutzig, daß ich gerade jetzt zu Gott finde... Ich will keine Braut Christi werden! Ich will keinen Handel mit Gott! Ich will Gott ohne Erotik und ohne Hoffnung auf Gerechtigkeit!" Oder, ein andermal: „Ich will nicht Gott lieben, weil N. N. mich nicht mag. Wenn meine Gebete das sind, dann — lieber ein Bordell aufmachen! — Zum Lieben sind die Männer da; Gott will ich — da fehlt das Wort dafür. — Ich sehe schon: ich hätte lernen sollen, wie man richtig unglücklich ist. Ich leide nämlich schon wieder falsch; aber ohne Gnade kann ich ja wahrscheinlich gar nicht richtig leiden."

Dann, zum Zwecke einer inneren Befreiung von ihren Hemmungen über allfällige abschreckende Kindheitserlebnisse auf religiösem Gebiet befragt, gibt die Kranke an: Sie habe eine laue katholische Erziehung genossen. Mit 14, 15 Jahren sei sie in eine religiöse Krise eingetreten. „Warum sollte das Fleisch sündig sein? Es war mir unfaßbar. — Dann trat ich gläubig zum Protestantismus über. Das bedeutete mir vor allem einen sehr beglückenden Fußtritt in alle Autorität.— Ich weiß nicht, wann ich zum letztenmal gebetet habe; zum erstenmal wieder habe ich im Traum gebetet, und da erlebte ich (ich sage absichtlich ‚erlebte') zum erstenmal eine Vorstellung von Gott: unendlich licht und unfaßbar und gar nicht menschlich... Ganz sinnlos, Gott um etwas zu bitten. Das einzig Gott-Würdige: Gott lieben um seiner selbst willen."

„Unlängst, mitten in der Nacht, habe ich zum erstenmal bewußt gebetet. Es kam ungewollt, ganz unerwartet. Es war sicherlich das erste wirkliche Gebet in meinem Leben. Ein Gebet, das schon Erfüllung ist, und nicht ein Betteln um etwas."

Die Kranke hat selber erraten: sie wage es nicht, zu glauben. Nun wurde sie angewiesen, in einer „Übung" den formelhaften Vorsatz auf sich wirken zu lassen: Ich werde heute nacht träumen, was mich so verkrampft gemacht hat. Und am nächsten Tag berichtet sie folgenden Traum: „Ich mühe mich verzweifelt ab, ‚das Bild' zu konstruieren; ich male es nicht — ich lebe es!" — Die Deutung ist klar: „das Bild" bedeutet ihr ganzes Dasein, das es eben aufzubauen gilt. Im Bilde, in der Bildersprache des Traums, ist also das Leben selber zum Bild geworden. Weiters: Ich sehe einen abfahrenden

Wagen. — Auf Befragen gibt sie an, es sei ein Pferdewagen gewesen; in ihrer Kindheit bzw. Heimat sei viel in Pferdewagen gefahren worden. — Links, erzählt sie weiter, ist eine seltsame Form — von der ich qualvoll will, daß sie ein Ganzes sei, die aber immer in Stücke zerbricht. Rechts sehe ich einen Keil, von oben bis unten durch das ganze Bild gehend. — Auf die Frage, was sie in ihrem Leben als etwas empfunden habe, das wie ein Keil ihr Leben, ihre Lebenstotalität, zerstört hätte, erwidert die Kranke prompt: den Tod ihres Mannes. (Wir sehen, wie sich der Kreis rundet: das Gefühl, ihr Lebensganzes sei zerstört worden, weist in die gleiche Richtung wie jenes Schuldgefühl, das die Glaubensfähigkeit störte.) Allein noch vor der Deutung des Traumes mit ärztlicher Hilfe träumte die Kranke einen — wir könnten sagen: therapeutischen Traum (zu ihrem gleichsam mehr diagnostischen hinzu), von dem sie nur eines in Erinnerung behalten hat: Glücksempfinden — und eine Stimme, die sagt: „Laß es schlafen — — laß es schlafen — das alte Leid!"

Aber die Krise bleibt noch unüberwunden. So wird eine neuerliche „ad hoc"-Übung notwendig — mit dem Vorsatz: Ich werde heute nacht träumen, warum ich eine Abneigung gegen das Christentum habe — was hat mich abgeschreckt? Und: ich werde nachher sofort erwachen, um den Traum zu notieren. — Und die Kranke träumt: Sie befindet sich in W. — wo sie ihre Kindheit verbrachte. Sie wartet auf einen Zug nach Wien. (Es geht also um die Fortsetzung, um den Aufbau ihres eigenen, eigentlichen Lebens.) Dr. K. N. wohnt hier — sie möchte ihn aufsuchen. (Dr. K. N. ist ein bekannter Psychotherapeut, mit dessen ganzer Familie die Kranke befreundet ist; sie sieht sich also genötigt, einen Seelenarzt aufzusuchen, zu Hilfe zu rufen.) Sie weiß nicht, wo er wohnt; sie fragt eine Frau, die ihr sagt: bei der Kirche. (Sie weiß also irgendwie, daß ihre seelische Heilung erst im Religiösen vollendbar ist. Wer erinnerte sich hierbei nicht an die „Wendung" — sowohl in rein sprachlichem wie in sachlichem Sinne —, die KÜNKEL gebraucht hat: von der Seelen-Heilkunde zur Seelenheil-Kunde...) Im Traum denkt sich unsere Patientin dann: die Kirche werde ich wiederfinden. (Sie ist also optimistisch: sie wird die Kirche — im Traum das Kirchengebäude — schon finden — sie wird zur Kirche, zum Glauben, wohl zurückfinden...) Aber alles ist anders als früher, träumt sie weiter. (Es ist das Heimfinden zum Glauben für den erwachsenen, durch alle Höllen des Lebens und des Zweifels gejagten Menschen also nicht so leicht und einfach.) Welche Straße nehmen? fragt sie sich im Traum. (Wie, auf welchem Wege, gelangt sie also wieder zum Glauben zurück?) Ich bin schon lange allein gegangen ... ich zweifle... (Im Traum gilt der Zweifel natürlich nur dem richtigen Weg zum Kirchengebäude.) Da steht ein kleines Mädchen vor mir und gibt Auskunft. Im Traume lautet die Auskunft auf die Frage, wo Dr. K. N. wohnt, wieder: ...bei der Kirche;

aber Sie sind falsch gegangen — Sie müssen zurück! (Sie muß zur Ursprünglichkeit, ja zur Naivität jenes Glaubens zurückfinden.) Und sie träumt weiter: Ich habe Durst! Ich möchte einen Krug kaufen — meiner ist zerbrochen. (Patientin hatte wiederholt darüber geklagt, daß sie, seit ihr Gatte fort sei, niemanden lieben könne, andrerseits aber ihr jemand gefehlt habe.) Nun geht sie, im weiteren Traumverlauf, tatsächlich den Weg zurück. (Dieser Weg stellt die existenzanalytische Behandlung dar.) Da liegen plötzlich quer über die Straße Pappeln. (Schwierigkeiten, Rückfälle während der Behandlung!) Aber dann ist der Weg wieder frei, und in der Ferne steht — die Kirche! Eine schöne Kathedrale, wie die in Caen: milchweiß ... Erwachen. — Auf Befragen berichtet Patientin hierzu: Ich habe einmal eine Autoreise durch die Normandie gemacht; als wir nach Caen kamen, konnte ich im Dunkel jene Kathedrale nicht sehen, auf deren Anblick ich mich so gefreut hatte — ich kannte sie von Photos her gut und liebte sie sehr. — Die Kathedrale, die sie im Dunkel nicht sehen konnte, die sie aber jetzt, im Traum, sieht, kann wohl ruhig als traumsymbolische Darstellung der Idee des Deus absconditus aufgefaßt werden bzw. seiner von der Kranken im Laufe der Behandlung so intensiv erlebten Wandlung zum Deus revelatus.

Und nun ein weiterer Traum: „Mein Gesicht ist dem Licht zugekehrt. Hinter mir geht es tief hinab in die Finsternis. Es weht eisig kalt aus dem Abgrund herauf. Und doch habe ich keine Angst. Denn ich gehöre Gott. Unendliches Glücksgefühl — Demut — Liebe — Geborgenheit. Ich werde sehr leiden. Aber Gott ist bei mir. Eine religiöse Hingabe, wie sie ich noch nie erlebt habe; ein sicheres, ganz selbstverständliches Durchdrungensein von Gott. Zweifel undenkbar in diesem Zustand! In Gott sein... Eine Frau sagt zu mir: Sie sind sehr schmutzig — kein Wunder, nach einer so langen Reise. Und ich sage: Ja; und eine Operation habe ich auch durchgemacht. (Mit der Operation meint der Traum anscheinend jene Verletzung des Lebensganzen — von der schon oben die Rede war —, die sich schließlich doch heilsam ausgewirkt hat.) Müde bin ich. Und jetzt muß ich nach Hause, in meine Züricher Wohnung, um zu baden. (Vgl. oben das Motiv des Schmutzigseins.) Es folgen Abenteuer; Hindernisse, die überwunden werden — ich träume einen ganzen Roman. Aber schließlich komme ich in meine Wohnung. Und, sehr glücklich, richte ich mich neu ein." — Dieser Traum, wenige Wochen nach dem vorhin zitierten geträumt, drückt also das Erlebnis aus: wieder daheim zu sein und wieder rein zu werden.

Korrespondierend mit diesem letzten Traummotiv, dabei aber durchaus ohne bewußte Abhängigkeit von ihm, heißt es in den uns zur Verfügung stehenden Aufzeichnungen unserer Patientin: „Ich muß alles neu machen, denn ich weiß kein einziges Gebet mehr, ich habe alle Riten vergessen, kann mich an keine Kirche anlehnen... Aber ich bin erlöst. Die Behandlung hat mir die Malerei wieder gegeben. Und: Ich kann wieder beten! Immer tiefer und seliger beten. Es ist die Gnade..."

Haben wir vorhin das schließliche Korrespondieren zwischen den antizipierenden Träumen und dem verwirklichenden Leben bemerkt, dann sehen wir zum Schlusse, wie das Motiv des letzten Traums endlich im wachen Leben seine Erfüllung findet: Noch ringt die ehemals Kranke um die letzte Reinheit ihres Erlebens — „mache ich es mir nicht zu leicht? Darf ich glauben? Ich bin doch gar nicht würdig, einen Sinn gefunden zu haben." Aber auf dem gleichen Blatt ihrer Aufzeichnungen findet sich folgende Stelle: „Das Glücksgefühl jenes Traums, von dem ich einmal sprach, erlebe ich jetzt ganz stark im wachen Zustand — seit ein paar Tagen schon. Jetzt ist es geschehen... Ruhe in Gott — — jetzt hat wirklich alles Sinn!"

So hatte die Behandlung, um mit den Worten der Kranken zu sprechen, „aus ihr alles herausgeholt, was herauszuholen war". Und alsbald hatte die Kranke es erlernt, ihren Weg auch selbständig weiterzufinden und weiterzugehen. Dies kommt auch im Traum zum Ausdruck — etwa im folgenden: „Es ist Nacht. Ich reiche einem Manne einen Zettel, auf dem eine Adresse notiert ist. Ich muß ihm folgen — das ist vereinbart. Anfangs keuche ich, dann geht es ganz mühelos. Schließlich verschwindet der Mann. (Gemeint ist natürlich die Beendigung der Behandlung.) Zuerst bin ich ängstlich, dann werde ich ganz ruhig und denke: Warum rege ich mich auf? Ich weiß doch die Adresse. Ich kann doch den Weg durch die Dunkelheit allein finden."

Aber noch ist die Kranke mit ihren Fortschritten auf diesem Wege und damit auch mit sich selbst unzufrieden: „In den letzten Monaten war es mein sehnlichster Wunsch, ins Kloster zu gehen — nicht ins wirkliche, sondern ganz allein zu sein, zu malen, die Dinge so zu nehmen, wie sie kommen; und jetzt sehe ich, daß das unmöglich ist, daß ich dazu nicht imstande bin." „Warum kann ich mich nicht geben?" klagt sie, und sie gibt sich selbst auch die Antwort auf diese klagende Frage: „Ich habe so Sehnsucht und zugleich Angst davor." Selbst ihr Gotterleben hat sie im Verdacht, unecht — noch nicht echt genug zu sein: „Wie zwischen dem Wahren und dem Falschen unterscheiden? — Ist mein Gott eine Alterserscheinung? — Habe ich ihn erfunden, um ihn nicht mehr suchen zu müssen? An Gottes Existenz zweifle ich nicht, um so mehr aber an meinem Glauben. — Ich flüchte vor Gott in eine vertraute Gottbeziehung."

„Und Gott ist da. Ich weiß es. Gott hinter einer papierdünnen Wand, die ich nicht durchbrechen kann. Ich versuche es immer wieder und strenge mich an und kann es nur im Traum. Kaum erwacht, ist es vorbei." Einen der Träume führt sie an: „Reste einer gotischen Kirche auf einem Berggipfel. Sehr schöne Pfeiler... Ich sinke auf den Felsboden. Dieser wird weich und warm... ich bete... alles versinkt... die Pfeiler zu Gott bleiben stehen. Ich denke: **gleich wird Gott da sein... Ein schmerzhafter Riß und Erwachen.**"

Eines Tages bezeichnet sich die Kranke als „geheilt — oder ist es auch Hysterie, diese tiefe, ruhige Gottverbundenheit, das bedingungslose Akzeptieren und zugleich kühle und besonnene Tun dessen, was eben zu tun ist? Nicht mein Verdienst — ich bilde mir nichts ein, bin nur sehr erstaunt und dankbar. **Was mir wirklich in dieser Nacht geschehen ist, weiß ich noch nicht.** Ich glaube aber, etwas sehr Schönes. Es ist noch immer da, ich kann es nur noch nicht ausdrücken."

Und die in Frage stehenden Zustände wiederholen sich. „Es überfällt mich sehr schmerzhaft. Ich glaube, ich werde jetzt sterben — davor habe ich nicht Angst, im Gegenteil, es wäre so süß. — Ganz starke, unsagbar schöne Erlebnisse... Lange Stunden des Licht-Seins, einer Art Gelöstsein in Gott... mit Gott verbunden. — ...**Eins-Sein mit allen Dingen und Eins-Sein mit Gott. Alles, was ich sehe, bin ich, was ich angreife, bin ich**... Mitschwingen mit allen Linien und Farben... Kontakt mit den Dingen... Durch mich fließt alles irdische Dasein zu Gott; ich bin jetzt ein Stück Leitungsdraht." Etwas kommt ihr so vor wie „ein Stückchen Gott", „als ob es durchsichtig geworden wäre"; sie spricht von présence und sagt von sich selbst aus: „j'ai touché" — hat jedoch „eine Scheu vor dem Deutlichersein". „Das ist der Anfang vom Wahnsinn... Und wenn schon?... Wenn es Wahnsinn ist, will ich ihn immer... tant pis, dann liegt die Wahrheit eben im Wahnsinn und ich ziehe diesen der Gesundheit vor."

Nun folgt eine Krise: „Ich bin ganz stumpf und leer." Nach all den vielen großen Erlebnissen erlebt sie die Leere nur um so qualvoller. Einmal deutet sie selbst sie als Selbstbestrafung; denn sie „verdiene dieses Glück nicht." Ihr Erleben ist so erfüllend, daß ihr Leben, ihre Zeit sich erfüllt zu haben scheint: „Immer stärker habe ich das Gefühl, daß mein Leben schon aus ist, daß ich nicht weiterkann, daß nur mehr das Sterben fehlt. — Alles ist mir langweilig, ich wünsche nur eines" — die Wiederholung der Verzückungen — „und pfeife auf alles andere. Ich bin süchtig. Ich bin sehr armselig und klein der Gnade gegenüber, ich denke Tag und Nacht darüber nach, wie ich würdig werden könnte; aber vielleicht ist das ein blöder Stolz. Ich habe sehr Angst vor der Leere, trotzdem ich jetzt weiß, daß ich alles restlos und bedingungslos akzeptieren muß — auch die Leere."

Letztlich trägt aber das glückhafte Erleben und das tätige Leben doch den Sieg davon: „Das ist mein erster Frühling in Gott. — Bisher war ich taub und blind"; nunmehr „sind die Dinge von Gott durchleuchtet" und unsere Patientin vermag „Gott zu spüren — so, als ob man einen neuen Sinn zu den fünf Sinnen bekommen hätte: Gott zu spüren so wie zu hören und zu sehen! Für Gott fehlte bloß der Name. Die Behandlung jedoch hat mich zu Gott geführt. Es gibt keinen Abgrund mehr, das In-Gott-Sein trägt mich, ich kann nicht fallen; das Leben ist wieder herrlich, reich und voller Möglichkeiten. Auf Gott bezogen ist alles erträglich und sinnvoll. Ich glaube zu wissen, was ich zu tun habe: Gott zuliebe das tägliche Leben in Ordnung bringen".

ANHANG ZUR 4. AUFLAGE
THE DEGURUFICATION OF LOGOTHERAPY

Opening Address at the First World Congress of Logotherapy (San Diego, California, November 6 through 8, 1980)

Professor GHOUGASSIAN, Professor SIMMS, your Excellency, it is unbelievable what Professor GHOUGASSIAN, assisted by Professor SIMMS and Professor WAWRYTKO, has achieved and accomplished by bringing about this international congress, by bringing together so many people so much dedicated to the cause of logotherapy. When I was looking, on this first day of the congress, into the individual rooms where the individual sessions were taking place, and when I was listening to the individual speakers, I was tumbling from one peak experience into the other. But the situation is not only overwhelming — it is embarrassing me as well. Up to the last moment I didn't know that I was expected to give an opening address. What should I say to people like you who are experts in the field of logotherapy? After all, I can't come up with another logotherapy each year. But what about presenting a condensed and updated version of logotherapy such as the one I delivered about half a year ago in Philadelphia where Professor WOLPE had invited me to be involved in a congress sponsored by his university? But alas, Dr. FABRY, the founder and director of the Logotherapy Institute in Berkeley and editor of The International Forum for Logotherapy, crammed the paper into the most recent issue of his journal (1). As you see, there is not only anticipatory anxiety, a phenomenon on which we logotherapists are focusing so much in our theory of neurosis, but also something I would like to call anticipatory publicity.

A few days ago, just before I left Vienna, I received a letter from Professor GHOUGASSIAN in which he became more specific regarding the format of the opening address. He wanted me to elaborate — I am quoting literally — "how I envisage logotherapy after I am gone." In other words, he wishes me to deliver a swansong, I am supposed to deposit a legacy. But I am not a prophet to foresee the future of logotherapy, even less a guru to decree what its future should be. And alluding to the title I selected for Philadelphia, namely, Psychotherapy on Its Way to Rehumanization, the title that would be most appropriate to choose for San Diego would read: Logotherapy on Its Way to Degurufication. In fact, the future of logotherapy is dependent on you, and in determining it, you should be independent. After all, logotherapy regards man as a being in search of meaning, and as a being who is responsible for the fulfillment of meaning, and logotherapy sees its own assignment in making him conscious of his "being responsible," of his "responsibleness," as I call it. This also holds for the logotherapist himself inasmuch as he, too, should be aware of his responsibleness, of his being free and responsible. In other words, he should be characterized by an independent spirit. It is true, I am a descendent of the Maharal of Prague, the legendary Rabbi who may be familiar to you from the famous novel The Golem and from the movies based on this novel. The Rabbi was an intimate friend of the contemporary Emperor of Austria, and the Golem was a robot that the Rabbi had created out of clay. Well, a dozen generations separate me from my revered[1]) ancestor, and in the meantime, any concern with creating robots has evaporated and dissipated. I have neither an interest in creating robots nor in raising parrots that just rehash their "master's voice." But I do wish for the future that the cause of logotherapy be taken over and carried out by independent and inventive, innovative and creative spirits. It goes to the credit of Reuven P. Bulka (3) to have defended logotherapy against the accusation of being "authoritarian." However, we logotherapists are tolerant not only vis-à-vis our patients but also vis-à-vis each other. In the newest book on logotherapy which is authored by ELISABETH S. LUKAS (4) you may even come across a statement to the effect that throughout the history of psychotherapy, there has never been a school as undogmatic and as open as logotherapy is. In fact, logotherapy may well be called an open system. However, we do not only confess to its openness but also to its being a system. After all, "el sistema es el orgullo del pensador," as Ortega y Gasset said: the system is the pride of the thinker. J. B. TORELLO (5) did not even hesitate to claim that in the history of psychotherapy, logotherapy is the last school whose teaching body has been developed in terms of a systematically organized structure.

Whatever I said before, does not do away with, or detract from, my being "The Father of Logotherapy," as the journal Existential Psychiatry called me. No doubt. And the Latin dictum according to which fatherhood never is certain (pater semper incertus) is not applicable as far as logotherapy is concerned. But my being the father or, let us simply say, the founder of logotherapy means no more than having laid its foundation, and a foundation, in turn, means no less than an invitation extended to others to continue constructing the building on the basis of the foundation. Reading, and rereading, my books spares them to do it all over again, and thus saves time for their share in the further development of logotherapy. Why should they waste their time for reinventing logotherapy?

---

[1]) He may even be considered a fore-runner of dimensional ontology. For in his Book of DIVINE POWER: Introduction on the Diverse Aspects and Levels of Reality (2) he said — nearly 400 years ago: "There is no real contradiction for we can look at reality from two different points of view. One object can have two contradictory qualities relative to two different viewpoints; there are two different levels involved."

When I had to give the opening address on occasion of the inauguration of the "Frankl Library and Memorabilia" at the Graduate Theological Union, I pointed out that logotherapy is a system open in a twofold sense inasmuch as it is open toward its own evolution as well as toward the co-operation with other schools. That this twofold openness has borne fruit already is evidenced by the fact that so far no less than 18 authors (myself not being included) have turned out 35 books on logotherapy published in 9 languages, not to mention the 72 dissertations on the same subject. And all the authors are moving on various levels of sophistication — covering the whole spectrum from popularizing, not to say vulgarizing, literature to empirically oriented, even experimentally based publications — and they are moving in different directions. Just look at the volume Logotherapy in Action (6). As the difference of viewpoints sometimes eventuates in results deviating from each other you may ask me the question, What then is still, and what is no longer, logotherapy? I could simply and easily answer this question by stating that logotherapy pure and proper is just what you find in my books, i. e., in the 6 books available in English (whereof 3 books have been written directly in English and have not been translated into German) and in the 8 books written in German that have not been translated into English.

But confessing to the community of logotherapists or, as Professor GHOUGASSIAN would say, to the logotherapeutic "movement," does not necessitate you to subscribe to whatever Dr. FRANKL has said or written. From that you have heard me speak of, or have read in my books, you should only apply what you have found convincing. You cannot persuade others of anything of which you are not convinced yourselves! This particulary applies to the logotherapist's conviction that life does have a meaning and that it is even unconditionally meaningful, that is to say, it remains meaningful under any conditions, it retains the meaning even under the most miserable conditions and literally up to its last moment, to one's last breath. Even more, death itself may be endowed with meaning. But also in case that you believe it for yourselves, you should be prepared to meet, and counter, those arguments by which your patients may attack your standpoint, and that is why you should from time to time reread my books in order to equip yourselves with all the arguments that make your position unassailable.

Viewed in this light, one may be inclined to redefine the helping professions, last but not least, as called upon more specifically to help their clients in the basic and ultimate human aspiration of finding a meaning in their lives. By so doing, however, also those who belong to the helping professions, retroactively find a vocation and mission themselves, to their own lives. BOB LESLIE and MEL KIMBLE may well remember the morning at the Poliklinik Hospital of Vienna when they sat in my office together with the late PAUL E. JOHNSON and the young TOBY WEISS, waiting for me to discuss topical issues of logotheory and logotherapy. When I arrived I held a sealed letter in my hand: "This is my reply to a request I just received from the editor of Who's Who in America; he had selected me and

99 other people and wanted us to epitomize our lives; so I did — and I pointed to the sealed letter — and I want you to guess what I wrote," I said. And like a shot out of a pistol came the words out of the mouth of TOBY WEISS: "You have seen the meaning of your life in helping others to see in their lives a meaning." Word for word, it was what I had written!

The evolution of logotherapy not only concerns its applications in various fields but also its foundations. A lot of work has been done, by a host of authors, to consolidate, corroborate and validate those findings which, for too long a time, had been based on solely intuitive grounds, more specifically, on the intuitions of a teenager named VIKTOR E. FRANKL. Now, logotherapy has become scientifically established on the grounds of research based on (1) tests, (2) statistics and (3) experiments.

(1) So far, we dispose of 10 logotherapeutic tests which we owe to WALTER BÖCKMANN, JAMES C. CRUMBAUGH, BERNARD DANSART, BRUNO GIORGI, RUTH HABLAS, R. R. HUTZELL, GERALD KOVACIC, ELISABETH S. LUKAS, LEONARD T. MAHOLICK und PATRICIA L. STARCK.

(2) As to statistics, let me just invoke the outcome of research conducted by BROWN, CASCIANI, CRUMBAUGH, DANSART, DURLAK, KRATOCHVIL, LUKAS, LUNCEFORD, MASON, MEIER, MURPHY, PLANOVA, POPIELSKI, RICHMOND, ROBERTS, RUCH, SALLEE, SMITH, YARNELL and YOUNG. To all of them we are indebted for their empirical evidence that, indeed, people can find, and fulfill, a meaning in their lives irrespective of sex or age, IQ or educational background, environment or character structure, and finally irrespective of whether or not one is religious, and if he is, irrespective of the denomination to which he may belong. The authors must have computerized hundred thousands of data obtained from thousands of subjects in order to find empirical evidence of the unconditional potential meaningfulness of life. The teenager had been right...

But also with regard to the opposite, the feeling of meaninglessness or, better to say, the noogenic neurosis deriving from it, much has been done by way of statistics. I only mention the 10 research projects that, although conducted independently from each other, arrived at the consistent conclusion that about 20% of neuroses are noogenic of nature and origin (FRANK M. BUCKLEY, ERIC KLINGER, GERALD KOVACIC, DIETRICH LANGEN, ELISABETH S. LUKAS, EVA NIEBAUER-KOZDERA, KAZIMIERZ POPIELSKI, HANS JOACHIM PRILL, NINA TOLL, RUTH VOLHARD, T. A. WERNER).

(3) As to experiments, L. SOLYOM, J. GARZA-PEREZ, B. L. LEDWIDGE and C. SOLYOM (7) were the first to offer experimental evidence that the logotherapeutic technique of paradoxical intention is effective. More recently, L. MICHAEL ASCHER and RALPH M. TURNER (8, 9) have come up with a controlled experimental validation of the clinical effectiveness of paradoxical intention in comparison with other behavioral strategies.

The interest in experiments is not quite new but has an old tradition in my life. As a medical student, already, I was working at the neurophysiological laboratory of the University of Vienna Medical School headed by my great teacher, the late RUDOLF ALLERS, and I was involved in experiments on visual perception. Even as a high school student I performed experiments in the course of a lecture I gave on Veraguth's psychogalvanic reflex phenomenon. And even prior to this, when I was 4 years of age, I can see myself walking on a street in Vienna's second district — it was the Karmelitergasse — at my mother's hand and suddenly coming up with the disclosure, Now, Mama, I know how to discover a medicine to cure a given disease: you just gather people who want to take their lives, due to whatever reasons, and who happen to suffer from a disease; then, you have them eat, or drink, a variety of things, say, — I exactly remember — shoeshine paste or petroleum; of course, they may die from such things, but, after all, they didn't give a damn for their lives, anyway; but they may as well recover because of what you gave them to swallow, and in this case you have got to know the cure for the given disease ... At the age of 4, the idea had not yet occurred to me that, to begin with, I'd better free the patient from his wish to kill himself.

As much as we may appreciate the scientific foundation of logotherapy, we are aware of the toll it takes. I suspect that logotherapy has become too scientific to become popular in the proper sense of the word. Ironically, it is too revolutionary to be fully acceptable in scientific circles. Small wonder. Our concept of a will to meaning as the basic motivation of man is a slap in the face of all the current motivation theories which still are based on the homeostasis principle, regarding man as a being who is just out to satisfy drives and instincts, to gratify needs, and all this just in order to maintain, or restore, an inner equilibrium, a state without tensions. And all the fellow-beings he seems to love, and all the causes he seems to serve, are seen as mere tools serving him to get rid of the tensions aroused by the drives and the instincts and the needs as soon, and as long, as they are not satisfied and gratified. In other words, self-transcendence which logotherapy considers the essence of human existence, has been totally left out in the picture of man that underlies the current motivation theories. Yet man is neither a being who is just abreacting his instincts, nor a being who is just reacting to stimuli, but he is a being who is acting into a world, a "being-in-the-world," to avail myself of the (more often than not misinterpreted) Heideggerian phraseology, and the world wherein he is, is a world replete with other beings and those meanings toward which he is transcending himself. But how can you come to grips with the ills and ailments of our time which are grounded in a frustration of the will to meaning, unless you adopt a view of man that focuses on the will to meaning as his motivation?

What is revolutionary, however, is not only our concept of the will to meaning but also our concept of meaning in life. Indeed, we logotherapists have broken a taboo for in a novel authored by NICHOLAS MOSLEY (10) you may come across a statement to the effect that "there is a subject nowadays which is taboo in the way that sexuality was once taboo; which is to talk about life as if it had any meaning." I dare say that we logotherapists venture, in fact, to talk about life as something that has always meaning. It goes without saying that this is mandatory in cases of noogenic neurosis or, for that matter, existential frustration. Here, logotherapy lends itself as specific therapy or, to couch it in professionally medical terms, as "the method of choice."

This brings up the question of how to select and determine the treatment in a given case. Well, I (11) am not weary of stating that the method of choice in a given case boils down to an equation with 2 unknowns:

$$\psi = x + y$$

X stands for the unique personality of the client and y for the equally unique personality of the therapist. In other words, not each and every method is applicable to each and every client with the same success, nor is each and every therapist capable of handling each and every method with equal success. As to adjusting the method to the client, let me invoke, as a witness, the man who introduced the concept of neurasthenia into psychiatry, Beard; he once said: "If you have treated 2 cases of neurasthenia in the same way, you have mistreated at least one of them." And as to adjusting the method to oneself as the therapist, let me quote what another classic once said when he spoke of the method that he had introduced into psychiatry: "This technique has proved to be the only method suited to my individuality; I do not venture to deny that a physician quite differently might feel impelled to adopt a different attitude to his patients and the task before him." The man who said this, was SIGMUND FREUD (12).

As you see, you cannot individualize too much. However, you not only have to modify the method from person to person but also from situation to situation, that is to say, you have not only to individualize but also to improvise. Though, both can be taught and learned, preferably by case demonstrations in the classroom setting, but also via publications. Believe me, among the best logotherapists from all over the world, there are some — and this literally holds for psychiatrists from Newfoundland to New Zealand — whom I have never met, nor have I been in correspondence with them. They turned out publications on their successful application of logotherapy, having based their work solely on reading my books!

There are even people who managed to apply logotherapy with much success on themselves, also just after reading a book on the subject. They deserve to be commended on their creation which one may call auto-biblio-logotherapy.

From whatever I have said before, it follows that logotherapy is no panacea. And from this again it follows that logotherapy is not only "open toward co-operation with other schools," as I pointed out at the outset, but also its combination with other techniques should be encouraged and welcomed. That way, its effectiveness can be enlarged and expanded. And maybe ANATOLE

BROYARD (13) was right when he said, in that review on a book of mine which he published in The New York Times: "If 'shrink' is the slang term for the Freudian analyst, then the logotherapist ought to be called 'stretch.'" So, let us stretch the reach of logotherapy. Better to say, let us continue doing so. For you have done it all along, already, haven't you? After all, you have spread the message of logotherapy all over the world, throughout all the continents. And there is something to what the president of an international organization once said when introducing me, the speaker, to a croud, my audience: Dr. FRANKL, you remind me of the Austrian emperor Charles V. Of his worldwide empire one used to say that therein, the sun never sets. Doesn't logotherapy, too, have centers established from the Americas to Japan?" And wasn't he right?

So much for methods But methods are not the whole story. Psychotherapy is always more than mere technique, and is it so to extent to which it necessarily includes an element of art. And psychotherapy is allways more than mere science, and it is so to the extent to which it necessarily must include an element of wisdom. Both from a wholeness and unity wherein dichotomies such at that between technique and encounter disappear and dissolve. Such extremes form a viable basis for psychotherapeutic interventions only in exceptional situations. Usually, the psychotherapeutic treatment contains both ingredients, strategies on one hand and, on the other hand, I-Thou relationships. "Live practice hovers between the extreme poles," I said at the opening of my Seminar on Logotherapy at Harvard University but also presented 2 cases to illustrate "the extreme poles" (14):

An American girl, a student of music, came to see me in Vienna for analysis. Since she spoke a terrible slang of which I could not understand a word, I tried to turn her over to an American physician in order to have him find out for me what had motivated her to seek my advice. She did not consult him, however, and when we happened to meet each other on the street, she explained: "See, Doctor, as soon as I had spoken to you of my problem, I felt such a relief that I didn't need help any longer." So I do not know even now for what reason she had come to me. And now the other story, representing the other extreme (14):

In 1941, I was called one morning by the Gestapo and ordered to come to headquarters. I went there in the expectation of being immediately taken to a concentration camp. A Gestapo man was waiting for me in one of the offices; he started involving me in a cross-examination. But soon he changed the subject and began to question me on topics such as: What is psychotherapy? What is a neurosis? How would one treat a case of phobia? Then he began to elaborate on a specific case — the case of "his friend." Meanwhile, I had guessed that it was his own case that he wished to discuss with me. I started short-term therapy (more specifically, I applied the logotherapeutic technique of paradoxical intention); I advised him to tell "his friend" that he should do thus and so in case anxiety cropped up. This therapeutic session was not based on an I-thou relation, but rather on one of I-he. At any rate, the Gestapo man kept me for hours, and I continued treating him in this indirect manner. What effect this short-term therapy had I was, naturally, not able to discover. As for my family and myself, it was lifesaving for the moment, for we were permitted to stay in Vienna for a year before being sent to a concentration camp.

Ladies and gentlemen, I hope you forgive my speaking in such an anecdotial vein but just as Benedictus de Spinoza chose for his paramount work the title "Ethica Ordine Geometrico Demonstrata," (15) perhaps you make allowance for my presenting you what you may call "Logotherapia Ordine Anecdotico Demonstrata." But to speak again earnestly, what I want to convey to you is that we must not disparagingly dismiss techniques. As to the logotherapeutic technique of paradoxical intention, however, L. MICHAEL ASCHER may be right in referring to it as something unique: "Most therapeutic approaches have specific techniques, and these techniques are not especially useful for, nor relevant to, alternative therapeutic systems. But there is one notable exception in this observation, namely, paradoxical intention. It is an exception because many professionals representing a wide variety of disparate approaches to psychotherapy have incorporated this intervention into their systems both practically and theoretically." (16)

I do not think that we should object to such "incorporations." After all, we do not, and have not others, treat patients "ad maiorem gloriam logotherapiae," for the sake of enhancing the reputation of logotherapy, but the benefit of our patients is at stake.

But now let us for a change, rather than looking forward, into "the future of logotherapy," as we did at the beginning, look back, into its past, for a while. It then turns out that EARNEST HAECKEL'S biogenetic law according to which ontogenesis is an abridged version of phylogenesis, also holds true of logotherapy, "the 3rd school of Viennese psychotherapy," as some authors call it. I was affiliated, one way or another, with the Freudian and the Adlerian schools. As a high school student I corresponded with SIGMUND FREUD, as a medical student I met him and when I introduced myself — "my name is VIKTOR E. FRANKL" — he immediately reacted by saying: "VIKTOR E. FRANKL? Czerningasse number 6, apartment number 25 — right?" "Exactly." He knew my address by heart, after years of correspondence. As early as in 1924, a paper of mine was published by him in his International Journal of Psychoanalysis and no more than 1 year later, in 1925, I published a paper in ALFRED ADLER'S International Journal of Individual Psychology. To be sure, 2 years later he insisted on my being expelled from the Adlerian school — I had been too unorthodox.

But what about the contention that each founder of a psychotherapeutic school in the final analysis describes in his system his own neurosis and writes in his books his own case history? Well, I am not entitled to speak, in this context, of SIGMUND FREUD or ALFRED ADLER but as far as logotherapy is concerned, I gladly and readily confess that as a young man I had to go through the hell of despair over the apparent meaninglessness of life, through total and ultimate nihilism. But I wrestled with it like Jacob with the angel did until I could "say yes to life in spite of everything," until I could develop immunity against nihilism. I developed logotherapy. It is a pity that other authors, instead of immunizing their readers against nihilism, inoculate them with their own cynicism which is a defense mechanism, or reaction formation, that they have built up against their own nihilism (17).

It is a pity because today more than ever the despair over the apparent meaninglessness of life has become an urgent and topical issue on a worldwide scale. Our industrial society is out to satisfy each and every need, and our consumer society even creates some needs in order to satisfy them. The most important need, however, the basic need for meaning, remains — more often than not — ignored and neglected. And it is so "important" because once that man's will to meaning is fulfilled, he becomes happy, but he also becomes able and capable of suffering, of coping with frustrations and tensions, and — if need be — he is prepared to give his life. Just look at the various political resistance movements throughout history and in present time. On the other hand, if man's will to meaning is frustrated, he is equally inclined to take his life, and he does so in the midst, and in spite, of all the welfare and affluence surrounding him. Just look at the staggering suicide figures in typical welfare states such as Sweden and Austria.

A decade ago, The American Journal of Psychiatry, when reviewing a book of mine, characterized the message of logotherapy as the "unconditional faith in an unconditional meaning" and asked the question, What could be more pertinent as we enter 1970? Now entering the 80s, ARTHUR G. WIRTH (18) expresses his belief that "logotherapy has special relevance during this critical transition," by which he means the transition to "a post-petroleum society." In fact, I believe that the energy crisis is not only a hazard but also a chance. It may be an incentive to shift the accent and emphasis from mere means to meanings, from material goods to existential needs. There is an energy shortage. But life can never become short of meaning.

Professor GHOUGASSIAN has come up with the notion of a logotherapeutic "movement." If this is so, it certainly belongs to the human rights movements. It focuses on the human right to a life as meaningful as possible.

Ladies and gentlemen, I concluded my 1rst book with the sentence that logotherapy "is a no-man's-land. And yet — what a land of promise!" This was 35 years ago. In the meantime, the "no-man's-land" has become inhabited. Proof thereof is this congress. And your papers prove that also the "promise" is on the way to being fulfilled. The program is like a sightseeing tour through the many and manyfold landscapes and countrysides of the "land of promise." And it is a guided tour, thanks to our guide, Professor GHOUGASSIAN.

REFERENCES

(1) VIKTOR E. FRANKL, "Psychotherapy on Its Way to Rehumanization." The International Forum for Logotherapy, 3 (2), 1980, 3—9.

(2) Rabbi YEHUDA LEOVE ben BEZALEL, The Book of Divine Power: Introduction on the Diverse Aspects and Levels of Reality. Cracow, 1582 (translated by SHLOMO MALLIN, Feldheim, New York, 1975).

(3) REUVEN P. BULKA, "Is Logotherapy Authoritarian?" Journal of Humanistic Psychology, 18 (4), 1978, 45—54.

(4) ELISABETH S. LUKAS, Auch dein Leben hat Sinn: Logotherapeutische Wege zur Gesundung. Freiburg, Herder, 1980.

(5) J. B. TORELLO, "Viktor E. Frankl, l'homme," in Viktor E. Frankl, La psychothérapie et son image de l'homme. Paris, Resma, 1970.

(6) JOSEPH B. FABRY, REUVEN P. BULKA and WILLIAM S. SAHAKIAN, eds., Logotherapy in Action. New York, Aronson, 1979.

(7) L. SOLYOM, J. GARZA-PEREZ, B. L. LEDWIDGE and C. SOLYOM, "Paradoxical Intention in the Treatment of Obsessive Thoughts: A Pilot Study." Comprehensive Psychiatry, 13 (3), 1972, 291—297.

(8) RALPH M. TURNER and L. MICHAEL ASCHER, "Controlled Comparison of Progressive Relaxation, Stimulus Control, and Paradoxical Intention Therapies for Insomnia." Journal of Consulting and Clinical Psychology, 47 (3), 1979, 500—508.

(9) L. MICHAEL ASCHER and RALPH M. TURNER, "A comparison of two methods for the administration of paradoxical intention." Behav. Res. and Therapy, 18, 1980, 121—126.

(10) NICHOLAS MOSLEY, Natalie Natalia. Coward, McCann and Geoghegan.

(11) VIKTOR E. FRANKL, The Will to Meaning: Foundations and Applications of Logotherapy. New York, New American Library, 1981.

(12) SIGMUND FREUD, quoted from Sandoz Psychiatric Spectator, 2 (1).

(13) ANATOLE BROYARD, The New York Times, November 26, 1975.

(14) VIKTOR E. FRANKL, Psychotherapy and Existentialism: Selected Papers on Logotherapy. New York, Touchstone, 1978.

(15) BENEDICTUS de SPINOZA, Opera Quae Supersunt Omnia. Lipsiae, Tauchnitz, 1843.

(16) L. MICHAEL ASCHER, "Paradoxical Intention," in Handbook of Behavior Interventions, A. Goldstein and E. B. Foa, eds. New York, Wiley, 1980.

(17) VIKTOR E. FRANKL, The Unheard Cry for Meaning: Psychotherapy and Humanism. New York, Touchstone, 1979.

(18) ARTHUR G. WIRTH, "Logotherapy and Education in a Post-Petroleum Society." The International Forum for Logotherapy, 2 (3), 1980, 29—32.

ANMERKUNGEN ZUR 4. AUFLAGE

Anmerkung 1 (zu Seite 21)

Im Zusammenhang mit der Ätiologie des existentiellen Vakuums sind die Ausführungen der Psychiater WOLFGANG G. JILEK und LOUISE JILEK-AALL (University of British Columbia, Vancouver, Canada) bemerkenswert, die auf dem First World Congress of Logotherapy (San Diego, Kalifornien, 6. bis 8. November 1980) zu hören waren: "For an increasing number of North American Indian teenagers, suicide is the only meaningful act in a life that appears meaningless to them. In four years, the number of suicides among Indians in Canada has doubled (Department of National Health and Welfare, 1979). On a reservation in Ontario, the suicide rate went up to eight times the previous figures (Ward and Fox, 1976). The underlying conflicts we uncovered were quite remote from the psychosexual complexes of psychoanalytic theory. We came to recognize the restricted validity of psychodynamic theories extrapolated from the free associations of a pre-World-War I European upper middle class clientele." Was der Suizidalität der von ihnen untersuchten Indianer vielmehr zugrunde lag, sei – wie die genannten Forscher herausfanden – eindeutig der Verfall von Traditionen gewesen: "The structure of most traditional native cultures disintegrated."

Anmerkung 2 (zu Seite 21)

Es liegen bereits 10 wissenschaftliche Arbeiten vor, aus denen übereinstimmend hervorgeht, daß mit etwa 20% noogener Neurosen zu rechnen ist. Die betreffenden Untersuchungen verdanken wir FRANK M. BUCKLEY, ERIC KLINGER, GERALD KOVACIC, DIETRICH LANGEN, ELISABETH S. LUKAS, EVA NIEBAUER-KOZDERA, KAZIMIERZ POPIELSKI, HANS JOACHIM PRILL, NINA TOLL, RUTH VOLHARD und T. A. WERNER (cf. Eric Klinger, Meaning and Void. Minneapolis, University of Minnesota Press, 1977).

Anmerkung 3 (zu Seite 22)

Zur Zeit gibt es 10 logotherapeutische Tests, und zwar den PIL-Test (purpose in life) von JAMES C. CRUMBAUGH und LEONARD T. MAHOLICK ("Eine experimentelle Untersuchung im Bereich der Existenzanalyse. Ein psychometrischer Ansatz zu VIKTOR FRANKLS Konzept der 'noogenen Neurose'", in: Die Sinnfrage in der Psychotherapie. Hrsg. von NIKOLAUS PETRILOWITSCH. Wissenschaftliche Buchgesellschaft, Darmstadt 1972), den SONG-Test (seeking of noetic goals) und den MILE-Test (meaning in life evaluation) von JAMES C. CRUMBAUGH ("Seeking of Noetic Goals Test", Journal of Clinical Psychology, July 1977, Vol. 33, No. 3, 900–907), den Attitudinal Values Scale-Test von BERNARD DANSART ("Development of a Scale to Measure Attitudinal Values as Defined by VIKTOR

FRANKL". Dissertation, Northern Illinois University, 1974), den Life Purpose Questionnaire-Test von R. R. HUTZELL und RUTH HABLAS (Vortrag, gehalten auf dem "First World Congress of Logotherapy" in San Diego, Kalifornien), den Logo-Test von ELISABETH S. LUKAS (Deuticke, Wien 1986), den S.E.E.-Test (Sinn-Einschätzung und -Erwartung) von WALTER BÖCKMANN („Sinn-orientierte Leistungsmotivation und Mitarbeiterführung. Ein Beitrag der Humanistischen Psychologie, insbesondere der Logotherapie nach VIKTOR E. FRANKL, zum Sinn-Problem der Arbeit." Enke, Stuttgart 1980) und die 3 Tests, die sich noch im Stadium der Ausarbeitung befinden und die wir GERALD KOVACIC (Universität Wien), BRUNO GIORGI (Universität Dublin) sowie PATRICIA L. STARCK (Universität Alabama) verdanken.

Anmerkung 4 (zu Seite 33)

Daß die Logotherapie unter Umständen sogar dem sterbenskranken Menschen dazu verhelfen kann, im Leben (um nicht zu sagen im Sterben) einen Sinn zu finden, geht aus streng empirischen Untersuchungen hervor, die TERRY E. ZUEHLKE und JOHN T. WATKINS auf Grund und mit Hilfe des Purpose in Life-Tests von JAMES C. CRUMBAUGH und LEONARD T. MAHOLICK durchgeführt und anschließend unter dem Titel "The use of psychotherapy with dying patients (An exploratory study)" im Journal of Clinical Psychology (1975, 31, 729—732) beziehungsweise unter dem Titel "Psychotherapy with terminally ill patients" in der Zeitschrift "Psychotherapy: Theory, Research and Practice" (1977, 14, 403—410) publiziert haben. "The effectiveness of logotherapy with terminally ill patients" konnte sogar quantifiziert werden: "The patients experienced a significant increase in their sense of purpose and meaning in their lives as measured by the Purpose in Life Test."

Anmerkung 5 (zu Seite 39)

Professor L. MICHAEL ASCHER, Assistent von WOLPE an der Verhaltenstherapeutischen Universitätsklinik von Philadelphia, findet es bemerkenswert, daß die meisten psychotherapeutischen Systeme Methoden entwickelt haben, die von den Vertretern anderer Systeme gar nicht verwendet werden können. Die logotherapeutische Technik der paradoxen Intention jedoch sei da eine Ausnahme, und zwar insofern, als viele Psychotherapeuten aus den verschiedensten Lagern diese Technik ins eigene System einbauen. "In the past two decades, paradoxical intention has become popular with a variety of therapists impressed by the effectiveness of the technique." ("Paradoxical Intention", in Handbook of Behavioral Interventions, A. GOLDSTEIN und E. B. FOA, eds., New York, JOHN WILEY, 1980.) ASCHER meint sogar, daß verhaltenstherapeutische Methoden entwickelt worden sind, die einfach „Übersetzungen der paradoxen Intention ins Lerntheoretische" sind, was im besonderen für die "implosion" und "satiation" genannten Methoden gelte. Professor IRVIN D. YALOM von der Stanford University meint wieder, die logotherapeutische Technik der paradoxen Intention habe die von MILTON ERICKSON, JAY HALEY, DON JACKSON und PAUL WATZLAWICK eingeführte und "symptom prescription" genannte Methode vorweggenommen ("anticipated"). (Existential Psychotherapy, Kapitel "The Contributions of VIKTOR FRANKL", New York, Basic Books, 1980.)

Hinsichtlich der therapeutischen „Effektivität" der paradoxen Intention, von der ASCHER meint, sie hätte diese Technik so „populär" gemacht, sei — um ein einziges Beispiel herauszugreifen — auf einen Fall von "incapacitating erythrophobia" verwiesen, den Y. LAMONTAGNE trotz 12jähriger Dauer in 4 Sitzungen heilen konnte. ("Treatment of Erythrophobia by Paradoxical Intention", The Journal of Nervous and Mental Disease, 166, 4, 1978, 304—306.)

Anmerkung 6 (zu Seite 40)

Ebenfalls um den experimentellen Nachweis der therapeutischen Bedeutsamkeit und Wirksamkeit der paradoxen Intentionstechnik hat sich L. MICHAEL ASCHER von der Wolpe-Klinik verdient gemacht. Im allgemeinen ergab sich, daß diese logotherapeutische Technik den diversen verhaltenstherapeutischen „Interventionen" gleichwertig ist. In Fällen von Einschlafstörung jedoch, aber auch in Fällen neurotischer Miktionsstörung, war die logotherapeutische Methode ihnen sogar überlegen. Was die Fälle von Einschlafstörung anlangt, hatten ASCHERS Patienten ursprünglich im Durchschnitt 48,6 Minuten gebraucht, um in den Schlaf zu sinken. Nach 10 Wochen verhaltenstherapeutischer Behandlung waren es 39,36 Minuten. Wurden jedoch anschließend 2 Wochen auf paradoxe Intention verwendet, waren es nur noch 10,2 Minuten. (L. M. ASCHER and J. EFRAN, Use of paradoxical intention in a behavioral program for sleep onset insomnia, Journal of Consulting and Clinical Psychology, 1978, 46, 547—550.) "Paradoxical intention significantly reduced sleep complaints in contrast to placebo and waiting list control groups." (RALPH M. TURNER and L. MICHAEL ASCHER, "Controlled Comparison of Progressive Relaxation, Stimulus Control, and Paradoxical Intention Therapies for Insomnia", Journal of Consulting and Clinical Psychology, Vol. 47, No. 3, 1979, 500—508.)

Anmerkung 7 (zu Seite 45)

Ersatzsymptome konnte ASCHER nach der Anwendung paradoxer Intention nicht beobachten. Auch spricht er sich dagegen aus, paradoxe Intention auf Suggestion zurückzuführen: "Paradoxical intention was effective even though the expectations of the clients were assumed to be in opposition to the functioning of the technique" (L. M. ASCHER, A review of literature on the treatment of insomnia with paradoxical intention, unpublished paper).

Anmerkung 8 (zu Seite 51)

EDITH WEISSKOPF-JOELSON äußerte sich einmal dahingehend, daß die paradoxe Intention mit der Logotherapie nur insofern etwas zu tun hat, als sie Kreationen ein und desselben Mannes sind. Ich kann dem nicht beipflichten. Vielmehr will mir scheinen, daß die paradoxe Intention letzten Endes auf Grund eines wiederhergestellten Urvertrauens zum Dasein wirksam ist, und dieses Vertrauen, dieser Glaube an die Devise der Anzengruber-Figur „Es kann dir nichts geschehen" ist der ideale Antagonist gegenüber der Angst — sei es der Angst vor der Angst oder der Angst vor sich selbst. Oder, wie es in einem alten amerikanischen Sprichwort heißt: "Fear knocked at the door. Faith answered, and no one was there." (Die Angst klopfte an. Der Glaube öffnete die Tür. Und niemand stand draußen.)

Auswahl aus dem Schrifttum über Logotherapie

Zusammengestellt von Prof. Dr. Eugenio Fizzotti
und Doz. Dr. Franz Vesely

Eine ausführliche englische Bibliographie ist durch das Institut für Logotherapie c/o Dr. Alfried Laengle, Eduard Suess-Gasse 10, A-1150 Wien, zu beziehen.

I. Bücher

BOECKMANN, WALTER: Sinn-orientierte Leistungsmotivation und Mitarbeiterführung. Ein Beitrag der Humanistischen Psychologie, insbesondere der Logotherapie nach Viktor E. Frankl, zum Sinn-Problem der Arbeit. Enke, Stuttgart 1980.
– Heilen zwischen Magie und Maschinenzeitalter. Ein Beitrag der Humanistischen Psychologie, insbesondere der Logotherapie nach Viktor E. Frankl, zum Phänomen des Heilens. littera produktion bielefeld 1981.
BOESCH, DETMAR: Friedenspädagogik im Unterricht. Theorie und Praxis der Logotherapie Viktor E. Frankls und ihre Bedeutung für unterrichtliches Planen und Handeln. Universität Oldenburg (Zentrum für psychologische Berufspraxis), Oldenburg 1982.
BOESCHEMEYER, UWE: Die Sinnfrage in Psychotherapie und Theologie. Die Existenzanalyse und Logotherapie Viktor E. Frankls aus theologischer Sicht. Walter de Gruyter, Berlin–New York 1977.
BULKA, REUVEN P.: The Quest for Ultimate Meaning. Principles and Applications of Logotherapy. With a Foreword by Viktor E. Frankl. Philosophical Library, New York 1979.
–, Joseph B. Fabry und William S. Sahakian: Logotherapy in Action. Foreword by Viktor E. Frankl. Aronson, New York 1979.
CAPONNETTO, MARIO: La voluntad de sentido en la Logoterapia de Viktor Frankl. Estudio critico. Instituto de Ciencias Sociales, Buenos Aires 1985.
CRUMBAUGH, JAMES C.: Everything to Gain. A Guide to Self-fulfillment Through Logoanalysis. Nelson-Hall, Chicago 1973.
–, William M. Wood und W. Chadwick Wood: Logotherapy. New Help for Problem Drinkers. Foreword by Viktor E. Frankl. Nelson-Hall, Chicago 1980.
DIENELT, KARL: Erziehung zur Verantwortlichkeit. Die Existenzanalyse V. E. Frankls und ihre Bedeutung für die Erziehung. Österreichischer Bundesverlag, Wien 1955.
– Von Freud zu Frankl. Österreichischer Bundesverlag, Wien 1967.
– Von der Psychoanalyse zur Logotherapie. Uni-Taschenbücher 227, Ernst Reinhardt, München–Basel 1973.
– Opvoedimg tot verantwoordlijkeit. Gezien vanuit de existenzanalyse van V. E. Frankl; Pax, 's-Gravenhage 1962.
– Dybdepsykologi og pedagogikk. Fra Freud til Frankl. Fabritius & Sonners Forlag, Oslo 1970.
DOERING, DIETER: Die Logotherapie Viktor Emil Frankls. Forschungsstelle des Instituts für Geschichte der Medizin der Universität Köln, 1981.
FABRY, JOSEPH B.: Das Ringen um Sinn. Eine Einführung in die Logotherapie. Herder, Freiburg im Breisgau, 3 Auflagen, 1973–1980.

- The Pursuit of Meaning. Viktor E. Frankl, Logotherapy and Life. Preface by Victor E. Frankl. Harper & Row, New York, 6 Auflagen, 1968–1980.
- Introduzione alla logotherapia. Astrolabio, Roma 1970.
- La busqueda de significado. La logoterapia aplicada a la vida. Prologo de Viktor E. Frankl. Fondo de Cultura Economica, Mexiko, 3 Auflagen, 1977–1984.
- Frankl's Logotherapy (japanisch). Ushio Shuppan, Tokyo 1976.
- Geef zin aan je leven. Werken met Frankl's logotherapie. Lemniscaat, Rotterdam 1980.
- Logotherapia. Eptalophos, Athen 1981.

Fizzotti, Eugenio: La logoterapia di Frankl. Un antidoto alla disumanizzazione psicanalitica. Rizzoli Editore, Milano 1974.
- Da Freud a Frankl. Interrogantes sobre el vacio existencial. Ediciones Universidad de Navarra, Pamplona, 2 Auflagen, 1978–1981.
- Angoscia e personalita. L'antropologia in Viktor E. Frankl. Edizione Dehoniane, Napoli 1980.

Frankl Viktor E.: Ärztliche Seelsorge. Grundlagen der Logotherapie und Existenzanalyse. Franz Deuticke, Wien, und Fischer (Taschenbuch 42157), Frankfurt am Main, 13 Auflagen, 1946–1985.
- Ein Psycholog erlebt das Konzentrationslager. Verlag für Jugend und Volk, 2 Auflagen, Wien 1946–1947 (vergriffen).
- ... trotzdem Ja zum Leben sagen. Drei Vorträge. Franz Deuticke, 2 Auflagen, Wien 1946–1947 (vergriffen). (Eine Ausgabe erschien in Brailleschem Blindendruck.)
- Die Existenzanalyse und die Probleme der Zeit. Amandus-Verlag, Wien 1947 (vergriffen).
- Zeit und Verantwortung. Franz Deuticke, Wien 1947 (vergriffen).
- Die Psychotherapie in der Praxis. Eine kasuistische Einführung für Ärzte. Franz Deuticke, 4 Auflagen, Wien 1947–1982.
- Der unbewußte Gott. Psychotherapie und Religion. Kösel-Verlag, München, 8 Auflagen, 1948–1985.
- Der unbedingte Mensch. Metaklinische Vorlesungen. Franz Deuticke, Wien 1949 (vergriffen).
- Homo patiens. Versuch einer Pathodizee. Franz Deuticke, Wien 1950 (vergriffen).
- Logos und Existenz. Drei Vorträge. Amandus-Verlag, Wien 1951 (vergriffen).
- Die Psychotherapie im Alltag. Sieben Radiovorträge. Psyche, Berlin-Zehlendorf 1952 (vergriffen).
- Pathologie des Zeitgeistes. Rundfunkvorträge über Seelenheilkunde. Franz Deuticke, Wien 1955 (vergriffen).
- Theorie und Therapie der Neurosen. Einführung in Logotherapie und Existenzanalyse. Uni-Taschenbücher 457, Ernst Reinhardt, München–Basel, 5 Auflagen, 1956–1983.
- Das Menschenbild der Seelenheilkunde. Drei Vorlesungen zur Kritik des dynamischen Psychologismus. Hippokrates-Verlag, Stuttgart 1959.
- Psychotherapie für den Laien. Rundfunkvorträge über Seelenheilkunde. Herder, Freiburg im Breisgau, 11 Auflagen, 1971–1984 (Psychotherapie für jedermann).
- Der Wille zum Sinn. Ausgewählte Vorträge über Logotherapie. Hans Huber, Bern–Stuttgart–Wien, 3 Auflagen, 1972–1982.
- Der Mensch auf der Suche nach dem Sinn. Zur Rehumanisierung der Psychotherapie. Herder, Freiburg im Breisgau, 8 Auflagen, 1972–1977 (vergriffen).
- Der leidende Mensch. Anthropologische Grundlagen der Psychotherapie. Hans Huber, Bern–Stuttgart–Toronto, 2 Auflagen, 1975–1984.

- Das Leiden am sinnlosen Leben. Psychotherapie für heute. Herder, Freiburg im Breisgau, 8 Auflagen, 1977–1984.
- ... trotzdem Ja zum Leben sagen. Ein Psychologe erlebt das Konzentrationslager. Kösel-Verlag und dtv 10023, München, 10 Auflagen, 1977–1985 (eine Sonderausgabe für den Deutschunterricht an japanischen Schulen erschien in Tokyo).
- Der Mensch vor der Frage nach dem Sinn. Eine Auswahl aus dem Gesamtwerk. Vorwort von Konrad Lorenz. Serie Piper 289, München, 5 Auflagen, 1979–1986.
- Die Sinnfrage in der Psychotherapie. Vorwort von Franz Kreuzer. Serie Piper 214, München, 2 Auflagen, 1981–1985.
- The Doctor and the Soul. From Psychotherapy to Logotherapy. Alfred A. Knopf, New York, und Souvenir Press, London, 25 Auflagen, 1955–1983.
- From Death-Camp to Existentialism. A Psychiatrist's Path to a New Therapy. Beacon Press, Boston, 4 Auflagen, 1959–1969 (vergriffen).
- Man's Search for Meaning. An Introduction to Logotherapy. Simon and Schuster, New York, Hodder and Stoughton, London, Caves Book Co., Taipei Taiwan China, und Allahabad Saint Paul Society, India, 10 Auflagen, 1963–1985 (a revised edition of From Death-Camp to Existentialism).
- Psychotherapy and Existentialism. Selected Papers on Logotherapy. Simon and Schuster, New York, und Souvenir Press, London, 12 Auflagen, 1967–1985.
- The Will to Meaning. Foundations and Applications of Logotherapy. New American Library, New York, London and Scarborough, 9 Auflagen, 1969–1984.
- The Unconscious God. Psychotherapy and Theology. Simon and Schuster, New York, und Hodder and Stoughton, London, 9 Auflagen, 1975–1985.
- The Unheard Cry for Meaning. Psychotherapy and Humanism. Simon and Schuster, New York, und Hodder and Stoughton, London, 8 Auflagen, 1978–1985.
- Psicoanalisis y existencialismo. Fondo de Cultura Economica, Mexico–Buenos Aires, 7 Auflagen, 1950–1982.
- Un psicologo en el campo de concentration. Editorial Plantin, Buenos Aires 1955.
- La psicoterapia en la practica medica. Editorial Escuela, Buenos Aires, 2 Auflagen, 1955–1966.
- El Dios inconsciente. Editorial Escuela, Buenos Aires, 2 Auflagen, 1955–1966.
- El hombre incondicionado. Editorial Plantin, Buenos Aires 1955.
- Homo patiens. Intento de una patodicea. Editorial Plantin, Buenos Aires 1955.
- Teoria y terapia de las neurosis. Editorial Gredos, Madrid, und Jose Ferrer, Buenos Aires 1964.
- La idea psicologica del hombre. Ediciones Rialp, Madrid, 4 Auflagen, 1965–1984.
- La presencia ignorada de Dios. Psicoterapia y religion. Editorial Herder, Barcelona, 5 Auflagen, 1977–1985.
- El hombre en busca de sentido. Editorial Herder, Barcelona, 6 Auflagen, 1980 bis 1985.
- Ante el vacio existencial. Hacia una humanizacion de la psicoterapia. Editorial Herder, Barcelona, 3 Auflagen, 1980–1984.
- Psicoterapia y Humanismo. Tiene un sentido la vida? Fondo de Cultura Economica, Mexico–Madrid–Buenos Aires 1982.
- La psicoterapia al alcance de todos. Conferencias radiofonicas sobre terapeutica psiquica. Editorial Herder, Barcelona 1983.
- Logoterapia e analisi esistentiale. Editrice Morcelliana. Brescia, 4 Auflagen, 1953 bis 1977.
- Psicoterapia nella pratica medica. C.E. Giunti, Firenze, 4 Auflagen, 1953–1974.
- Teoria e terapia delle nevrosi. Editrice Morcelliana, Brescia, 2 Aufl. 1962 bis 1978.

- Uno psicologo nei lager. Edizione Ares, Milano, 3 Auflagen, 1967–1978.
- Homo patiens. Interpretazione umanistica della sofferenza. Edizione O.A.R.I., Varese, 2 Auflagen, 1972–1979.
- Alla ricerca di un significato della vita. I fondamenti spiritualisti della logoterapia. Mursia, Milano, 2 Auflagen, 1974–1980.
- Dio nell'inconscio. Psicoterapia e religione. Editrice Morcelliana, Brescia, 2 Auflagen, 1975–1977.
- Fondamenti e applicazioni della logoterapia. Societa Editrice Internazionale, Torino 1977.
- La sofferenza di una vita senza senso. Psicoterapia per l'umo d'oggi. Elle Di Ci, Leumann (Torino) 1978.
- Un significato per l'esistenza. Psicoterapia e umanismo. Citta Nuova Editrice, Roma 1983.
- Psicoterapia per tutti. Conversazioni radiofoniche sulla psichiatria. Edizione Paoline, Roma 1985.
- Yoru to kiri. Misuzu shobo, Tokyo, 2 Auflagen, 1956–1961.
- Shi to ai. Zitsuzonbunseki nyumon. Misuzu Shobo, Tokyo, 2 Auflagen, 1957 bis 1961.
- Shinri ryoho-no 26 sho. Misuzu Shobo, Tokyo, 2 Auflagen, 1957–1961.
- Theorie und Therapie der Neurosen (japanisch). Misuzu Shobo, Tokyo 1961.
- Das Menschenbild der Seelenheilkunde (japanisch). Misuzu Shobo, Tokyo 1961.
- Der unbewußte Gott (japanisch). Misuzu Shobo, Tokyo 1962.
- Logos und Existenz (japanisch). Misuzu Shobo, Tokyo 1962.
- Kuno no sonzairon. Shinsen-sha, Tokyo 1972.
- Gendaijin no yamai (japanisch) (Psychotherapy and Existentialism). Maruzen, Tokyo, 3 Auflagen, 1972–1977.
- The Will to Meaning (japanisch). Brein Shuppan, Tokyo 1979.
- Ikigai soshitsu no nayami (Gendai no seishin ryoho). Enderle Shoten, Tokyo 1982.
- Medische zielzorg. Inleiding tot logotherapie en existentieanalyse. Uitgeverij Erven J. Bijleveld, Utrecht 1959.
- De onbewuste god. Uitgeverij „Helmond", Helmond o.J.
- Overspannen? Ziekten van de tijdgeest en hun genezing. Uitgeverij „Helmond", Helmond o.J.
- De zin van het bestaan. Een inleiding tot logotherapie. Donker, Rotterdam, 2 Auflagen, 1978–1980.
- De wil zinvol te leven. Logotherapie als hulp in deze tijd. Lemniscaat, Rotterdam 1980.
- Heeft het leven zin? Een moderne Psychotherapie. Donker, Rotterdam 1981.
- Livet har mening. Svenska Kyrkans Diakonistyreles Bokfoerlaget, Stockholm, 2 Auflagen, 1959–1960.
- Den omedvetne guden. Bokfoerlaget Medborgarskolan, Uppsala 1959.
- Livet maste ha mening. Bokfoerlaget Aldus/Bonniers, Stockholm, 6 Auflagen, 1968–1977.
- Viljan till mening. Bokfoerlaget Aldus/Bonniers, Stockholm 1970.
- Um psicologo no campo de concetracao. Editorial Aster, Lisboa o.J.
- O homem incondicionado. Armenio Amado, Coimbra 1968.
- Psicoterapia e sentido da vida. Fundamentos da Logoterapia e analise existencial. Editora Quadrante, São Paulo 1973.
- A psicoterapia na practica. Editora Pedagogica e Universitaria, Sao Paulo 1976.
- Fundamentos antropologicos da psicoterapia. Zahar Editores, Rio de Janeiro 1978.

- A presenca ignorada de Deus. Sulina, Porto Alegre, Sinodal, São Leopoldo, und Imago, Rio de Janeiro, 1986.
- Psycholog w obozie koncentracyjnym. „Pax", Warschau 1962.
- Homo patiens. Instytut Wydawniczy „Pax", Warschau, 3 Auflagen, 1971–1984.
- Nieuswiadomionv Bog. Instytut Wydawniczy „Pax", Warschau 1978.
- Psychoterapia dla kazdego. Instytut Wydawniczy „Pax", Warschau 1978.
- Livet har mening. Tanum-Norli, Oslo, 3 Auflagen, 1965–1983.
- Kjempende livstro. Gyldendal Norsk Forlag, Oslo, 3 Auflagen, 1966.
- Vilje til mening. Gyldendal Norsk Forlag, Oslo, 2 Auflagen, 1971–1975.
- Psykoterapie og eksitens. Gyldendal Norsk Forlag, Oslo 1972.
- Un psychiatre deporte temoigne. Preface de Gabriel Marcel. Editions du Chalet, Lyon 1967.
- La psychotherapie et son image de l'homme. Editions Resma, Paris, 2 Auflagen, 1970–1974.
- Le dieu inconscient. Editions Resma, Paris 1975.
- Psykologi og eksistens. Gyldendal Forlagstrykkeri, Kopenhagen, 9 Auflagen, 1967–1982.
- Psykologiens menneskebillede. Munksgaard, Kopenhagen 1970.
- Psykiatri og sjaelsorg. Gyldendal, Kopenhagen 1971.
- Det overhorte rab om mening. Gyldendal, Kopenhagen 1980.
- Den ubevidste Gud. Psykoterapi og religion. Gad, Kopenhagen 1980.
- Tsung Chi-chung-ying Shuo-tao Tsuen-Tsai-chu-vi. Kuang-chi Press, Taichung/Taiwan, 8 Auflagen, 1967–1977.
- Meaning as emergence out of life experience. From concentration camp to existentialism (chinesisch). Kuang-chi Press, Taichung/Taiwan, 1983.
- Ha'adam mechapes ma'schmauth. Mimachanoth hamaweth el ha' existenzialism. Dvir, Tel Aviv, 11 Auflagen, 1970–1981.
- The Unheard Cry for Meaning. Psychotherapy and Humanism (hebräisch). Dvir, Tel Aviv 1982.
- The Will to Meaning (hebräisch). Dvir, Tel Aviv 1985.
- Der unbewußte Gott. Psychotherapie und Religion (hebräisch). Dvir, Tel Aviv 1985.
- Anazitontas noima, zois kai eleytherias. S'ena stratopedo sigkentroscos. Eptalophos, Athen, und Tamassos, Nicosia, 3 Auflagen, 1972–1979.
- The Unconscious God (griechisch). Tamassos, Nicosia 1980.
- Waarom lewe ek. Hollandsch Afrikaanische Uitgevers Maatschappij, Kaapstad/Pretoria 1975.
- Se ja vir die lewe. Tafelberg-Uitgewers Beterk, Kaapstad, 2 Auflagen, 1980–1982.
- Zasto se niste ubili? Uvod u logotherapiju (serbokroatisch). Oko tri ujutro, Odra–Zagreb 1978.
- Bog podsvijesti. Psihoterapija i religija (serbokroatisch). Oko tri ujutro, Odra–Zagreb 1980.
- Necujan vapaj za smislom (The Unheard Cry from Meaning). Naprijed, Zagreb 1981.
- Ihmisyyden rajalla. Otava, Helsinki, 2 Auflagen, 1978–1981.
- Elaemaen tarkoitusta etsimaessae. Otava, Helsinki 1980.
- Olemisen tarkoitus. Otava, Helsinki, 2 Auflagen, 1982–1984.
- Itsensae loeytaeminen. Kirjayhtymae, Helsinki, 2 Auflagen, 1984.
- Dzugum gua salang. Park moon wung, Seoul 1974.
- Shim lee yo boup gua hyun dae yin (koreanisch) (Psychotherapy and Existentialism). Benedict Press, Waegwan (Korea) 1979.

- The Will to Meaning (koreanisch). Benedict Press Waegwan (Korea) 1979.
- The Unconscious God (koreanisch). Benedict Press, Waegwan (Korea) 1980.
- Psiholog v taboriscu smrti (slowenisch). Mohorjeva drzuba, Celje 1983.

FRANKL, VIKTOR E., JOSEF PIEPER und HELMUT SCHOECK: Altes Ethos – neues Tabu. Adamas, Köln 1974.

FRANKL, VIKTOR E., ERLING FOERLAND und TOLLAK B. SIRNES: Det frigjorte sinn. Olaf Norlis Forlag, Oslo 1970.

FRANKL, VIKTOR E., GIAMBATTISTA TORELLO und JOHN WRIGHT: Sacerdozio e senso della vita. Edizioni Ares, Milano 1970.

FRANKL, VIKTOR E., OL. REISER, G. LEYTHAM und R. LOFGREN: Mia prospacia syntheseos tes anthropines gnoseos. Ekdoseie Nikh, Athen 1964.

FRANKL, VIKTOR E., PAUL TOURNIER, HARRY LEVINSON, HELMUT THIELICKE, PAUL LEHMANN und SAMUEL H. MILLER: Are You Nobody? John Knox Press, Richmond, Virginia, 4 Auflagen, 1966–1971.

FUNKE, GÜNTER: Logoterapian Merkitys Ajallemme. Vapaa Evankeliumisaatio, Helsinki 1984.

HADRUP, GORN: Viktor E. Frankl. Forum, Kopenhagen, und Dreyer, Oslo 1979.

KEPPE, NORBERTO R.: From Sigmund Freud to Viktor E. Frankl. Integral Psychoanalysis. Proton Editora, São Paulo 1980.

KREUZER, FRANZ: Im Anfang war der Sinn. Von der Psychoanalyse zur Logotherapie. Franz Deuticke, Wien 1982.

LAENGLE, ALFRIED (Hrsg.): Wege zum Sinn. Logotherapie als Orientierungshilfe. Serie Piper 289, München 1985.

LAZAR, EDWARD, SANDRA A. WAWRYTKO and JAMES W. KIDD, eds.: Viktor Frankl, People and Meaning: A Commemorative Tribute to the Founder of Logotherapy on His Eightieth Birthday. San Francisco, Golden Phoenix Press, 1985.

LESLIE, ROBERT C.: Jesus and Logotherapy. The Ministry of Jesus as Interpreted Through the Psychotherapy of Viktor Frankl. Abingdon Press, New York–Nashville, 2 Auflagen, 1965–1968.

LUKAS, ELISABETH: Auch dein Leben hat Sinn. Logotherapeutische Wege zur Gesundung. Herder, Freiburg im Breisgau, 2 Auflagen, 1980–1984.

- Auch deine Familie braucht Sinn. Logotherapeutische Hilfen in Ehe und Erziehung. Herder, Freiburg im Breisgau 1981.
- Auch dein Leben hat Sinn. Logotherapeutischer Trost in der Krise. Herder, Freiburg im Breisgau 1981.
- Von der Tiefen- zur Höhenpsychologie. Logotherapie in der Beratungspraxis. Herder, Freiburg im Breisgau, 2 Auflagen, 1983–1984.
- Psychologische Seelsorge. Logotherapie – die Wende zu einer menschenwürdigen Psychologie. Herder, Freiburg im Breisgau 1985.
- Sinn-Zeilen. Logotherapeutische Weisheiten. Herder, Freiburg im Breisgau 1985.
- Tu vida tiene sentido. Logoterapia y salud mental. Prologo de Viktor E. Frankl. Ediciones S.M., Madrid 1983.
- Dare un senso alla vita. Logoterapia e vouto esitenziale. Prefanzione di Viktor E. Frankl. Cittadella Editrice, Assisi 1983.
- Dare un senso alla sofferenza. Logoterapia e dolore umano. Cittadella Editrice, Assisi 1983.
- Tu familia necesita sentido. Aportaciones de la logoterapia. Ediciones S.M., Madrid 1983.
- Je gezin, je houvast. Op weg naar nieuwe waarden via de logotherapie. Dekker & van de Vegt, Nijmegen 1983.

- Meaningful Living. Logotherapeutic Guide to Health. Foreword by Viktor E. Frankl. Schenkman Publishing Company, Cambridge, Massachusetts, 1984.
- Sinunkin elaemaellaesi on tarkoitus. Kirjayhtymae, Helsinki 1984.
- Elaemaen voimat. Kirjayhtymae, Helsinki 1985.

PAREJA HERRERA, GUILLERMO: El analisis existencial y logoterapia del Dr. Viktor Frankl. Department of Human Development, Universidad Iberoamericana, Mexico 1982.

POLAK, PAUL: Frankls Existenzanalyse in ihrer Bedeutung für Anthropologie und Psychotherapie. Tyrolia-Verlag, Innsbruck–Wien 1949 (vergriffen).

Sinn-voll heilen. Viktor E. Frankls Logotherapie – Seelenheilkunde auf neuen Wegen. Vorwort von Irmgard Karwatzki. Herder, Freiburg im Breisgau 1984.

TAKASHIMA, HIROSHI: Psychosomatic Medicine and Logotherapy. Foreword by Viktor E. Frankl. Dabor Science Publications, Oceanside, New York 1977.
- Psychosomatic Medicine and Logotherapy (japanisch). Maruzen, Tokyo 1981.

TWEEDIE, DONALD F.: Logotherapy and the Christian Faith. An Evalution of Frankl's Existential Approach to Psychotherapy. Preface by Viktor E. Frankl. Baker Book House, Grand Rapids, Michigan, 3 Auflagen, 1961–1972.
- The Christian and the Couch. An Introduction to Christian Logotherapy. Baker Book House, Grand Rapids, Michigan, 1963.
- Furakule no shinrigoku (Frankl's Psychotherapy). Mikuni Shoten, Tokyo 1965.

UNGERSMA, AARON J.: The Search for Meaning. Foreword by Viktor E. Frankl. Westminster Press, Philadelphia, 2 Auflagen, 1961–1968.

WAWRYTKO, SANDRA A.: Analecta Frankliana. The Proceedings of the First World Congress of Logotherapy (1980). Berkely, Institute of Logotherapy Press, 1982.

II. Buchkapitel

ASCHER, L. MICHAEL: Paradoxical Intention. An Experimental Investigation, in: Handbook of Behavioral Interventions. Hrsg. von A. Goldstein und E. B. Foa. John Wiley, New York 1980.

ASCHER, L. MICHAEL, MICHAEL R. BOWERS, and DAVID E. SCHOTTE: A Review of Data from Controlled Case Studies and Experiments Evaluating the Clinical Efficacy of Paradoxical Intention, in: Promoting Change Through Paradoxical Therapy, Gerald R. Weeks, ed. Homewood, Illinois, Dow Jons-Irwin 1985, pp. 99–110.

ASCHER, L. MICHAEL, and DITOMASSO, ROBERT A.: „Paradoxical Intention in Behavior Therapy: A Review of the Experimental Literature," in: Evaluating Behavior Therapy Outcome, Ralph McMillan Turner and L. Michael Ascher, eds. New York, Springer, 1985.

CRUMBAUGH, JAMES C., und LEONARD T. MAHOLICK: Eine experimentelle Untersuchung im Bereich der Existenzanalyse. Ein psychometrischer Ansatz zu Viktor Frankls Konzept der „noogenen Neurose", in: Die Sinnfrage in der Psychotherapie. Hrsg. von Nikolaus Petrilowitsch. Wissenschaftliche Buchgesellschaft, Darmstadt 1972.

FRANKL, VIKTOR E.: Psychologie und Psychiatrie des Konzentrationslagers, in: Psychiatrie der Gegenwart. Forschung und Praxis. Hrsg. von H. W. Gruhle, R. Jung, W. Mayer-Gross und M. Müller, Band III. Springer, Berlin–Göttingen–Heidelberg 1961.

- Grundriß der Existenzanalyse und Logotherapie, in: Grundzüge der Neurosenlehre. Urban & Schwarzenberg. München–Berlin–Wien 1972.
- Paradoxien des Glücks. Am Modell der Sexualneurose, in: Was ist Glück? Ein Symposion. dtv-Taschenbücher 1134, dtv-Verlag, München 1976.
- Opening Address to the First World Congress of Logotherapy: Logotherapy on Its Way to Degurufication, in: Analecta Frankliana: The Proceedings of the First World Congress of Logotherapy (1980). Institute of Logotherapy Press, Berkeley 1982.
- Die Begegnung der Individualpsychologie mit der Logotherapie, in: Die Begegnung der Individualpsychologie mit anderen Therapieformen. Hrsg. von Toni Reinelt, Zora Otalora und Helga Kappus. Ernst Reinhardt, München–Basel 1984.
- Logos, Paradox, and the Search for Meaning, in: Cognition and Psychotherapy, edited by Michael J. Mahoney and Arthur Freeman. Plenum Press, New York 1985.

SAHAKIAN, WILLIAM S.: History of Psychology. Peacock, Itasca 1968 (Kapitel „Viktor Frankl").

VESELY, FRANZ: Die Sinnfrage in der Industriegesellschaft, in: Gesellschaft und Wirtschaft im Umbruch und Aufbruch. Sperry, Wien 1984.

WEEKS, GERALD R., und LUCIANO L'ABATE: Research on Paradoxical Intention, in: Paradoxical Psychotherapy. Brunner/Mazel, New York 1982.

III. Dissertationen und Habilitationsschriften

BALLARD, REX EUGENE: „An Empirical Investigation of Viktor Frankl's Concept of the Search for Meaning: A Pilot Study with a Sample of Tuberculosis Patients." Doctoral Dissertation, Michigan State University, 1965.

BENEDIKT, FRIEDRICH M.: Zur Therapie angst- und zwangsneurotischer Symptome mit Hilfe der „Paradoxen Intention" und „Dereflexion" nach V. E. Frankl. München 1968.

BORDELAU, LOUIS-GABRIEL: La relation entre les valeurs du choix vocationnel et les valeurs creatrices chez V. E. Frankl. Doctoral Thesis Presented to the Faculty of Psychology of the University of Ottawa, Canada 1971.

BOESCHEMEYER, UWE: Die Sinnfrage in der Existenzanalyse und Logotherapie Viktor E. Frankls. Eine Darstellung aus theologischer Sicht. Dissertation, Hamburg 1974.

BRUNE, KARL-HEINZ: „Viktor E. Frankls Mission (Voraussetzungen und Konsequenzen des existenzanalytisch-logotherapeutischen Konzepts in kritischer Betrachtung)." Dissertation. Westfälische Wilhelms-Universität (Medizinische Fakultät). Münster 1978.

BUCCI, FELICE: „Viktor Emil Frankl e la logoterapia (La risposta della psicologia al vuoto esistenziale)." Dissertation, Universita di Bari, 1978.

BULKA, REUVEN P.: An Analysis of the Viability of Frankl's Logotherapeutic System as a Secular Theory. Thesis presented to the Department of Religious Studies of the University of Ottawa, 1969.

- Denominational Implications of the Religious Nature of Logotherapy. Thesis presented to the Department of Religious Studies of the University of Ottawa as partial fulfillment of the requirements for the degree of Doctor of Philosophy. Ottawa, Canada 1971.

BURCK, JAMES LESTER: The Relevance of Victor Frankl's „Will to Meaning" for

Preaching to Juvenile Delinquents, Thesis. Southern Baptist Theological Seminary, Louisville, Kentucky 1966.

CALABRESSE, EDWARD JAMES: The Evolutionary Basis of Logotherapy. Dissertation, University of Massachusetts, 1974.

CARELLI, ROCCO: Il processo di decodificazione del messaggio in rapporto alla struttura della personalita con particulare riferimento alla concezione personologica di Viktor E. Frankl. Dissertation, Universita di Roma, Facolta di Psicologia, 1975.

CARRIGAN, THOMAS EDWARD: The Meaning in the Logotherapy of Dr. Viktor E. Frankl. Thesis, University of Ottawa, Canada 1973.

CAVANAGH, MICHAEL E.: The Relationship between Frankl's „Will to Meaning" and the Discrepancy between the Actual Self and the Ideal Self. Doctoral Dissertation, University of Ottawa, Canada 1966.

CHASTAIN, MILLS KENT: „The Unfinished Revolution: Logotherapy as Applied to Primary Grades 1–4 Values Clarification in the Social Studies Curriculum in Thailand." Thesis, Monterey Institute of International Studies, 1979.

COLLEY, CHARLES SANFORD: An Examination of Five Major Movements in Counseling Theory in Terms of How Representative Theorists (Freud, Williamson, Wolpe, Rogers and Frankl) View the Nature of Man. Dissertation, University of Alabama, 1970.

DANSART, BERNARD: Development of a Scale to Measure Attitudinal Values as Defined by Viktor Frankl. Dissertation, Nothern Illinois University, 1974.

DASSA, CARMELO: La concezione personologica dell'uomo nella logoterapia di Viktor Frankl. Universita di Roma 1979.

DIAMOND, CATHRYN: „A Study of the Applications of Viktor Frankl's Psychological Writings for the Theory and Practice of School Counseling." Dissertation, University of Dublin, 1984.

DISTELKAMP, CHRISTEL: „Die Existenzanalyse und Logotherapie V. E. Frankls. Ihre Möglichkeiten für Theologie und Seelsorge." Diplomarbeit, Albert-Ludwigs-Universität, Freiburg 1982.

DUNCAN, FRANKLIN DAVIS: Logotherapy and the Pastoral Care of Physically Disabled Persons. Thesis. Southern Baptist Theological Seminary, Louisville, Kentucky 1968.

DYMALA, CZESLAW: Zagadnienie sensu zycia u Viktora E. Frankla. Praca magisterska pisana na seminarium z filozofii pod kierunkiem, Papieski Fakultet Teologiczny, Wroclaw 1976.

– Viktora E. Frankla analityczno-egzystencjalna teoria sensu zycia. Praca licencjacka pisana na seminarium z filozofii pod kierunkiem, Papieski Fakultet Teologiczny, Wroclaw 1979.

EISENBERG, MIGNON G.: The Logotherapeutic Intergenerational Encounter Group: A Phenomenological Approach. Dissertation, Southeastern University, New Orleans 1980.

EISENMANN, MANFRED: Zur Aetiologie und Therapie des Stotterns. Unter besonderer Berücksichtigung der paradoxen Intentionsmethode nach V. E. Frankl. Freiburg im Breisgau 1960.

EISNER, HARRY R.: Purpose in life as a Function of Locus of Control and Attitudinal Values: a Test of Two of Viktor Frankl's Concepts. Dissertation, Marquette University, 1978.

FALLOWS, RANDALL J.: „Viktor Frankl's Logotherapy and the Teaching of Meaningful Writing." Thesis, San Diego State University, 1984.

FIZZOTTI, EUGENIO: Il significato dell' esistenza. La concezione psichiatrica di Viktor E. Frankl. Tesi di laurea, Universita Salesiana, Roma 1970.

v. FORSTMEYER, ANNEMARIE: The Will to Meaning as a prerequisite for Self-Actualization. Thesis Presented to the Faculty of California Western University, 1968.

GALEONE, FRANCESCO: „La logoterapia di V. E. Frankl (Per una riumanizzazione della psichiatria)." Dissertation, Universita di Napoli, 1979.

GIANNI, ALFIO A.: „Los Aportes de la Logoterapia a la Direccion Espiritual." Monografia para la Licenciatura, Universidad Catolica Argentina Santa Maria De Los Buenos Aires, 1983.

GILL, AJAIPAL SINGH: An Appraisal of Victor E. Frankl's Theory of Logotherapy as a Philosophical Base for Education. Dissertation, The American University, 1970.

GRAUPMANN, GISELA: Eine Interpretation logotherapeutischer Intervention nach Victor E. Frankl anhand der Beispiele zweier Zwangsneurosen. Diplomarbeit, Ludwig-Maximilian-Universität, München 1984.

GRAZIOSI, MARIA TERESA: La logoterapia di V. E. Frankl. Tesi di laurea, Universita del S. Cuore di Milano, 1971–1972.

GREEN, HERMANN H.: „The ‚Existential Vacuum' and the Pastoral Care of Elderly Widows in a Nursing Home." Master's Thesis, Southern Baptist Theological Seminary, Louisville, Kentucky 1970.

GULDBRANDSEN, FRANCIS ALOYSIUS: „Some of the Pedagogical Implications in the Theoretical Work of Viktor Frankl in Existential Psychology: A Study in the Philosophic Foundation of Education." Doctoral Dissertation, Michigan State University, 1972.

HATCHER, GORDON: „A Study of Viktor E. Frankl's and Karl A. Menninger's Concepts of Love." Dissertation, University of the Pacific, Stockton, California 1968.

HAVENGA, ANNA ALETTA: „Antropologiese onderbou van Logoterapie." Dissertation, Pretoria 1974.

HENDERSON, J.P.: The Will to Meaning of Viktor Frankl as a Meaningful Factor of Personality. Thesis, The University of Maryland, 1970.

HOLMES, R.M.: „Meaning and Responsibility: A Comparative Analysis of the Concept of the Responsible Self in Search of Meaning in the Thought of Viktor Frankl and H. Richard Niebuhr with Certain Implications for the Church's Ministry to the University." Doctoral Dissertation. Pacific School of Religion, 1965.

JONES, ELBERT WHALEY: Nietzsche and Existential-Analysis. Dissertation, New York 1967.

JUCHA, ZYGFRYD: Koncepcja nerwicy noogennej wedlug Viktora Emila Frankla. Lublin 1968.

KANKEL, EVA: „Die Bedeutung der Logotherapie Frankls für das therapeutische Gespräch in einer psychologischen Beratungsstelle." Diplomarbeit, Stiftungsfachhochschule München, Benediktbeuern 1981.

KLAPPER, NAOMI: „On Being Human: A Comparative Study of Abraham J. Heschel and Viktor Frankl." Doctoral Dissertation, Jewish Theological Seminary of America, 1973.

KOVACIC, GERALD: Leidensfähigkeit, Sinnfrustation und Angst. Ein empirischer Beitrag zur Logotherapie. Dissertation, Wien 1977.

KURZ, WOLFRAM: „Ethische Erziehung als religionspädagogische Aufgabe. Historische und systematische Zusammenhänge unter besonderer Berücksichtigung der Sinn-Kategorie und der Logotherapie V. E. Frankls." Habilitationsschrift, Eberhard-Karls-Universität, Tübingen 1983.

LANCE, RICKY L.: „An Investigation of Logotherapie for a Possibility Theory of Personality." Dissertation, New Orleans Baptist Theological Seminary, 1978.

LEVINSON, JAY IRWIN: „An Investigation of Existential Vacuum in Grief via Widowhood." Dissertation, United States International University, San Diego, California 1979.

LIEBAN-KALMAR, VERA: Effects of Experience-Centered Decision-Making on Locus of Control, Frankl's Purpose in Life Concept, and Academic Behavior of High School Students. Dissertation, University of San Francisco, 1982.

LIVA, VIRGINIA: „Contributi della logoterapia di Viktor E. Frankl alla psicoterapia." Dissertation, Pontificio Facolta di Scienze dell'Educazione della Figlie di Maria Ausiliatrica, Roma 1978.

LOBELLO, FRANCESCA: Istance educative nella logoterapia. Dissertation, Universita Degli Studi Di Lecce, Roma 1982–1983.

LOPEZ VANEGAS, JOSE HERNAN: „La terapia en Viktor E. Frankl." Universidad Javeriana, Bogota 1965.

LUKAS, ELISABETH S.: Logotherapie als Persönlichkeitstheorie. Dissertation, Wien 1971.

MAGNUS, JORIS: De Existenzanalyse en Logotherapie van V. E. Frankl. Katholieke Universiteit Te Leuven, 1964.

MANEKOFSKY, ALAN M.: „Viktor E. Frankl: A Philosophical Anthropological Study." Dissertation. Vrije Universiteit van Amsterdam (Centrale Interfaculteit), 1977.

MARCHESELLI, GIANNI: La teoria-terapia di Viktor Frankl come tentativo di revisione critica dell'approccio psicanalitico per una nuova concezione psicologica dell'uomo. Dissertation. Universita degli Studi di Bologna, Facolta di Scienze Politiche, 1975–1976.

MARRER, ROBERT E.: „Existential-Phenomenological Foundations in Logotherapy Applicable to Counseling." Dissertation, Ohio University, 1972.

MASCOLO, FRANCO: „Analisi esistenziale e logoterapia." Dissertation, Universita di Napoli, 1972.

MEIER, AUGUSTINE: Frankl's „Will to Meaning" as Measured by the Purpose in Life Test in Relation to Age and Sex Differences. Dissertation presented to the University of Ottawa, Canada 1973.

MERILAEINEN, ALPO: Vaerdeproblemet i psykoterapeutisk och theologisk antropologi. Jaemfoerelse mellan vaerdraspekten Viktor E. Frankls logoterapeutiska existensanalyse och i romersk-katolsk tradition. Abo 1969.

MINTON, GARY: „A Comparative Study of the Concept of Conscience in the Writings of Sigmund Freud and Viktor Frankl." Dissertation, New Orleans Baptist Theological Seminary, 1967.

MOSTERT, WIILIAM CORNELIUS: „'n Literaturstudie oor die logoterapie van Viktor E. Frankl en 'n empiriese ondersoek na die toepasbaarheid daarvan in die behandeling van die alkoholis." Dissertation, Universiteit van die Oranje-Vrystaat (Fakulteit van Sosiale Wetenskappe), 1978.

MUILENBERG, DON T.: Meaning in Life: Its Significance in Psychotherapy. Dissertation, University of Missouri, 1968.

MURPHY, LEONARD: Extent of Purpose-in Life and Four Frankl-Proposed Life Objectives. Doctoral Thesis presented to the Faculty of Psychology and Education of the University of Ottawa, Canada 1966.

NEUDERT, GEROLD: Eine Darstellung der Existenzanalyse und Logotherapie Viktor

E. Frankls im Hinblick auf Fragen an die Theologie und auf Impulse für die Seelsorge. Diplomarbeit, Julius-Maximilians-Universität, Würzburg 1977.

OFFUTT, BERCH RANDALL: Logotherapy, Actualization Therapy or Contextual Self-Realization? Dissertation, United States International University, 1975.

OTT, B.D.: „The efficacy of paradoxical intention in the treatment of sleep onset insomnia under differential feedback conditions." Dissertation, Hofstra University, 1980.

PACCIOLA, AURELIANO: Etica logoterapica (Frankl e la morale). Dissertation, Pontifica Universitas Lateranensis, Roma 1978.

PANTEGHINI, PEDON: „Sessualita in Frankl." Dissertation, Universita di Padova, 1978.

PLACEK, PAUL J.: „Logotherapy of the Human Relationship." Dissertation, California Christian University, 1978.

PRINCOT, ELISABETH: Vigencia y Continuidad del Pensamiento de Viktor E. Frankl. Dissertation, Universidad Catolica Andres Bello, Caracas 1984.

RASKOB, HEDWIG: „Logotherapie: Versuch einer systematischen und kritischen Darstellung der Logotherapie und Existenzanalyse Viktor E. Frankls." Dissertation, Eberhard-Karls-Universität, Tübingen 1978.

ROEHLIN, KARL-HEINZ: Sinnorientierte Seelsorge. Die Existenzanalyse und Logotherapie V.E. Frankls im Vergleich mit den neueren evangelischen Seelsorgekonzeptionen und als Impuls für die kirchliche Seelsorge. Dissertation, Erlangen–Nürnberg 1984.

SARGENT, GEORGE ANDREW: Job Satisfaction, Job Involvement and Purpose in Life: A Study of Work and Frankl's Will to Meaning. Thesis presented to the faculty of the United States International University, 1971.

SARGENT, GEORGE ANDREW: „Motivation and Meaning: Frankl's Logotherapy in the Work Situation." Dissertation, United States International University, 1973.

SCHILLER, KARL ERWIN: Psychotherapie, Logotherapie und der Logos des Evangeliums. Wien 1959.

SCHLEDERER, FRANZ: Erziehung zu personaler Existenz. Viktor E. Frankls Existenzanalyse und Logotherapie als Beitrag zu einer anthropologisch fundierten Pädagogik. München 1964.

SCHOEMANN, STEFANUS JOHANNES: Die antropologies-personologiese denkbleede van die Derde Weense Skool en die betekenis hiervan vir die opvoeding in sedelike verband. Dissertation, Pretoria 1958.

SERRANO, REHUS MARIA LUISA: El pensamiento antropologico de Viktor Frankl. Tesis de licentiatura, Valencia o.J.

SIWIAK, MALGORZATA: Analiza problemow noogennych w nerwicach. Lublin 1969.

SONNHAMMER, ERIK: Existenzanalyse und Logotherapie V. E. Frankls in kritischer Betrachtung. Graz 1951.

DE SOUZA, AIAS: „Logotherapy and Pastoral Counseling: An Analysis of Selected Factors in Viktor E. Frankl's Concept of Logotherapy as they Relate to Pastoral Counseling." Dissertation, Heed University, Hollywood, Florida 1980.

STROPKO, ANDREW JOHN: Logoanalysis and Guided Imagery as Group Treatments for Existential Vacuum. Dissertation, Texas Tech University, 1975.

STROUT, ALAN R.: „The Search for Meaning: A Study of the Perspectives of Viktor Frankl and H. Richard Niebuhr and Their Use in a Small Group Study for the Local Church." Dissertation Abstracts International, Vol. 44 (3-A) (Sep. 1983), 782.

TAYLOR, CHARLES P.: „Meaning in life: Its relation to the ‚will-to pleasure' and preoccupation with death." Master's thesis, The University of Pittsburgh, 1974.

Weber, Thomas: „Die Frage nach dem Sinn des Lebens in der Logotherapie Viktor E. Frankls. Eine Darstellung aus theologischer Sicht." Diplomarbeit, Universität Innsbruck, 1980.

Wicki, Beda: „Die Theorie von Viktor E. Frankl als Beitrag zu einer anthropologisch fundierten Pädagogik." Pädagogisches Seminar der Universität Bern, 1981.

Wilson, Robert A.: „Logotherapy: An Educational Approach for the Classroom Teacher." Laurence University, 1982.

Xausa, Izar Aparecida de Moraes: „Logoterapia: Uma psicologia humaniste e espriritual." Dissertation, Pontificia Universidade Catolica do Rio Grande do Sul, Brasil 1984.

Yeates, J.W.: „The Educational Implications of the Logotherapy of Viktor E. Frankl." Doctoral Dissertation, University of Mississippi, 1968.

Zirdum, Jure: „L'Antropologia personalistica nel pensiero di Viktor Frankl." Dissertatione, Pontificia Universitas Lateraniensis, Roma 1984.

IV. Zeitschriftenartikel

Ansbacher, Rowena R.: The Third Viennese School of Psychotherapy. Journal of Individual Psychology 15, 236, 1959.

Ascher, L. Michael.: Employing Paradoxical Intention in the Behavior Treatment. Scandinavian Journal of Behavior Therapy 6, 28, 1977.

– Paradoxical Intention Viewed by a Behavior Therapist. The International Forum for Logotherapy 3, 13–16, 1980.

Ascher, L. Michael, and Jay S. Efran: Use of Paradoxical Intention in a Behavior Program. Journal of Consulting and Clinical Psychology 46, 547, 1978.

Ascher, L. Michael, and Ralph M. Turner: Paradoxical intention and insomnia: an experimental investigation. Behav. Res. & Therapy 17, 408, 1979.

Ascher, L. Michael, and Ralph MacMillan Turner: „A comparison of two methods for the administration of paradoxical intention." Behav. Res. & Therapy, Vol. 18, 1980, 121–126.

Frankl, Viktor E.: Zur mimischen Bejahung und Verneinung. Internationale Zeitschrift für Psychoanalyse 10, 437, 1924.

– Psychotherapie und Weltanschauung. Internationale Zeitschrift für Individualpsychologie 3, 250, 1925.

– Zur geistigen Problematik der Psychotherapie. Zentralblatt für Psychotherapie 10, 33, 1938.

– Philosophie und Psychotherapie. Zur Grundlegung einer Existenzanalyse. Schweizerische medizinische Wochenschrift 69, 707, 1939.

– The Concept of Man in Psychotherapy. Proceedings of the Royal Society of Medicine 47, 975, 1954.

– On Logotherapy and Existential Analysis. American Journal of Psychoanalysis 18, 28, 1958.

– The Feeling of Meaninglessness: A Challenge to Psychotherapy. The American Journal of Psychoanalysis 32, Nr. 1, 85, 1972.

– Encounter: The Concept and Its Vulgarization. The Journal of the Academy of Psychoanalysis 1, Nr. 1, 73, 1973.

– Paradoxical Intention and Dereflection. Psychotherapy: Theory, Research and Practise 12, 226, 1975.

– Hunger nach Brot – und Hunger nach Sinn. Tiroler Impulse (Kulturmagazin), 2. Jahrgang, Nr. 1, 1985, pp. 6–7.

GERZ, HANS O.: Zur Behandlung phobischer und zwangsneurotischer Syndrome mit der „paradoxen Intention" nach Frankl. Zeitschrift für Psychotherapie und medizinische Psychologie 12, 145, 1962.
- Über 7jährige klinische Erfahrungen mit der logotherapeutischen Technik der paradoxen Intention. Zeitschrift für Psychotherapie und medizinische Psychologie 16, 25, 1966.
HSU, L.K. GEORGE, and STUART LIEBERMANN: Paradoxical Intention in the Treatment of Chronic Anorexia Nervosa. American Journal of Psychiatry 139, 650–653, 1982.
HUTZELL, ROBERT R., and THOMAS J. PETERSON: „An MMPI Existential Vacuum Scale for Logotherapy Research." The International Forum for Logotherapy, Volume 8, Number 2, Fall/Winter 1985, 97–100.
KRISCH, K.: Paradoxe Intention, Dereflexion und die logotherapeutische Theorie der Neurosen. Psychother. med. Psychol. 31 (1981), 162–165.
MASLOW, A.H.: Comments on Dr. Frankl's Paper. Journal of Humanistic Psychology 6, 107, 1966.
MAVISSAKALIAN, M., MICHELSON, L., GREENWALD, D., KORNBLITH, S., and GREENWALD, M., „Cognitive-behavioral treatment of agoraphobia: Paradoxical intention vs. self-statement training." Behaviour Research and Therapy, 1983, 21, 75–86.
MICHELSON, L., and M.A.ASHER, „Paradoxical Intention in the treatment of agoraphobia and other anxiety disorders." J. behav. Ther. exp. Psychiat. 15, 215–220 (1984).
PETRILOWITSCH, NIKOLAUS und KURT KOCOUREK: Logotherapie und Pharmakotherapie. Int. Pharmacopsychiat. 2, 39, 1969.
RELINGER, HELMUT, PHILIP H. BORNSTEIN, and DAN M. MUNGAS: Treatment of Insomnia by Paradoxical Intention: A Time-Series Analysis. Behavior Therapy 9, 955, 1978.
SOLYOM, L., GARZA-PERES, J., LEDWIDGE, B.L., and SOLYOM, C.: Paradoxical Intention in the Treatment of Obsessive Thoughts: A Pilot Study. Comprehensive Psychiatry 13, 291, 1972.
SOUCEK, W.: Die Existenzanalyse Frankls, die dritte Richtung der Wiener Psychotherapeutischen Schule. Deutsche Medizinische Wochenschrift 73, 594, 1948.
TIMMS, M.W.H.: Treatment of chronic blushing by paradoxical intention. Behavioral Psychotherapy 8, 59–61, 1980.
TURNER, RALPH M., and MICHAEL L. ASCHER: Controlled Comparison of Progressive Relaxation, Stimulus Control, and Paradoxical Intention Therapies. Journal of Consulting and Clinical Psychology 47, 500, 1979.

V. Filme, Video- und Audiokassetten

FRANKL, VIKTOR E.: „Frankl and the Search for Meaning", a film produced by Psychological Films, 110 North Wheeler Street, Orange, CA 92669.
- „The Rehumanization of Psychotherapy. A Workshop Sponsored by the Division of Psychotherapy of the American Psychological Association", a videotape. Address inquiries to Division of Psychotherapy, American Psychological Association, 1200 Seventeenth Street, N.W., Washington, DC 20036.
- „Der leidende Mensch auf der Suche nach Sinn." (Festvortrag auf dem Österreichischen Gesundheitstag in Baden am 10. Oktober 1981.) Eine Videokassette.

Erhältlich durch die Medimail-Videozentrale, Postfach 2202, D-6078 Neu Isenburg 2.
- „The Will to Meaning," a public lecture recorded at Dallas Brooks Hall, Melbourne (July 21st, 1985). A Videocassette ($ 75.00). Address inquiries to the Viktor Frankl Committee, P. O. Box 321, Boronia, 3155, Australia.
- „The Defiant Power of the Human Spirit: A Message of Meaning in a Chaotic World." Address at the Berkeley Community Theater, November 2, 1979. A 90-minute cassette tape, $ 6.00. Available at the Institute of Logotherapy, 2000 Dwight Way, Berkeley, CA 94704, USA.
- „Unsere Zeit und ihre Ängste." (Vortrag im Club Confrontation in Voecklabruck am 8. April 1981.) Kassette erhältlich durch Frau Erika Heinisch, Prinz-Eugen-Straße 4, A-4840 Voecklabruck (öS 150).
- „... trotdem hat das Leben einen Sinn (Argumente für einen tragischen Optimismus)." (Vortrag im Tiroler Landestheater am 10. Juni 1983.) Bestellnummer: 1150/8306. Bestelladresse: Audiotex (Karlheinz Hammerle), Höhenstraße 111, A-6020 Innsbruck. Versand per Nachnahme. Preis: öS 125.– incl. 18% Mehrwertsteuer.
- „Bewältigung der Vergänglichkeit." (Vortrag im Funkhaus Dornbirn am 23. Oktober 1984.) Bestellnummer: 1350/8411. Bestelladresse: Audiotex (Karlheinz Hammerle), Höhenstraße 111, A-6020 Innsbruck. Versand per Nachnahme. Preis öS 125.– incl. 18% Mwst.
- „Man in Search of Ultimate Meaning," Oskar Pfister Award Lecture at the American Psychiatric Association's annual meeting (Dallas, 1985). Audiocassette (L 19-186-85) produced by Audio Transcripts, 610 Madison Street, Alexandria, Virginia 22314 ($ 10.00).

FRANKL, VIKTOR E., ROBIN W. GOODENOUGH, IVER HAND, OLIVER A. PHILLIPS, and EDITH WEISSKOPF-JOELSON: „Logotherapy: Theory and Practice. A Symposium Sponsored by the Division of Psychotherapy of the American Psychological Association", an audiotape. Address inquiries concerning availability to Division of psychotherapy. American Psychological Association, 1200 Seventeenth Street, N.W., Washington, D.C. 20036.

FRANKL, VIKTOR E., and HUSTON SMITH: „Value Dimensions in Teaching", a color television film produced by Hollywood Animators, Inc., for the California Junior College Association. Rental or purchase through Dr. Rex Wignall, Director, Chaffey College, Alta Loma, CA 91701.

LESLIE, ROBERT C., (moderator) with JOSEPH FABRY and MARY ANN FINCH: „A Conversation with Viktor E. Frankl on Occasion of the Inauguration of the ,Frankl Library and Memorabilia' at the Graduate Theological Union on February 12, 1977." Copies of the videotape may be obtained from Professor Robert C. Leslie, 1798 Scenic Avenue, Berkeley, California 94709.

„The Humanistic Revolution: Pioneers in Perspective", interviews with leading humanistic psychologists: Abraham Maslow, Gardner Murphy, Carl Rogers, Rollo May, Paul Tillich, Frederick Perls, Viktor Frankl and Alan Watts. Psychological Films, 110 North Wheeler St., Orange, California 92669. Sale $ 250; rental $ 20.

Autorenverzeichnis

Adler, Alexandra 83
Adler, Alfred 59, 78, 168, 169, 201, 278
Allers 82, 109
Allport 65, 100
Aristoteles 24
Ascher 274, 277, 281-2

Babinski 91
v. Baeyer 96
Bänziger 64
Barber 26
Bastine 47
Beard 275
Benedikt 47
v. Bergmann 78, 153
Berkowitz 26
Bernanos 229
v. Bertalanffy 65
Berze 97, 118
Binswanger 61
Bitter 29
Bittmann 118
Black 23
Böckmann 281
Boss 195
Braun 153, 201
Briggs 43
Brown 30
Broyard 276
Buckley 280
Bühler, Charlotte 29, 65
Bühler, Karl 213
Bulka 271
Bumke 85
Burnett 55

Casciani 30
Chalstrom 22
Charcot 213
Crumbaugh 22, 23, 27, 30, 280-1

Dansart 30, 31, 280
de Lamettrie 74
Dilling 38, 39
Dreikurs 39, 155, 159
Dubois 146, 147
Durlak 30
v. Dythfurth 165

Efran 282
Ehrentraut 56, 57
Einstein 12
Eisenhower 25
Eisenmann 44
Eissler 31, 32
Erickson 45, 282
Ernst 194
Ewald 231

Fabry 19, 56, 270
Farnsworth 12
Farris 57
Fechtmann 22
Feinstein 25
v. Forstmeyer 23
Fraiser 23
Frank 102
Freud 23, 58, 59, 60, 61, 67, 114, 137, 162, 168, 169, 194, 195, 197, 201, 225, 275, 277-8
Freudenberg 103
Friedlaender 10
Frosch 53
Fröschels 208, 211

Gaind 38
Garza-Perez 40, 44, 47, 274
Gerstmann 77
Ghougassian 270, 278-9
Gierlich 88
Gill 118
Ginsberg 53
Giorgi 281
Gliedmann 102
Gluckmann 24
Goethe 151
Gregson 23
Gutheil 176
Guttmann 85

Habinger 21
Hablas 281
Haeckel 59
Haley 45, 281
Hand 40, 50
v. Hattingberg 39, 155

Hays 165
Heidegger 220, 225, 256
Henkel 47
Heyse 38, 39
Hilgard 59
Hill 165
Hodgson 38
Horn 56
Huber 51
Hutzell 281

Imber 102

Jackson 282
Jacobs 48
Jaspers 61, 189, 225
Jendrassik 90
Jilek 280
Jilek-Aal 280
Johnson, Paul E. 19
Johnson, V. 54
Jores 43, 45

Kaczanowski 54, 55
Kant 22, 27
Kauders 153
Kelman 60
Kierkegaard 146, 227
Klein 118
Klinger 280
Klitzke 21
Kniveton 25
Kockott 38, 39
Kocourek 47, 103, 162, 163, 180, 181, 183, 184
Kogerer 215
Kohler 21
Kovacic 280-1
Kraemer 246
Krafft-Ebing 137
Kratochvil 21, 30
Kraus 106
Kraus, Karl 153
Kretschmer 213
Krout 19
Krug 47

Lamontagne 282
Lange 85

299

Langen 246, 280
Laotse 152
Lasègue 88
Lazarsfeld 168
Lazarus 38, 40, 48
Ledwige 40, 45, 47, 274
Lehembre 44
Leonardo 165
Lersch 65
Lewin 29
Lorenz 23, 25, 53
Lukas 22, 27, 30, 271, 280-1
Lunceford 30

Maharal 271
Maholick 27, 280-1
Marks 36, 38, 39
Marksteiner 112
Marmor 59
Maslow 28
Mason 30
Masters 54
Medlicott 46
Meier 30
Meshoulam 44
Millar 59
Moll 135
Mosley 275
Müller 102
Müller-Settele 102
Murphy 30

Naiman 60
Nash 102
Niebauer-Kozdera 47, 280
Nietzsche 69
Norris 57
Novalis 131

Ochs 50

Padelford 22
Pandura 26
Paracelsus 248
Parloff 118
Perls 242
Petrilowitsch 19, 27
Philbrick 21

Planova 30
Polak 47, 61
Pongratz 38, 59
Popielski 30, 280
Prill 280
Pynummootil 42

Rachman 38
Ramirez 43
Richmond 30
Riebeling 102
Rilke 152
Roberts 30
Rockwell 165
Rogers 159
Romberg 91
Roosevelt 105
Rosefeldt 38, 39
Ross 26
Rossolimo 91
Ruch 30

Sadiq 41, 45
Sahakian, Barbara Jacquelyn 54
Sahakian, William S. 54
Sallee 30
Scheler 66, 131
Schiller 248
Schlan 103
Schmook 47
Schopenhauer 70, 255
Schultz 204, 205, 208, 210, 211, 217, 258, 261
Schwarz 108, 128, 137
Scott 26
Shapiro 53
Shean 22
Sherif 26
Silberer 196
Simmel 168
Simons 165
Smith, Vann A. 22
Smith, Virginia 30
Solyom, C. 40, 45, 47, 274
Solyom, L. 39, 44, 47, 247
Soucek 59

Starck 281
Stefen 25
Stenger 191
Stephenston 25
Stone 102
Storch 255
Stransky 167
Straus 83
Strupp 39

Toll 280
Torello 271
Turner 274, 282

Unna 103

Victor 47
Villinger 246
Vogelson 50
Volhard 280
Volkamer 24
Vymetal 21

Wallace 50
Walters 26
Wanderer 33
Waterson 165
Watkins 281
Watson 38
Watzlawick 282
Weisskopf-Joelson 31, 60, 220, 283
Weitbrecht 230
v. Weizsäcker 150
Werner 280
Wertham 25
Wertheimer 29
Wexberg 39, 155
Wirth 278
Wittkower 60
Wolpe 32
Wortis 103

Yalom 282
Yarnell 30
Young 30

Zawadil 28
Zuehlke 281

Sachverzeichnis

Aggression, Aggressivität 23, 24, 25, 26
Agoraphobie 97, 154
Alkoholismus 23, 71
Angst 283
Angstneurose 35, 36, 153—163
ärztliche Seelsorge 9, 58, 180, 224, 227, 281
Aufklärungsindustrie 53
Ausbildung 49
Ausgleichsprinzip 68
Auto-Biblio-Logotherapie 276
autogenes Training 204—212

bedingter Reflex 36, 160
Bioenergetics-Therapie 242
blasphemischer Zwang 176, 177

Corrugatorphänomen 87, 251

Daseinsanalyse 61
Degurufikation der Logotherapie 270
Dereflexion 54—60, 147, 160, 188
Dimensionalontologie 61, 271-2
Drogenabhängigkeit 22, 23

Ejaculatio praecox 56, 133—137
Elektroenzephalogramm 165
Elektroschock 94, 232
emotionale Intoleranz 103
endogene Depression 230—244
Entlarvung der Entlarver 68
Entspannung 57
Entspannungstherapie s. autogenes Training
Enuresis nocturna 218
Ersatzsymptom 44, 45, 282
Erythrophobie 162
Erwartungsangst 35, 98, 104, 105, 112, 125, 155
existentielle Frustration 21, 69, 151
existentielles Vakuum 21, 70, 280
Existenzanalyse 9, 59, 61—76, 168, 180
Experiment 39, 274

Fehlleistung 195
Fixierung 138, 139

„Frankl Library and Memorabilia" 272
Freiheit 222—229
Friedensforschung 24, 26
Frigidität 55, 146, 147, 148

Gemeingefährlichkeit 249
Gesellschaft 278
Gestalttherapie 242
Gewissen 29
Globus „hystericus" 97
Gruppenlogotherapie 23

Heimholung der Psychotherapie in die Medizin 97
Homöostase 65, 274
Homosexualität 137, 146
Homunkulismus 74
humanisierte Psychiatrie 74
Humor 40, 156, 157, 166, 167
Hundertprozentigkeit 167, 168, 173
Hyperakusis des Gewissens 236
Hyperintention 52, 53, 54
Hyperreflexion 52, 53, 54, 243
Hypnose 217, 218—222
Hysterie 212—218

iatrogene Neurose 104—107
Iatrogenie 105
implizite Anthropologie 74
Impotenz 52, 53, 54, 55, 56, 107—137
Individualpsychologie 212, 236, 242
Instinktunsicherheit 167
Insuffizienz des Evidenzgefühls 167
Intentionstremor 89

kategorischer Imperativ der Logotherapie 73
Klaustrophobie 97
klimakterische Neurose 150—153
Koitusverbot 119, 120, 125, 127
Komplex 225, 226
Konversion 213
Kunst 253—269

Leidensfähigkeit 72
Liebe 136, 248
logogene Krise 229

„Logos" 61, 71
Logotherapie 7, 9, 19, 20, 58, 59, 60, 61—76, 271-2, 274, 276, 278, 281
Lust 52, 146

Managerkrankheit 71
Masturbation 127—133, 228
Menschenrechtsbewegung 278
Methode 9, 19, 169, 170, 275-6, 281
modeling 47, 156, 183
Monismus 95

Neurose 220
Nihilismus 74, 278
Noo-Dynamik 13, 64
noogene Neurose 21, 33, 34, 58, 71, 273

Organneurose 200—212

Pan-Determinismus 225
paradoxe Intention 35—54, 99, 100, 101, 156, 157, 158, 160, 161, 162, 163, 165, 175, 176, 181, 182, 183, 184, 189, 220, 274, 277, 281-3
paradoxe Medikation 190—194
Parese 87, 88, 92
Person 68
Perversion 137—146
Pfropfdepression 235
Pharmakotherapie 94—103, 232
Politik 278
Potenzstörung s. Impotenz
präreflexives ontologisches Selbst-Verständnis 30
psychadynamische Trias 97
psychiatrogene Neurose 58
Psychoanalyse 20, 31, 32, 33, 59, 60, 118, 159, 276-6, 281
Psychologie 33
Psychose 229—252
Psychotherapie 7, 8, 102
Psychotophobie 170, 171, 172, 173

Rauchen 208, 209, 210
Regression 139, 196
rehumanisierte Psychotherapie 34
Religion 30, 253—269

Schizophrenie 244—252
Schlafstörung 45, 185—194
Selbst-Distanzierung 20, 34, 35

Selbstmord 22, 144, 233
Selbst-Transzendenz 20, 34, 35, 52, 274
Selbstverwirklichung 65
Sexualneurose 51, 52, 112, 146—150
Simulation 86
Sinn, 12, 29, 30, 72, 73, 203, 272-3
Sinnlosigkeitsgefühl 20, 69
Sinn-Organ 29
somatogene (Pseudo-)Neurose 71, 97
soziogene Neurose 21
spezifisch Humanes 34
Spiritualismus 94, 95
Sport 24
Sprache 214
Sprachstörung 43, 44, 161, 210, 211, 212
Statistik 27, 70, 273
Stottern s. Sprachstörung
Suggestion 101, 102, 118, 218—222, 282
symbolisches Entgegenkommen 201

Tabu 275
Technik 74, 275-6, 281
Technik der psychiatrischen Diagnostik 244—249
Test 22, 233, 234, 246, 247, 248, 273, 280-1
Tic 42
Transcendental Meditation 57
Traumdeutung 194—200, 265, 266, 267, 268
Trias des Versagens 232
Trotzmacht des Geistes 131

Übertragung 159
unbewußte Religiosität 199
Urvertrauen zum Dasein 102, 283

Vaginismus 57, 148
Verantwortlichkeit 73
Vergänglichkeit 73, 152
Verhaltenstherapie 20, 32, 33, 36, 37, 38, 39, 47, 118, 281-2

Wert 30, 72
Wille zum Sinn 27, 66, 278
Willensschwäche 223, 224
Wissenschaft 61, 274

Zwangsneurose 36, 37, 163—184
Zynismus 278

Weitere Werke von Viktor E. Frankl

Der Mensch vor der Frage nach dem Sinn
Eine Auswahl aus dem Gesamtwerk
Vorwort von Konrad Lorenz
4. Auflage, Serie Piper 289, München 1985

Die Sinnfrage in der Psychotherapie
Serie Piper 214, 2. Auflage, München 1985
»Ich glaube, daß die Arbeiten von Frankl der wichtigste Beitrag zur Psychotherapie seit Freud sind.«
Professor Dr. F. Hoff in »Therapiewoche«

Ärztliche Seelsorge
Grundlagen der Logotherapie und Existenzanalyse, 13., ergänzte Auflage
Deuticke, Wien, und Fischer, Frankfurt am Main 1983
»Perhaps, the most significant thinking since Freud and Adler.«
»The American Journal of Psychiatry«

... trotzdem Ja zum Leben sagen
Ein Psychologe erlebt das Konzentrationslager, 11. Auflage
(Eine Sonderausgabe für den Deutschunterricht an japanischen Schulen erschien in Tokyo)
dtv 10023, München 1986
»Dieses meisterhafte Werk gehört zum kostbaren Bestand jener säkularen Literatur, in der Grundwahrheiten unseres Jahrhunderts manifest werden.«
»Deutschland-Berichte«
»... kann zu dem Schönsten und Zartesten deutscher Prosa gezählt werden.«   »Geist und Leben«

Der Wille zum Sinn
Ausgewählte Vorträge über Logotherapie, 3., erweiterte Auflage
Huber, Bern/Stuttgart/Wien 1982
»Vollgepackt mit empirischen Ergebnissen – in einer gut lesbaren und verständlichen Sprache verfaßt – eine Seltenheit bei wissenschaftlicher Literatur.«   »Die Tat«

Der unbewußte Gott
Psychotherapie und Religion, 8. Auflage
Kösel-Verlag, München 1985

Der leidende Mensch
Anthropologische Grundlagen der Psychotherapie, 2. Auflage
Huber, Bern 1984

Psychotherapie für den Laien
Rundfunkvorträge über Seelenheilkunde, 11. Auflage
Herderbücherei 387, Freiburg 1984

»Die Darstellungen sind in allgemeinverständlicher Form gehalten, ohne die eigene Schulrichtung in den Vordergrund zu rücken.«
»Psychologie und Praxis«

»In diesem Bande sind im besten Sinne allgemeinverständliche Rundfunksendungen des weltbekannten Wissenschaftlers sehr glücklich zusammengestellt. Sie vermitteln nicht nur ohne jede Effekthascherei Einblick in die moderne Psychiatrie; der Band enthält auch echte Lebenshilfe für fragende, suchende, leidende Menschen.« »Die Zeit im Buch«

Theorie und Therapie der Neurosen
Einführung in Logotherapie und Existenzanalyse, 5., erweiterte Auflage
UTB 457, München 1983

»Frankls blendende Diktion und die reiche Kasuistik aus eigener Praxis und der seiner Schüler in Europa und Übersee machen die Lektüre des Buches zum Vergnügen.« »Österreichische Krankenhaus-Zeitschrift«

Das Leiden am sinnlosen Leben
Psychotherapie für heute, 9. Auflage
Herderbücherei 615, Freiburg 1985

»Dieser Band ist so dicht, so erfüllt von glühendem Humanismus, so reich an Dokumentation, und seine kritischen Stellungnahmen sind so besonnen, daß er minutiös gelesen zu werden verdient, Seite für Seite.«
»Annales médico-psychologiques«

Man's Search for Meaning
An Introduction to Logotherapy, 73. Auflage
Simon and Schuster, New York 1984

»I regard this book as one of the outstanding contributions to psychological thought in the last fifty years.« Professor Dr. Carl R. Rogers

Psychotherapy and Existentialism
Selected Papers on Logotherapy, 12. Auflage
Simon and Schuster, New York 1985

The Will to Meaning
Foundations and Applications of Logotherapy, 9. Auflage
New American Library, New York 1984

The Unheard Cry for Meaning
Psychotherapy and Humanism, 8. Auflage
Simon and Schuster, New York 1985